HOW
BUSINESS
WORKS

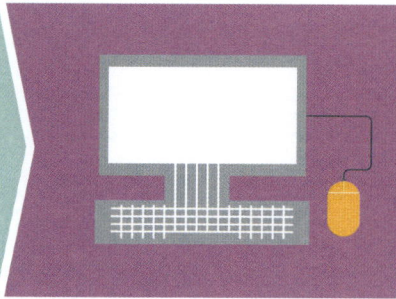

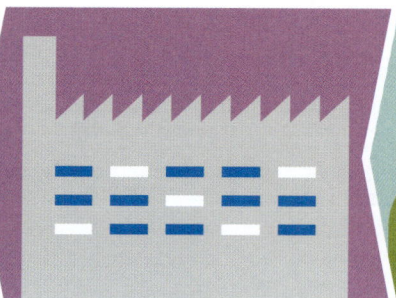

DK "万物的运转"百科丛书

DK企业运营手册

HOW BUSINESS WORKS

英国DK出版社　著

彭　哲　译

杨亚慧　审校

电子工业出版社

Publishing House of Electronics Industry

北京·BEIJING

Original Title: How Business Works: The Facts Visually Explained
Copyright © Dorling Kindersley Limited, 2015, 2022
本书中文简体版专有出版权由Dorling Kindersley Limited授予电子工业出版社。未经许可，不得以任何方式复制或抄袭本书的任何部分。

版权贸易合同登记号　图字：01-2015-3991

图书在版编目（CIP）数据

DK企业运营手册 / 英国DK出版社著；彭哲译.
北京：电子工业出版社，2025. 10. --（"万物的运转"百科丛书）. -- ISBN 978-7-121-51019-9

Ⅰ. F272.3-62
中国国家版本馆CIP数据核字第2025LP9933号

审图号：GS京（2025）1589号
本书插图系原文插图。

责任编辑：郭景瑶　　文字编辑：刘　晓
印　　刷：鸿博昊天科技有限公司
装　　订：鸿博昊天科技有限公司
出版发行：电子工业出版社
　　　　　北京市海淀区万寿路173信箱　邮编：100036
开　　本：850×1168　1/16　印张：22　字数：704千字
版　　次：2025年10月第1版
印　　次：2025年10月第1次印刷
定　　价：109.80元

凡所购买电子工业出版社图书有缺损问题，请向购买书店调换。若书店售缺，请与本社发行部联系，联系及邮购电话：
（010）88254888，88258888。

质量投诉请发邮件至zlts@phei.com.cn，盗版侵权举报请发邮件至dbqq@phei.com.cn。

本书咨询联系方式：（010）88254210，influence@phei.com.cn，微信号：yingxianglibook。

www.dk.com

目录

主要贡献者

朱利安·西姆斯博士（Julian Sims，顾问编辑） 曾在英美业界取得骄人业绩，后投身学术圈，现为英国伦敦大学伯贝克学院管理学系讲师。拥有澳大利亚注册会计师（CPA Aus）和注册信息技术专家（CITP）认证。其成果已在多种学术刊物上发表。

菲利帕·安德森（Philippa Anderson） 是一名商业作家兼沟通顾问，她曾为3M、英美资源集团、可口可乐等跨国公司提供咨询服务。她曾协助英国石油公司前CEO约翰·布朗勋爵撰写自传《超越商海》（*Beyond Business*）。此外，她还是《DK商业百科》的编者之一。

亚历山大·布莱克（Alexandra Black） 曾修读商业交流，后任职于日本财经报业集团经济新闻社。在东京期间，她曾在投资银行摩根大通的风险分析部门担任编辑。布莱克现居英国剑桥，涉足的领域包括商业、科技和时尚。她也是《DK商业百科》的编者之一。

乔·斯坦利－史密斯（Joe Stanley-Smith） 是英国伦敦《国际税务评论》（*International Tax Review*）的记者，其专长是间接税及税务争议。史密斯毕业于英国金斯顿大学新闻学专业，曾在社交媒体及地方报社任职。

前言

　　"Business"一词指的是一家企业或组织，它参与商品和服务的生产与交换，并由此获得利润。企业的起源可追溯到人类社会形成时期。随着人类的进化，人们放弃了采集狩猎的游牧生活，在某地定居下来，从事农业生产。专业分工应运而生，个体得以熟练掌握特定的专业技能，为社会的特殊需求服务。随着时间的推移，专业分工使复杂产品及服务得以生产和交换，供养了所有的社会成员。因此，人类社会参与"企业"运营已达数千年之久。

　　如今，企业的世界无处不在——企业不再局限于本地产品和服务的供应商，而是发展为大型公司制企业，其经营范围遍及全球。与此同时，技术进步使企业家比以往更容易创办自己的企业，并把基于互联网的企业推到了全球经济的中心位置。要确保政府履行职能，确保经济蓬勃发展，拥有成功、生机勃勃的企业是关键。无论规模大小，无论公有还是私有，无论是否盈利，企业都在推动政府运转和促进经济繁荣方面扮演着关键角色，构成了现代社会的中坚力量。如今，企业支撑着我们所处世界的方方面面，理解企业的运作方式，正是理解现代社会的关键。

　　本书用图形和平实的语言，解释了复杂的企业世界。本书审视了企业运作的方方面面，包括创办企业、融资、产品开发及营销、管理策略、收入追踪、财务报告，以及企业的法律责任、社会责任和环境责任。本书用图形辅以现实生活的实例，清晰解释了企业是什么，以及各种形式的企业如何塑造了现代社会。

企业的运作

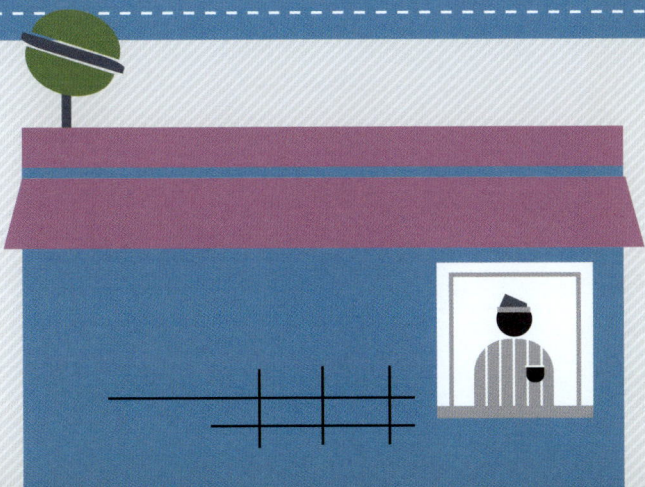

企业所有制

　　每种类型的企业都会选择一种所有制结构。纵观全球，虽然企业类型千差万别，但从单一业主的私人公司，到可在股票市场上进行交易的大型组织，大多数国家拥有类似的法人实体。所有制的选择应考虑三个关键因素：企业的预期成长规模；企业主对财务记录、管理及报告的复杂度的接受程度，以及企业主愿意承担的责任。

小型企业

- ➤ 采用单一企业主制或合伙制的简单架构，建立起来十分简单，需要的资本也不多。
- ➤ 企业由一个或多个个体所有，企业规模通常较小，并以法律实体的身份开展经营活动。
- ➤ 企业的债务由所有者个人承担。参见14～15页。

私人公司

- ➤ 私人公司是独立于其所有者的法律实体，它的建立和运营比合伙企业更为复杂。它可能要履行一些财务报告的义务。
- ➤ 公司架构意味着，所有者通常不对公司债务承担个人责任。
- ➤ 私人公司由股东所有，股东通常是公司的管理者。参见16～19页。

公众公司

- ➤ 公众公司即大型上市公司，它们拥有较多的法律和财务披露义务。
- ➤ 公众和其他机构可以购买公众公司的股票。
- ➤ 公众公司的架构适于大规模的资本注入，从而促进公司扩张。参见16～19页。

译者注：为作区分，用"企业"泛指各类企业，其中包括个体经营和合伙制企业；而用"公司"表示具有独立法人资格的企业。

7% 的国际经济活动由全球最大的100家企业完成

为企业命名

正确的做法	错误的做法
❯**使用域名建议工具**搜索可用的网络域名。	❯**加上个人的名字**。如果企业倒闭，你的名字就会与之联系在一起。
❯**使用描述性词语**使潜在客户能立即抓住企业的本质。	❯**模仿竞争者的名称**。如果企业名称独一无二，那么企业出现在搜索结果顶端的概率就很大。如果企业名称与竞争者相仿，客户就会难以区分。
❯**大声喊出企业的名称**，因为说与写的感觉存在差异。其目的是，人们只要听到企业的名字，就能搜索并找到企业，尤其是在网络上。	❯思考企业名称前，**要落实产品和品牌**。首先做好产品，企业的名称问题就会迎刃而解。
❯**检查企业名称**在其他语言中的含义。	
❯**企业名称要短**，还要简单，应避免双关语。	

跨国公司

- ❯跨国公司在多个国家经营，这促进了公司的成长，提高了灵活性。
- ❯跨国公司在成本更为低廉的国家开展业务，可以节约资金。
- ❯跨国公司的外国分部能够适应当地市场，找到新的商机。参见20～21页。

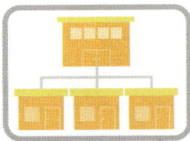

特许经营

- ❯在特许经营模式下，企业（授权商，Franchisor）授权个体（加盟商，Franchisee）设立分支机构，赚取加盟费。
- ❯与发展企业的其他方式相比，授权商需要的资本较少。
- ❯加盟商采用成功知名企业的模式和名称，使风险降到最低。参见22～23页。

非营利组织

- ❯常见的非营利组织包括慈善机构、互助会及合作社。
- ❯非营利组织的组织架构与企业类似。
- ❯非营利组织能够"创造"大量资金，资金会被重新投入到公益事业中，而不是作为利润进行分配。参见24～25页。

个体经营与合伙经营

单个人的个体经营（Sole Trader），以及两个或多个人组成的合伙经营（Partnership），是最简单的企业架构。创办这类企业只需要少量资本，企业的经营也十分容易。

运作原理

许多企业在创办之初采用最基本的组织形式——个体经营（有时也称作"独资经营"，Sole Proprietor）或合伙经营。个体经营者是企业的唯一所有者。个体经营企业的创办十分简单，也不需要缴纳额外的税款。个体经营者只需要申报个人所得税。不过，风险依然存在：个体经营者拥有无限责任，如果企业倒闭，企业的债务必须由个体经营者个人偿还。合伙经营则涉及一个以上的所有者，每名所有者都对企业债务负无限责任。

支持与反对

对于创办或经营小型企业的人来说，个体经营和合伙经营都是绝佳的企业架构——前提是合伙人之间有良好的工作关系，并且企业没有背负债务；因为企业所有人要对企业的债务负责。

无限责任：
企业债务
由个人承担

自雇可以节省税务支出

注册流程简单

只需要少量资本

从个体经营变为公司制非常容易

不需要每年披露企业账目

以个人名义或企业名称进行交易

纳税之后的利润归个人所有

必备知识

▶ **工作集体**　集合名词，指合伙制中的所有个体。

▶ **有限责任合伙制**　合伙人个人不需要对企业债务负责。

个体经营
只需要简单的管理，创办企业的成本也相对较低。

从个体经营到跨国公司

　　许多个体经营企业和合伙经营企业后来发展成跨国公司。

▶**理查德·布兰森勋爵**　个体经营，企业后扩张成维珍帝国。

▶**史蒂夫·乔布斯和史蒂夫·沃兹尼亚克**　合伙经营，创立苹果品牌。

▶**比尔·休利特和戴维·帕卡德**　合伙经营，建立惠普科技公司。

▶**山内房治郎**　个体经营，其经营的纸牌小店后来成为电子游戏公司任天堂（Nintendo）。

66%
欧洲私营部门中，由中小型企业提供的工作岗位比例

何时改变企业的法律地位

如果对资本（或潜在债务）的需求增加，成立公司或许是有好处的。参见第16～17页。

分享利润和企业控制权

各个合伙人可以分工

可以选择有限责任合伙制

若合伙人退出，则需要寻找新的合伙人

每个合伙人按利润份额支付税款

不需要每年披露企业账目

更多的合伙人意味着更多的资本和扩张的机会

新的合伙人会带来新的商业技能

合伙经营
与个体经营者一样，合伙人也只需申报个人所得税，并且对企业债务负责。

有限公司

建立一家在法律、财务上独立的企业——有限公司，能使企业所有者的个人财产受到很大程度的保护，从而限制风险。

运作原理

有限公司是一个独立的法律实体，比个体经营企业、合伙经营企业这类简单的企业实体更为复杂。有限公司的所有者必须正式注册并组建公司。通常，所有者会用自有资金创立公司；他们拥有公司发行的股票，并对公司的经营负有法律责任。有限公司保留利润，并将一部分利润作为红利，派发给公司的所有者——股东。公司的规章会对股东数量、股票出售施加一些限制。从法律上来说，股东对公司的债务只负有部分责任。

有限公司的类型

有限公司可以是私人公司，为了吸引投资，也可以成为公众公司（见第18~19页）。大多数有限公司是股份有限公司。私人无限公司虽有可能，但十分罕见。如果公司无法盈利，无限公司的董事或股东就要对公司的所有债务负责。英国法律规定，私人有限公司应在其名称末尾加上"Ltd"字样，而公众有限公司应在其名称末尾加上"PLC"或"plc"字样。

✔ 必备知识

▶ **成员**（Members，也译作"在册股东"）泛指拥有公司股份的人士或机构（如养老基金和保险公司）。严格地说，股份有限公司的成员即为股东（Shareholders）；不发行股票的担保有限公司，则只有成员而没有股东。董事可以拥有股份，但不是必须拥有。认缴人（Subscriber）是指公司创始股东或创始成员。

▶ **经营别称** 公司的经营名称，而非注册名称。

▶ **专业公司** 美国的一种公司形式，适用于医师、律师等提供专业服务的人士。

公众公司

公众公司通常是大型企业，如连锁超市、著名品牌的制造商等。公众有限公司的股票可以在证券交易所进行交易。

股份有限公司

▶ 公众有限公司最常见的形式；

▶ 至少拥有一名股东；股东数目无上限；

▶ 股东是公司的所有者，股东持有公司股票，并且拥有特定权利；

▶ 利润以红利形式派发给股东；

▶ 股东责任以股票价值为限；

▶ 营利组织所采用的形式。

有限公司

有限公司有多种形式，但均是与公司所有者在法律和财务上相独立的实体。

美国的有限公司

不同国家对有限公司的称呼也不尽相同。在美国，有限公司的名称以 Corp. 或 Inc. 结尾（分别是 Corporation 和 Incorporated 的缩写），这等同于英国的 Ltd。美国各州有不同形式的有限公司，公司名称只受公司注册所在州的法律保护。

私人公司与公众公司

大多数企业是有限公司。如果它们发展壮大，需要出售公司股份来筹集更多资金，它们就会成为公众公司。公众公司受制于更复杂的会计和法律要求。由于无法控制谁拥有公司股份，因此它们还有被收购的风险。

私人公司
➤一人公司（SMC）是指由一人所有的公司。
➤有雇员的公司是指规模较大的公司，雇用一名以上员工。

53.4% 的英国有限公司拥有雇员；剩下的46.6%都是一人公司

股份有限公司
➤私人股份有限公司是最常见的形式；其经营方式与公众有限公司相似。
担保有限公司
➤不发行股票；拥有成员而不是股东。
➤出资人所担保的债务，以一个固定的名义数额为限；不分配利润。
➤被俱乐部、慈善机构和社区企业所采用；也称作社区利益公司（Community Interest Company）。

私人公司与公众公司

私人公司的股东可以私下买卖股票（通常需要董事的许可），而金融市场上的任何投资者都可以交易公众公司的股票。

运作原理

虽然全球大多数公司是私人公司，但公众公司声誉更高、利润更丰厚。对于需要筹集大量资金的企业，公众公司提供了更广阔的融资机会，因为公众公司可以向公众出售股票，以此来筹集资金。私人公司则必须依靠私人投资者，或是使用公司所有者的资本进行投资。与私人公司相比，公众公司受到更为严格的法律制约，需要披露更多的财务细节。

2700万家
英国公司的数目（其中公众公司只有不到1%）

著名的私人公司

▶**玛氏**　糖果及宠物食品公司；美国第三大私人公司。

▶**奥乐齐（Aldi）**　德国连锁超市，包含南奥乐齐（Aldi Süd）和北奥乐齐（Aldi Nord）两家私人公司，二者以同一名称运营。

▶**乐高集团**　丹麦一家家喻户晓的玩具积木公司。

▶**赫斯特国际集团**　总部在纽约市的大众传媒跨国公司。

▶**宜家**　注册地在荷兰的瑞典零售商，出售拼装式家具。

▶**普华永道**　最大的专业服务提供商。

私人公司与公众公司的区别

私人公司的董事必须权衡公司上市的资本增值利润与保护公众股东利益的法律合规成本之间的利弊关系。

私人公司

董事
▶通常控制全部股票。

报告
▶在英国，账目必须上报英国公司登记处（Companies House）；在美国，无须向外界进行披露。

股东与管理层
▶通常，股东积极参与管理事务，以便迅速进行决策。

融资
▶公司必须依靠私人投资，由于可获取的财务细节不多，所以吸引私人投资较为困难。

估值
▶公司价值会发生波动；由于可以得到的财务细节不多，因此评估公司价值并非易事。

规模
▶股东数目有限制，通常少于2000人。

3800家
在东京证券交易所上市的公司数量

公众公司

董事
▶不一定是股东。

报告
▶公司有披露账目、定期提交财务报告的法定义务。

股东与管理层
▶股东和管理层之间有清晰的界限；可能存在利益冲突。可自由转让股票意味着，如果大股东发起恶意收购，原始所有者就可能失去控制权。

融资
▶公司可以利用金融市场，通过出售股票或债券来筹集资金。

估值
▶通过股票的交易价格、财务报表，很容易估算出公司的价值。

规模
▶股东数目无限制。

上市

公司由私人公司转为公众公司的各个阶段，都会受到法律约束，尤其是董事会投票和新名称的确定。

选择董事会成员

通常，董事会至少有三名成员。这样，未来只要有两名董事出席（代表多数），就能进行决策。

通知员工

必须以书面形式，将公司的上市意向告知利益相关者（包括员工、提议的董事会成员）。

为转换投票

董事会举行会议进行投票，支持变更公司章程（Articles of Association，指明是私人公司还是公众公司）。

注册公司

将董事会决议文件提交给公司注册机构，注册机构发布证明，宣布公司上市。

公开声明

召开新闻发布会，举行活动，用电子邮件将公司性质发生变更的情况告知联络人。

✔ 必备知识

▶**未上市公司** 私人公司的另一种称谓。
▶**首次公开发行** 在证券市场上上市。
▶**二次股票发售** 为筹集更多资金而进行第二轮股票销售。
▶**股票代码** 分配给公开交易公司的唯一代码，由证券交易所使用。

跨国公司

跨国公司在一个以上的国家开展经营业务。跨国公司通常从本国公司起步，随后在国外建立与生产、销售和营销相关的子公司（分支机构）。

运作原理

跨国公司有多重目标：找到新的市场，增加收益；利用世界上劳动成本或运输成本低廉的地区，提高生产与经营效率；适应当地文化或市场的差异。跨国公司可通过外包（Outsourcing，使用外部供应商）或离岸转包（Offshoring，迁移职能部门）来实现这些目标。跨国公司还可以进行境内转包（Insourcing，将经营活动转至公司内部），从而实现"适当转包"（Rightsource，找到合适的平衡）。

案例研究：绘制跨国公司地图

运动鞋服公司耐克将其业务从美国总部成功扩张到全球。耐克拥有制造职能部门，其利用技术专长最大化效率、降低成本；在战略要地设置了配送中心；在多个国家设立了营销和零售部门，以占领当地市场；还在成本效益较高的地区设立了呼叫中心。

英国
伦敦

耐克在欧洲各国主要城市均设有总部。伦敦办事处是总部之一，主要为英国市场服务。

区域总部　管理和核心行政职能

营销　在英国的推广和销售

全球公司与跨国公司

全球公司在不同国家拥有配套设施，并且拥有单一的公司文化及通用流程。跨国公司在不同的国家有配套设施，但每个分支都适应当地状况，如同单独的实体，而不同地域的分支之间几乎没有交流。

全球公司

苹果是全球公司的一个例子——其产品除语言上的变化外，并无不同。

跨国公司

麦当劳是一家跨国公司——为了适应各地市场，产品会发生变化。例如，日本的麦当劳提供虾堡，而马来西亚的麦当劳提供鸡肉粥。

美国
俄勒冈州，比弗顿

高管驻扎在耐克公司的基地（也称"园区"），这是耐克进行全球战略、设计、营销、核心职能决策的中心。负责开发和原材料供应的耐克子公司Air创新生产中心（Air Manufacturing Innovation，AMI）同样坐落于此，其另一处办公地点位于美国密苏里州的圣查尔斯。

区域总部　负责美洲、亚太地区的业务

全球总部　管理、财务、法律、IT及行政

全球营销　品牌建设及市场营销

研发　运动研究实验室及设计相关设施

供应商　子公司AMI负责开发和材料供应

田纳西州，孟菲斯

分销　拥有4个高科技中心，所在地交通便利。其他分销中心位于印第安纳州的印第安纳波利斯和田纳西州的代顿。

荷兰
希尔弗瑟姆

欧洲中心地处中心位置，紧邻耐克在比利时的欧洲分销枢纽，为耐克在欧洲、中东和非洲的运营提供支持。

欧洲总部　管理、财务、法律、IT及行政

分销　欧洲物流中心位于比利时的拉克达尔

必备知识

▶**跨境公司**　与跨国公司类似，但并无特定的归属国。

▶**平台公司**　不从事制造，而是将设计好的产品外包出去的跨国公司。

中国
上海

耐克公司增长最快的市场。由于专业技能高、生产成本低，中国也是耐克的制造和分销基地。

中国总部　运营和核心支持功能

市场营销　面向中国市场的推广

制造　运动服工厂和创新中心

分销　太仓和苏州中心

日本和韩国
富里和仁川

主要的直营分销中心。

分销　亚洲各地零售店的枢纽

越南
同奈省

耐克子公司AMI的工厂所在地。位于越南和柬埔寨的合约工厂承担了大部分生产，其优势是专业技能高、工资水平低。

供应商　子公司AMI向合约工厂供应材料

制造　生产地点位于多个国家

全球其他地区
多个地点

耐克的国际分支办事处和子公司遍布50多个国家，耐克在全球拥有1000多家零售店和40多个电商平台。

区域总部　核心运营及市场营销

零售　世界各地的在线销售和储存

特许经营

在特许经营这种商业模式中，作为独立实体的加盟商得到授权，建立起知名品牌的分支机构。特许经营对授权商和加盟商均有好处。

运作原理

相比开发新的商业思想，加盟商通过支付费用，换取在特定区域使用已有成熟品牌的经营特权。从单个分支——只有一家门店，到区域开发——加盟商在一个城市或区域内设立多家分支机构来代表该品牌，特许经营的规模可大可小。授权商只需少量的资本投入，便能发展企业；加盟商则获得经过验证的商业模式和品牌名称；双方都从中受益。

> 我把汉堡放到了流水线上。
>
> ——雷·克洛克
> （Ray Kroc，麦当劳创始人）

✔ 必备知识

▶**特许经营披露文件** 即预先协定信息（Pre-agreement Information）。

▶**小微特许经营** 为发展中国家的小型企业提供支持与培训。

▶**国际特许经营协会** 历史最悠久、规模最大的特许经营组织。

特许经营的三种类型

从整个供应链合约的管理，到每个细节的投入（如最终的炸薯条），授权商的控制水平各异。在产品特许经营中，授权商出让商标和品牌，而不是整个商业体系。

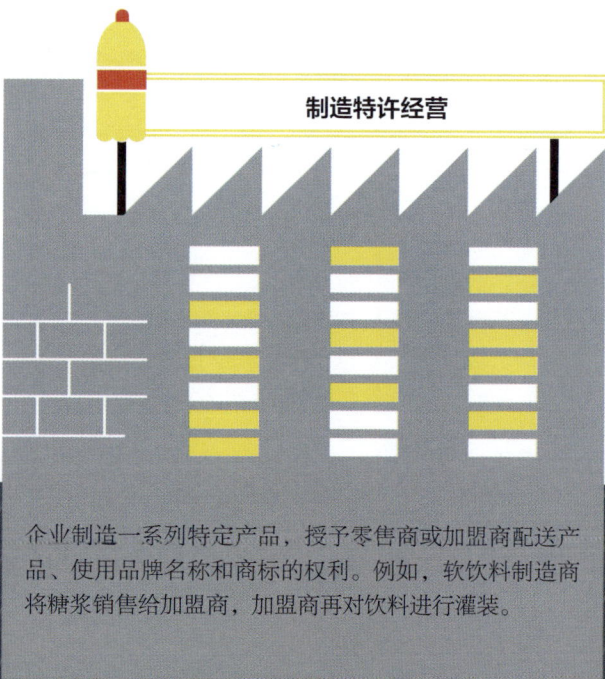

制造特许经营

企业制造一系列特定产品，授予零售商或加盟商配送产品、使用品牌名称和商标的权利。例如，软饮料制造商将糖浆销售给加盟商，加盟商再对饮料进行灌装。

产品特许经营

加盟商出售授权商的产品，从而与授权商构成经销商与供应商的关系。相应的例子有轮胎、汽车和石油。

前十位

全球增长最快的特许经营制企业

1. 21世纪不动产　房地产
2. 肯德基　快餐店
3. Circle K　便利店
4. Jan–Pro　商业清洁
5. 麦当劳　快餐店
6. 塔可贝尔　快餐店
7. 7-Eleven　便利店
8. F45 Training　健身房
9. Stratus Building Solutions　商业清洁
10. Anytime Fitness　健身房

案例研究

企业形式的特许经营：快餐店

　　企业形式的特许经营，最早出现在20世纪40年代的美国。其中，加盟商接手经营企业的整套商业蓝图及产品。

　　在那个年代，快餐连锁店是个全新的概念，并且带来了巨大的需求。为了提高扩张速度，最早的一批快餐企业家提出了一套特许经营体系，其中加盟商负责履行合约责任，并按严格的指导原则来经营门店。

　　菜式有限且统一的菜单，是这些特许经营企业成功的关键。菜单、服务和周围环境的一致，使企业建立起了强大的品牌身份，因为这确保了顾客能在国内的任何地方，获得相同的产品和体验。

　　麦当劳是最成功的例子之一。它对全球3.6万余家加盟店收取4%的服务费和租金。

企业形式的特许经营

企业形式的特许经营是最常见的形式，从特许经营授权商处得到的投入最多，包括：品牌名称及商标、培训、门店形象、营销计划和企业文化。加盟商向授权商购买补给品，并向其支付花销和特许权使用费。快餐店是典型的企业形式的特许经营。

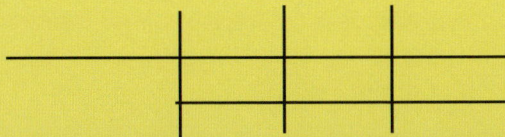

非营利组织

一些组织的运营并不以维护股东利益为宗旨，而是以保障其成员、外部社群或慈善机构的利益为宗旨。与传统企业不同的是，这些组织并不以获取利润为目的。

运作原理

不把为股东赚取利润作为目标，具有自治性且致力于公益事业的组织，属于"不以营利为主"（Not-primarily-for-profit）、"非营利"（Not-for-profit）和"不营利"（Non-profit）实体组成的大类。在这个大类中，合作社可以将利润派发给成员，但慈善机构是严格不营利的。虽然这类组织的目标各异，但它们的企业性质和运营模式类似。

8.6%
美国支付的工资中来自非营利行业的比例

非营利星系

非营利组织（Not-for-Profit Organization，NPO）有多种形式。美国杜克大学公共政策与法律教授约尔·F.弗莱什曼（Joel F. Fleishman）将非营利行业比作一个星系，它包含了所有使命各异的非营利组织。

私人基金会
与慈善机构类似，其资金并非来自公众，而是有单一来源；它靠投资获得收益，并会向其他慈善机构捐款。

合作社
由成员所有；可获得利润收益；有追求共同经济目标、社会目标或文化目标的明确意识；每名成员拥有一票。

社会组织
基于共同的利益或信仰，如社会利益、学术兴趣或慈善事业；公民俱乐部和大学兄弟会/姐妹会都是社会组织的例子。

欣欣向荣的行业

虽然很多合作社和互助会属于非营利组织，但其每年的资金周转额（总交易收益）十分可观。

▶ **法国**　合作和互助性质的法国农业信贷银行集团：890亿美元

▶ **德国**　雷弗集团：630亿美元

▶ **日本**　全农合作社：560亿美元

▶ **美国**　州立农业保险：430亿美元

▶ **韩国**　农协（全国农业合作协会）：410亿美元

▶ **英国**　合作社集团：140亿美元

▶ **西班牙**　蒙德拉贡合作社：140亿美元

必备知识

▶ **慈善行业** 非营利行业的另一个统称。

▶ **善款额度** 慈善机构必须将一定比例的收入用于慈善活动（通常在80%左右），并与支付行政成本的部分收入区别开。

▶ **帕姆萨尔测试** 一套分类体系，用来判定一家组织是否具有慈善机构的资格。

▶ **附属慈善机构** 与主要慈善机构相关的组织，从事该慈善机构特定层面的工作。

非营利组织的架构

会长 协调董事之间的工作

董事会 通常无薪水；也可称作理事会

委员会 由董事会成员组成，完成筹资等特殊任务

行政人员 通常包含一部分志愿者

非政府组织（NGO）
由政府或国际捐助机构出资设立，如世界卫生组织（World Health Organization）；其运营相对独立。

互助会
面向成员（通常是客户）筹集资金；通常具有金融机构的形式；利润会重新投资给互助会，用于组织的维护或扩张。

商会
由商务人士组成的团体，其目的是促进贸易、投资和合作；资金通常来自本地企业的捐款。

社会企业
通过出售产品和服务来为社区项目融资；任何收入盈余都会被重新投到企业中，以便为社群服务。

慈善机构
必须以慈善机构的身份注册；免税；所有资源必须用于该慈善机构所申明的慈善活动；必须以信托、公司或协会的形式组织。

创业企业

创业企业（Start-up）是处在经营和发展早期阶段的新企业。在这个阶段，企业家或创业团队提出与产品或服务相关的创意，对之进行研究，并提出商业计划、筹措资金，本着快速增长的目的创办企业。知识产权（Intellectual Property，IP）不仅是创意，也是一项独特的创造。注册知识产权是创业过程的重要阶段之一，其目的是保护企业。相应的保护措施包括注册商标、申请专利和登记版权。

早期岁月

创业企业是指尚未完全发展、尚未拥有有效的商业模式的企业。创业企业由一名或一群企业家的一套方案或一项发明发展而来。将最初的想法或原型转变为可行、能够盈利的企业，可能需要数年时间。为了实现快速增长，企业创始人会努力吸引援助和财务上的支持。这个阶段会持续几个月甚至数年，在此期间，企业会飞速变化。

435万个
美国2020年创办企业的申请数量

✓ 必备知识

▶**内部创业企业** 发源于大型组织内部的创业企业。

▶**专利流氓** 购买倒闭创业企业专利的个人或企业，其目的是向潜在的专利侵权者收取专利使用费。

知识产权（IP）的价值

20世纪90年代末期的互联网公司热潮，使"创业企业"一词广为人知。当时，数以万计的企业家凭借网络产品或网络服务找到了资金，而很多人依靠的只是知识产权上的实力。互联网巨头谷歌（Google）和亚马逊（Amazon）均创立于这一时期。自那时起，科技企业成为最常见的创业企业类型。通常而言，其价值100%建立在知识产权的基础上。

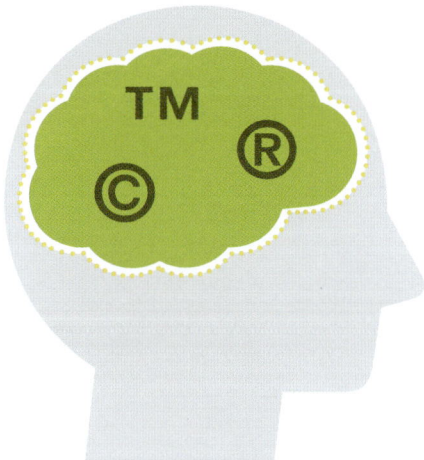

伟大的创意

考虑知识产权
- 注册知识产权
- 找到名称
- 购买域名
- 研究市场

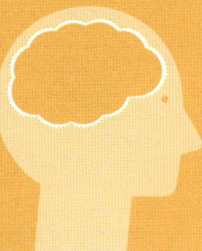

创办企业
- 赢还是输？
- 研究发现，在大多数西方国家，80% ~ 90%的创业企业以失败告终

选择创业企业的类型
- 是否具有社会良知？
- 为成为大企业做准备？
- 迎合消费者的生活方式？

参见30 ~ 31页。

准备创办
- 筹划营销活动
- 试营业，推敲广告词和报价

参见196 ~ 197页。

制订商业计划
- 解释企业如何盈利
- 描述企业的独特之处
- 阐明企业需要多少资金，企业会赚取多少利润

参见32 ~ 33页。

筹集资金
- 用储蓄投资
- 请求亲朋好友
- 银行贷款
- 寻求风险资本
- 尝试众筹

参见34 ~ 37页。

寻求帮助
- 加入企业加速器
- 进入企业孵化器
- 独自经营
- 找到投资者

参见38 ~ 39页。

49.6%
安哥拉成年人中即将创办或正在经营新企业的人所占的比例

创业企业：从概念到创办

处在创业早期阶段的新企业，可被称为创业企业。在这一阶段，企业家提出产品或服务的创意，并将这个创意发展为可以出售的东西。

运作原理

想法只是第一步。接下来是将想法发展为一家可行的企业。某些方面可能需要专家协助，例如，雇用数字营销顾问或聘请会计师，让他们对最佳架构和财务体系提出建议。企业及产品或服务的名称是企业成败的关键。因此，值得花一些时间进行网络搜索，检查中意的企业名称有没有被他人使用，尤其是在不利的情况下。地点是另一个考虑因素——它会显著影响成本。建立虚拟办公室并在家中工作是有可能的。下一步是选址，但在创业阶段，应以保持成本低廉为目标。

必备知识

- **精益创业** 一种快速学习方法，它使创业企业维持成本低廉。
- **创业关键** 根据客户反馈或技术变革迅速改变方向或修正错误。

开始

提出创意
提出产品或与产品相关的创意。

注册知识产权
为发明或创新注册知识产权。

建立网络身份
注册域名，建立网络主机服务。

确定名称
检查拟定的名称是否可用；检查域名是否可用；在网络上搜索有类似名称的竞争者。

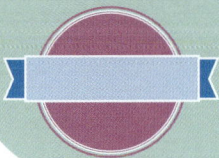

塑造形象
设计标识和企业的形象方案。

创建网站
创建网站。研究搜索引擎优化（Search Engine Optimization，SEO）的关键词，将之用在网站上（参见230～231页）。

案例研究

奥姆机械厂

奥姆机械厂（Om Engineering Works）由奥姆·普拉卡什·贾斯瓦尔于1987年创立。起初，该厂的经营地点设在印度北部北方邦的一家小店，主要业务是向电池公司销售橡胶电池槽和极板。2000年，贾斯瓦尔有了自行生产电池的想法，后来又有了冶炼和回收电池的想法。

从那时起，电池市场不断增长，制造技术上的突破使该厂的日产电池数量从20个增加到了300个。

如今的奥姆机械厂已更名为Highflow Industries，由贾斯瓦尔的儿子苏密特·贾斯瓦尔经营，为电动三轮车、太阳能电池板、逆变器、汽车、拖拉机、两轮车等生产各类电池。"随着太阳能和电动三轮车市场的兴起，（电池）市场展现出巨大的潜力，"苏密特·贾斯瓦尔表示，"因为这类车辆有助于改善空气质量、减少碳排放。电池在其中一直发挥着至关重要的作用。"

8%
初创企业成为成功企业的比例

研究市场
研究拟议的目标市场及潜在竞争者，评估创意的可行性。

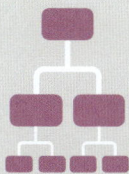

确定架构
选择符合最初需要的企业架构，同时应留有成长的灵活性。

获得备用资金
如果企业需要大规模支持，可以考虑企业孵化器（参见38~39页）。

制订计划
起草商业计划书（参见32~33页），包括目标、使命说明书，以及关键的财务信息。

建立财务体系
包括会计和现金流系统、销售税（若适用），以及银行账目。

启动营销
筹划营销活动，对广告词或战略进行测试。

创办

创业企业的类型

企业家从商的缘由多种多样：有些创业决策基于个人的特质和信念；有些来自对赚取利润的渴望；剩下的则二者兼有。

运作原理

并非所有创业企业都遵循同一模式。虽然创业企业在最初的发展过程中呈现出类似的轨迹，但由于类型各异，背后所蕴含的独特个性亦各有千秋。创业企业可以粗略地分为几类：

一些企业从一开始就打算在公司背景下发展为大型企业；一些企业则打算保持私营规模，与个人的生活和激情相适应。

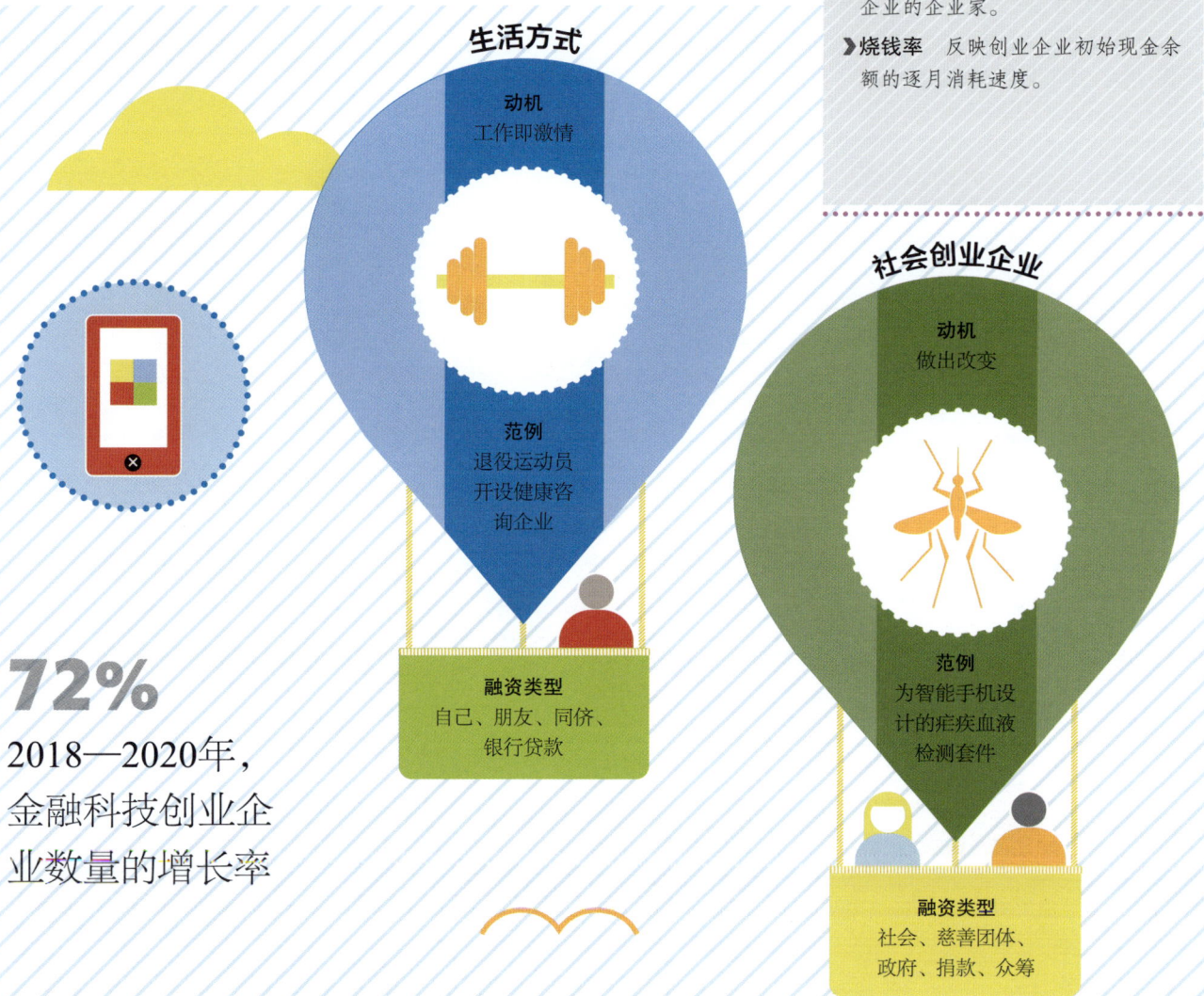

生活方式

动机
工作即激情

范例
退役运动员开设健康咨询企业

融资类型
自己、朋友、同侪、银行贷款

社会创业企业

动机
做出改变

范例
为智能手机设计的疟疾血液检测套件

融资类型
社会、慈善团体、政府、捐款、众筹

72%

2018—2020年，金融科技创业企业数量的增长率

大型公司内部的首创精神

动机
创新

0101010011
0100010101

例子
个人电脑制造商
创立独立企业，
提供云数据存储

融资类型
公司内部

可升级的创业企业

动机
易于成长

例子
手机应用
开发商

融资类型
众筹、天使投资

小型企业

动机
维持生计

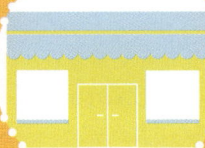

例子
街坊四邻的
杂货铺

融资类型
自己、家人、
银行贷款

收购目标企业

动机
从一开始就以出售企
业为目标

例子
生物技术
实验室

融资类型
外部投资

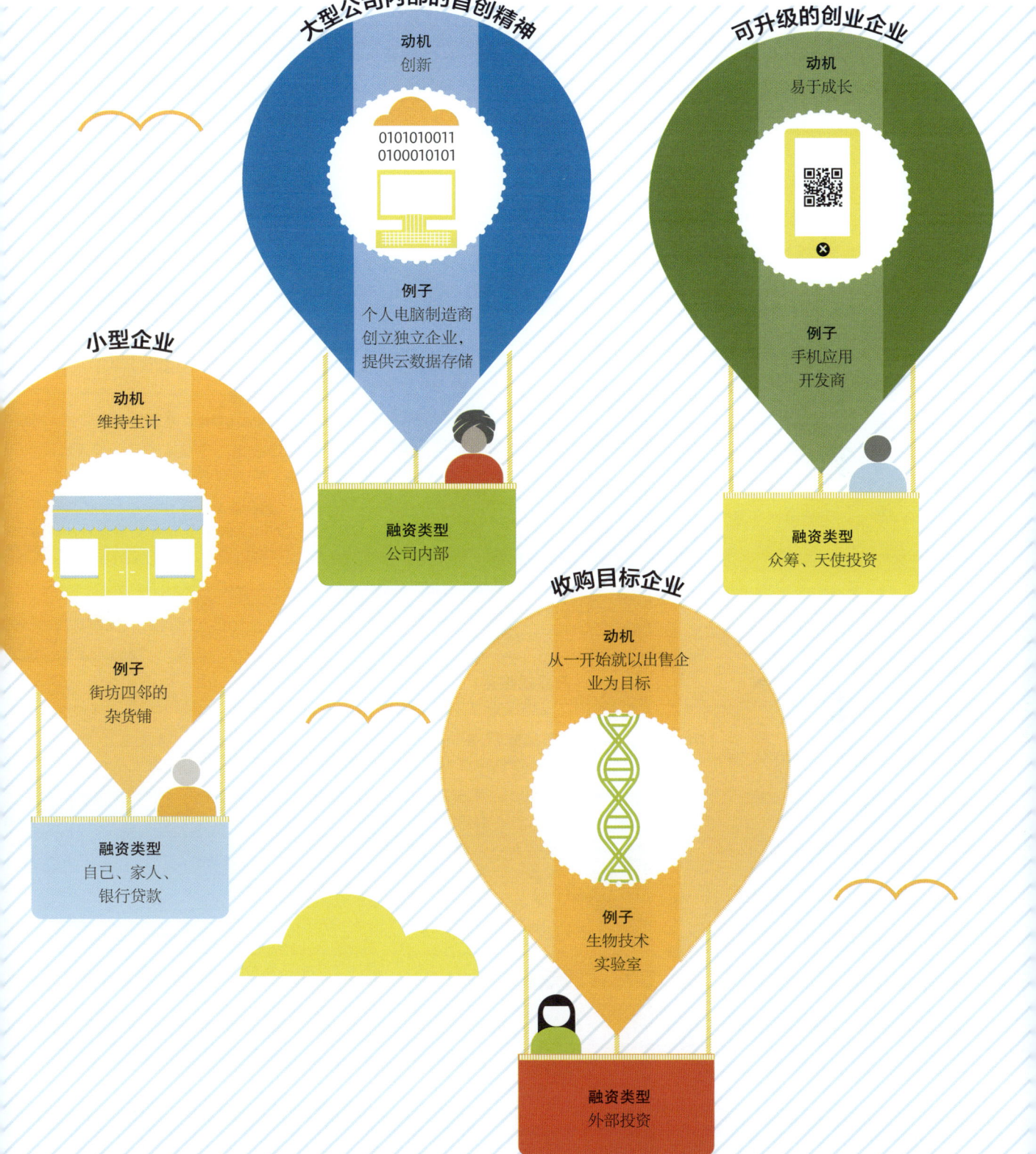

商业计划

制订商业计划是发展创业企业的一个关键步骤。商业计划给出了企业的目标、市场分析，以及预期的收入和利润。

运作原理

创业企业家在撰写商业计划书之前，必须进行充分的研究，找到产品或服务在市场上的明显机遇，针对出售的产品或服务，为拟成立的新企业设定独特的定位，以吸引市场的注意。精确的销售预测和对现有财务状况的全面概括，是商业计划书不可或缺的要素，尤其是寻求外部融资时。

关键要素

制订商业计划可能会花费数周的时间，但细致的筹划是值得的。商业计划书是获得融资的关键文件，因此，财务预测应既务实又精确。向他人展示商业计划书时，应将内容缩减为两个A4页面，用简单明了的文字撰写，并对技术术语做出解释。

69%
当前小企业主中推荐制订商业计划的比例

执行摘要

这一部分应最后完成，请记住，对于繁忙的人士，执行摘要可能是他们唯一会阅读的部分：

▶ **企业概要** 企业架构、名称、产品或服务、客户简介

▶ **企业目标** 一年、三年及五年的目标

▶ **财务概要** 预期的销售额、成本及融资额

▶ **电梯游说** 向投资者宣传创意的两分钟演讲

产品或服务

描述企业打算出售的东西：

▶ **产品或服务** 如果产品是全新的，请提供图片

▶ **系列** 如果产品多于一种，如园林设计与维护，应介绍产品系列

▶ **如何与众不同** 说明让产品或服务脱颖而出之处

企业背景

详细介绍企业中每个人物的：

▶ **经验** 迄今为止开展的相关工作、成就、建立的人脉

▶ **资历** 资格认证，如开展园艺服务的园艺学文凭

▶ **培训** 过去及现在参与的培训，包括增强自信等商务技能的培训

市场

列出潜在市场的特殊细节：

▶ **典型客户** 企业或个人及其简介；地方、全国或全球客户

▶ **市场研究** 类似的产品或服务，有哪些地方市场

营销战略

选择下列方法中的三个：

▶ 社交媒体　　　　▶ 广告

▶ 网站　　　　　　▶ 商业文献

▶ 口碑　　　　　　▶ 直接营销

制订商业计划的五大原因

▶ **撰写过程** 遵循每个要素，保证没有遗漏。

▶ **成本计算** 确定企业是否可行的唯一途径是算出成本与销售额的细节。

▶ **融资** 好的商业计划能够提高获得贷款的概率。

▶ **专业领域** 制订商业计划有助于明确在哪些方面需要外部支持，如簿记和营销。

▶ **了解竞争对手** 进行市场研究是使企业获得领先优势的最佳途径。

✓ 必备知识

▶ **SWOT** 即优势、劣势、机遇和威胁的缩写。

▶ **独特的销售主张（USP）** 使产品同竞争者截然不同的特性。

竞争分析

展示企业创意与竞争者的不同之处：

▶ **竞争者列表** 竞争者是谁、在什么地方，它们出售什么、出售的价格是多少、出售的东西有多好

▶ **SWOT分析** 如何弥补劣势、对抗已知威胁（如设在附近的园艺中心）

▶ **独特的销售主张** 产品或服务的独特卖点

经营与物流

描述企业如何进行日常经营：

▶ **供应与交付** 产品或服务如何从A地抵达B地

▶ **设备** 运输工具、办公物品、不动产的详细信息

▶ **支付、法律与保险** 客户的支付方式，付款如何转换为工资；遵守法律

成本与定价战略

计算产品或服务的成本及售价：

▶ **成本** 制造和交付每件或每批产品的费用

▶ **价格** 每件或每批产品的售价

▶ **利润差额** 每单位成本与价格之差

财务预测

预测一年内的销售额与成本，并将季节波动考虑在内，如春季对园艺服务的需求增加：

▶ **销售核算** 每个月的预期销售量

▶ **成本核算** 每月预期销售量对应的成本

▶ **现金流预测** 流入及流出企业的资金

备用计划

制订备用计划，以备未预料的不利情况：

▶ **短期变化** 立即削减成本或增加销售额

▶ **长期变化** 进行转变，如上网工作而不是改换地点

▶ **停业** 如果企业停业，会获得经验教训和技能

筹集资金

大多数新企业需要资金周转，使企业免于破产直至盈利。获得财务支持的渠道多种多样，不同渠道适用于创业企业的不同发展阶段。

运作原理

新企业的资本主要来源于放款人和投资者。银行等放款人以贷款的形式提供债权资本，贷款需同利息一起偿还。天使投资人（Business Angels）、风险资本家（Venture Capitalists，VCs）等投资者以企业股票的形式提供股权资本，而股票包含了一定比例的控制权和收益。这两种融资可以是公司性质的，即来自一家公司，也可以来自其他渠道，如众筹。

创业企业的融资类型

公司性质的数额庞大的资金，一般来自银行和风险资本家；数额较小的资金，则来自较为私人的渠道。

放款人
债权资本通常以贷款形式发放，需同利息一起偿还。

定期贷款　在确定的时间段内定期偿还

银行汇票或信用卡　若未能全额偿还欠款，就需按月支付利息

保理/发票贴现　将尚未付款的发票打折出售给一家公司，该公司收集发票以获得佣金

➤ **银行**　提供个人贷款或企业贷款

➤ **房屋协会**　提供房产贷款（房屋抵押）

➤ **政府**　提供低息创业贷款

➤ **信用联盟**　合作组织，向其成员提供低息贷款

➤ **个体对个体（P2P）借贷**　无担保的个人贷款

➤ **亲朋好友**　可以提供无息贷款

➤ **银行或信用卡公司**　向企业发放贷款的金融组织

➤ **保理商和折现商**　垫付尚未付款的发票，并以此来赚取利润的公司

✓ 必备知识

➤ **P2P借贷**　通过互联网进行的个体之间的借贷。

➤ **众筹**　通过互联网平台筹集债权资本或股权资本。

创业融资

36%

潜在小企业主中认为获得启动资金是首要任务的比例

投资者
付给创业企业股权资本，以换取企业股票

补助金
由公立机构提供的财务奖励

创始人、朋友和家人（FFF） 可以购买企业的股票，而不是借钱给企业

地方、全国、全球 由地方当局、政府倡议或国际慈善机构出资

众筹 有众多支持者，每个支持者贡献少量的资金，通常在网上进行

天使投资人 提供优惠条件，注重企业成功而非利润的投资人

风险资本家 为创业企业提供资金，以期获取利润的公司

众筹的类型

　　众筹正在成为更可接受的另类资金来源。众筹主要分为三种类型。

▶**基于股权** 企业出售股票以筹集资金。作为回报，投资者拥有企业的部分股权。

▶**基于债权** 个人借钱给企业。作为回报，企业同意按既定的时间间隔偿还借款，可以有利息也可以没有。

▶**基于特许权使用费** 在这种情况下，企业一产生收益，众筹出资人就会获得一定比例的企业收益。

另类模式

2008年国际金融危机爆发以来，不少富有新意、更为个性化的融资方式，如众筹，在互联网上发展并兴盛起来。这些融资方式遵循如下原则：向大量个体分别筹集少量资金，将这些资金汇集起来，得到所需的贷款或股权。

借贷的信用分析标准

能力

商业计划体现了借款人偿还贷款的能力。

资本

很多放款人会评估借款人的净资产，检查其资产是否超过债务。

品行

借款人应当展示良好的信用记录和获得成功的能力。

抵押品

借款人通常需要抵押资产，如果资金太少，不能支付每月的利息或无法在贷款期末偿还本金，借款人就需要出售资产以偿还贷款。

条件

借款人受到当前经济状况以及贷款总额的影响。

投资的生命周期

成功融资的关键是：在企业成长的各个阶段，选择正确的融资类型。创业企业的规模不大，资金通常来源于自身的融资，以及家人、朋友和准备好承担高风险的人士的资助。众筹的参与者是希望企业家获得成功的非职业投资人。对于天使投资人和风险资本家，他们如果认为注入大量资金会带来可观的利润，就会承担高于其他放款人（如银行）的风险。随着销售额飙升，获得成功的可能性增加，这时公开市场（如证券交易所）往往会提供额外的资金支持。无论在哪个阶段，投资者都会进行信贷分析，评估企业偿还债务的能力。

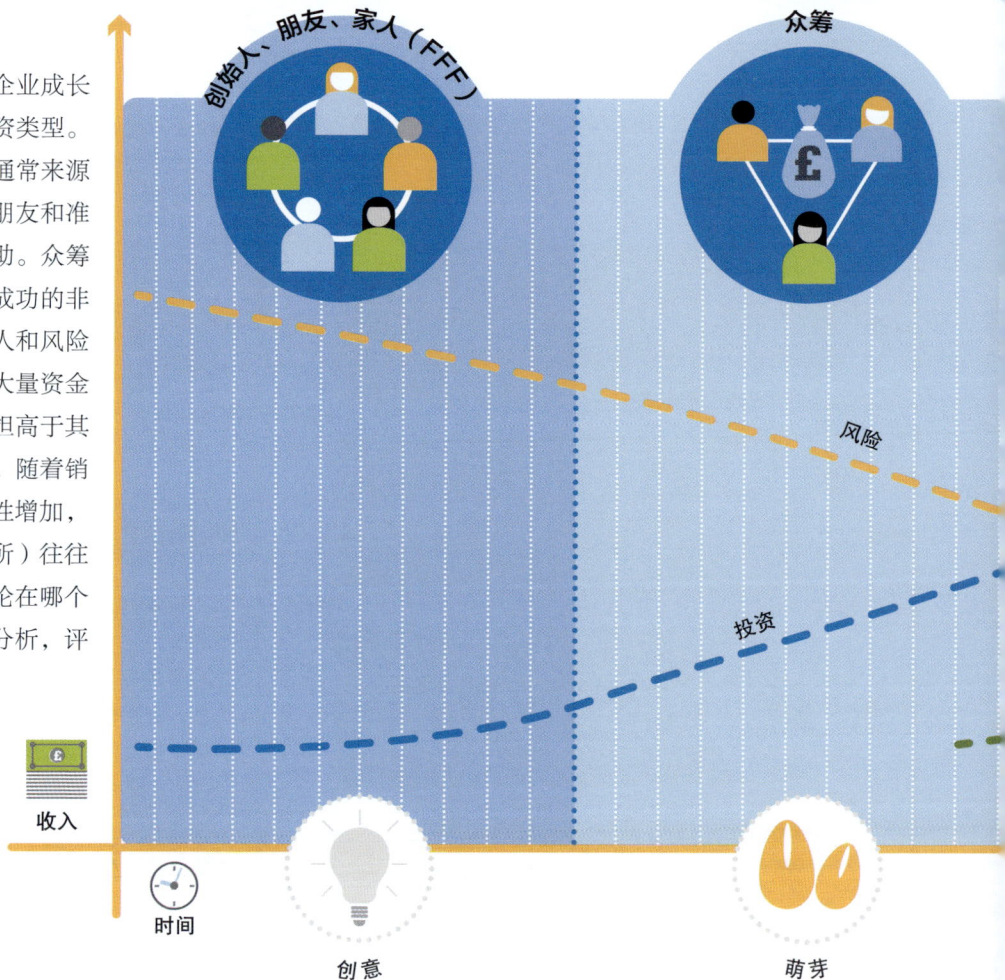

创始人、朋友、家人（FFF）

众筹

风险

投资

收入

时间

创意

萌芽

中小企业（SMEs）的创业融资

下表列出了2017—2019年英国新成立的中小企业（成立时间前推五年）的启动资金来源。数据来源是英国商业银行（British Business Bank）2019年的一项调查。到目前为止，最常用的资金来源是个人储蓄。

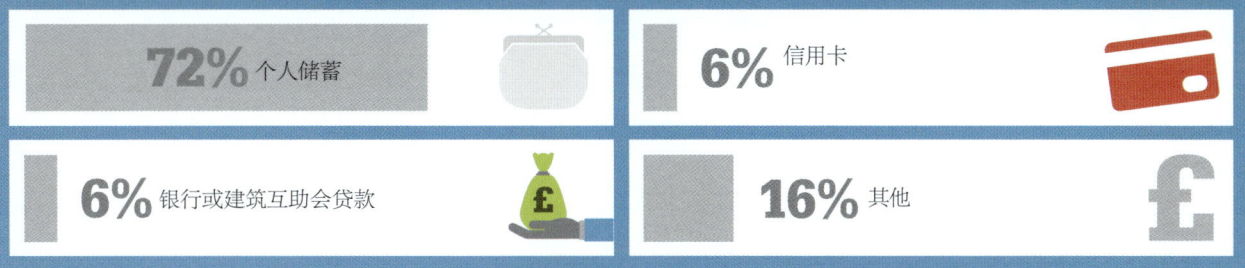

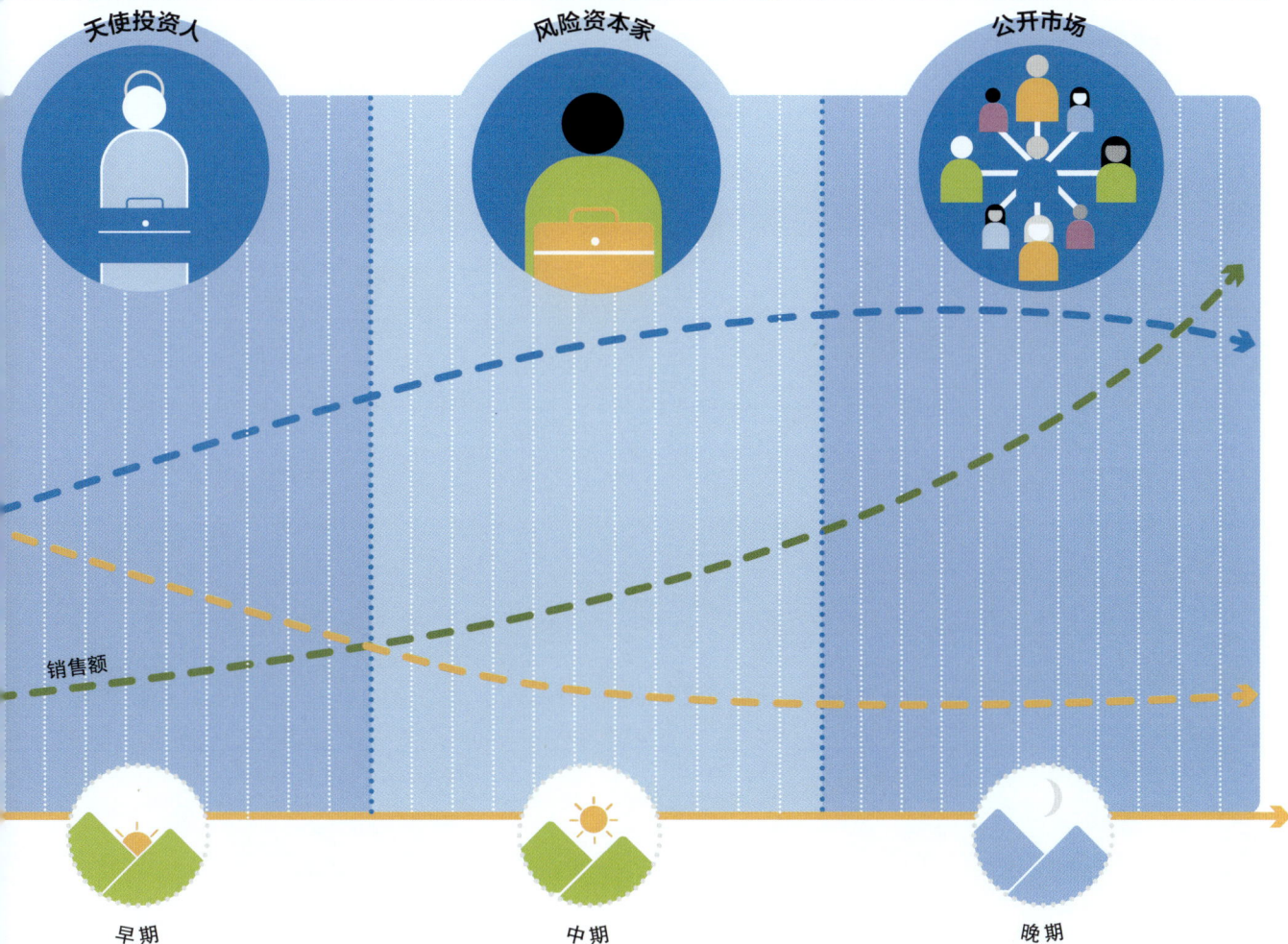

72% 个人储蓄

6% 信用卡

6% 银行或建筑互助会贷款

16% 其他

天使投资人

风险资本家

公开市场

销售额

早期

中期

晚期

企业加速器与企业孵化器

创办新企业可能是个漫长的过程。企业（Business，英文也作Venture）加速器和企业孵化器是致力于发展创业企业，并为之提供支持的专业机构。

运作原理

在企业的早期发展阶段，企业加速器和企业孵化器通常会介入，为企业提供支持和人脉资源，以换取一定比例的企业所有权。企业加速器和企业孵化器是两类独立的服务。企业加速器属于短期项目，它提供广泛的支持，包括指导、商业建议，以及联系潜在的资金来源。企业孵化器则提供一种支持性的环境，通过提供技术协助、办公场所、建立人脉网络的机会，帮助初出茅庐的企业发展起来。

企业加速器

企业加速器提供短期（1～3个月）训练营，适合资金有限的创业企业。个别加速器专注于特定的领域，如软件开发。

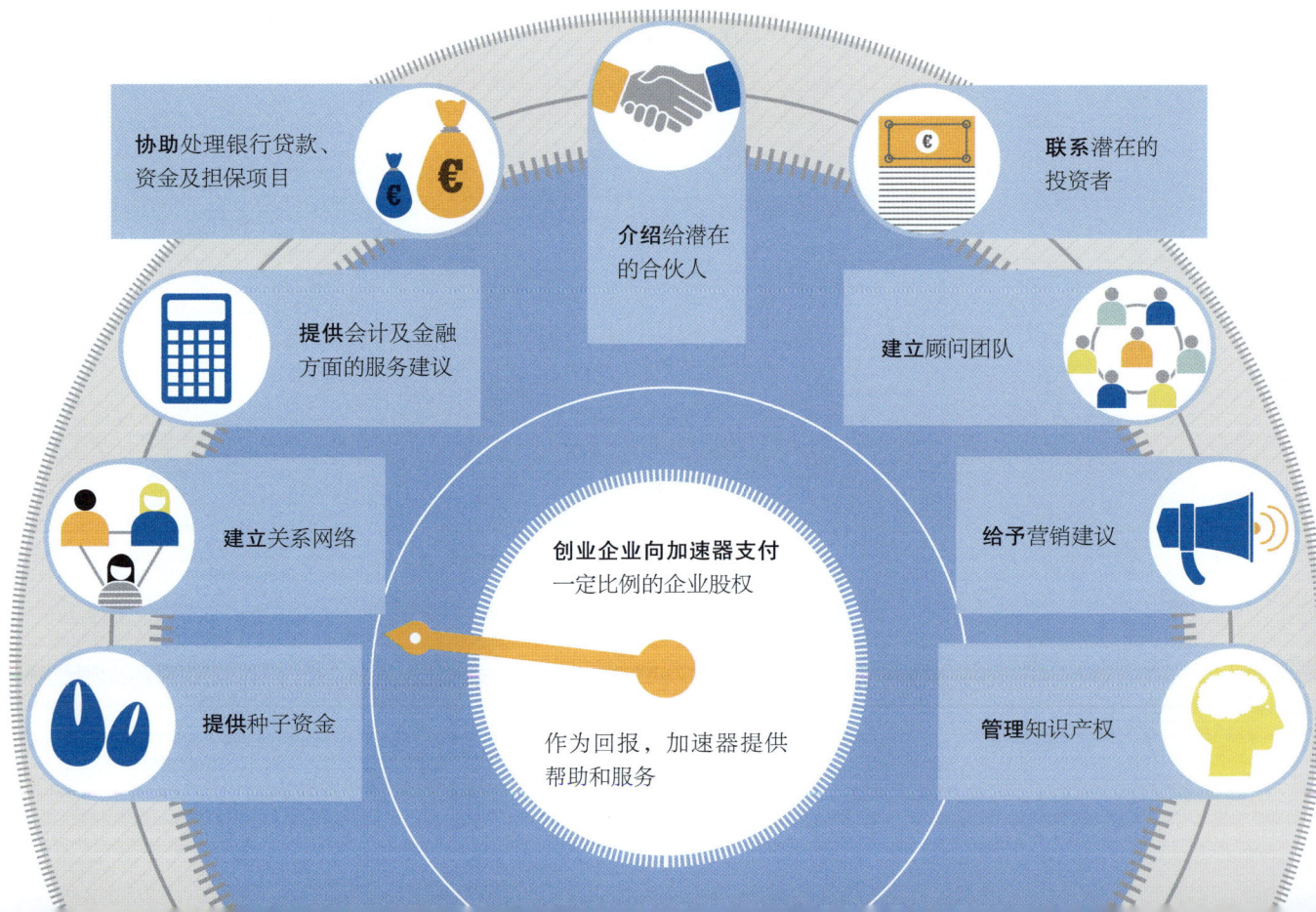

协助处理银行贷款、资金及担保项目

联系潜在的投资者

介绍给潜在的合伙人

提供会计及金融方面的服务建议

建立顾问团队

建立关系网络

给予营销建议

创业企业向加速器支付一定比例的企业股权

作为回报，加速器提供帮助和服务

提供种子资金

管理知识产权

企业孵化器

　　企业孵化器通常由非营利组织发起，其期限更长（1~5年），能够迎合各类客户需要，其中许多孵化器专注于科技领域。

将创业企业介绍给孵化器

创业企业支付给孵化器一定比例的企业股权。企业可能还需要支付租金以共享孵化器的部分工作场所。作为回报，创业企业会得到孵化器提供的一系列好处。

✓ **必备知识**

▶ **孵化器网络** 孵化中心、研究机构及科技园的合作。

▶ **虚拟企业孵化器** 提供给创业企业的网络温室。

1.07亿美元

2012—2017年，美国和加拿大的企业加速器在全球的投资规模

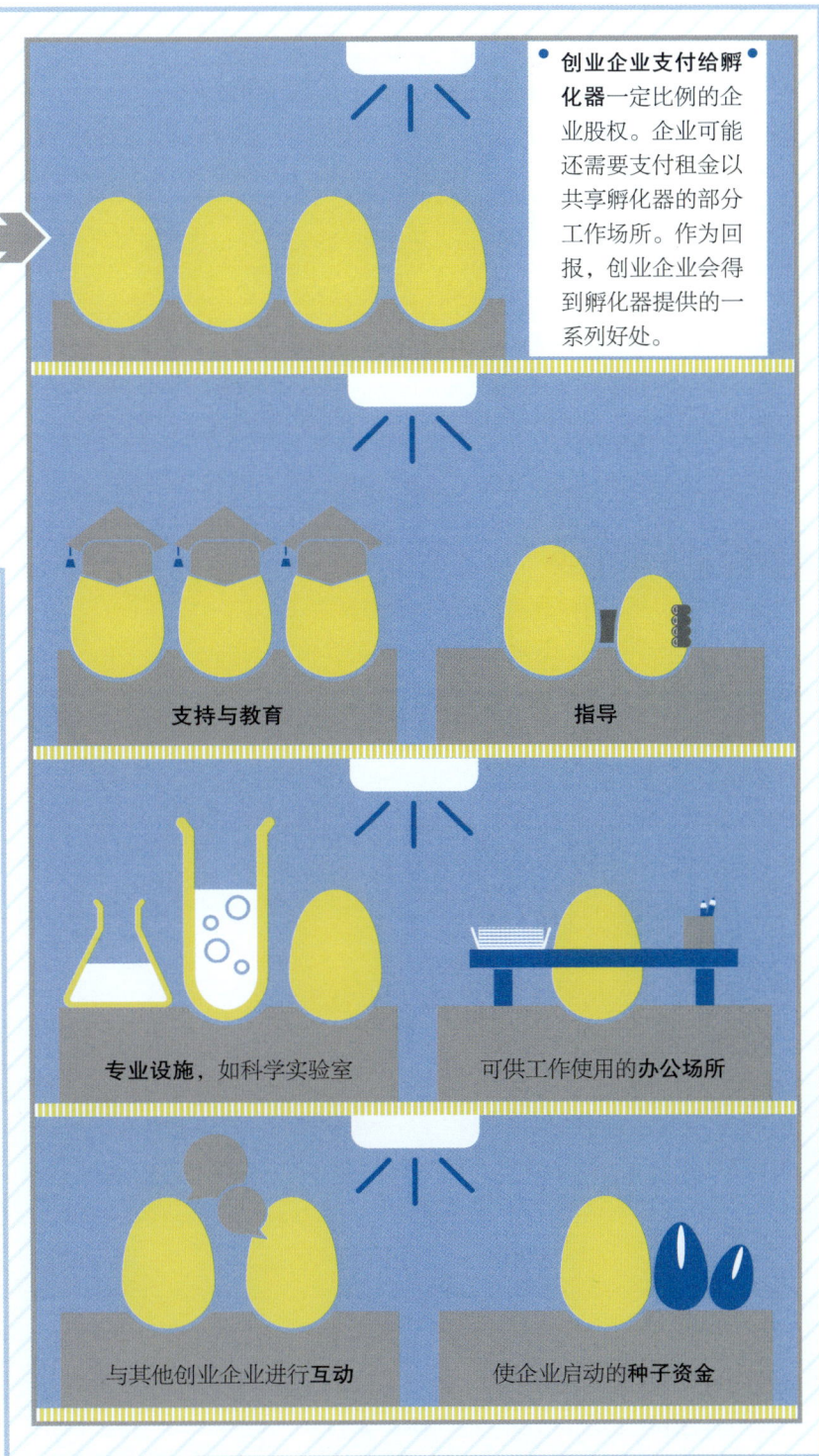

支持与教育

指导

专业设施，如科学实验室

可供工作使用的**办公场所**

与其他创业企业进行**互动**

使企业启动的**种子资金**

企业的买卖

私人企业和公众企业会定期易主——被买卖、重组，这体现出商业环境的不断变化。这些交易被概括为"兼并与收购"（简称"并购"）。购买另一家企业一般需要支付收购费用，其形式通常为贷款或风险资本。

如何购买一家企业

购买一家企业有两种典型方式——由管理团队购买，或是由另一家企业购买。若由另一家企业购买，结果可能是兼并（Merger），即两家企业联合起来；也可能是收购（Acquisition）；还可能是分拆（Demerger），即企业的一部分被转让。管理团队的购买则常通过私募股权进行融资。

目标企业

待售

由管理团队购买

私募股权公司寻找潜在的投资企业，在这些企业的利润达到顶峰时，出售所持股份以实现收益。这为管理团队提供了资金。参见48～49页。

内部收购（Buy-out）

现有的管理团队买断其所在企业。

外部收购（Buy-in）

外部管理团队买入企业。

分拆

企业的一部分被分拆出去，形成一家新企业；可能成为收购目标。参见44～45页。

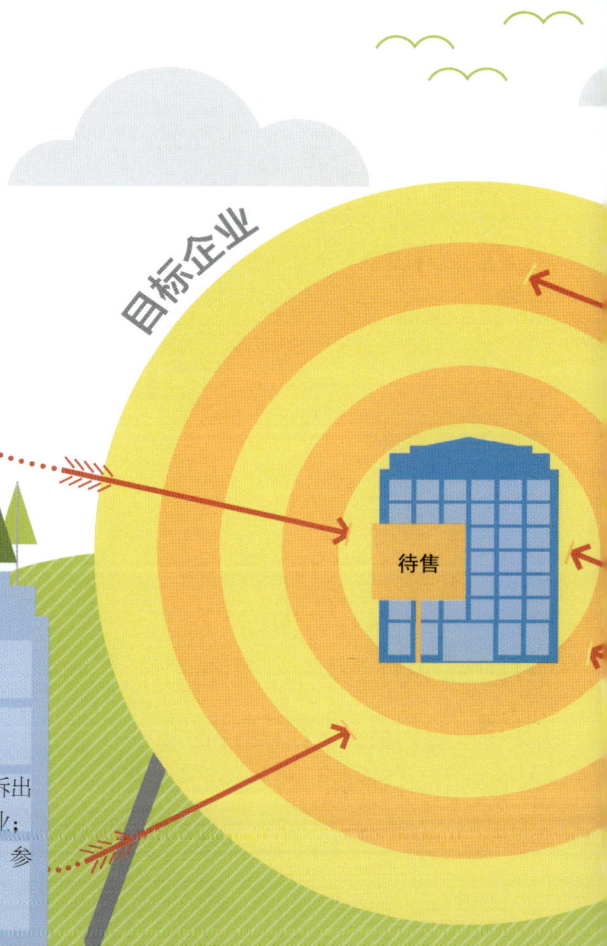

45652起

2020年全球并购交易数量

由另一家企业购买

目标企业希望通过联合另一家企业实现扩张。

兼并

目标企业与另一家企业联合。
参见42～43页。

收购

横向收购 生产类似产品或提供类似服务的另一家企业购买目标企业。

纵向收购 生产不同产品或提供不同服务的另一家企业购买目标企业。参见46～47页。

并购必备知识

大型交易的度量

企业界根据资本化规模（企业股票价值）对并购交易进行分类。

小型	不足5亿美元	
中型	5亿美元至20亿美元之间	
大型	20亿美元至100亿美元之间	
特大型	大于100亿美元	

尽职调查（Due Diligence）

在出售企业之前，潜在买家应阅读律师准备的详细报告，该报告涵盖了目标企业的关键因素。

▶**财务因素** 找出可能影响企业未来价值的问题。

▶**法律因素** 评估可能与企业地位、资产、证券、知识产权和员工重组相关的法律风险。

▶**商业因素** 包括产业趋势、市场环境、企业能力和竞争对手。

▶**环境因素** 揭示潜在的责任，如土壤和水污染，并且估算补救成本。

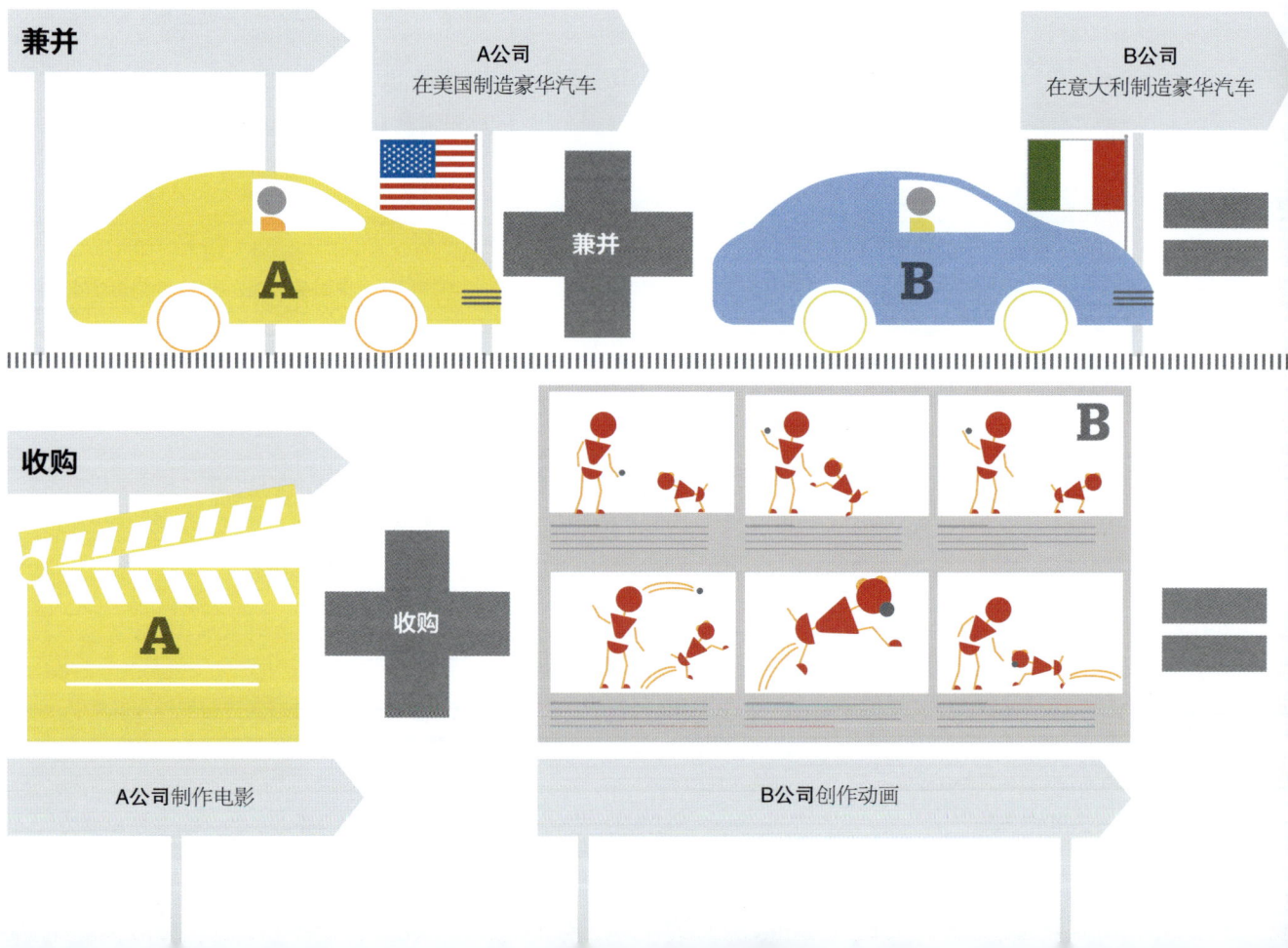

兼并与收购

加速扩张有两条最快的途径：企业购买另一家企业，即收购，或者与另一家企业合并，即兼并。

如何运作

兼并与收购（并购）是一个笼统的术语，它指的是企业被买卖、重组的途径。在兼并与收购中，两个独立的法律实体合并成单个法律实体。兼并是指两家企业在地位平等的前提下创立一家新企业，从而使双方的境况都得到改善；而收购通常是一家大企业购买一家小企业，收购对买方企业有好处，但不一定使目标企业受益。并购可能是友好的，即经过双方同意的；也可能是恶意的，即强迫实施的。

寻求并购的原因

▶ **改善规模经济** 拓宽经营渠道可以提高生产和销售效率。

▶ **占有更大的市场份额** 整合既有市场，扩大市场份额。

▶ **多元化经营** 若产品之间能够互补，那么独树一帜的产品系列会带来交叉销售的机遇，或是使经营更有效率。

兼并

A公司
在美国制造豪华汽车

B公司
在意大利制造豪华汽车

A ＋ 兼并 B ＝

收购

A ＋ 收购 B ＝

A公司制作电影

B公司创作动画

友好vs敌意

- ▶目标企业的董事会和管理层同意被并购。
- ▶并购企业向目标企业的董事会和管理层提出现金或股票报价。
- ▶现金或股票报价被定在溢价水平上。
- ▶因为报价高出实际市场价格，所以目标企业的股东通常会同意被兼并或收购。

- ▶并购企业绕过管理层，直接接触目标企业的股东。
- ▶目标企业的管理层反对交易。
- ▶并购企业劝说股东投票罢免管理层（Proxy Fight，委托书争夺战），或者向股东提出报价，按高于市场的价格（投标价格）购买股票。

✓ 必备知识

- ▶**帕克曼战略**（Pacman Strategy，也译作"反噬防御战略"）即反向收购，目标企业尝试收购进行恶意买断的企业。
- ▶**互换率** 兼并时，两家企业的股票价值的兑换比。
- ▶**防御性兼并** 兼并或收购可能对企业造成威胁的其他企业。
- ▶**规模经济** 并购为企业带来的好处。

新企业A + B
拥有扩大的市场，跨越欧洲和北美

扩大的企业A
在企业内部拥有了制作动画电影的专门技术

7340亿美元
2020年亚太地区各类并购交易的价值

分拆

兼并会使企业规模扩大，而分拆则会缩小企业规模，它将企业分成更小的部分或部门，然后将这些小部分或小部门出售或解散。

如何运作

分拆发生的典型情况是：企业为扩张到新的业务领域而借入了债务，但新的领域尚未盈利，企业只得奋力偿债。为了将企业的其余部门从债务负担中解救出来，管理层决定启动分拆。一般而言，分拆的目的是剥离盈利性最差的业务领域；或者，从潜在买家的角度来看，分拆即剥离有前途但尚未盈利的领域。通过分拆而进行重组的过程，其目的是使企业摆脱低回报部门，削减债务，降低融资门槛，给予股东更高的回报。通过分拆，母公司的股价通常会强力反弹，而分拆出去的部分或部门也会兴旺起来。

实践中的分拆

动力涂料有限公司（Smith Industries Ltd）是一家工业涂料联合大企业。由于销售扩张，公司的利润上升，使公司在过去五年迅速发展。该公司奉行多元化经营，开始涉足农业化工品、纺织和生物技术领域，并为每项业务设立了独立部门。然而，这三个部门糟糕的财务表现使公司股价迅速下跌。

进行决策

面对商业的不景气，该公司决定将新的商业领域分拆出去，这些领域虽有增长的迹象，但并未显示出强有力的回报。

工业涂料

纺织

动力涂料有限公司

农业化工品

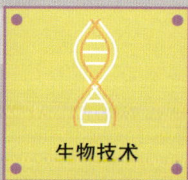
生物技术

宣布出售

动力涂料有限公司宣布出售三个部门：农业化工品部、纺织部和生物技术部。

工业涂料

动力涂料有限公司

出售	出售	出售
农业化工品	纺织	生物技术

必备知识

- ▶ **分拆企业**　分拆形成的新企业；也称作剥离企业（hive-off）。
- ▶ **追踪股票**　母公司为即将出售的部门或子公司发行的特殊股票类型；追踪股票与特定部门而非整个公司的绩效相关；也称作目标股票（Targeted Stock）。
- ▶ **意向书**　严肃陈述经营意向的文件，通常与并购相关。
- ▶ **反向兼并**　不应与分拆相混淆，指的是通过购买一家壳公司——一家因破产或清盘而不再营业的公众公司，而使一家私人公司以低廉的成本迅速上市的方法。
- ▶ **分割**　美国用来表示分拆的术语。

3.3%

拆分公告发布后，公司股价的平均涨幅

股东的好处

原来企业的股东会获得三家新公司的股票，持股比例不变。

公司一变四

三个部门被分别卖给投资者，形成三家独立公司。三家新公司的股票均在市场上出售。母公司收缩回核心业务，股价反弹。

动力涂料有限公司

工业涂料

化工有限公司

农业化工品

面料公司

纺织

生物有限公司

生物技术

纵向整合与横向整合

希望通过兼并和收购进行扩张的企业，可以选择横向整合（Horizontal Integration）战略或纵向整合（Vertical Integration）战略，即合并业务活动相似或不相似的企业。

如何运作

企业在进行兼并或参与收购时，可以在多个战略中做出选择。横向整合与纵向整合是最常见的两个选择。

横向整合在生产类似产品（如汽车、手机）的竞争者之间进行，企业通常共享或竞争同一批供应商或客户。横向整合的结果是：新成立的企业能够削减生产、分销、销售和营销方面的成本。纵向整合通常发生在同一行业但处在不同阶段的企业之间，如一家电脑制造商和一家零件制造商，可以整合上游企业（面向市场），也可以整合下游企业（面向经营和生产方向）。

实践中的整合模式

在下述的假想例子中，一系列印刷厂、出版社和书店在横向整合或纵向整合中相互兼并或收购，以达到巩固市场地位、利用规模经济、发挥协同效应的目的。

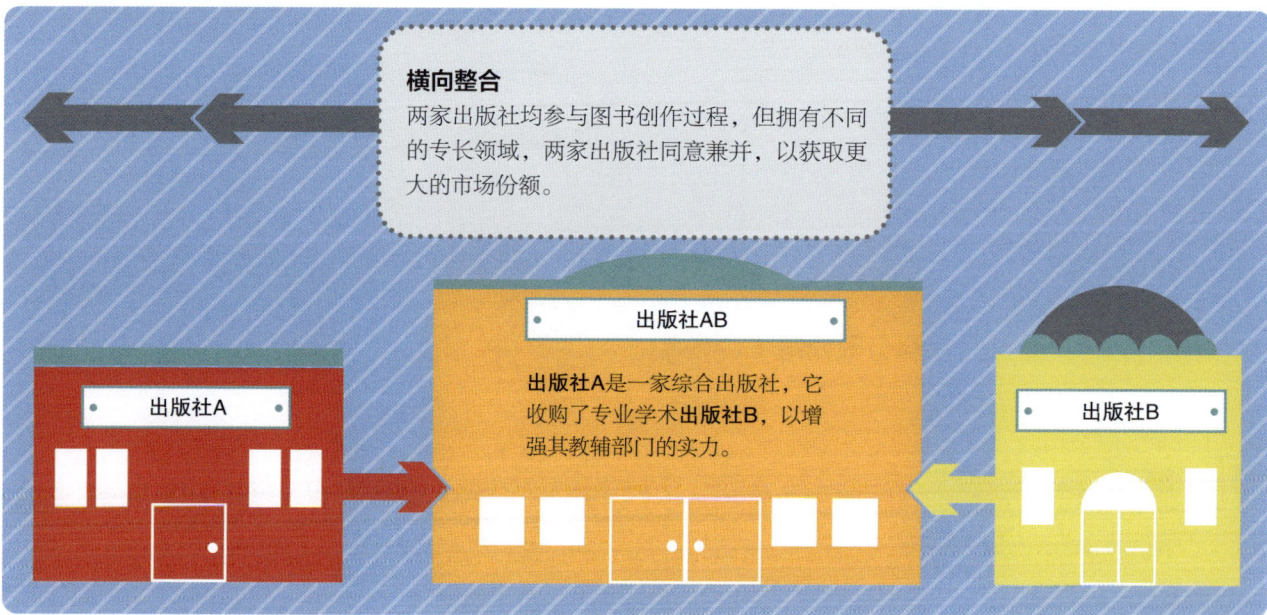

横向整合
两家出版社均参与图书创作过程，但拥有不同的专长领域，两家出版社同意兼并，以获取更大的市场份额。

出版社AB

出版社A

出版社B

出版社A是一家综合出版社，它收购了专业学术出版社B，以增强其教辅部门的实力。

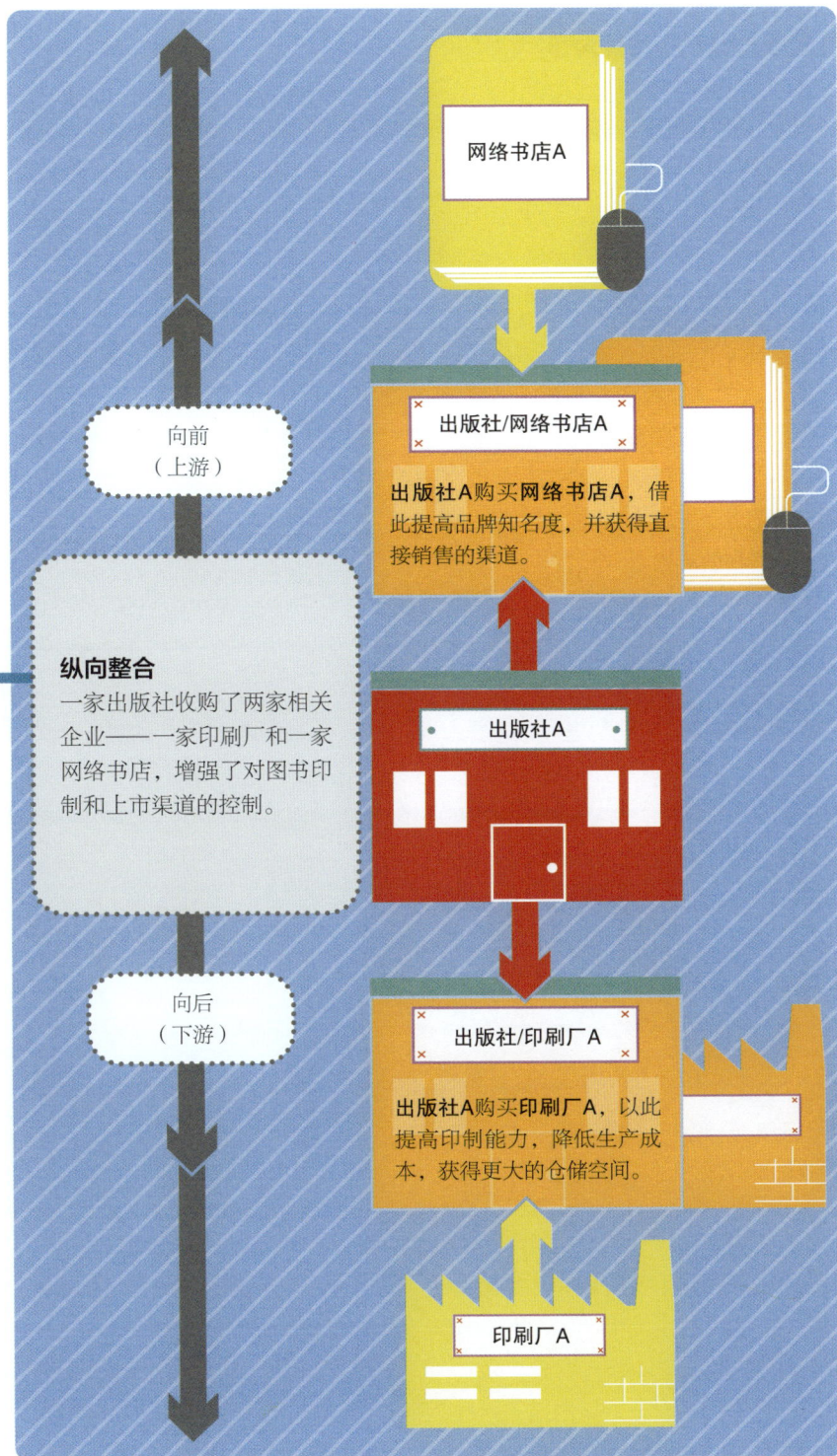

网络书店A

出版社/网络书店A

出版社A购买**网络书店A**，借此提高品牌知名度，并获得直接销售的渠道。

出版社A

出版社/印刷厂A

出版社A购买**印刷厂A**，以此提高印制能力，降低生产成本，获得更大的仓储空间。

印刷厂A

向前
（上游）

向后
（下游）

纵向整合
一家出版社收购了两家相关企业——一家印刷厂和一家网络书店，增强了对图书印制和上市渠道的控制。

86%
未超过初始预期收益或回报率的并购交易比例

兼并与收购的类型

横向并购

两家类似领域的企业合并的情形，通常是为了利用规模经济，分享技术和资源、减少竞争。脸书（Facebook）和照片墙（Instagram）的兼并就是一例。

纵向并购

同一供应链上的企业合并的情形。有时是为了确保对原材料的供应和控制。一家服装制造商收购一家棉纺厂便是纵向并购的例子。

混合并购

不同行业的企业合并的情形。其优势是扩大客户群体，交叉销售产品或服务。食品公司达能（Danone）收购荷兰公司纽密科（Numico）就是一例，此举使得达能公司将业务扩展到了婴儿食品和保健品市场上。

外部和内部管理团队收购

　　企业所有权会经历变动，变动可以由外部因素驱动，即外部管理团队收购（Management Buy-in），也可由内部因素驱动，即内部管理团队收购（Management Buy-out）。

如何运作

　　在外部管理团队收购中，来自企业外部的一群管理者或投资者筹集资金，购买企业的多数股权，进而接管企业的管理团队。外部管理团队收购的情况往往发生在企业估值过低或业绩不佳时。而在典型的内部管理团队收购（也译作"管理层收购""管理层买断"）中，企业的既有管理团队会购买该企业的全部或部分股票。虽然此举称作内部管理团队收购，但并不限于管理者，也可以包含员工，他们来自企业的各个层级，希望完成由雇员到所有者身份的转换。

✓ 必备知识

▶ **盈利能力支付计划**　收购完成后，若企业的表现符合预期，收购企业才会支付给被收购企业一部分购买款。

▶ **杠杆收购**　用股权和借入的资金来收购一家企业，并把收购的企业作为贷款的抵押品。

外部管理团队收购

　　一些企业（如投资银行或风险资本家）可以购买估值较低的企业，通过改造这些企业，赚取可观的利润。

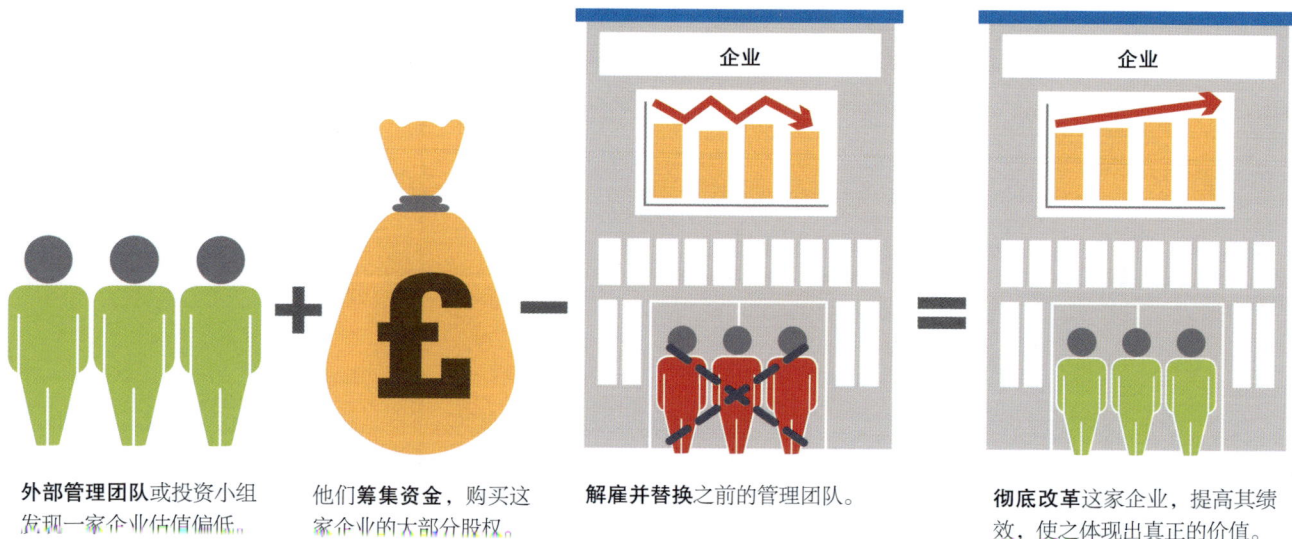

外部管理团队或投资小组发现一家企业估值偏低。

他们**筹集资金**，购买这家企业的大部分股权。

解雇并替换之前的管理团队。

彻底改革这家企业，提高其绩效，使之体现出真正的价值。

内外部管理团队联合收购（BIMBO）

　　在内外部管理团队联合收购中，发起收购的是企业的内部既有管理团队，但金融机构还是引入了外部管理团队，用以加强企业的领导权，并提供特殊领域的专业技能，而这些专业技能可能正是最初的管理团队所缺乏的。

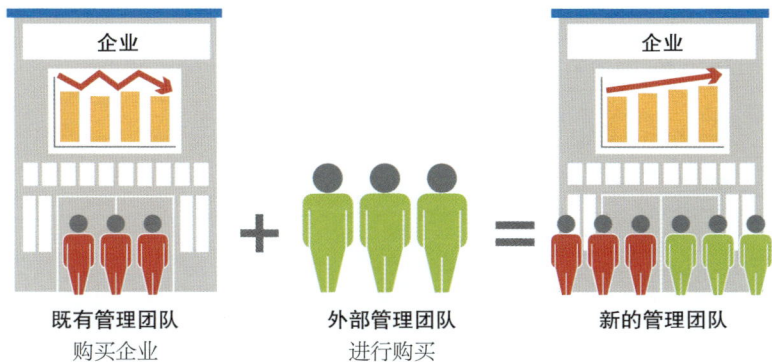

企业		企业
既有管理团队 购买企业	+ 外部管理团队 进行购买	= 新的管理团队

9 : 1

杠杆收购中，债务股本比的典型水平

内部管理团队收购

　　内部收购使企业出售全部或部分业务，也有助于小企业主隐退或跳槽。

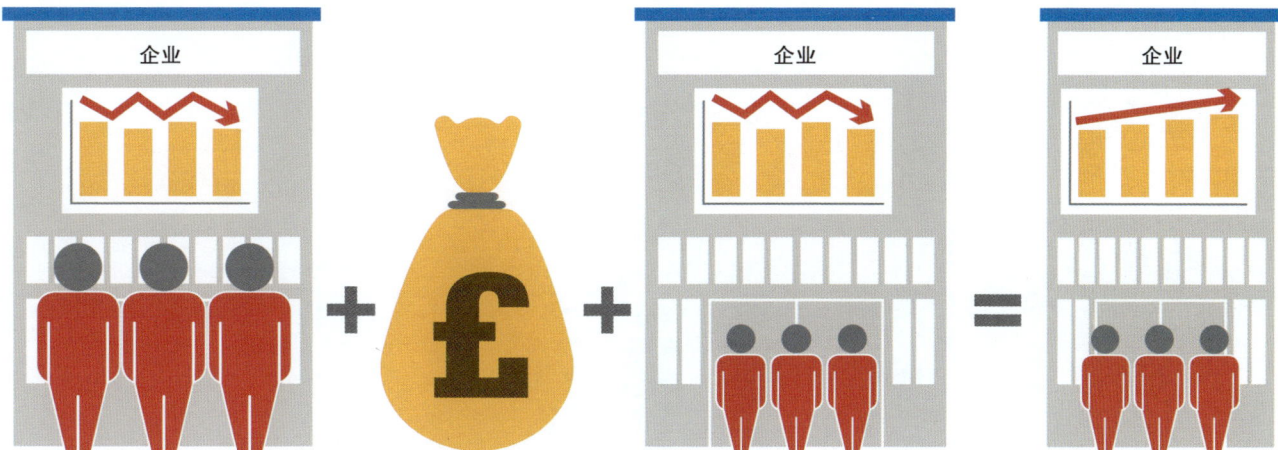

对外出售企业部门时，企业自身的**管理团队**看到了掌握所有权的机遇。

管理团队通过银行贷款、私人投资者、自有资金或卖方的贷款来**筹集资金**。

管理团队买下企业。

这样，**管理团队**就成了**企业所有者**，他们会精简企业，使之创造更高的利润。

治理架构

企业的架构和层级会随着业务的增长而发展。目前的趋势是，砍掉不必要的管理层级，确保组织中的每个人都了解各自的角色，知道向谁报告。最重要的是，层级结构应当与企业类型相适应，权力应当下放给适当的层级，从而便于及时做出决策。

企业组织名录

利益相关者和股东

利益相关者（Stakeholder）是在企业拥有既得利益的人士。股东（Shareholder）是购买了企业股票的利益相关者。参见60~63页。

董事会

董事会确保企业经营有利可图，从而为股东带来回报。董事投票选出董事长，董事长有时也兼任首席执行官（CEO）。参见52~55页。

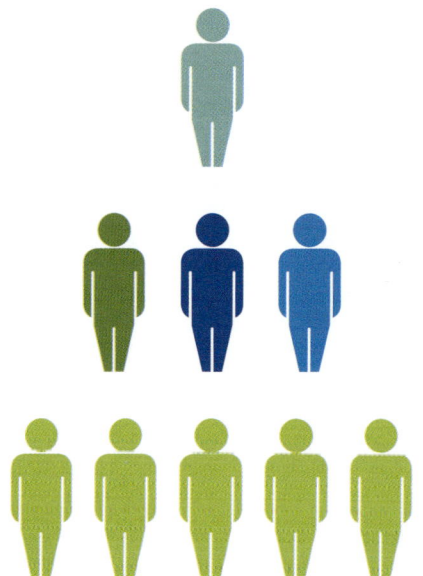

C级高管

处理企业日常事务、制定战略的高级管理人员。之所以称作"C级高管"（C-Suite），是因为所有职位均以"首席"（Chief）的缩写"C"开头，并由首席执行官（CEO）领导。参见56~59页。

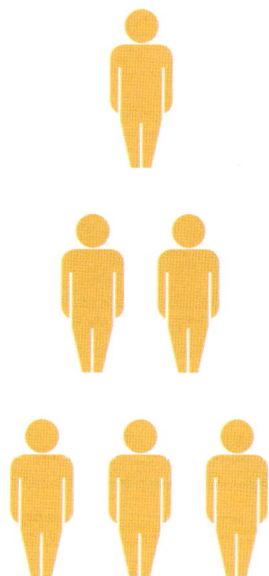

1/3

全球范围内，对信任自己
组织的领导表示强烈认同
的员工比例

前线和后台

　　一些员工直接参与经营活动，如制造商品、提供服务，或是营销和销售产品或服务。这些员工有时被称为前线（front line）。他们的工作固然重要，但如果缺少后台工作人员的支撑，他们的工作就无法开展。后台工作人员包括财务、IT和人力资源方面的人员。确保前线和后台通力合作，使企业顺利开展业务，是至关重要的。

中层管理

分支及部门的领导人通常称为总监或经理。当企业缩减规模或进行重组时，这一层次的工作岗位通常会最先受到影响。参见56～59页。

基层管理

主管、经理或团队的队长直接管理完成特定任务的员工群体。相应的例子有护士长和领班。参见56～59页，74～75页。

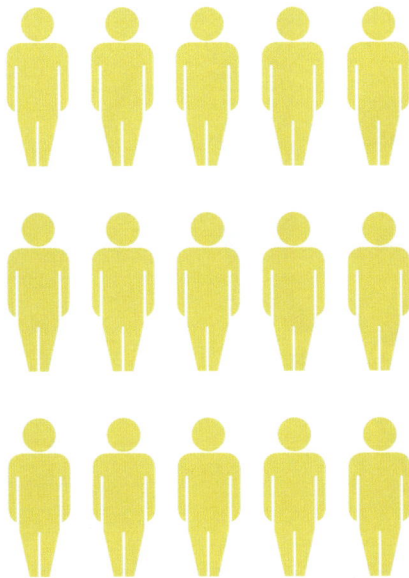

非管理层员工

这包括熟练和非熟练工人，也包括因拥有专业知识而被聘用的人，如税务专家和参与研究的科学家。参见54～59页，74～75页。

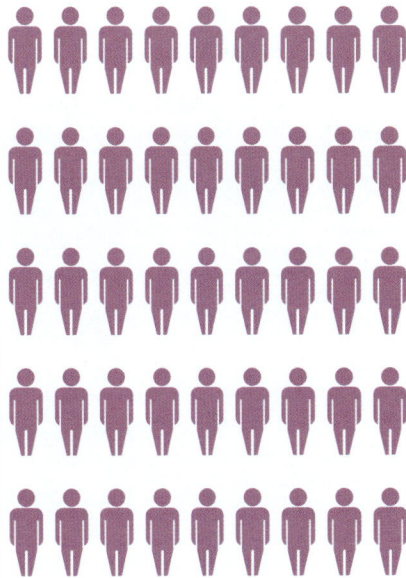

董事会

法律规定，公众公司必须任命董事会进行监督。

运作原理

所有企业至少应拥有一名董事。法律规定，若企业上市并发行股票，则必须设立董事会。董事会由经验丰富的商业顾问组成，他们代表股东对企业进行独立监督，法律要求他们尽职治理企业。

董事会成员可以来自企业内部，也可以由外部独立人士担任，且应涵盖一系列专长领域——法律、财务和营销——或拥有行业的专业知识。拥有广泛人脉的人会受到高度重视，因为他们能与业界和政界的重要人物建立联系。股东或董事会成员选出董事长（某些组织的总裁）、副董事长（副总裁）、秘书和财务总监等职能角色——不过，董事会的具体架构因企业而异。

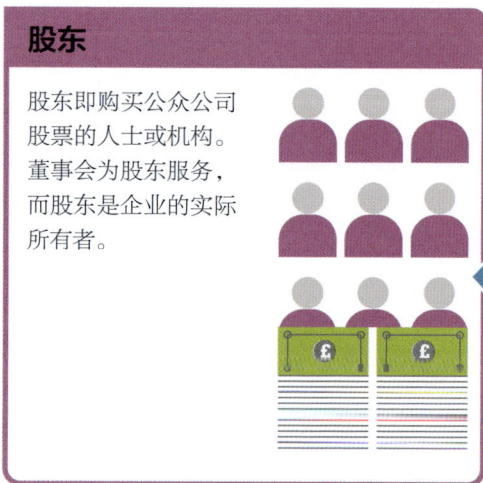

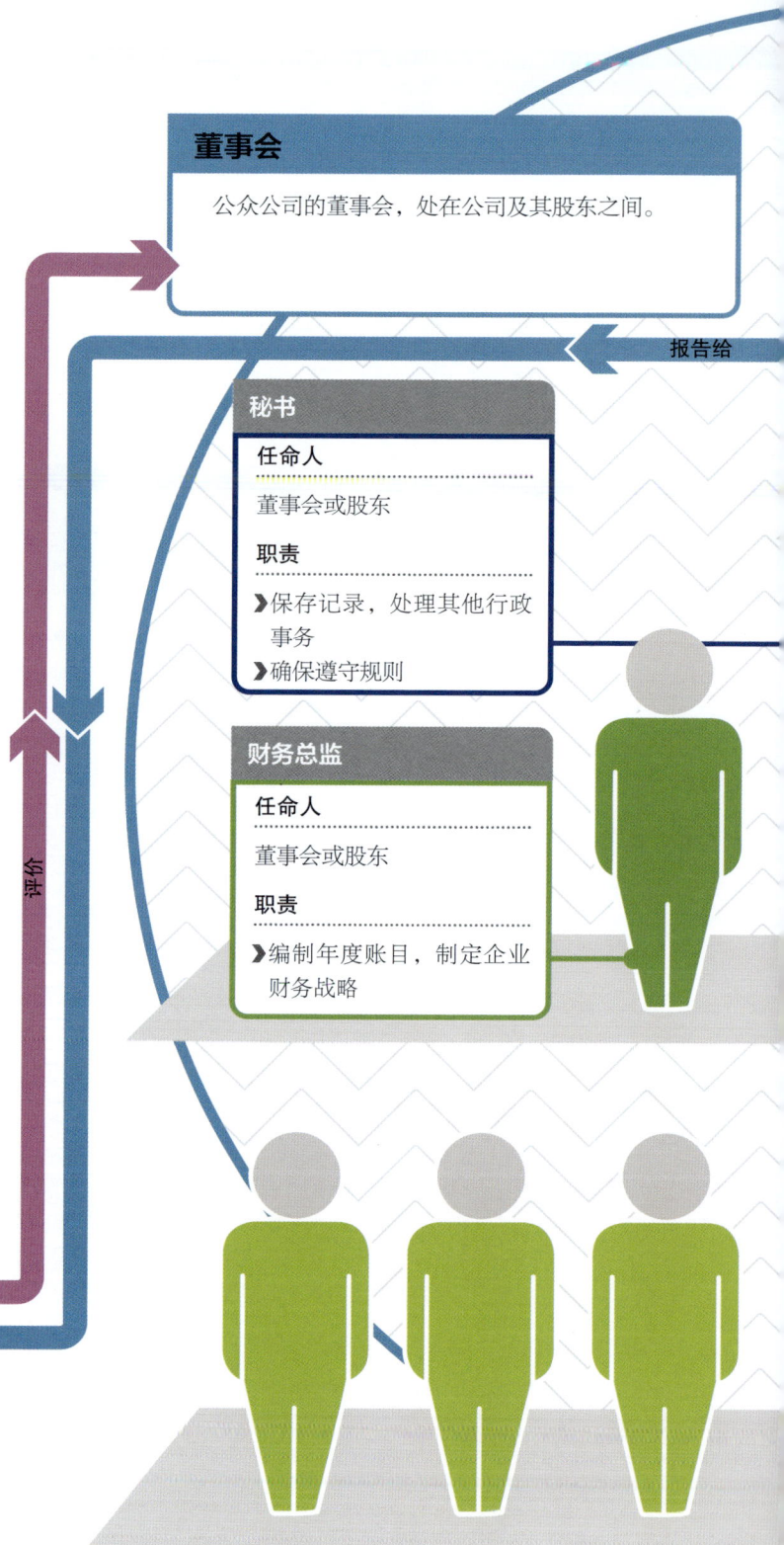

董事会

公众公司的董事会，处在公司及其股东之间。

报告给

秘书

任命人

董事会或股东

职责

▶ 保存记录，处理其他行政事务

▶ 确保遵守规则

财务总监

任命人

董事会或股东

职责

▶ 编制年度账目，制定企业财务战略

股东

股东即购买公众公司股票的人士或机构。董事会为股东服务，而股东是企业的实际所有者。

16人

奥地利董事会的平均规模（英国为10人）

董事长

任命人

董事会或股东

职责

▶ 公开代表企业政策

▶ 领导董事会，召开董事会会议

▶ 决定董事会的构成

▶ 指导并监督CEO或总经理

▶ 与股东进行沟通

副董事长

任命人

董事会或股东

职责

▶ 代替董事长

▶ 为董事长执行特殊计划

▶ 协助董事长平衡董事会成员的资历、性格和年龄

董事

任命人

董事会或股东

职责

▶ 决定战略

▶ 监督已实施计划的执行情况

▶ 任命管理人员

▶ 就企业活动对股东和其他利益相关者负责

▶ 非执行董事并非公司员工，其职能是提供客观建议、贡献专业知识

企业

负责日常生产、销售与营销活动，以及财务。企业通过首席执行官（CEO）向董事会报告，并由首席执行官执行董事会决议。

报告给 评价

CEO

任命人

董事会或股东

职责

▶ 创造业绩

▶ 实施董事会战略

▶ 领导高级管理人员

▶ 反过来向董事长和董事会报告

报告给 评价

管理层

管理者将CEO的决策下达给员工。

董事会的平衡

董事会有三个明确的职责：提出商业战略、为企业提供建议、监督企业经营。选择适当的董事会成员来履行这些职责，是至关重要的。

董事会成员可以来自企业内部，也可以来自企业外部。担任企业职务的董事（执行董事或内部董事）在企业经营方面更为专业，而独立董事（非执行董事或外部董事）更适于提出看法，仔细审视高管的行为，并追究其责任。管理层与股东之间有潜在利益冲突时，独立董事能够进行权衡，支持最有利于企业利益的决策。

在企业治理领域，理想的平衡可谓热门话题。在美国企业界，传统上，CEO与董事长的职责交织在一起。在一系列公司丑闻爆发后，如今，这些职责通常由两名人士来担任。而在欧洲，长久以来，人们认为将CEO和董事长的职责区分开来是最好的做法。

✓ 必备知识

- **非执行董事** 也称作独立董事、外部董事。
- **执行董事** 同时担任企业职务的董事会成员，英文词的单数形式有时也指CEO，切勿混淆。
- **公司法** 一些国家的公司立法，可能会指定内部董事和外部董事的比例。

董事会架构的多种形式

独立董事会

董事会处于股东和企业之间。CEO是董事会和企业之间的主要沟通渠道，而董事长是股东和董事会之间的主要沟通渠道。这种架构赋予了董事会最大的独立性。

CEO兼任董事长

企业CEO兼任董事长的架构。虽然这种形式在财务、战略、绩效和薪酬审查方面的独立性较低，但避免了职责上的重复。这种架构通常见于中小企业和美国的公司。

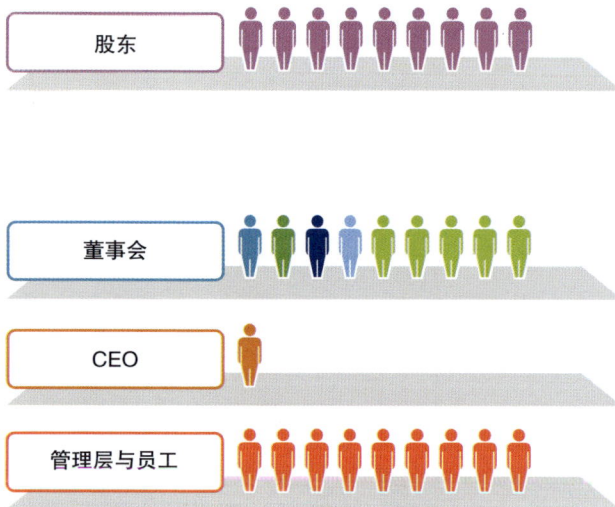

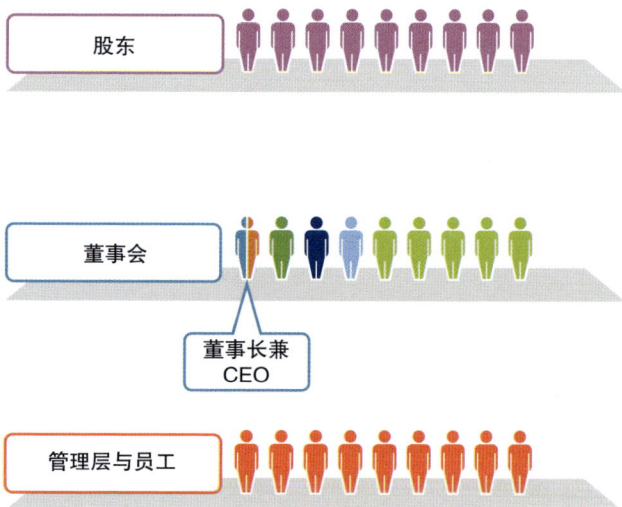

股东	股东
董事会	董事会
CEO	董事长兼CEO
管理层与员工	管理层与员工

关键人物 股东　　董事长　　财务总监　　秘书

董事会成员的职责是什么?

董事会要确保企业获得成功,满足企业利益相关者的适当需求。董事会不仅要推进企业向前发展,还要行使控制权。一些事务由董事会成员自行执行,包括为企业设立愿景和价值观、制定战略。另一些事务则被委托给高级管理人员,例如决定如何实施某个特定战略。

企业董事会适用的法律要求各异,这取决于企业是公众公司还是私人公司,以及企业处在全球的哪个区域。这些法律要求通常涉及会计账目的存档,以及准确的董事会会议的记录等事项。企业的董事会成员既要对股东负责,也要对监管机构负责。

97%

法国董事会中至少拥有三成女性董事的董事会所占的比例,美国的比例为43%,日本的仅为3%

高管兼任董事

高级管理人员同时在董事会任职的架构。财务主管(Treasurer)负责总体财务事宜,首席财务官(Chief Financial Officer,CFO)或财务总监(Finance Director)负责企业的具体财务事宜。首席运营官(Chief Operating Officer,COO)可兼任副董事长。在一些国家(如德国),法律规定董事会必须包含员工。

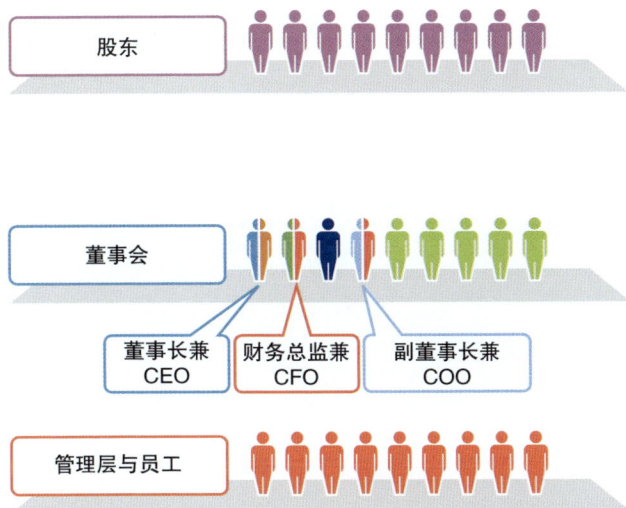

股东

董事会

董事长兼CEO 财务总监兼CFO 副董事长兼COO

管理层与员工

双层董事会架构

包括单独的监事会和执委会的架构。监事会由外部董事组成,由一名董事长领导。执委会由包括CEO在内的高级管理人员组成。监事会与执委会通常单独会面。

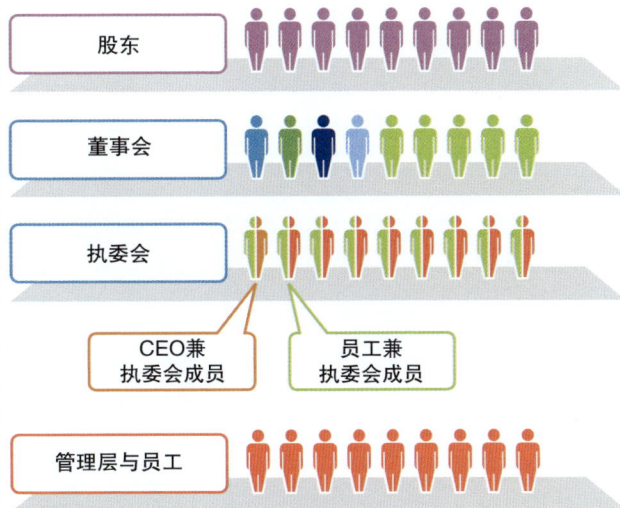

股东

董事会

执委会

CEO兼执委会成员 员工兼执委会成员

管理层与员工

副董事长 其他董事 CEO 管理层与员工

企业的层级

从顶端的董事会，到底部的基层员工，几乎所有企业对其成员都有一种结构化的安排。减少层级已成为大势所趋。

运作原理

传统的企业架构分为五个层级，与之相伴的是从顶端到底端的一系列职权。首席执行官（CEO）是企业中级别最高的人，他向董事会报告，有时也在董事会中任职。向CEO报告的是一系列高级执行官，称作C级高管，其工作职位通常以"C"开头。C级高管下面是管理层，管理层分为很多层级，并且因企业而异。员工位于层级的最底端。这一层级中除了熟练工与非熟练工，还有固定时限的合同工，即在项目期限内或者固定的一段时间内被雇用，以及为特殊目的而被聘请的顾问。此外，这一层级中还有不定期的临时工，以及外包工人，即为了特定业务领域的经营而签约的外部企业员工。

C级高管

这些是企业中级别最高的管理者，CEO处在最顶端，COO和CFO传统上紧随其后，其他C级职位次之。在很多企业中，C级高管有相同的权力，并且都直接向CEO报告。

C级高管的变体

每个公司的C级职位都不同。除顶级的三个职位外，可能还有：

CAO　首席行政官
CIO　首席信息官
CTO　首席技术官
CPO　首席产品/生产官（负责监督产品开发和生产）
CMO　首席营销官（负责营销战略和商业开发）

C级职位在不断发展，以适应市场环境和商业上的首要考虑。新的职位不断出现，而一些传统的职位则在消失。例如，在现代组织中，COO的职位不再那么普遍。一些新职位包括：

CPO　首席隐私官
CSO　首席持续发展官
CDO　首席数字官
CKO　首席知识官
CCO　首席客户官

51%的CIO和CTO称他们正在企业内部开拓新的数字方法

中层管理

负责监督企业组织的特殊职能。在这一层级上，最高级的管理者领导着不同的部门或分部。这些管理者通常被称作总监（Directors，请勿与董事会一词中的Directors混淆），在美国有时被称作副总裁。确切的职位名以及中层管理者的数量因企业而异。

基层管理和其他员工

执行管理层计划的团队队长，如监工和经理助理。他们还在生产、客户服务和销售等领域协调熟练工和非熟练工的团队，开展企业有效运作和盈利所需的核心任务。

2100万美元
2019年美国首席执行官
的平均年薪

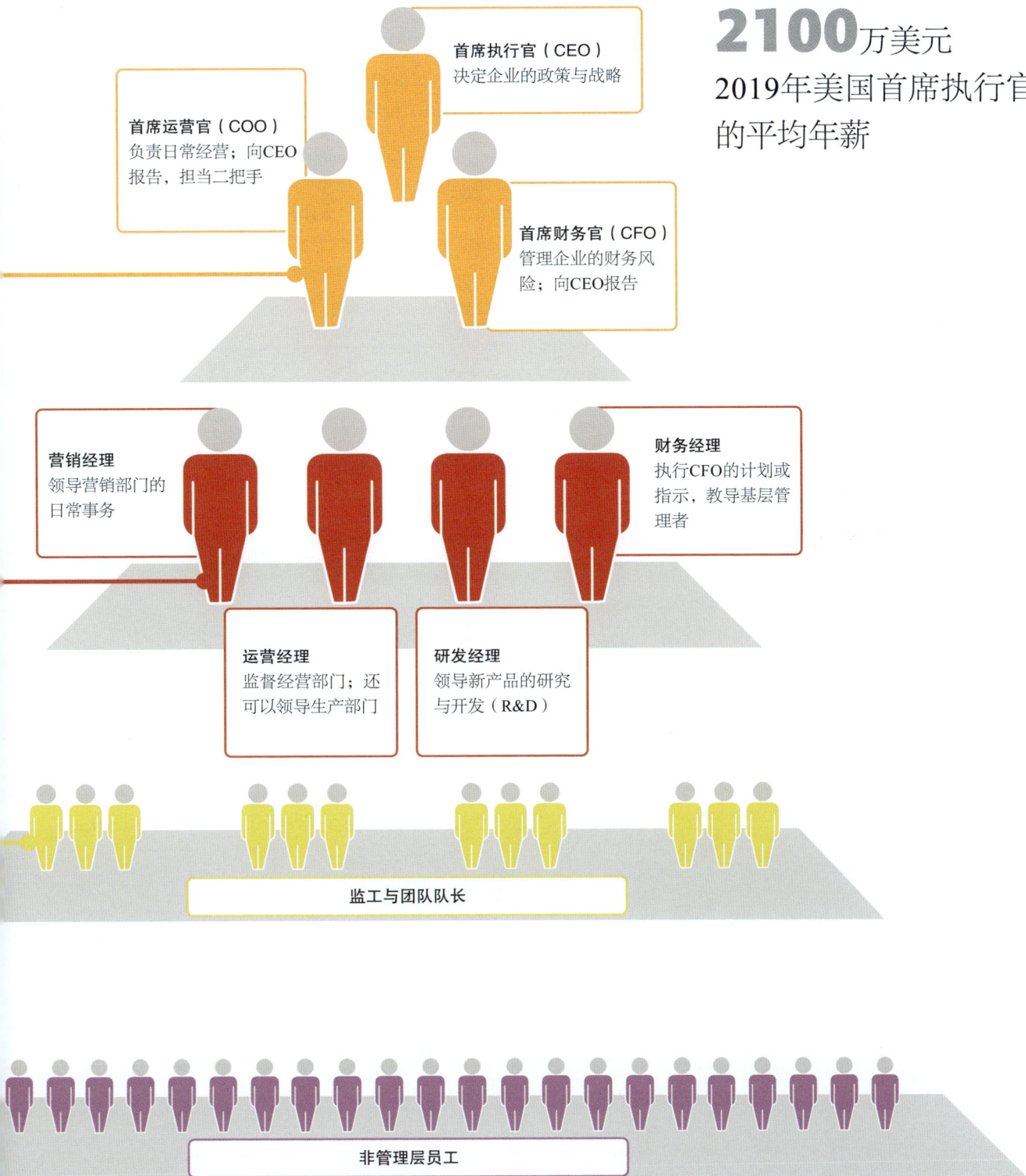

首席执行官（CEO）
决定企业的政策与战略

首席运营官（COO）
负责日常经营；向CEO
报告，担当二把手

首席财务官（CFO）
管理企业的财务风
险；向CEO报告

营销经理
领导营销部门的
日常事务

财务经理
执行CFO的计划或
指示，教导基层管
理者

运营经理
监督经营部门；还
可以领导生产部门

研发经理
领导新产品的研究
与开发（R&D）

监工与团队队长

非管理层员工

层级的扁平化

在过去的几十年间，管理的趋势是消除企业的层级，这意味着：企业层级变得更为扁平了——换言之，到达顶端的层级数目变少了。

在大多数情况下，这涉及消除一些管理职位，从而增进各个层级的沟通和协作。例如，近年来，首席运营官（COO）这一职能角色正在消失，中层管理层也是如此。如今，更多的部门负责人直接向首席执行官（CEO）报告。在这种情况下，层级制得到了一定程度的保留。然而，另一些企业更进一步，演化出了没有老板的、完全扁平化的层级制。然而，这种做法往往对小企业最有效，对大型组织而言，可扩展性不高。

有时候，企业决定使用其他方法进行重组——从扁平式到高架式，即减少高级管理职位的数量，用更大数量的基层监管职位来替代。

✓ 必备知识

▶ **管理幅度** 向一名管理者或其他高级管理人员报告的员工的数量；管理幅度越大，向单独一名上级报告的员工就越多。

▶ **骨干职位** 负责实现企业组织目标的工作。

▶ **辅助职位** 提供专业技能，协助企业主要职位中某个人的工作。

高架式层级与扁平式层级

这两种层级结构各有利弊，每个企业必须找到符合自己业务性质的层级数量，以及每个层级上的职位。

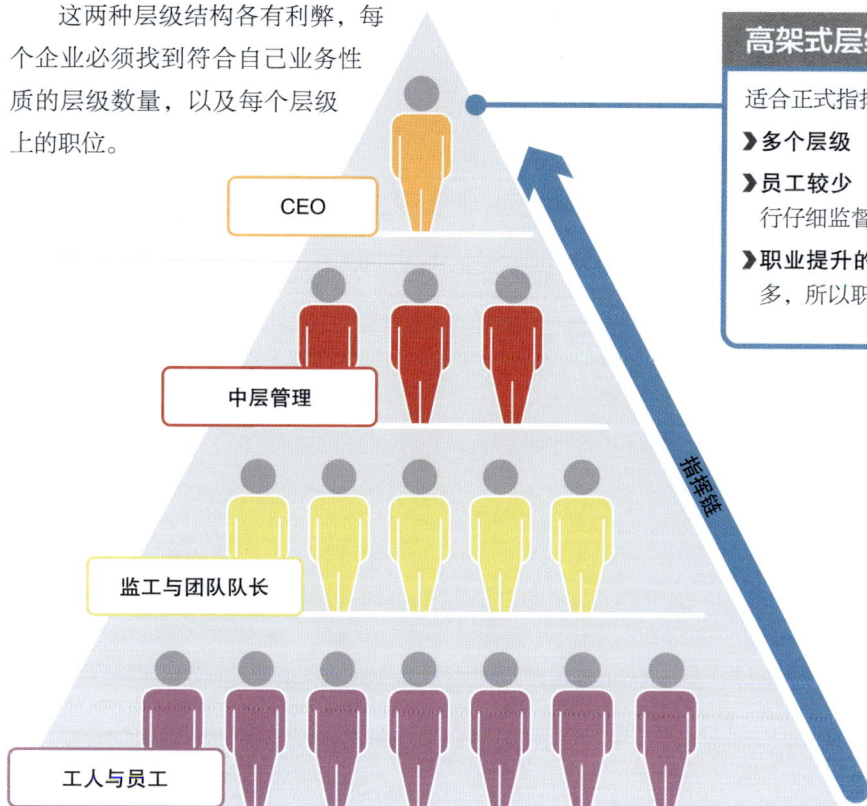

CEO

中层管理

监工与团队队长

工人与员工

指挥链

高架式层级

适合正式指挥链的传统的模型，可用于军队等。

▶ **多个层级** 从顶端到底端有多个层级。

▶ **员工较少** 向每名经理报告的员工更少；可以进行仔细监督。

▶ **职业提升的空间更大** 因为可供上升的层级有很多，所以职业提升的空间更大。

案例研究

维尔福迈向扁平化

维尔福（Valve）是《半条命》（Half-Life）和《传送门》（Portal）等一系列热门电子游戏的开发商。维尔福认为层级结构阻碍了其创新，于是决定切换为扁平式层级。如今，维尔福没有老板，员工可以自由开展他们想做的项目。相应地，员工需要对自己开发的产品和所犯的错误负责。虽然一些员工在更自由的环境下如鱼得水，但有一些员工因为无法适应而提出离职。维尔福也发现，很多项目因缺乏动力而被放弃。这段经历促使维尔福改变了之前的激进做法，虽然还是维持扁平化的层级结构，但它把员工临时组织起来，专注于《半条命》系列新项目的开发。正如一位开发人员所言："我们确实犯了错，误以为做自己最想做的事情，就会最开心。"2020年，《半条命：爱莉克斯》（Half-Life: Alyx）一发布，就被誉为虚拟现实游戏的里程碑。

14% 的高管认为传统的层级结构能使企业高效运营

扁平式层级

这种结构更为松散灵活，更适于提倡创造力的企业。

▶ **只有不多的层级**　因此，可以合并中底管理层。

▶ **大量的员工**　向每名管理者报告，无法进行严密监督。

▶ **员工更加自由**　能够自己进行决策。

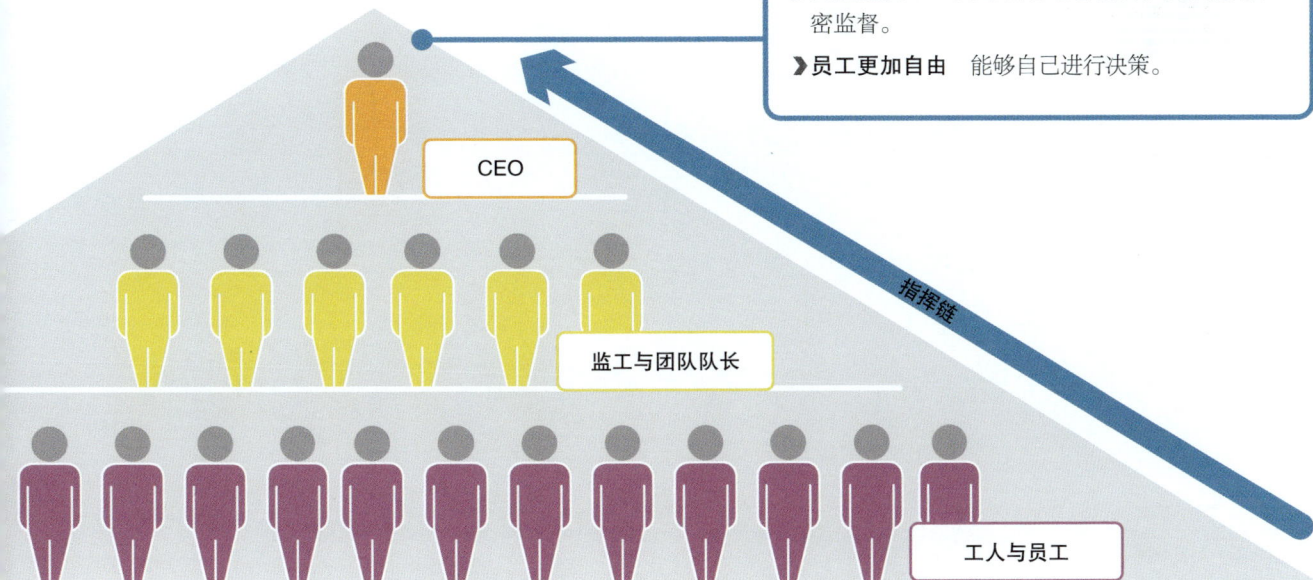

CEO

监工与团队队长

工人与员工

指挥链

利益相关者

利益相关者是受企业绩效影响的任何人，而股东拥有企业的一份或多份股票，因此，每名股东都是企业的部分所有者。

运作原理

企业通过运营对不同的人群产生影响。这些人群包括：依赖企业支付工资的员工，以及想要企业提供的产品或服务的客户。管理人员必须思考，这些利益相关者想从企业这里得到什么，企业能否满足他们的需求，如果能，应当如何满足。有时候，不同利益相关者的需求存在矛盾。例如，一个为当地提供就业机会的企业，在运营时产生了噪声或者造成了污染，那么其所在社区的满意度就会降低。在这种情况下，企业管理者必须想出办法，使利益相关者的获益最大化，并最小化各种弊端。

利益相关者的关注领域

不同利益相关者群体的关注点不同。有些人主要关心企业的环境、社会和治理（ESG）因素。有些人虽然把ESG纳入考量，但对企业的财务表现更感兴趣。例如，股东想要获取利润，但同时也清楚，可持续性是长期增长的关键，并希望以合乎伦理的方式进行投资。

关注ESG因素的利益相关者

利益相关者并不直接参与，但认为企业对其经营所处的社区负有责任，对环境、人权和动物福利负有责任。

8.92亿美元
与企业人权记录相关的负面新闻引起的平均市场价值的下降

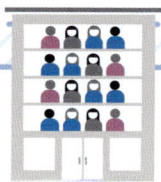

非政府组织
➤ 为环境和社会事业做出贡献
➤ 遵守法律

社区
➤ 影响本地居民
➤ 关注更广泛的社会福利问题

关注经济和ESG因素的利益相关者

ESG已被大多数企业接受，成为方针和报道的一部分。利益相关者用ESG来评价企业行为，判断其未来的财务绩效。从利润到伦理，都属于利益相关者关注的问题。

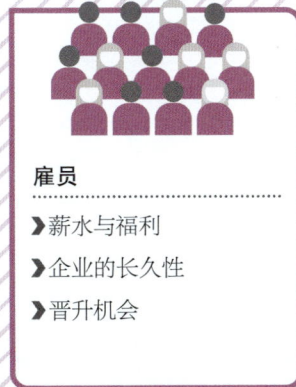

政府
▶ 支付税收
▶ 遵守法律

股东
▶ 支付红利的能力
▶ 增加股票价值

客户
▶ 高品质产品
▶ 物有所值
▶ 客户服务

工会
▶ 工人待遇
▶ 公平薪酬、福利与工作环境

供应商
▶ 偿债能力
▶ 足够的流动性

雇员
▶ 薪水与福利
▶ 企业的长久性
▶ 晋升机会

贷款人
▶ 偿还贷款的能力
▶ 管理层的诚信
▶ 企业的财务实力

利益相关者在行动

与其他利益相关者相比，股东对企业的财务绩效更加关注。他们同样对企业所担负的企业责任、社会意识和环境意识高度关注。曾有案例证明，利益相关者的反应与股价息息相关。通过社交媒体的使用，利益相关者可以产生公众反对的声潮，导致消费者生气，以及投资者神经紧张。

利益相关者如何影响股票价值

2010年4月，英国石油公司（BP）旗下的一个离岸石油钻井平台在墨西哥湾发生爆炸。BP公司试图打消利益相关者的疑虑，但利益相关者做出了消极回应，为使公司感到羞愧，他们开始在社交媒体上自行开展活动。漏油事故发生66天后，BP公司的股票交易价下降了约60%。

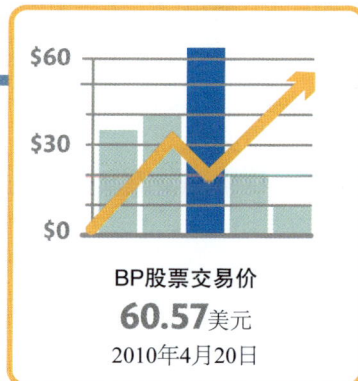

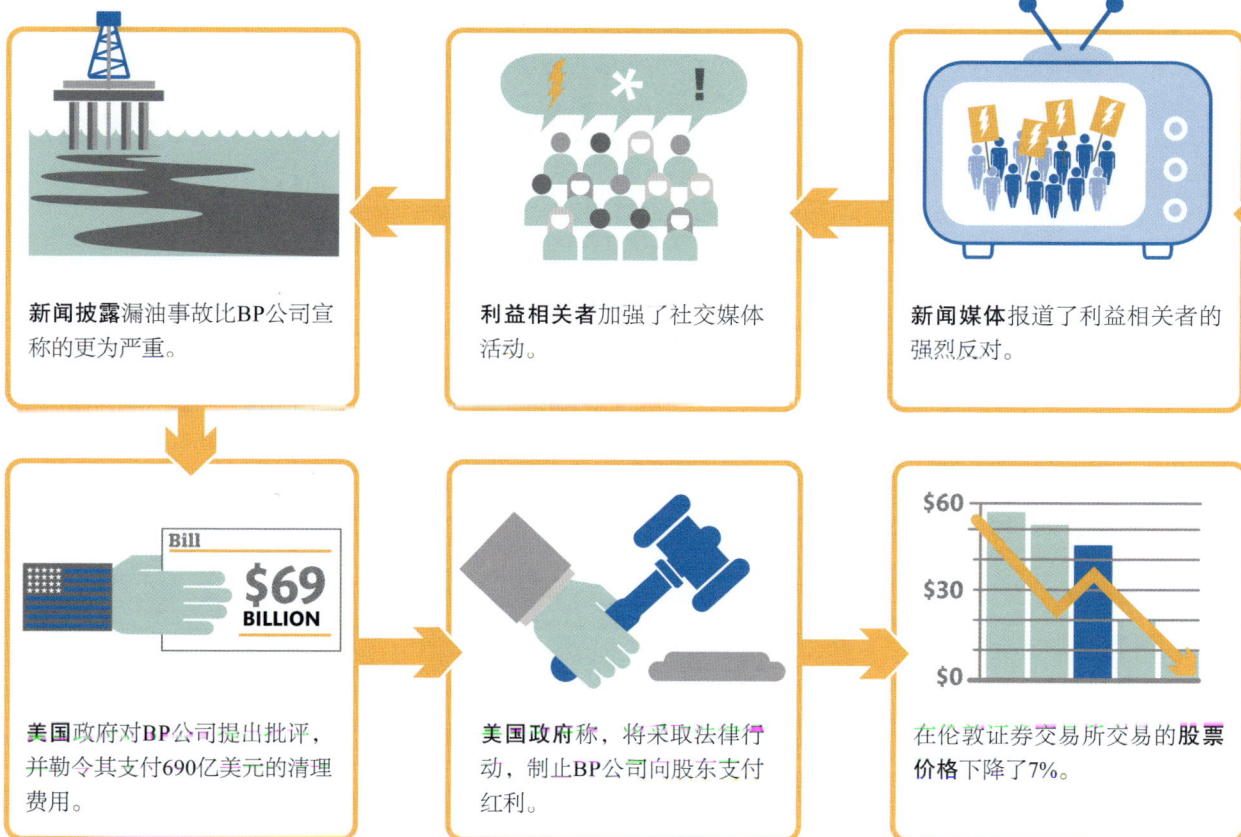

BP股票交易价
60.57美元
2010年4月20日

新闻披露漏油事故比BP公司宣称的更为严重。

利益相关者加强了社交媒体活动。

新闻媒体报道了利益相关者的强烈反对。

Bill
$69 BILLION

美国政府对BP公司提出批评，并勒令其支付690亿美元的清理费用。

美国政府称，将采取法律行动，制止BP公司向股东支付红利。

在伦敦证券交易所交易的**股票价格**下降了7%。

1320亿美元

2019年对欧洲ESG基金的投资额

石油钻井平台爆炸，导致11名工人丧生，涌入墨西哥湾的石油多达数百万桶。

新闻媒体对这一事件进行了报道。

BP公司在推特（Twitter）上开展社交媒体活动——最初是为将漏油事故的影响降到最低。

BP漏油事故的利益相关者

▶受影响的沿岸居民　▶石油客户
▶当地渔民　▶游客和旅游公司
▶清理石油泄漏的工人　▶媒体
▶环保主义者　▶政府
▶BP公司员工　▶公众
▶BP公司股东

面对BP公司缺乏责任心的表现，利益相关者通过社交媒体来表达愤怒和关切。环保主义者警告称，野生动物将遭受灭顶之灾。社会名流也为清理提供了帮助。利益相关者号召BP公司披露更多信息。

BP公司前十大股东中的五个都出售了股票。

到6月25日，BP公司股价下跌过半；买卖的股票数达340亿股。

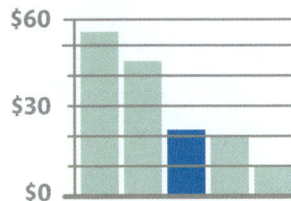

$60
$30
$0

BP公司股票交易价
23.91美元
2010年6月25日

企业文化

每个企业组织都有特定的企业文化。领导企业或在企业中工作的人们，其性格、价值观和行为，有意无意地塑造了这种文化。

运作原理

每个企业都有不同的企业文化，这反映了企业的气质、工作场所习惯和企业对外展示的形象。企业文化还与企业完成的工作类型相关。在高风险的金融交易公司，工作的快节奏和高压力使企业氛围较为紧绷，而在依赖产品创造力的企业，氛围可能较为放松。为管理层和员工提供的激励类型也会影响工作场所，产生竞争或合作的文化，或二者皆有的文化。远程工作的兴起，也使企业文化发生了很多变化。

企业文化的类型

管理学家试图揭示企业文化如何发挥作用。曾任伦敦商学院教授的查尔斯·汉迪（Charles Handy）将企业文化归纳为四个主要类型：角色文化、权力文化、任务文化和个性文化。

角色文化

企业在提供结构化支持的基础上建立专业化角色。每个角色都十分关键，并且会持续存在，即便在位者已经离职。程序和系统被严格遵循，正如在政府部门中那样。

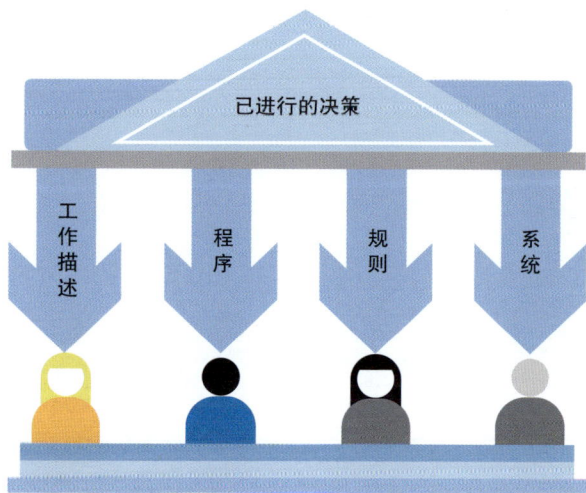

权力文化

由有权力的个人驱动，此人处在企业组织的核心位置，在决策、企业成功方面受人依赖。最接近中心的人影响力最大。这是家族企业的典型特征。

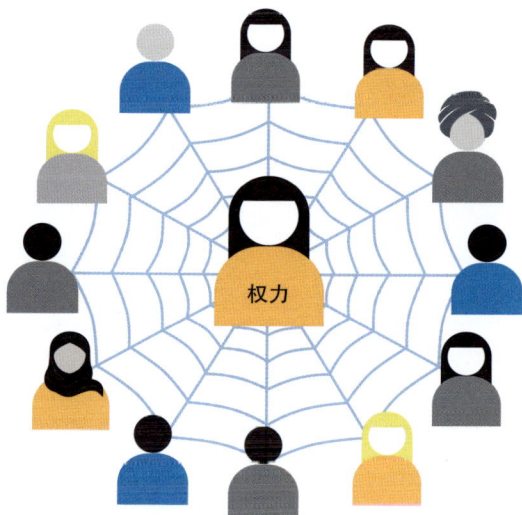

已进行的决策

工作描述　程序　规则　系统

官僚式/控制性

权力

什么塑造了企业文化?

多种因素塑造了企业文化。要带来变革,员工需要各种动机、价值观和各类榜样的激励。

企业组织的规模
大型企业或者小型企业

领导者
其个性与行为

企业架构
严格的层级或者众人的权力分配

符号
头衔、着装要求、内在审美

创立的价值观
包括企业传闻和轶事

控制系统
奖励、激励和绩效评估

84% 的国际企业高级管理人员认为企业文化是成功的关键

任务文化

工作以项目为导向,完成项目即是驱动力。依赖团队协作和个人专长,结果比个人目标更重要。常见于科技企业。

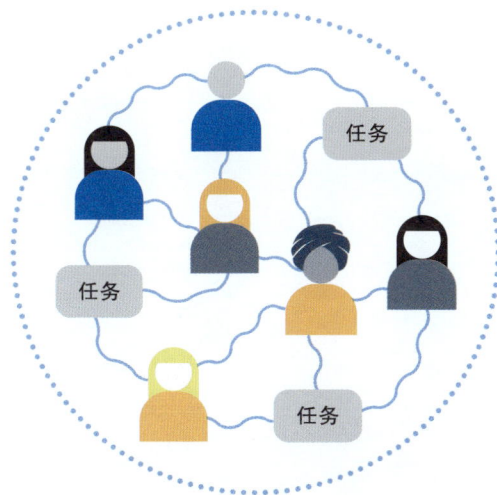

任务

任务

任务

个性文化

企业权力由半自治工作的个体分享。个体比企业更重要,企业由接受过类似专业训练的个体组成,建筑师事务所便是一例。

合伙制

企业家精神/灵活性

企业架构

企业架构即企业的组织方式，对企业的经营产生重大影响。业界的组织架构多种多样，且在不断发展——由于企业接纳远程工作，现在更是如此。确定企业架构首先要考虑：是让权力集中在上层，由少数几名高管掌握决策权，还是采用分权模式，让员工拥有较大的权力。

选择架构

组织架构会随着企业的成长而改变。随着企业的发展，企业会根据自身业务的性质及规模、经营的复杂程度、对专业技能的紧迫要求以及各分支机构的地理位置，演化或设计出更为复杂的架构。

集权式

权力集中在少数人手中，决策链较长。

▶ 权力集中在上层
▶ 僵化
▶ 传统
▶ 不灵活
▶ 对变化反应迟钝

职能型

适用于严格的控制和规范的关系，如军队。
参见68~69页。

CEO进行协调

事业部型

适用于国际办事处或拥有多条产品线的企业。
参见70~71页。

CEO进行协调，各个部门负责创造利润

矩阵型

适用于在不同地点开展复杂项目的大型企业。
参见72~73页。

部门或职能经理进行协调

78%的小组
在集权式架构下能够
更快得到简单任务的
解决方案

100%的小组
在分权式架构下能够
更快得到复杂任务的
解决方案

网络型

适用于创新及科技企业，每个人通过网络连接起来。
参见74～75页。

企业核心部门与虚拟
社区网络进行协作

团队型

适用于依靠创新、专注客户的企业。
参见76～77页。

由员工自行协调

分权式

权力由整个企业分享，员工自行制定决策。

▶权力共享

▶有机整体

▶实验性

▶灵活性

▶迅速响应变化

职能型架构

将企业划分为不同部门，是经典的企业架构。每个部门由一名总监或经理领导，由此体现出企业的各项主要职能。

运作原理

职能型架构的指挥链一目了然。企业通常由首席执行官（CEO）或总裁进行统领，其下包括各专业部门或分部，如营销和财务部门。

各部门像独立单元一样运作，它们有各自的预算，并直接向CEO报告，而CEO负责所有部门的经营。职能型架构是最常见的企业架构。

典型的部门层级

各部门独立运作，各部门的经理向拥有总指挥权的CEO或总裁报告。产品线通常由销售与营销部门负责管理。

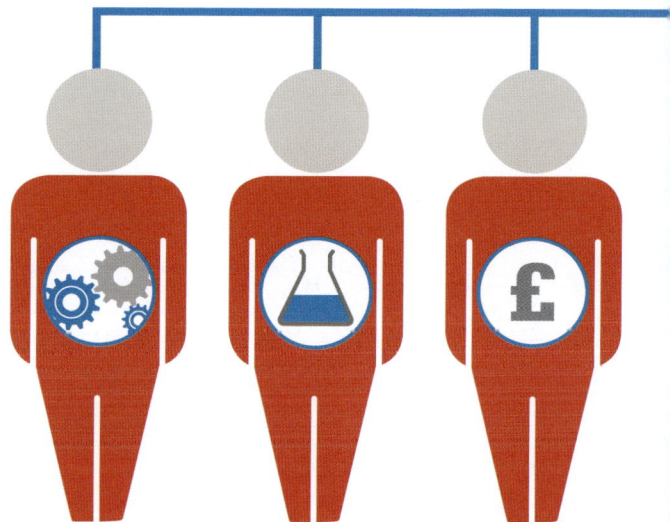

！警告

筒仓思维的危险

筒仓思维（Silo Mentality）是指：每个部门对其在整个体系中的角色看法各异且十分封闭，信息未能共享。

2 for 1

1.销售与营销部门决定推出买一赠一的网络特惠。

2.财务部门并未接到通知，处理订单时只考虑了一件商品。

3.生产/运营部门并未接到通知，只向客户发送了一件商品，而不是两件。

4.客户服务部门并未接到通知，对愤怒的客户打来的电话毫无准备。

生产/运营经理　　研究与开发经理　　财务经理

决定销售什么

销售与营销部门最贴近市场，最能分析出哪种产品系列会畅销。销售与营销经理可以为企业生产何种产品提出建议。

产品A

34%的企业
认为组织架构是改进客户体验
的一道障碍

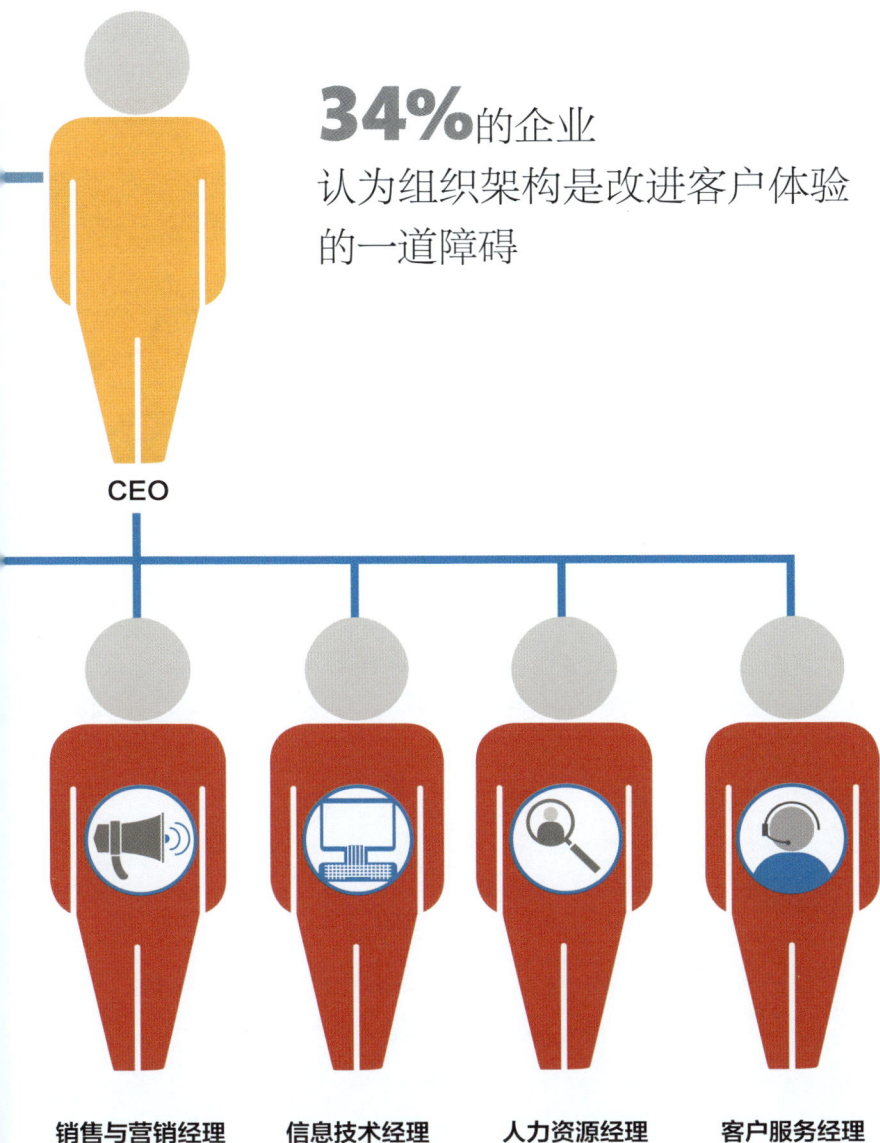

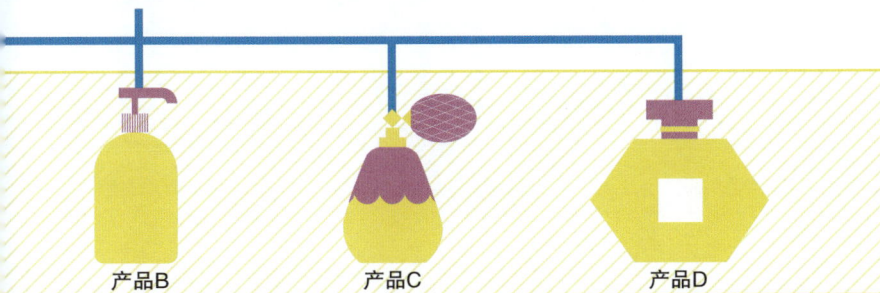

CEO

销售与营销经理　　信息技术经理　　人力资源经理　　客户服务经理

产品B　　　　产品C　　　　产品D

职能型架构：优势与劣势

优势

▶ 能够发展专业化和专业技能

▶ 能够有效利用资源，有实现规模
经济的潜力

▶ 为各部门员工提供清晰的职业发
展路径

▶ 对于生产、销售有限品类产品的
制造商而言，是一种简单、有效
的架构

劣势

▶ 沟通模式较正式，会扼杀创新和
创造力

▶ 部门之间不能有效协调

▶ 对跨部门问题和问询的回应十分
缓慢

▶ 很多决策需要请示最高层，会由
此造成工作积压

✔ 必备知识

▶ **垂直管理关系**　沿架构展开的指
挥链。

▶ **报告架构**　谁向谁报告。

▶ **筒仓**　贬义词，形容封闭的工作
部门：封闭的垂直架构好比贮藏
粮食的筒仓。

事业部型架构

一些企业将员工分入针对特定产品或市场的事业部。每个事业部均是自给自足的团队，它们雇用人员履行内部的各项职能。

运作原理

在CEO或总裁的总体控制下，多个事业部相互协作，开展设计、研究、销售特殊产品或向特定市场提供服务。每个事业部履行各自的特殊职能，如运营或销售。不过，为了节约成本，有些事业部（如财务部）可以集中管理。企业可以根据所生产的产品类型、所经营的区域、购买其产品的客户类型来安排事业部。大型企业可以采用混合架构，例如，按照产品类型和地理位置进行安排。

按地理位置划分

若产品需适应当地市场，企业就可根据所服务的市场来设置架构。市场可以是国内的，也可以是国际的。食品和饮料公司百事可乐（PepsiCo）大体遵循了这一架构，有七个事业部服务于五个地区（参见右侧的"案例研究"）。

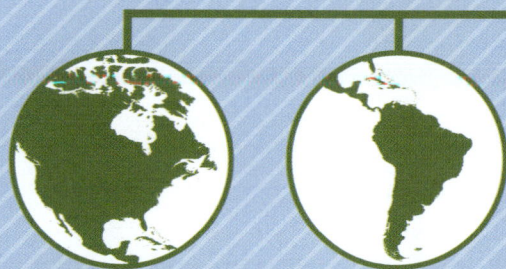

北美
三个事业部：百事可乐
饮料、菲多利和桂格食品

拉丁美洲
迈阿密总部

事业部型架构：优势与劣势

优势

➤ 一个部门失败，不会威胁到企业的其余部门

➤ 可以迅速应对市场变化

➤ 专注客户需求

➤ 能够清晰地度量每个事业部的绩效

劣势

➤ 所需的资源加倍，例如，每个事业部都需要雇用财务人员

➤ 各事业部之间缺乏专业技能的分享

➤ 对员工而言，升职途径受限

➤ 加剧了事业部之间的竞争

按产品类型划分

出售多类产品的企业可采用如下架构：每个事业部负责处理一类产品。隶属韩国三星集团的三星电子，采用的就是这种架构。

首席执行官（CEO）

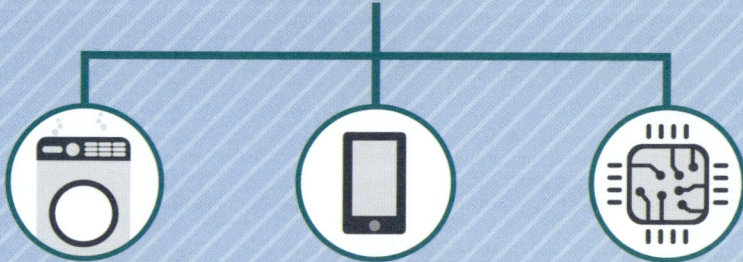

消费电子产品
家用电器、
医疗设备

IT和移动通信
手机、平板电脑、
台式电脑、网络

设备解决方案
芯片、处理器、传感器

首席执行官（CEO）

欧洲
日内瓦总部

非洲、中东和南亚
迪拜总部

亚太地区
上海总部

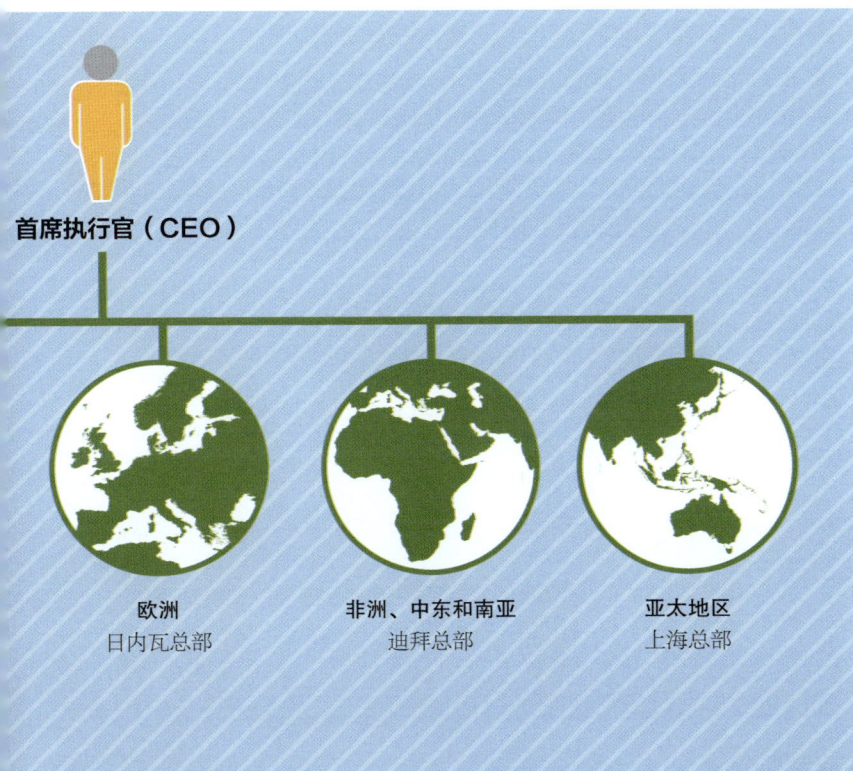

按客户类型划分

拥有不同客户市场的企业，可以按照客户类型来划分事业部。例如，金融机构美国美林银行（Bank of America Merrill Lynch）就为个人、小企业、公司及机构客户提供服务。

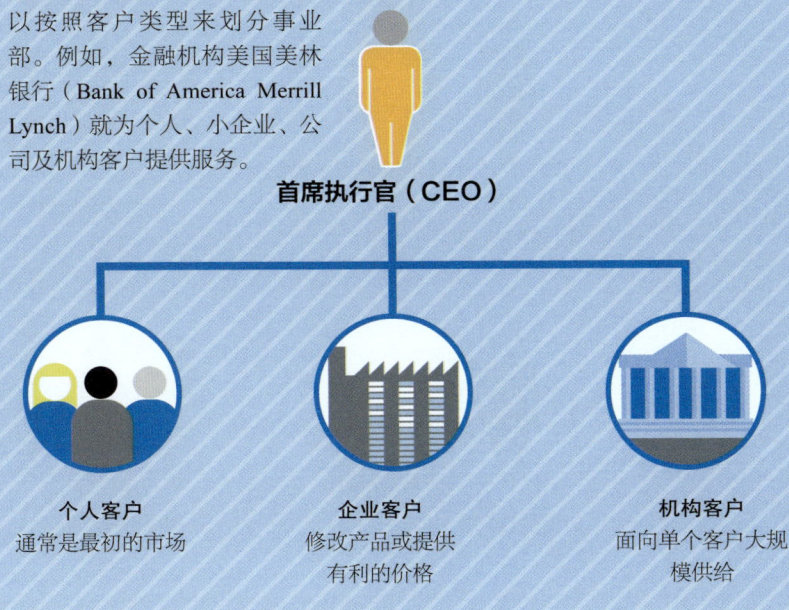

首席执行官（CEO）

个人客户
通常是最初的市场

企业客户
修改产品或提供有利的价格

机构客户
面向单个客户大规模供给

🔍 案例研究

百事可乐

几十年间，食品和饮料公司百事可乐收购了多个新品牌，在世界各地扩张，其全球业务经历了数次转型。如今，百事可乐拥有混合架构，可按产品类型和地理位置划分为七个事业部。

北美有三个事业部：百事可乐饮料北美公司（PepsiCo Beverages North America，饮料）、菲多利北美公司（Frito-Lay North America，零食）和桂格食品北美公司（Quaker Foods North America，谷物和零食）。其余的四个事业部则负责全球其他四个地区的食品和饮料产品。

对于受欢迎的本地品牌——包括英国的沃尔克斯（Walkers）和南非的先锋食品（Pioneer Foods），事业部型架构使决策者能够接近购买这些品牌的客户。

69亿美元
2020年百事可乐公司拉丁美洲事业部的净收入

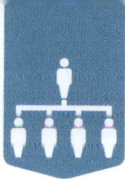

矩阵型架构

传统的企业架构按照职能或事业部进行设计。而与之不同的是，矩阵型架构结合了这两种方法。由此，员工同时在职能型单元和事业部单元中任职，并且向两名上司报告。

运作原理

采用矩阵型架构的企业，通常从较为传统的职能型架构起步。随着企业的发展，为了适应经营状况的变化——例如，企业为一名客户管理多个大型项目，或是向全球扩张，在多个区域销售产品——叠加一个事业部型架构可能是较为合理的。一开始，矩阵型架构可能是临时性的，用来管理短期项目，后来它才会成为永久性的。

矩阵型架构中的两套指挥链构成了网格。沿着垂直线，员工可向职能经理（如营销总监）报告；沿着水平线，员工可向负责特殊商品、品牌、项目或区域的项目经理报告。

采用矩阵型架构的四大企业

下列企业被誉为成功运用矩阵型架构的典范。

▶ **宝洁** 为促进变革、更为迅速地响应市场，消费品公司宝洁将其业务细分为婴儿和女性护理、美妆、家庭护理和创投部门（P&G Ventures）、卫生保健、剃须护理以及织物和家居护理。

▶ **雀巢** 瑞士企业集团雀巢的大多数食品和饮料业务实行分区管理。不过，一些以产品为中心的业务，包括浓遇咖啡（Nespresso）和雀巢健康科学，是全球统一管理的。

▶ **索尼** 日本传媒、科技和金融服务集团索尼，主要按照业务或产品类型划分和基于功能的团体（如研发）来管理。不过，它也采用了地理划分。灵活的结构使之能够有效应对市场的挑战。

▶ **星巴克** 为了确保品质和创新，满足客户的期望、预测客户的渴求，全球咖啡连锁店星巴克按产品、地理和业务职能划分进行管理。

矩阵型架构

在这个案例中，一家石油开采及生产企业需要管理多个炼油项目。矩阵护卫者负责监督矩阵，确保矩阵有效运行。

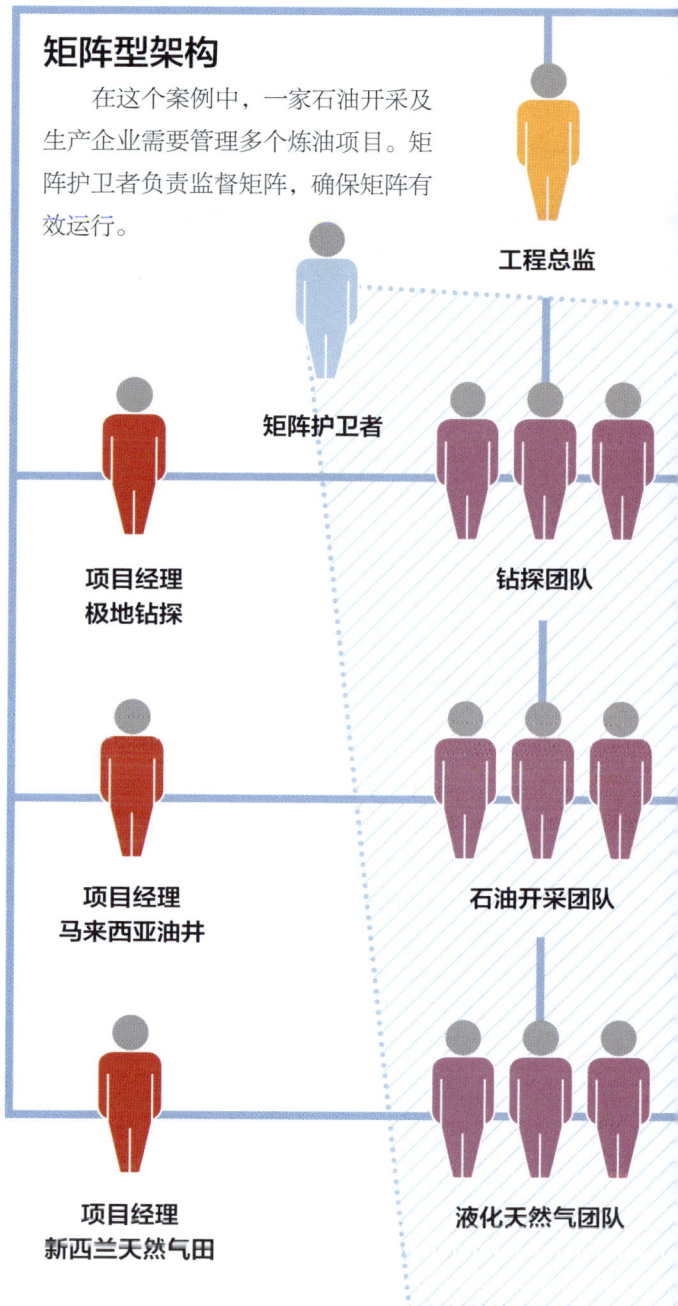

工程总监

矩阵护卫者

项目经理
极地钻探

钻探团队

项目经理
马来西亚油井

石油开采团队

项目经理
新西兰天然气田

液化天然气团队

CEO

运营总监　　**营销总监**　　**财务总监**

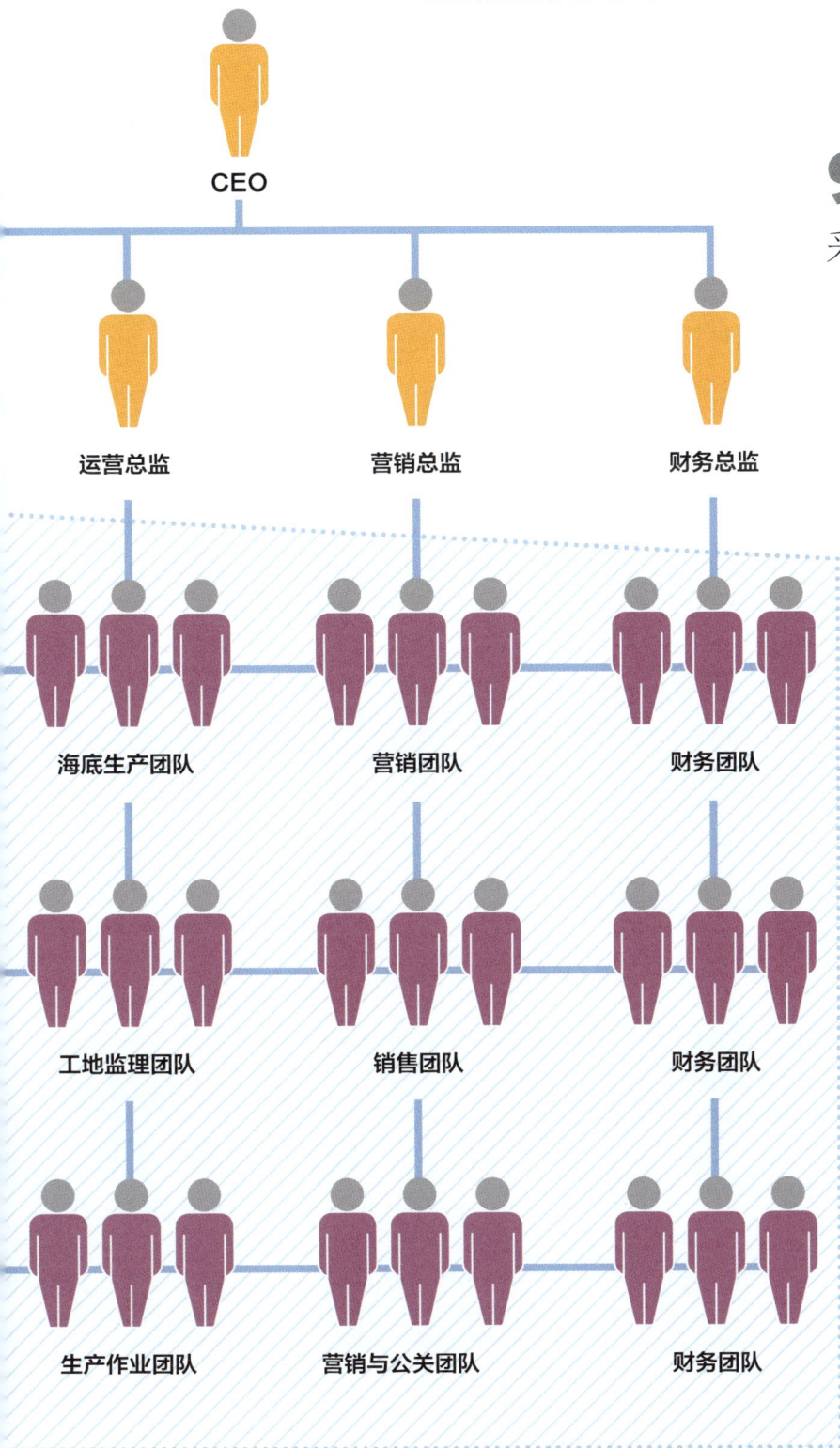

90%的顶级跨国公司采用矩阵型架构

海底生产团队　　**营销团队**　　**财务团队**

工地监理团队　　**销售团队**　　**财务团队**

生产作业团队　　**营销与公关团队**　　**财务团队**

✔ 必备知识

▶ **矩阵护卫者**　受到指派、负责监督矩阵，确保矩阵有效运作的高级专业人士。

▶ **成熟矩阵**　职能领导和事业部领导拥有同等权力的矩阵架构。

▶ **实线汇报**　员工与一级主管的直接汇报关系。

▶ **虚线汇报**　员工与二级主管的较为间接的汇报关系。

矩阵型架构：优势与劣势

优势

▶ 迅速决策

▶ 有提高生产率的潜力

▶ 灵活使用员工

劣势

▶ 建立与运行的成本高昂

▶ 可能引起报告结构的混乱

▶ 因团队目标冲突而导致人际冲突的可能性更大

网络型架构

网络型架构也称为虚拟组织或虚拟企业，它围绕一个精简企业展开，通过网络与外部的独立企业相连。

运作原理

处在网络型架构中央的企业，只保留对企业经营不可或缺的基本职能，如科技企业的研究与开发职能，其他职能被悉数外包给外部专家。参与各方分散在世界各地，通过互联网建立联系。众人一同提供一切所需的服务，使这套网络能像单一实体那样运营。社交媒体网络的思想是网络型架构的基础，因此，这类企业也被称为"网络企业"。

实践中的网络型架构

一家位于美国洛杉矶的小型电影制作企业，其工作室由两名员工运营——一名制作人和一名助理。对于每个项目，制作人都与全球的外包人才建立联系，由众人协力创作电影成片。制作人还与外部供应商签订合约，并向其支付费用。

变体：模块型架构

采用模块型架构的企业，会将产品的零件外包出去（而在网络型架构中，外包出去的不是产品，而是职能或流程）。模块型架构尤其适合生产电器、电脑、汽车和机械消费品的企业。丰田（Toyota）便是采用模块型架构的一个例子，为了制造整车，它管理着上百家外部供应商。

优势

▶ 生产场所遍及全球，能够昼夜不停地生产

▶ 不论处在地球的哪个角落，都能找到最佳的专业技术

▶ 企业核心部门的员工数降到最少，从而保持较低的间接成本

▶ 可以开发灵活、极富创意的环境

劣势

▶ 极度依赖科技，这意味着网络错误会使企业无法有效经营

▶ 有失控和错过最后期限的可能

▶ 由于跨越不同的时区，很难找到共同的时间举行虚拟会议

27% 的网络企业报告的利润率比其竞争对手更高

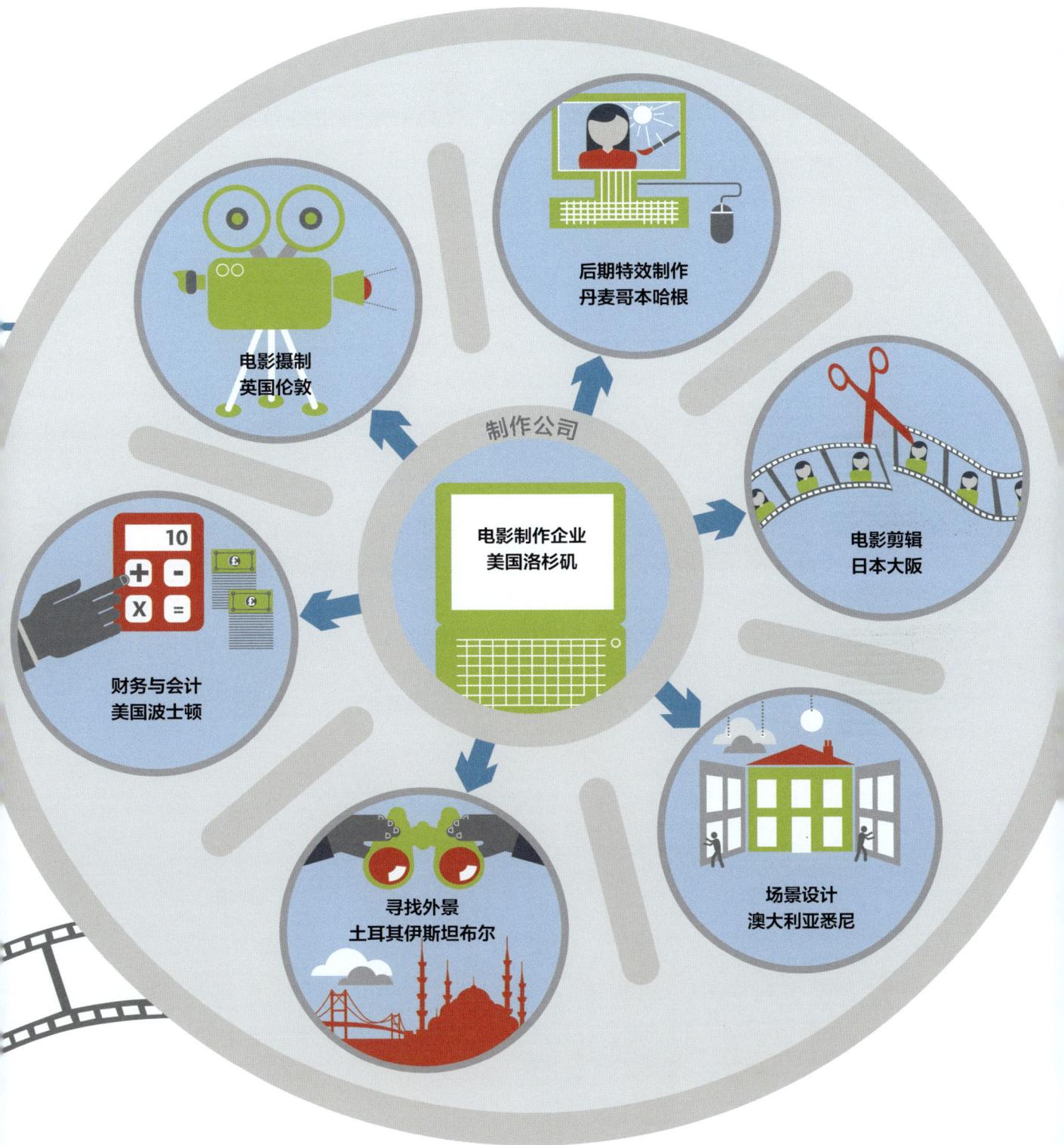

制作公司

电影制作企业
美国洛杉矶

后期特效制作
丹麦哥本哈根

电影剪辑
日本大阪

场景设计
澳大利亚悉尼

寻找外景
土耳其伊斯坦布尔

财务与会计
美国波士顿

电影摄制
英国伦敦

团队型架构

正如其名，团队型组织（Team-Based Organization，TBO）完全由团队构成。管理人员和员工来自不同部门，他们参与组建团队，长期或短期开展特定的项目。

运作原理

在团队型组织中，团队通过头脑风暴或团队成员间的一致意见来进行决策，而不是像传统的组织架构那样，由高管沿指挥链自上而下地发号施令。在团队型架构中，沟通的正式程度较低，沟通通常在短信应用程序、社交媒体上进行，也会借助在线协作工具（如Slack）和视频会议软件（如Zoom和微软Teams等）。合弄制（Holacracy，参见第77页）比团队型架构更进一步。这是一种非传统的组织类型，不仅没有管理人员，连CEO也放弃了权力，它通过定期举行的委员会议（由员工自行组织）而使员工自治。

基于团队的层级

尽管团队型架构仍有一名CEO，但其他层级基本不存在。团队的队长是团队的一分子，而不是指挥链中高于团队的人士。在理想状态下，基于团队的模式能够促进信任的文化，使个体对工作拥有自豪感，负责、按时、不超预算地完成任务。

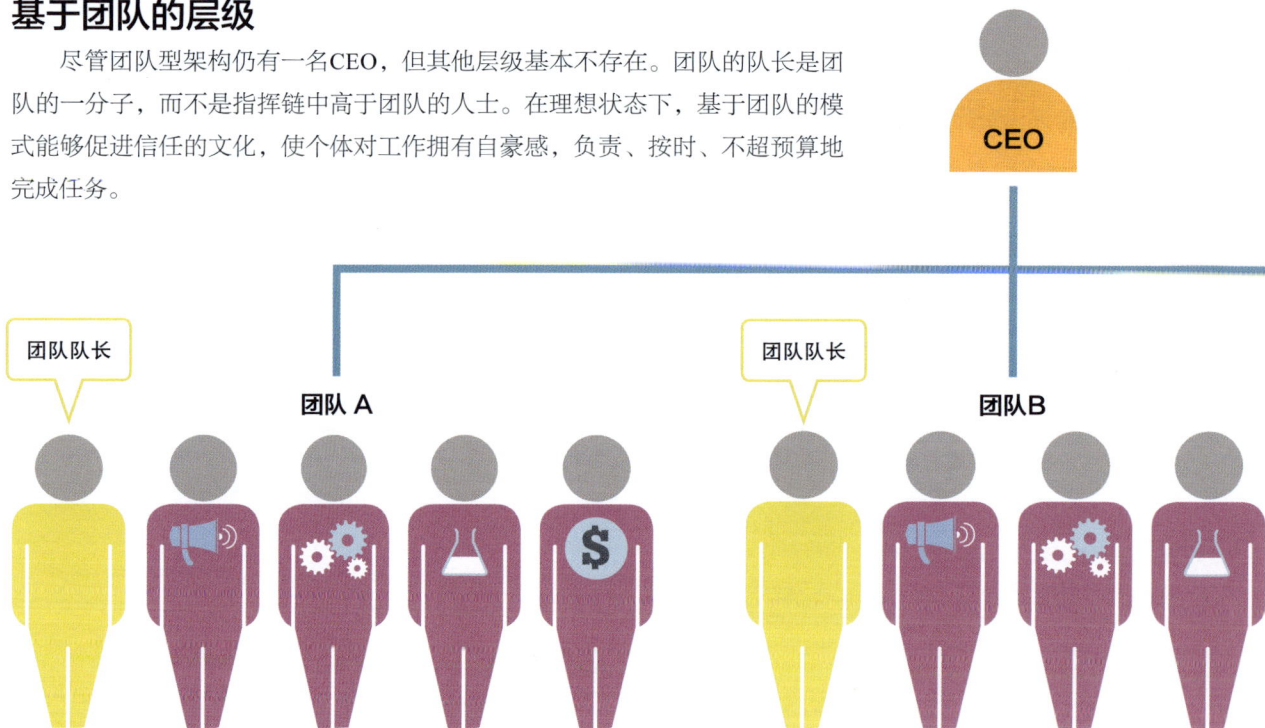

CEO

团队队长

团队 A

团队队长

团队 B

合弄制——打破边界

　　在合弄制中，员工组成团队，自行设定角色和目标，自行选择领导者。其思想是，分享权力和责任，能使员工尽力做到最好。2014年，总部设在拉斯维加斯的网络鞋服店Zappos对企业的1500余名员工采用了合弄制。合弄制的英文"Holacracy"一词，是其创始公司HolacracyOne的商标，该公司率先采用了这套管理系统。合弄制遵循与扁平网格相同的原则，但将扁平网格的思想推进了一步：它提出了一套综合性管理架构，并且有明确的内部经营及治理流程。

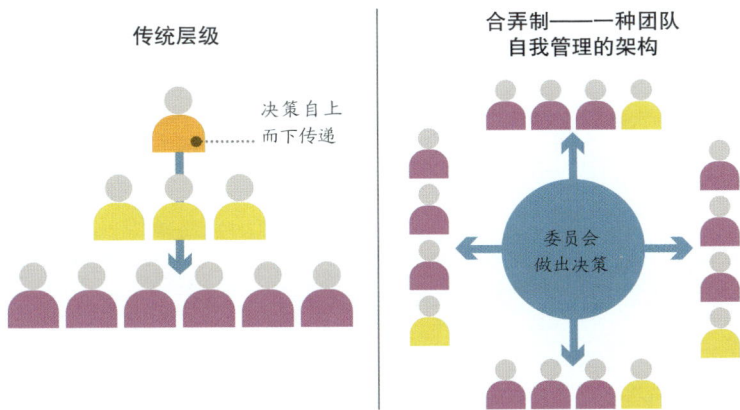

传统层级

决策自上而下传递

合弄制——一种团队自我管理的架构

委员会做出决策

74%的全球组织转为团队型架构后得到了绩效提升

团队型架构：优势与劣势

优势

▶ 迅速做出决策，迅速应对问题和挑战

▶ 不存在繁杂的管理架构，降低了间接成本

▶ 无惧管理层的反应，具有开放式的沟通渠道

劣势

▶ 员工缺乏专业技能，决策可能有缺陷

▶ 团队之间的分享有限，可能会影响企业绩效

▶ 通过共识进行决策更加困难

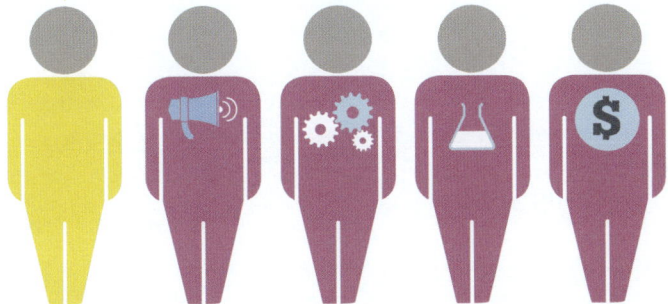

团队队长

团队C

人力资源

人力资源（Human Resources，HR）部门负责与企业雇员相关的政策及流程。为了帮助企业实现目标，人力资源部门必须确保企业雇用的人员掌握适当的技能且背景多元化，无论员工的性别、种族或信仰如何。人力资源部门必须给予员工一致、公平的对待，并且提供一个人力资源框架，保障员工的福祉、提供培训并促使其进步。

人力资源框架

商业目标是企业制定一切决策的出发点。为了促成这些目标的实现，人力资源部门会制定一套人员配备战略来支持商业计划。通常，人力资源框架会设定人力战略，包括对企业最适合的人员应当具备的能力。之后，从招聘遴选到学习发展，人力战略在一系列领域得以实施。多元化和包容性（D&I）越来越重要，在性别、种族和文化上保持较高多元化水平的企业，往往有更好的表现。人力资源领域的专业人士，会与企业领导及主要部门的管理人员紧密合作，设计并推行人力资源系统，实现战略性的商业目标。

商业目标

商业目标是一切决策的驱动力，人力资源政策为其提供支撑动力。

遴选与挽留
参见82～83页。

继任与人才规划
参见82～83页。

绩效管理
参见84～85页。

学习与发展
参见82～83页。

价值观与文化 人力资源部门协助确定原则、行为规范，以及企业内部履行职责的方式。

组织设计 人力资源部门设定架构和正式报告关系，确定了企业的特点。

人员与绩效 人力资源部门负责员工福利，以及员工对商业目标的贡献。

36%
种族和文化最为多元化的企业，其盈利能力领先的幅度

多元化和包容性
参见82~83页。

奖励与福利
参见86~87页。

员工参与
参见92~93页。

基本人力技能

除了有效招聘、确保员工实现目标，人力资源部门还负责企业人员基本技能的培养。

与他人的关系

▶有些人天生具备领导才能，但对大多数领导者而言，客观思考他们希望遵循的领导力战略，是非常有益的。参见88~89页。

▶哪怕是以团队为基础的扁平网格，团队队长也需要培养领导技能，从而引导、支持其团队。参见90~91页。

▶即使有技术变革，员工仍然是企业组织的核心，因为技能和知识是成功的关键。因此，人力资源部门的职责扩大了。谷歌（Google）便是一例：它将人力资源部门称为"人力运营部"（People Operations，POPs），并把员工视作宝贵资产，提供一系列有吸引力的津贴来"发现员工，培养员工，留住员工"。参见92~93页。

管理项目

▶对于各层次的管理人员来说，不论定期的日常活动还是特殊项目，项目管理都是一项基本技能。参见94~95页。

谈判

▶成功进行谈判是一项基本技能。对战略和风格的感知是成功的关键。参见96~97页。

人力资源周期

从企业启动员工招聘流程的那一刻起，到员工离开企业时止，个体都处在人力资源部门所管理的周期之中。

运作原理

对任何组织来说，人员——无论到场工作还是远程工作，都会带来巨大的成本，但也具有很高的价值。很多CEO指出，员工是他们最宝贵的资产。美国实业家亨利·福特（Henry Ford）的名言是："你可以夺走工厂，烧掉大楼，但有员工在，我便能重建企业、东山再起。"人力资源部门的作用是：确保适当的人员在适当的职位上，使企业实现商业战略，保持竞争优势。虽然经营的复杂程度会影响人力资源周期的各个阶段，但其基本的组成部分是相同的。

国家就业法

就业实践受一系列立法监管，涵盖从性别、种族歧视到休假权、解雇的各个方面。曾经只适用于全职员工的法律，逐渐扩展到了兼职员工和合同工。

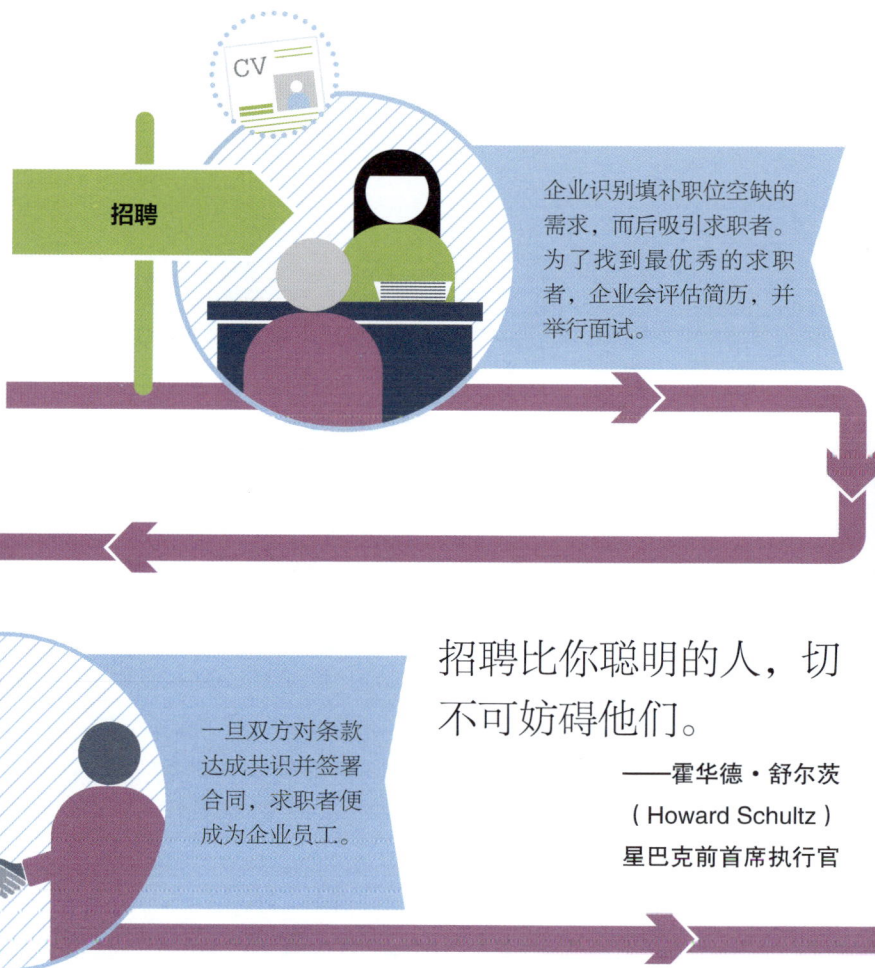

CV

招聘

企业识别填补职位空缺的需求，而后吸引求职者。为了找到最优秀的求职者，企业会评估简历，并举行面试。

Contract

聘用

一旦双方对条款达成共识并签署合同，求职者便成为企业员工。

招聘比你聪明的人，切不可妨碍他们。

——霍华德·舒尔茨
（Howard Schultz）
星巴克前首席执行官

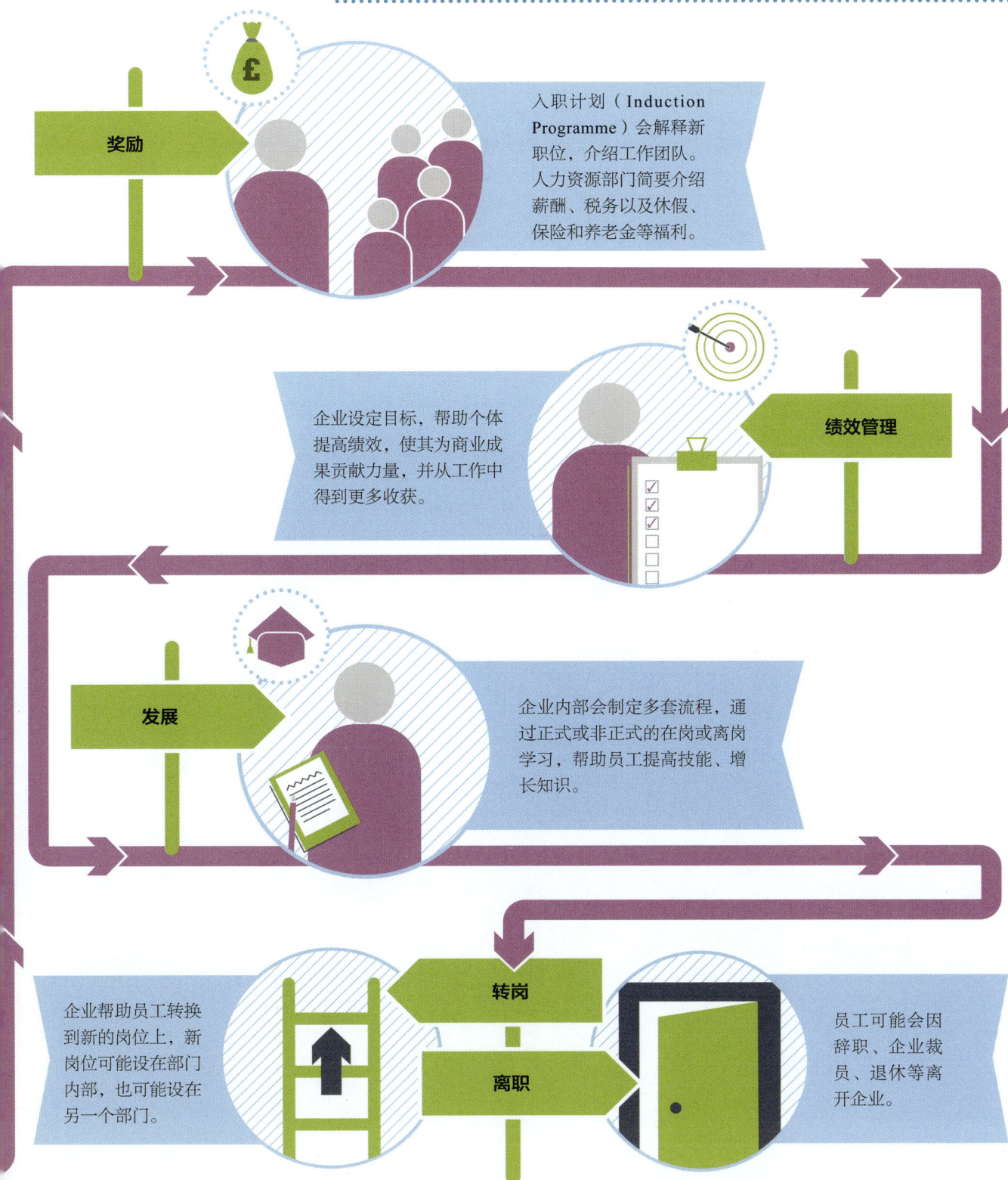

奖励

入职计划（Induction Programme）会解释新职位，介绍工作团队。人力资源部门简要介绍薪酬、税务以及休假、保险和养老金等福利。

企业设定目标，帮助个体提高绩效，使其为商业成果贡献力量，并从工作中得到更多收获。

绩效管理

发展

企业内部会制定多套流程，通过正式或非正式的在岗或离岗学习，帮助员工提高技能、增长知识。

转岗

离职

企业帮助员工转换到新的岗位上，新岗位可能设在部门内部，也可能设在另一个部门。

员工可能会因辞职、企业裁员、退休等离开企业。

招聘与遴选

组织成功的关键，是将适当的人员安置在适当的职位上——这便是招聘与遴选的流程。科技正在改变传统的招聘模式。

运作原理

人力资源部和直属主管通常一同工作，组织招聘和遴选的流程。招聘的起点是企业识别出职位空缺——有让某个人来完成工作的需求，并根据该职位确切的性质，以及所需的技能和经验，把信息整合到一起。要考虑的方面包括：工作目标、要完成的任务、在岗人员的产出或可交付的成果，以及该职位如何与企业架构相适应。这类信息构成了基本的职位描述和用人要求。接下来是寻找求职者。企业自己的网站、招聘中介、社交媒体、社交网站、商业招聘板和报刊广告，都是吸引求职者注意的传统渠道。如今，求职申请表通常在网络上直接投递，这会触发自动回复，以及对应聘者详细信息的排序。

促进多元化

多元化和包容性战略，是人力资源框架的重要组成部分。招聘不同背景的人士，不限性别、种族、文化和年龄，让所有员工感到安全和被工作场所接纳，能够帮助企业创新，与更多客户建立联系，充分发挥员工队伍的优势，最终带来更高的利润。在招聘上广撒网、传递多元化和包容性的承诺、评估候选人的技能和工作经验、消除遴选过程中的偏见，以及提供多元化和包容性的培训，都有助于提升企业多元化。

3人

每分钟通过职业社交网站领英（LinkedIn）受雇的人数

职位描述与用人要求

职位描述是对职位所做的清晰、不带偏见的书面陈述，涵盖了职位名称、目标、义务、责任、职能范围、报告结构，以及所需的品质与能力。在招聘流程中，它为应聘者和面试官提供了清晰的指导。

用人要求

使用包容性的语言，概括遴选候选人的必要条件或预期标准，包括岗位所需的技能或能力、经验及教育背景。

内部搜索

首先查看内部资源，为职业发展和晋升提供机会，改善员工参与和留用状况。

个人推荐

一些企业鼓励现有员工介绍朋友来求职。

外部搜索

越来越多的企业和求职者使用领英等职业社交网站，以及脸书、推特等社交媒体平台。外部求职者提高了员工的多元化，但是吸引他们的成本较高。

必备知识

▶ **心理测试** 通常用作最初的筛选方法，其目的是评估智力、天赋和性格类型等特征，使用的是文字和非文字推理测试及行为问卷。

求职申请

简历（Curriculum Vitae，简称CV；也作Résumé）是必备的文件，通常还需要附上求职信（Covering Letter）。企业也可以使用申请表格。

遴选

人力资源部门使用非歧视性的标准拟定候选名单后，候选人可能会接受面试、小组测评和心理测试的评估。评估可能会在线进行，也可能会面对面进行。

合同

聘用

企业可能要求被选中的人提供推荐信。聘用意向是一份具有法律约束力的合同，其中规定了职位的条款和条件。

员工评价

要实现目标，企业需要一套流程，以度量每名员工对目标的贡献和绩效。

运作原理

随着企业认识到创造适当的文化对促进员工绩效至关重要，如何完成任务，变得与完成任务一样重要。对于任何企业来说，有效地评估员工绩效都具有战略意义，其目的是确保个体、团队和整个组织的生产率达到最大化。

传统的绩效管理周期

绩效管理是个不间断的连续过程。很多企业使用"360度反馈"，从老板、同事、客户和员工等一系列人员那里，收集某个员工的绩效信息。

1　个人目标
设定的个人目标应与企业目标相一致。

➤ **企业目标**　任务和行动的驱动力。
➤ **文化**　团队与个人的衔接。
➤ **人力资源政策**　清晰的准则。

胜者

5　奖励
与绩效相对应的升职加薪。

双赢局面

绩效评估对企业和员工均有好处。

企业

➤ 使员工的个人目标与企业目标相一致
➤ 借助标杆，提供一套连贯的方法
➤ 实现持续的改进
➤ 促进正当的行为和关系

员工

➤ 理解企业对他们的期望
➤ 掌握技能，以满足这些期望
➤ 获得支持，弥补能力上的不足
➤ 收到反馈，获准讨论目标

无意识偏见

企业应该注意到无意识偏见在绩效评估中发挥的作用。评估师对员工种族、性别、年龄、阶层、性取向或残疾的无意识偏见，可能造成有才华的人在晋升上反复遭拒，或是在态度上遭受质疑。进行无意识偏见方面的培训，能让员工更留意这类问题，敦促评估师采用客观的标准来确定工作能力，并用证据来支撑评估的得分。

2 **讨论**
就工作标准、行为准则进行持续的沟通，以改进工作关系。

✔ 必备知识

▶ **平衡计分卡** 根据战略目标来度量绩效的框架，由卡普兰和诺顿两位博士设计。

▶ **能力** 在对员工遴选、评价和发展的支持上，企业具有的明确特点和行为。

▶ **绩效评估** 通过这套流程，员工个人和管理人员得以讨论绩效和发展。

3 **训导**
针对绩效问题和应对挑战的办法进行讨论。

360度反馈
为进一步了解工作关系提供了更全面的图景。

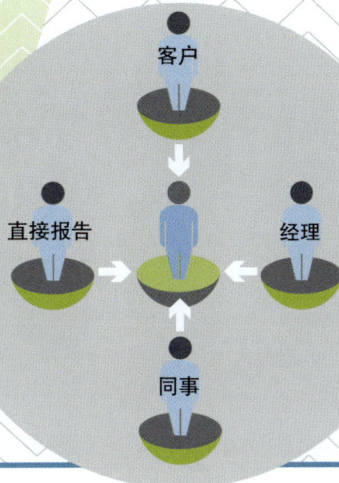

4 **评价**
得到主管领导的正式反馈，向个体提供做贡献的机会。

同事的投入

客户

直接报告　　经理

同事

动机与奖励

人们为金钱而工作，但也受到好好工作、被重视等因素的激励。相比薪酬和福利，非财务奖励对日常动机有更强的驱动力。

运作原理

过去，实实在在的薪酬和福利曾是激励员工的主要工具。这类财务奖励被称为"外在的"（Extrinsic），因为控制财务奖励的数量、分配和时机的其他人相对实际的工作来说是外在的。如今的雇主们认识到，外在奖励固然非常重要，但内在（心理上的）奖励也十分关键。

理解工作场所中的动机

员工心情好，就会努力工作。工作满意度——源自使人感觉良好的微妙因素，与工资有同样的效果。享受工作的员工会留任——工作满意度高可以降低员工流失率。

外在

由企业执行的政策：

财务奖励

▶底薪

▶奖金

▶激励

福利

▶养老金

▶灵活工作

▶医疗保健

个人动机

从事有价值的工作并圆满地完成，会使员工获得心理上的福利。只有约15%的员工（研究涉及142个国家的约1.8亿名员工）全身心投入工作，并为所在的企业做出了积极贡献。

15%
全球全身心投入工作的员工比例

人们为何要完成任务？

只有这样才能激发正向的动机

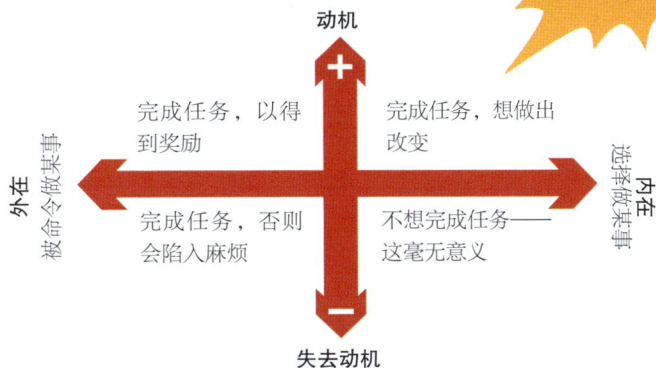

动机 +

完成任务，以得到奖励

完成任务，想做出改变

外在 被命令做某事

内在 选择做某事

完成任务，否则会陷入麻烦

不想完成任务——这毫无意义

失去动机 −

提倡内在奖励

成功的企业会建立信任，从而拥有对工作充满热情的员工。下列因素都有贡献：

企业与个人目标

▶企业有清晰的愿景

▶清楚个体适于在何处实现目标

▶个体有清晰的目标和期望

认可

▶持续反馈

▶不断参与

▶表扬等非现金奖励

职业发展

▶晋升与提拔

▶指导与训导

▶学习机会

文化

▶强有力的团队合作和一贯的表现

▶开放式沟通

▶分享知识和信息

内在

个体拥有如下的感觉：

▶**目标** 感到有能力完成某件有价值的事

▶**选择** 清晰的所有权，对结果的责任感

▶**进步** 作为一个个体，感受到并看到事物向前推进的迹象

▶**能力** 对自己的工作感到骄傲和满足

INCREASING MOTIVATION

领导力战略与领导力风格

在自上而下的领导中，领导者发号施令，但这并不是取得成效的最佳途径。管理学家识别出了一系列截然不同的领导力风格。

运作原理

每个领导者都有自己的一套方法。然而，这些年来，管理学家已经识别出了主要的领导力风格。依照不同的情况，这些领导力风格可以产生不同的结果。不少分类框架依据心理学家库尔特·勒温（Kurt Lewin）的理论。勒温的理论产生于19世纪30年代，其中包括三种主要风格：独裁、民主和自由放任（不干预）。例如在

2007年，商业作家埃里克·弗兰霍尔茨（Eric Flamholtz）和伊冯娜·兰德尔（Yvonne Randle）就根据勒温的理论提出了领导力矩阵，指出了各种情况下最适用的风格，从独裁（大权独揽的领导人）到共识（通过广泛的共识做出决策）。真正具有启发性的领导者，会鼓励员工相信自己，使员工能够创造他们都没有预料到的成果。

> 出色的领导者会提升员工的自信，而不会对员工横加干涉。
>
> ——萨姆·沃尔顿（Sam Walton）
> 沃尔玛创始人

变革型领导力

虽然不同的领导力风格适用于不同的情况，但管理学家詹姆斯·麦格雷戈·伯恩斯（James MacGregor Burns）认为，最为有效的当属变革型领导力，即领导者及其追随者互相提升诚信和动机的风格。其他学者也指出了这一点，例如，产业心理学家伯纳德·巴斯（Bernard Bass）就列出了变革型领导者具备的品质。

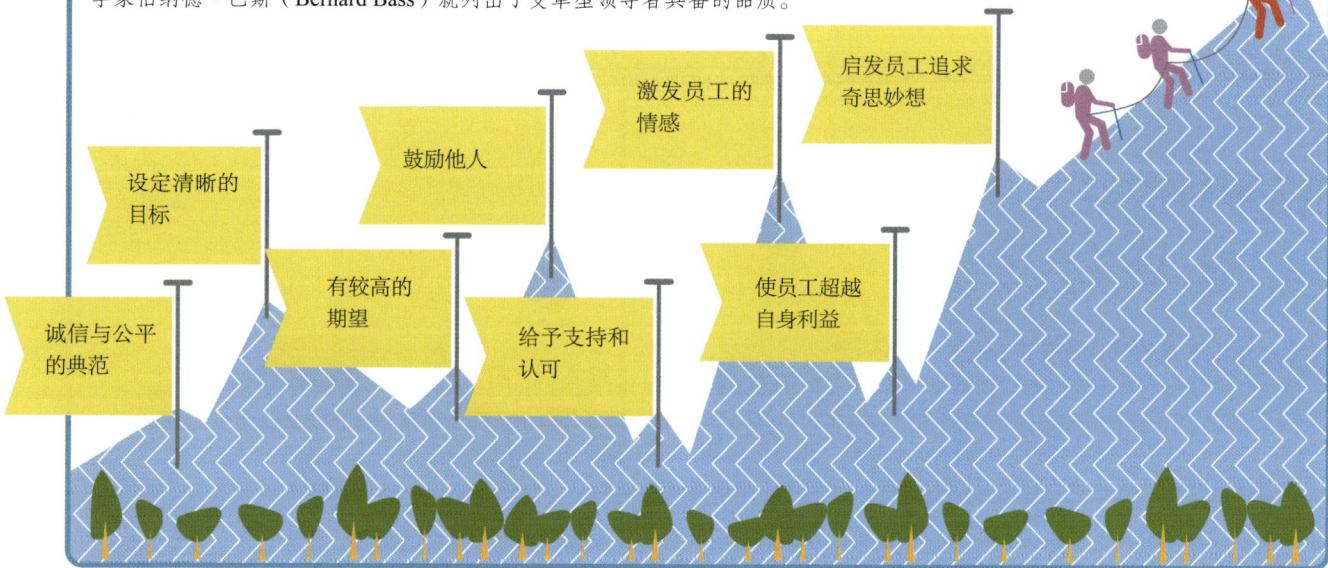

- 启发员工追求奇思妙想
- 激发员工的情感
- 鼓励他人
- 设定清晰的目标
- 有较高的期望
- 使员工超越自身利益
- 给予支持和认可
- 诚信与公平的典范

何时使用何种领导力风格

心理学家丹尼尔·戈尔曼（Daniel Goleman）根据一项为期3年、涉及3000名管理人员的研究，找到了6种不同的领导力风格。每种风格都会显著影响人们对其工作的感觉。最有效的领导者能够掌握一系列风格，并根据情况适当运用。

	风格	何时使用	缺陷
亲和型	**"人比任务更重要。"** 专注打造团队内部的情感纽带，以及企业内部的归属感。	在承受压力时使用，即团队成员需要从创伤中恢复过来，或者团队需要重新建立信任时。	表扬和呵护可能会导致平庸的业绩和方向感的缺失。
训导型	**"试试这个。"** 帮助人们找到自身的优势和劣势，并将之与职业上的渴望和行动联系起来。	用于帮助团队成员建立个人的持久强项，使他们更为成功。	团队成员违抗命令或不情愿改变、学习，或者领导者缺乏能力时，训导无效。
命令/强制型	**"照我说的做。"** 要求立即服从，不允许讨论或协商。	只适用于应对危机或控制有问题的员工，并且只在其他方法均无效的情况下，方可使用。	会使人们疏远，扼杀创造力和灵活性，造成紧张气氛。
民主型	**"你有什么想法？"** 其目的是通过参与达成一致意见。	团队有必要相信或掌控决策、计划或目标时使用。	不可在危机出现时使用，也不可在团队成员没有充分信息来为领导者提供适当的指导时使用。
示范型	**"立刻跟我做。"** 期望并塑造卓越，为团队创造有挑战性、激动人心的目标。	仅当团队已经得到激励，具备能力，且必须迅速取得成效时使用。	这种风格会让一些团队成员难以承受，不仅会对员工的敬业精神产生负面影响，还会扼杀创造力和革新精神。
远见/权威型	**"跟我来。"** 调动团队，朝着共同愿景和共同目标努力，但让个人选择实现的办法。	因形势发生变化，团队需要新的愿景或不需要明确指示时使用。	领导者与专家团队或者消息更灵通的群体一同工作时，可能会失效。

团队建设的领导力

正如将军必须掌控好军队，企业领导者应当掌控好团队。关键是，要确保个体为实现共同目标而一起努力。

运作原理

从英国前首相温斯顿·丘吉尔（Winston Churchill），到脸书高管雪莉·桑德伯格（Sheryl Sandberg），伟大的领导者认识到：实现长期目标，不仅要凭借自身的能力，还要让他人的力量发挥最大的效力。这些领导者有一种感染他人的激情；他们从错误中学习，并准备好改弦易辙，迎接形势的变化。不少学者对这类领导者的特征及战略进行了研究。

领导者如何启发其团队

学者卡尔·拉森（Carl Larson）和组织有效性方面的专家弗兰克·拉夫斯托（Frank LaFasto）进行了一项为期3年的研究，涉及逾75个不同的团队。他们识别出了引导团队实现最佳效果的6个领导力特征。

领导力是一门艺术，它让某个人自愿去做你所期望之事。

——德怀特·D. 艾森豪威尔
（Dwight D. Eisenhower）
美国前总统

专注目标
➤ 用清晰、富有启发的方式确定目标
➤ 帮助团队的每个成员认识到如何为目标做出贡献
➤ 不玩弄权术

鼓励合作
➤ 允许公开讨论
➤ 要求合作并奖励合作
➤ 让人们参与，并吸引人们参与

树立自信
➤ 强调正能量
➤ 通过分派责任来体现信任
➤ 说"谢谢"

创建有效的团队

乔恩·卡岑巴赫（Jon Katzenbach）和道格拉斯·史密斯（Douglas Smith）在著作《团队的智慧》（*The Wisdom of Team*，1993）中，区分了团队和在一起工作的普通群体。他们将团队定义为"一小群技能互补，为一个共同目标而共同努力，能对彼此负责的人"。他们发现，设法创建有效团队的领导者会：

❯根据技能和潜力而非性格来选择成员；

❯专注于几个眼前的任务和目标，能促进团队的团结；

❯设定边界和行为规范；

❯定期用新信息激励团队，鼓励公开讨论、积极解决问题；

❯确保团队成员在工作之时和工作之余有大量相处的时间。

> 别找错，找补救。
> ——亨利·福特
> （Henry Ford）
> 美国实业家

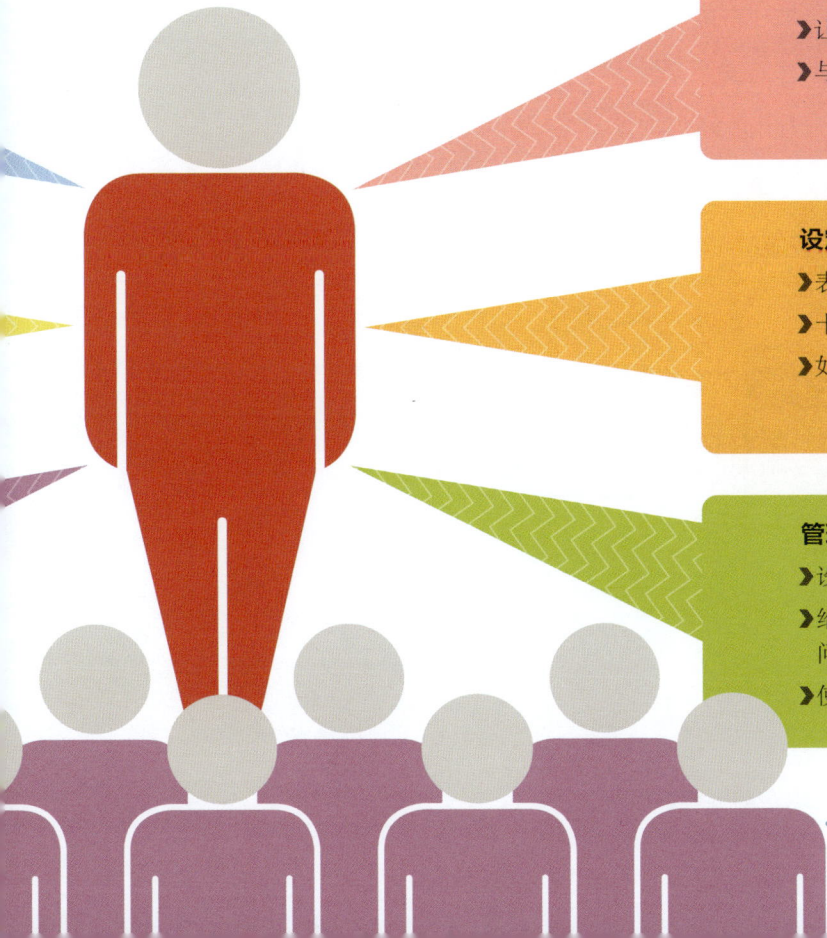

提供诀窍
❯了解自身的领域
❯让专家来协助其他领域
❯与团队分享来龙去脉

设定优先顺序
❯表明重点，避免模棱两可
❯十分清楚必须发生什么、严禁发生什么
❯如果优先顺序有变，准备好改弦易辙

管理绩效
❯设定清晰的目标
❯给出建设性的反馈；直面并解决绩效问题
❯使激励措施同团队目标相一致

员工关系与沟通

蓬勃发展的企业认识到，利用人们的想法和精力创造出竞争优势十分重要。管理人员应热衷于培养并保持员工的敬业精神和参与精神。

运作原理

员工关系与沟通，无论由人力资源部门管理，还是作为单独的一项职能，正在变得越来越复杂。成功的企业不仅依赖面对面的交谈和口口相传，还使用一系列沟通工具，帮助员工了解企业的目标，以及他们对成果所做的贡献。特别是，管理人员不再只发送单向信息，而是开始利用视频会议等交互媒体。反过来，这为有效的远程工作铺平了道路。员工可以使用内联网和在线协作工具（如Slack）分享知识，也可以选择在代表大会、论坛等正式场合面对面沟通。

沟通的艺术

在这个例子中，为了促进沟通、在整个企业内部建立信任，企业设置了员工每周论坛。企业为了增强员工对这一想法的觉察力，保持其敬业精神和参与精神，使用了电子邮件、网络研讨会（webinar）等多种媒介。管理人员更关注合作，而不只是灌输信息。

员工论坛

在很多国家，员工沟通主要由人力资源部门管理，其侧重于有组织的产业关系。如今，员工关系越来越多地以信任、构建紧密的关系为基础。很多企业设立了正式的员工大会或员工论坛。

理想情况下的员工论坛：

▶ 允许来自企业各个部门的代表分享并提出想法，由此提高绩效；

▶ 鼓励对愿景、变革和商业计划展开讨论；

▶ 能认识到员工的价值。

敬业精神

参与精神

意识与理解

接触
向所有员工发送邮件，附上一个简短的视频，告知他们企业会马上建立一个员工论坛。

敬业程度

时间

案例研究

约翰路易斯（John Lewis）

约翰路易斯是英国的一家连锁百货商店，它因独特的员工所有制架构而著名：每名员工都是企业的合伙人。该公司拥有多种员工沟通方式。

▶**小报**　员工可以通过每周的小报，直接发送信件给管理层。管理人员会在小报上发布回应，让所有人都能读到。

▶**合伙人大会**　由企业选出的58名合伙人代表参加，每年召开若干次会议。总裁和董事向合伙人大会报告，而合伙人大会有权罢免总裁。

▶**论坛**　论坛代表由员工选出，每三年选举一次。论坛代表的职责是，反映特定地区、社区或商业领域内合伙人的观点。

15亿英镑
约翰路易斯2020—2021年度在基本工资上的花费

加强与内化
定期面对面报告进展，向员工展示论坛带来的改变。

确定惯例
企业范围内的息工日会议（Awayday）向员工展示论坛是如何改变工作实践的。

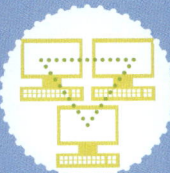

激励正能量
富有启发的研讨会，体现了新式员工论坛的好处。

采纳与分享
员工参加论坛，分享对Twitter和Yammer的看法，由此获得参与感，并与管理人员协作。

促进理解
企业在内部网络上提供的资源，详细介绍了员工论坛是如何运作的。

创造意识
企业范围内的视频会议，解释了建立员工论坛的目的。

项目管理

除日常活动外，企业还会开展项目，即特定的一次性工作。项目应当得到良好的管理，以便按时、按预算实现预期收益。

运作原理

项目管理即从接手复杂项目到项目完工的过程。项目管理所需的一套知识、经验和技能，与主要经营活动所需的截然不同，因为项目所设定的目标，要在明确的约束下实现。这些约束条件包括范围、时间、质量和预算。项目团队可能包含来自不同企业、不同学科、不同地域的人员。成功的项目管理不仅包括监督团队所有成员朝着既定的目标努力，还包括管理风险、日程、个人和团队投入、在项目中有既得利益的利益相关者范围，以及财务资源。

人们愈发认识到，对任何企业而言，有效的项目管理都是一项战略能力，因为它使新产品、新方法和新技术的引入成为可能。

✔ 必备知识

项目管理工具

项目管理工具有很多种，每种工具都有最适用的项目类型和技能水平。Wrike和LiquidPlanner等专业软件提供了强大的功能集，而Trello等用户友好型工具则适用于更简单的项目。

项目管理的步骤

可操作的项目管理系统有很多，它们对关键阶段的定义各不相同，但所有的系统都包含五个主要元素。

启动
- ▶ 项目章程，包括商业案例、目标、范围、预算、可交付的产品及日程
- ▶ 角色与职责
- ▶ 资源配置

规划
- ▶ 详细的工作计划
- ▶ 关键路径分析
- ▶ 风险

执行
- ▶ 协调人员和资源
- ▶ 质量保证
- ▶ 与团队和利益相关者进行沟通

障碍及如何跨越障碍

每个项目都会遇到挑战。下面列出了一些常见的挑战，以及使项目保持在正轨上的有效管理方式。

障碍	项目管理	选择
项目未能按期进行，或者剩余时间不足	▶使用工具和技术来制订工作时间表和关键路径 ▶检查剩余的工作，识别风险、障碍和降低要求后的战略	▶商讨项目的范围、预算和资源 ▶通知其他团队，看看能否将变化考虑在内
愿景不明确或缺乏透明	▶检查项目章程，修改愿景和目标 ▶让团队参与进来，使所有人都理解工作的方向，避免拖延	▶向发起人或高管澄清或解释
范围潜变——项目一旦启动就会发生变化	▶管理针对商业案例、项目目标变化的请求	▶进行沟通，从而了解变化为何重要，如何整合或寻找替代方法

监督与控制
▶度量努力与进展
▶管理风险、降低风险
▶人员管理

结束
▶完成所有活动
▶沟通
▶学习——回顾项目

97%的管理者（来自38个国家）认为项目管理对成功至关重要

谈判战略

若谈判各方秉持不同观点，各方都争取自身利益，那么，谈判技巧对企业来说便至关重要。理想的结果是相互妥协，以为双方带来最佳结果。

运作原理

与商业的很多方面一样，谈判是指找到双方均能接受的解决方案的过程。在进行磋商之前，各方必须努力理解对方的利益和战略决策，否则，谈判会以僵局、难堪、业务损失而告终。对于建立强大的工作关系网络，提出考虑周详、可持续的解决方案（而非短期之计），并避免未来的冲突，谈判的能力十分关键。

达成一致

从工会和雇主之间的薪资谈判，到客户和供应商之间的销售谈判，谈判双方的关系决定了战略。好的谈判能使双方对商谈的结果感到满意，并乐于再次进行商业合作。

准备与计划

▶ 设定目标和理想的结果（并评估对方的目标和理想的结果）

▶ 对问题进行权衡，考虑可能的让步

▶ 考虑理想的议程和会面地点，并进行演练

确定基本准则

▶ 商定后勤安排——在地点、房间安排、议程、工作安排、谈判者数量上达成一致意见

▶ 确定礼节，例如不准使用手机，每次由一人发言，有正式的短暂休息时间

▶ 就信息的表述和记录方式达成一致意见

目标、澄清及解释

▶ 确保双方有平等的机会提出主张

▶ 澄清分歧点

▶ 讨论应侧重于理解方面，而不是解决问题

协商以解决问题

▶ 提出替代方案，做出让步

▶ 讨论各方都能够接受的条件

▶ 将找到双赢的解决方案作为目标

65%

不同文化的面对面交流中，非语言信号
所占的比例

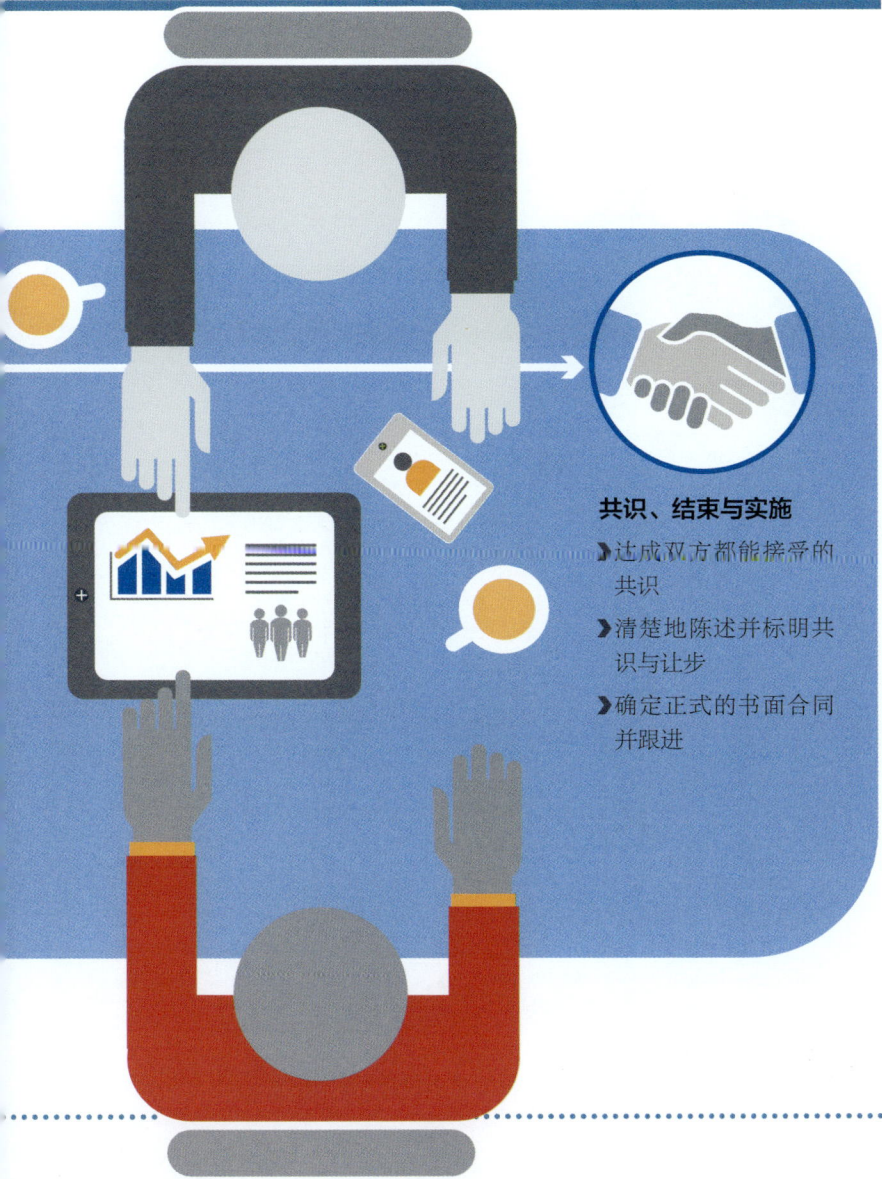

共识、结束与实施

▶达成双方都能接受的
共识

▶清楚地陈述并标明共
识与让步

▶确定正式的书面合同
并跟进

不同文化中的肢体语言

进行国际谈判时，解读肢体语言信号并非易事，特别是，各种姿势的含义可能有差异。

▶**眼神接触** 为了表达尊敬，中国人会避免直接的眼神接触；美国人则认为，缺乏眼神接触是不可靠的标志。

▶**面部表情** 感情强烈时，美国人可以接受皱眉甚至咒骂，但不能哭泣；日本人可以微笑或大笑，但从不皱眉或哭泣。

▶**头部动作** 在欧洲大部分地区和美国，人们用点头表示"是"，摇头表示"不"。然而，在保加利亚等地，上述动作表达的意思恰好相反。

▶**手势** 在西方文化中，把手指伸向他人表示"过来"。中国人则认为，这个手势会冒犯他人。

▶**姿势** 在美国，随意的行为或态度受到人们的尊崇，人们可以懒洋洋地站着或坐着。然而，在德国等欧洲国家，懒洋洋的姿势被认为是不礼貌的。日本同样崇尚正式礼节，尤其是要求坐直并保持不动。

弹性工作

对于员工如何工作、在哪里工作，企业正在采取更灵活的办法。更快速的互联网连接、云计算以及应用程序的改进，使员工能够有效进行远程协作，而很多企业也认识到了允许员工远程工作的益处。公共工作空间是否会成为过去？

运作原理

通信技术的进步，使企业能够允许员工按照特定的需求来安排工作。在英国，为雇主工作超过26周的员工，都有要求灵活工作的合法权利，可以选择工作的时间或是在家工作。COVID-19的大流行加速了这一进程。为了遏制病毒传播，疫情期间世界各国大多采取了封锁措施。企业和员工争相适应新的现实，把曾经要亲自到场完成的工作，改为通过互联网，用视频通话、电子邮件、即时消息等方式开展。结果是，现在的企业对灵活工作的利与弊有了清晰的认识。大多数企业不太可能坚持让每个员工始终在同一物理空间工作。

远程工作：利与弊

利

- ✓ 改善工作与生活的平衡，使员工更快乐、更高效
- ✓ 让员工有时间专注于工作，减少分心
- ✓ 释放企业的工作空间，为企业节省租金
- ✓ 让企业能够接触到全球人才库

弊

- ✗ 不适合每个企业——许多企业仍然需要员工亲自协作
- ✗ 需要花更多的时间，确保清晰的沟通
- ✗ 工人可能会感到孤立；更难培养团队文化
- ✗ 企业的经营完全依赖技术的正常运转

25% 的工人
每周可以在家工作3 ~ 5天，且不损失生产力（发达经济体中）。

远程工作：你需要什么

✓ 要最大化灵活工作的收益、最小化灵活工作的弊端，就需要正确的设置。这意味着，不仅要为所有的工作人员配置适当的工具和技术，还需要调整工作实践和发展技能。

工具

工作空间

无论员工选择在哪里工作，他们都需要一个合适的工作空间：照明良好、没有过度的干扰，并配有舒适的办公桌和椅子。

硬件

一台笔记本电脑和稳定的互联网连接，是最基本的要求。符合人体工程学的无线鼠标、音效好的耳机、摄像头、麦克风、脚踏板和文稿阅读架，都是十分得心应手的额外工具。

通信工具

对于面对面联系，除了电子邮件，Zoom和Skype等视频通话平台也是必不可少的。此外，Slack等即时消息应用程序，可以方便人们提问、共享文档。其他协作工具，包括在线白板和项目管理应用程序，也十分有用。

文件共享服务

员工需要阅读和编辑企业文件，并与同事互传。这可通过远程访问企业服务器或在线文件共享服务来完成，如微软365（Microsoft 365）或谷歌云端硬盘（Google Drive）。此类服务把数据存储在云端的远程服务器上，使员工能够共享文档、追踪修改、管理文件的不同版本，并随时随地标记（tag）其他用户。

专业软件

员工可能还需要访问权，访问与其角色相关或企业独有的软件。基于云端的订阅软件包，可以让专业软件的部署变得轻而易举。

技能

沟通技巧

远程工作阻止了人们接收或发出在沟通时使用的许多非语言线索，因此需要付出额外的努力来实现清晰明了的沟通。

人员管理能力

出于同样的原因，人际交往能力同样重要。灵活工作的好处意味着，需要花时间了解员工的个人情况：保持定期联系、仔细倾听、表现出同理心，并在需要时提供支持。

技能

为了很好地完成工作，人们必须知晓如何使用远程工作所需的技术。为了防止信息泄露，了解如何保护数据也十分关键。

时间管理能力

在家工作时，工作和家庭生活之间的界限会变得模糊起来。因此，需要保持规律的作息。按时开始、按时结束，定期休息，细致安排工作时间，把会议控制在最低限度，并留出足够的时间来完成工作。

灵活性

从根本上说，弹性工作意味着要不断地适应变化。关键在于要勇于接受，花时间了解新的问题、新的要求和新的技术，采纳新的方法。

财务的运作

财务报告 › 财务会计

管理会计 › 绩效度量

筹集资金和资本

财务报告

财务报告无处不在：餐馆的账单便是一份财务报告，销售发票和银行对账单也是一样的。不过，商业上的财务报告是指构成企业年报和账目的财务报表。财务报表由会计师编制，这为投资者、贷款人提供了评估企业盈利能力的信息，使企业管理者、政府、税务机关等利益相关者能对企业做出评价。

财务报告的类型

财务报告有多种形式，它可以涵盖企业的财务、经营、核心商业价值、绩效、员工方面的大量信息，还可以包括对当地惯例、国内与国际法规的遵守情况。通常，年度回顾（也称作"年报"）是最重要的财务报告，其本质是多份小报表的集合，总结了企业在过去一年中的表现。一系列法律、法规和指南，规定了年报应当涵盖的内容。

企业年报

财务报表通常出现在企业年报中，并按照标准模式总结企业的财务活动，为不同受众提供清晰、便捷的解释。财务报表的形式多种多样，对于会计师和商务人士来说，能够解读财务报表是一项关键技能，因为这能使他们轻而易举地了解企业的表现好坏以及原因。

会计周期

几乎所有会计师都用到了会计周期的八个步骤。会计周期的作用是：通过流程的标准化，确保每一项活动的会计工作都以同样的方式和顺序，正确无误地完成。参见104～105页。

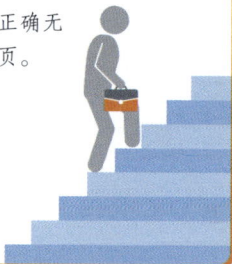

50%
全世界会计学生中女性所占的比例

会计的种类

得到广泛认可的会计类型有七种。

▶ **财务会计**　由会计师起草；由投资者、债权人和管理层使用。参见112～129页。

▶ **管理会计**　由管理者采用，用以控制现金流和预算，并预测销售。参见130～143页。

▶ **政府会计**　也称作公共财务会计；由公共部门使用，用于非商业会计。

▶ **税务会计**　指明个人和企业在纳税申报单的准备和提交阶段必须遵守的具体法规。

▶ **法务会计**　涉及争端与诉讼，在涉及欺诈的刑事调查中使用。参见152～153页。

▶ **项目会计**　处理特殊项目；是对项目管理的有益协助。

▶ **社会会计**　展示一家企业如何为社区和环境做出积极的改变。

财务报表

▶ **年报包含什么内容？**　根据各种标准和会计师的观点，对企业绩效所做的全面记录。参见106～107页。

▶ **都有哪些报表？**　财务报表是最主要的；其他报表则涉及可持续性、董事薪酬、慈善捐助。参见108～109页。

▶ **何人阅读何种报表？**　报表的各部分与银行、股东、政府、审计师、员工和媒体相关。参见110～111页。

▶ **附注有何含义？**　主要报表有很多批注，提供了更多细节。参见112～113页。

▶ **报表遵循哪些准则？**　会计准则对财务报表做了规范。参见112～113页。

▶ **哪些财务报表最重要？**　损益表、资产负债表和现金流量表涵盖了主要的事实。参见114～121页。

会计周期

　　会计周期（Accounting Cycle，也译作"会计循环"）是一套逐步进行的流程，簿记员用它来记录、组织、归并企业的财务交易。会计周期有助于账目记录的统一，以及错误的消除。

运作原理

　　会计周期帮助企业把工作流组织成一个周期性的步骤链，以反映资产、现金和债务流入及流出企业的方式。会计周期沿八个步骤进行，每个周期遵循同样的顺序，周而复始。会计区间（Accounting Period）即会计周期的时间长度，通常为一个月、一个季度或一年。每个财务年度结束时，涉及收入和支出的账目，余额归零；涉及资产、负债和权益资本的账目，余额转入下一年度。

周期八阶段

　　在每个会计周期，下述流程会以同样的方式重复。每个企业都会经历八个阶段，而会计周期的运行正好反映了这一点。每个周期结束时编制的财务报表，对反映企业在这个周期内的表现十分有益。

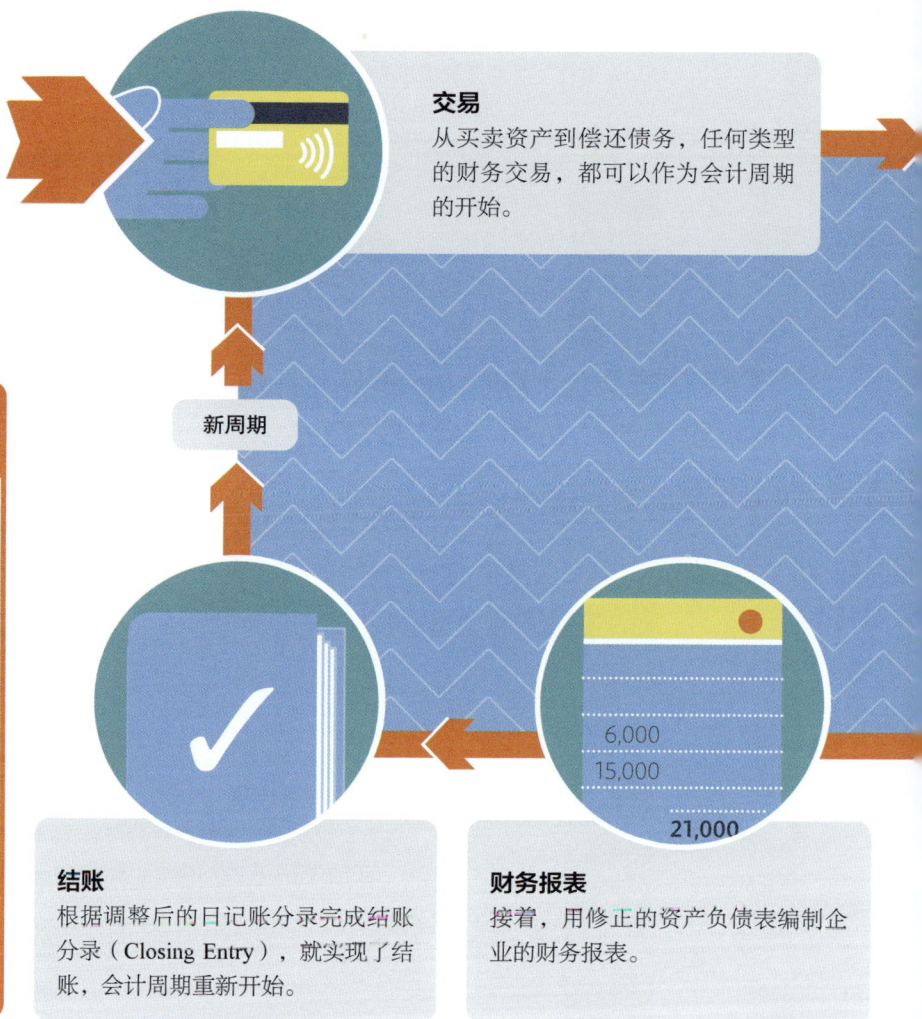

新周期

交易

从买卖资产到偿还债务，任何类型的财务交易，都可以作为会计周期的开始。

6,000
15,000
21,000

财务报表

接着，用修正的资产负债表编制企业的财务报表。

结账

根据调整后的日记账分录完成结账分录（Closing Entry），就实现了结账，会计周期重新开始。

簿记与会计

▶ **内部控制**　部署、度量、监督企业资源的一种方法。有助于防止欺诈、追踪资产价值。

▶ **复式记账**　所有交易过程分两次记录——一笔借记，一笔贷记。例如，企业花100英镑购买了一把椅子，那么，应借记固定资产账户100英镑，贷记现金账户100英镑。

▶ **坏账**　不能或不太可能收回的债务，因对债权人（借款人）毫无用处，债权人会将之作为费用进行核销。

必备知识 ✓

➤ **借记** 资产和费用的增加，负债、所有者权益和利润的减少。

➤ **贷记** 负债、所有者权益和利润的增加，资产和费用的减少。

➤ **会计科目表** 列出企业所有账目的名称，用于整理记录。

➤ **审计追踪** 企业所有交易的完整记录，使审计能通过总分类账追溯交易源头，并记录下所做的调整。

日记账分录

会计师分析交易，并在企业的财会系统中创建记录，即日记账分录。

过账

日记账分录转入总分类账（general ledger），即记载企业所有账目的电子记录。

试算表

在会计周期（通常是一年、一个季度或一个月）的尾声，准备好企业所有账目的列表。

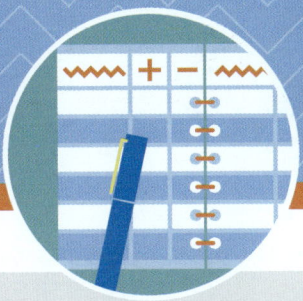

72% 的英国自雇承包商
自己编制账目

工作底稿

通常，试算表的计算不能精确地平衡账目（参见116~117页）。在这种情况下，应在工作表中进行修正。

调整分录

一旦账目达到平衡，任何调整都应在会计周期尾声录入日记账。

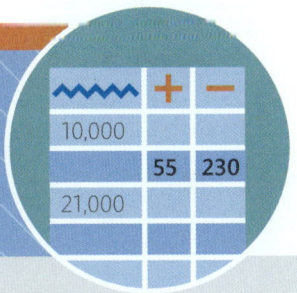

财务报表

财务报表是企业财务活动的正式记录。大多数司法机关都要求依照法律披露准确的信息。财务总监和审计师应对财务报表的内容负责。

运作原理

财务报表清楚、扼要地总结了企业的经营活动，详细介绍了企业的绩效和财务状况的变动。鉴于财务报表有多个受众，报表应当详尽，并且能被大众理解。各种报表常以年报的形式一同呈现，细致的账目和附注提供了详细信息。虽然法律上的要求各异，但账目的准确是必需的。

年报里有什么

年报的目录与书籍目录具有相同的版式，它指出了三大报表——资产负债表、现金流量表和损益表——所在的位置以及一些"软信息"（较为主观、难以客观验证的信息——译者注），如员工的故事、其他利益相关者的观点。总体而言，年报使企业有机会吸引股东和贷款人，同时履行法定的报告责任。

董事长致辞

董事长通常会撰写一份致辞，侧重积极的方面，同时针对股东的利益，解释年报中消极的方面。

企业环境

这一章涵盖与企业环境评议书相关的大量信息，大多数内容因行业不同而异。参见122～123页。

客户和社区

这一章强调企业的社会意识，尤其是社会参与。不同类型的企业会侧重不同的价值观。

员工

这一章详细介绍员工发展培训、健康安全等领域，以及员工满意度方面的关键统计指标。

财务

一份简短的概述，总结了企业财务状况的关键内容，包括整体绩效、营业额、运营成本、资本投资、折旧、利息费用、纳税和红利。参见114～121页。

基础设施

年报中有关基础设施的内容，详细说明了企业的固定资产，并向投资者解释了该企业为何是个有吸引力的投资对象。

合并财务报表

在全球化时代，大型企业由多个公司组成的情况越来越普遍。由母公司所有的公司被称为子公司，虽然它有独立的会计记录，但母公司还会编制一份合并财务报表（Consolidated Financial Statement），展示母公司和子公司的财务运作情况。不过，根据司法机关的要求，若一家公司只拥有另一家公司的少数股权，那么，它的合并财务报表不会包含另一家公司的内容。

✔ 必备知识

▶ **子公司** 被另一家公司（通常为控股公司）控制的公司。

▶ **控股公司** 购买其他公司股票，并对其进行控制的公司。

▶ **全球化** 企业发展为大型跨国公司，超越国际边界和政府控制的过程。

绩效指标 所有行业都有绩效指标。绩效指标度量了客户满意度、企业提供的产品或服务的品质等方面。

董事报告 在董事报告中，董事会成员针对企业在过去一年中的绩效发表专业意见。

环境责任 环境责任这一章节涵盖了与环境相关的数字，通常是法律规定的数字，如温室气体排放量。

独立审计师报告 独立审计师会审查企业账目的准确度。这有助于减少错误、追踪欺诈。

董事会 介绍董事会、治理报告和董事职责，说明了谁在领导企业，展示了领导者的资格和职责，披露了其薪酬。

账目附注 账目附注是财务报表的关键组成部分。它给出了确切细节和深刻见解，解释了年报前述章节提供的主要数字。

财务报表的解构

损益表显示了会计周期内的收入、成本和支出——企业赚得的资金数额。资产负债表展示了报表发布时企业的价值，它与投资者密切相关，因为它披露了资产、负债和股东权益——这些内容可用来估算企业的健康程度。现金流量表展示了企业内部的现金动向——流动性。除披露三大财务报表外，年报还就利益相关者群体感兴趣的企业绩效，提供了丰富的信息。附注使得报表鲜活了起来。

税款

企业税的税率因国家而异，但基本的税种是相似的。

▶**直接税**　直接对利润或收入征收，包括所得税，以及与房产等资本资产的购买或销售相关的税收。

▶**间接税**　对商品和服务征收，如增值税（Value Added Tax，VAT）。通常，间接税的目的是减少有害商品和服务的消费。对酒精和烟草行业的企业来说，间接税是一个重要税种。

▶**环保税**　越来越常见，通常为间接税。常用来抑制性地提高有害环境的商品和服务的价格，如飞机旅行、垃圾填埋场、能源，目的是减少其使用。

▶**公司税**　只有公司支付，个体经营者和合伙制企业不支付。通常按公司利润的一定百分比征收。

案例研究：细节

财务报表是年报的一部分，此外，年报还会发布案例研究、客户、供应商、员工和董事的资料，以及报价和统计数据。附注通常要占用20页左右的篇幅，它包含补充财务信息的表格和文本。下面的例子给出了一家虚构的公用事业公司的年报中可持续投资的数字。

财务

本节包含本企业的主要财务数据，如利润、税务支出、资产、负债和红利支出，以及对数据的详细解释。

可持续的投资

这家公用事业公司在可持续性方面的投资，包括强制支出和额外的酌情支出。

		2021年 百万英镑	2020年 百万英镑
	客户与社区	130	110
	环境	115	102
	雇员	91	88
	总计	336	300

必备知识

> **垄断**　一种特殊产品只有一家供应商供应的情形；若无政府管制，拥有垄断地位的企业便能够维持低产量、高价格，因为消费者别无选择。

> **寡头**　存在少量供应商的行业；竞争不如完全竞争市场那样激烈，因此，政府通常会对企业进行管制，以确保品质和价格的公平。

> **薪酬**　提供工作或服务而得到的资金报酬——财务上指代工资（Pay）的术语；可能包括奖金和股票期权。

董事会

　　不少被认为是董事私人信息的内容，是可以公开得到的。披露这类信息通常属于法定义务。

> 执行董事的姓名
> 非执行董事的姓名，他们是否为独立董事或股东
> 持股情况
> 董事会出勤记录
> 董事任期的起讫日期

> 薪酬，包括奖金、股票期权、养老金和福利
> 公示期
> 解雇补偿
> 潜在的利益冲突

慈善捐助

在年报中，企业会宣传自身的善行，详细说明捐助的资金数额，以及行善的方式。企业还会支持与自身性质相关的慈善机构，或者让员工投票决定受助人。

客户满意度

总的来说，本节介绍了企业如何与客户一道改进服务和支持。在垄断和寡头行业，客户满意度尤为重要，因为政府通常会设置较高的标准。

71% 的首席执行官认为他们有责任确保其组织的可持续性政策能反映客户的价值观

财务报表对使用者的意义

年报中包含了多种财务报表，对于知道如何阅读财务报表的人而言，这无异于一笔丰厚的信息宝藏。这些报表提供了主要的利润数据、董事们对一些问题的解释、详细的财务数据，以及有关企业经营和方针的信息。鉴于这些原因，从企业员工、客户、股东，到潜在的投资者、政府、记者、信用评级公司、银行和大众，财务报表对于广大的利益相关者是十分有用的。

何人阅读何种信息

不同的利益相关者会所感兴趣的年报章节不同。例如，服务提供商的客户会查看客户与社区的章节，而潜在的投资人会阅读财务报表部分。

利益相关者	重要部分	为何重要
股东	▶损益表 ▶资产负债表 ▶红利	▶查看企业赚取利润的金额 ▶评估企业的长期优势 ▶检查企业会向他们支付多少
员工	▶员工 ▶治理报告 ▶绩效指标	▶检查企业的健康状况，评估员工的工作保障 ▶查看执行董事和非执行董事的薪资 ▶查看企业的业绩好坏，以及能否改进
审计师	▶整个报表 ▶独立审计师报告（由审计师撰写）	▶评估账目是否有误 ▶确保企业账目按照一般公认会计准则（GAAP）编制（参见112~113页）

统计指标的简单解释

年度审查包括有关企业财务健康状况的重要信息，例如：

税后资本收益率

▶一个百分比指标，用税后收入除以投资额来估计。该指标向股东展示了能从投资中获得的期望回报。

杠杆比率

▶杠杆比率是企业的负债与权益之比，用百分比表示。杠杆比率越高，企业承担的风险就越大。参见174～175页。

信用评级

▶信用评级评估的是个人、企业或政府能够偿还贷款的可能性。信用评级机构通常用字母来表示信用等级。其中，AAA为最高级别，表明企业兑现财务承诺的能力较强，C级和D级为低级别。

利益相关者	重要部分	为何重要
政府 	▶税款 ▶独立审计师报告 ▶涉及环境的章节，以及与环境相关的附注	▶检查数据是否正确，支付的税款数额是否正确 ▶检查审计情况，以及是否令会计师满意 ▶检查是否遵守环境法律
金融机构/银行 	资产负债表	▶查看企业的资产和负债、企业的实力，以及贷款给企业是否明智
记者 	▶董事长致辞 ▶财务与附注 	▶找到可以报道的内容 ▶查看企业的表现有多好 ▶分析企业为何表现良好或表现不佳，看是否有故事可写

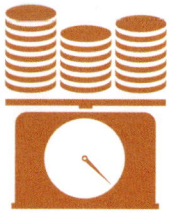

财务会计

企业的财务账目是对企业交易的分类、量化和记录。这些账目对企业外部人士（如债权人、潜在的投资者）和参与当前投资决策的人士十分有用。鉴于此，账目应当简单明了，清晰地指明未来现金流的时机和确定性。这样，关注企业的人士就能决定是否向企业投资、是否出借资金给企业、是否同企业做生意。

关键元素

损益表、资产负债表和现金流量表是年报中最重要的财务报表，年报的附注对其做了补充。为了理解这些报表，掌握折旧（Depreciation）、摊销（Amortization）、折耗（Depletion）等会计准则十分关键。会计师还要了解报表应当满足的法律要求，了解环境法律如何影响企业及其账目。

会计标准

公认的会计准则使全球的会计实践得以标准化，保障了准确性，防止了欺诈。参见112~113页。

▶国际会计准则使账目的报告得以简化。

▶企业必须满足环境会计准则及规章。参见122~123页。

损益表

指出企业赚取了多少利润，对潜在投资者和利益相关者尤其有用。参见114~115页。

▶总结了收入和利得减去支出和损失或运营成本的数额。

▶告知企业是否需要利润预警。

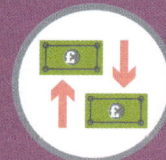

资产负债表

概括了企业在特定时间点上的价值，是企业长期健康的良好指标。参见116~117页。

▶使企业的资产与其负债和权益相平衡。

▶列出不同类型的资产，包括有形的固定资产和流动资产。

740亿美元
在2001年安然公司会计丑闻中，股东损失的总价值

审计

上市公司的账目由外部会计师进行公正的审核，看账目是否清晰、准确。在大多数国家，外部审计是一项法律规定，其目的是确保市场对公司有信心，确保公司财务透明。公司可以建立一套内部审计流程，这意味着，公司首先核查账目，再向外部审计师提交。

现金流量表
追踪流入和流出企业的现金（资金或短期投资）流量，披露企业的流动性。参见120 ~ 121页。

▶展示企业能否自我维持、成长及支付债务。

▶详细介绍来自经营、投资和融资活动的现金流量。

环境会计
针对各类环境法律法规而设的账目，这些法律法规强制企业降低其商业活动的影响。参见122 ~ 123页。

▶在财务报表中体现环保资质。

▶披露对环境、社会和治理标准的遵守情况。

折旧
体现有形固定资产的价值随时间而下降的账目，其目的是将成本分摊到资产的经济寿命内。参见124 ~ 127页。

▶有一系列不同的计算方法。

▶有形固定资产包括房屋、设备和机械。

摊销与折耗
体现无形资产、贷款和自然资源价值随时间推移而下降的账目。参见128 ~ 129页。

▶无形资产包括专利、注册商标、标志和版权。

▶自然资源包括矿产和森林。

损益表

损益表是显示会计周期内所有收入、成本和费用的财务报表，也称为利润表（Income Statement）或收支表（Income and Expense Statement）。

运作原理

损益表的目的是展示企业在给定期间内的盈利能力。损益表向投资者展示了企业的盈利能力，是除现金流量表、资产负债表外，企业编制的最重要的财务报表。损益表的作用是：展示收入与利得，减掉企业活动及资产的出售和购买所产生的费用与损失。按照法律，有限公司每年都需要编制损益表，而个体经营者和合伙制企业则不需要。

如何读懂损益表

损益表通常显示企业在特定的一个月、一个季度或一年内的财务绩效。营业收入（Turnover或Revenue；也译作"营业额""营收"）和营业利润是关键的信息。如果利润低于预期，企业可能会在公布损益表之前发布利润预警。

案例研究：损益表

这个例子给出了一家虚构的公用事业公司的损益表。该表说明，这家公司是盈利的。

	2021年 百万英镑	2020年 百万英镑
营业收入	607.5	575.9
营业成本	−372.7	−354.2
营业利润	234.8	221.7
财务性收入	0.6	0.2
财务性支出	−98.1	−100.3
净财务支出	−97.5	−100.1
税前利润	137.3	121.6
税金	61.2	20.8
税后利润	76.1	100.8

公司在特定时间段赚取的**资金数额**；在这个例子中，与上年同期相比，营业收入增长了**5.5%**

在扣除费用之后、缴纳税款之前，企业核心业务**赚取的利润**；不包括投资赚取的资金。

考虑所有收入和支出，扣除非日常支出后的**税前利润**。

利润水平，可按红利形式派发给公司股东。

典型费用

薪酬
支付给员工、临时承包商和间接劳工的工资。

公用事业
水、电、气，邮政服务，交通运输。

保险
固定资产保险和员工的个人责任险。

通信
员工使用的电话、互联网宽带和移动设备的成本。

广告
企业及其产品的销售和营销。

办公用品
纸笔等文具、文件系统、打印机、家具、照明等。

法律费用和专业服务
应向会计师、审计师和法律顾问支付的会计费用和法务费用。

贷款利息
为借款支付的利息，计为业务支出。

税
因司法管辖区域的不同而异，可能包括工资税和公司税。

娱乐
正当的企业娱乐成本，需满足特定的标准。

案例研究：营业成本

下表详细分解了公用事业公司的运营成本。阅读与折旧、常规成本、非常规成本和收益相关的附注，是十分重要的。

员工费用 包括基本工资、养老金、社会保障缴纳款和董事薪酬

专用术语，指的是资产价值的逐步下降，由磨损、市场状况等因素引起。

随着时间的推移，无形资产或贷款价值下降。

出售固定资产的损失或利润。

厂房与器材的租用成本。

为改善服务的可靠性和有效性而进行的研究与开发。

企业的支出，用于创造寿命超过一年的资本资产

	2021年 百万英镑	2020年 百万英镑
员工费用	**133.3**	**125.5**
水电费	36.3	35.1
原材料和耗材	17.1	16.1
保险	25.5	26.1
折旧	**117.9**	**116.9**
无形资产摊销	8.1	5.1
固定资产的处置损失或收益	**-0.3**	**-4.9**
机械设备的经营租赁	**5.3**	**4.8**
研究与开发	**1.9**	**0.3**
其他运营成本	142.0	132.0
自行建造固定资产	**-111.2**	**-100.1**
	375.9	**356.9**
审计师费用	0.3	0.3

资产负债表

资产负债表是展示企业在特定时间点上有多少价值的财务报表。其主要目的是展示资产、负债和权益（资本），而不是财务业绩。

运作原理

本质上，资产负债表展示了企业拥有什么、亏欠什么，以及得到的投资是多少。资产负债表依据的是一则会计公式，有时被称作"资产负债表恒等式"（Balance-Sheet Equation），它是复式记账的基础。该等式指出了

资产、负债和所有者资产之间的关系——企业拥有的东西（资产）是靠债务（负债）或投资（资本）购买得到的。这个等式总是成立，因为企业拥有的一切必须通过所有者的资本或借款购买得到。

资产负债表恒等式

顾名思义，资产负债表必须平衡。这是因为，企业拥有的一切（资产）必须与等量的资本（权益）和负债（债务）相抵消。

没有负债的企业

例如，一家新创立的企业拥有1000英镑的资产。当前，它的负债为零，故资本等于资产——所有者或股东以权益形式投资到企业的数额。根据资产负债表恒等式，上述情况可表示为：

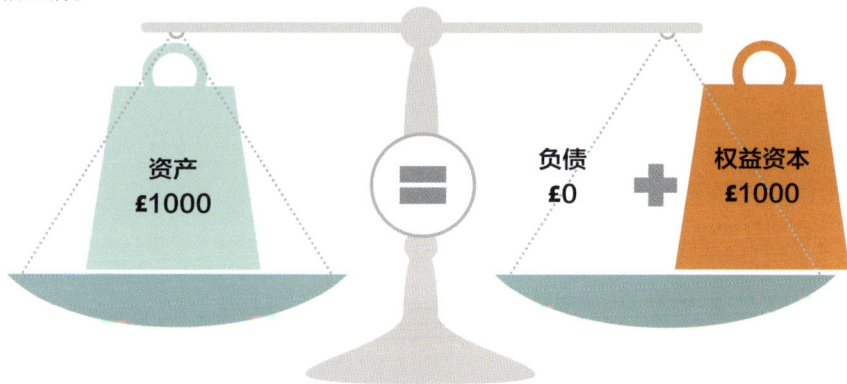

资产 £1000 ＝ 负债 £0 ＋ 权益资本 £1000

负债400英镑的企业

所有者借入400英镑为店铺门面安装照明标志，产生了400英镑的负债。结果是，恒等式发生了变化。然而，由于这个照明标志价值400英镑，并且店家还剩余600英镑，所以等式仍然成立——也会一直成立。

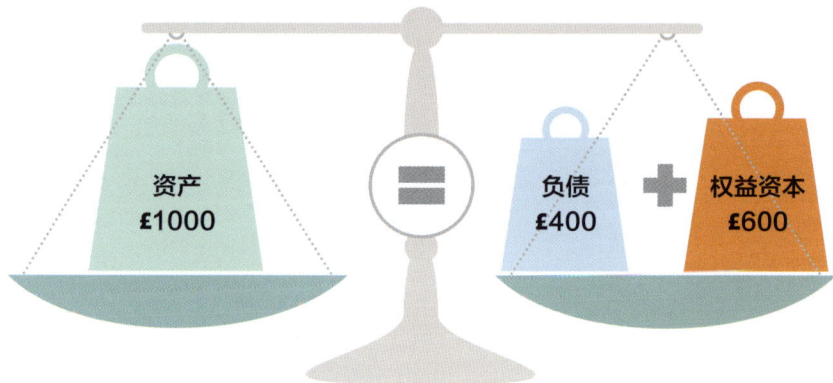

资产 £1000 ＝ 负债 £400 ＋ 权益资本 £600

案例研究：资产负债表

下面的例子来自一家虚构的运输基建公司，它展示了资产负债表在实践中的运用。

固定资产（或非流动资产）不容易转换为现金，其存续期通常超过一年。固定资产可以是土地这样的有形资产，也可以是商标这样的无形资产。

流动资产是存续期不足一年的资产，转换成现金及现金等价物较为容易，存货是最常见的流动资产。

流动负债是公司对个人或组织的欠款。这笔欠款必须在当前财务年度内偿还。

净流动资产等于流动资产减去流动负债。

总资产减流动负债等于固定资产加流动资产（总资产），减去流动负债。

非流动负债即一年后到期的负债，是指从总资产中扣除的应付给债权人的金额。

净资产等于企业的固定资产加流动资产（总资产），减去总负债。

股东权益，也称作所有者权益，即剩下的资本；这部分资金可以重新投入企业，也可以作为年度的红利支付。

资产, 负债和资本	2021年 百万英镑	2020年 百万英镑
固定资产		
有形资产	**3872.4**	**3699.5**
无形资产	**60.1**	**44.6**
投资	–	–
	3932.5	3744.1
流动资产		
库存	4.2	6.1
应收账款和其他应收款	185.1	189.6
现金及现金等价物	46.5	-22.4
	235.8	173.3
流动负债——一年内到期的负债	-182.2	-274.4
净流动资产	**53.6**	**-101.1**
总资产减流动负债	**3986.1**	**3643**
非流动负债——一年后到期的负债		
其他计息贷款及借款	-2226.6	-2000.4
合同负债	-6.9	-6.9
员工福利	-89.9	-121.1
递延补助及捐款	-299.2	-265.6
准备金	-0.5	-0.9
递延所得税负债	-444.3	-355.5
	-3067.4	-2750.4
净资产	**918.7**	**892.6**
权益		
股本	10	10
留存收益	908.7	882.6
股东权益	**918.7**	**892.6**

借记与贷记的符号

会计师使用多种符号来表示借记和贷记。有人用"Dr"表示借记，用"Cr"表示贷记；有人用"+"表示借记，"-"表示贷记。还有些人用括号来表示贷记（负值）。

理解附注

资产负债表是评估企业健康与否的重要依据，投资者应了解如何分析资产负债表。资产负债表有两种阅读方式——"扫一眼"前一页那样的内容，表中已经对基本信息做了总结；或者深入阅读，了解各部分的详细信息。资

产负债表末尾的详细附注，解释了企业特殊的资金运用。附注中的数字确切指出了企业赚取或损失资金的地方。附注通常还包含一份书面评论，提及了可能影响企业的事件，如法律案件、员工配备或资源的可得性。

资产负债表附注

投资者更愿意通过注释和表格来详细了解资产负债表中的数据。

案例研究：有形固定资产

下表列出了一家运输公司有形固定资产（不能轻易变现的长期资产）的详细情况。

有形固定资产，包括土地和机械设备。

新增部分指企业本年度购入的有形固定资产。

处置部分是企业本年度处置或出售的有形固定资产。

按类别列出并加总的企业有利固定资产总价值。

折旧指资产价值随时间而下降的值。

按类别列出并加总的折旧**价值**。

资产的**账面净值**等于初始成本减去累计折旧。

按类别列出并加总的企业有形固定资产的**合并价值**。

	土地和建筑物	基础设施资产	机械设备和车辆	办公室及IT设备
	百万英镑	百万英镑	百万英镑	百万英镑
成本				
2020年4月1日	901.1	2300.7	1908.2	44.1
新增	57.1	110.6	71.5	4.1
处置	-1.5	-0.1	-32.2	-5.3
2021年3月31日	**956.7**	**2411.2**	**1947.5**	**42.9**
折旧				
2020年4月1日	-322.6	-107.8	-999.2	-25
期间费用	-15.1	-20.4	-22.3	-3.7
处置	0.9	–	24.5	4.8
2021年3月31日	**-336.8**	**-128.2**	**-997.0**	**-23.9**
账面净值				
2021年3月31日	**619.9**	**2283.0**	**950.5**	**19**
2020年4月1日	578.5	2192.9	909.0	19.1

案例研究：债务人

债务人是从企业借款的个体或实体。运输公司有各种类型的债务人。

	2021年 百万英镑	2020年 百万英镑
应收客户账款	123.0	134.2
直接控股公司欠款	22.1	23.2
子公司欠款	20.1	20.6
集团旗下公司欠款	0.2	–
关联公司欠款	1.8	1.6
预付款	6.1	3.9
合同资产	2.1	–
其他债务人欠款	9.7	6.1
	185.1	**189.6**

预付款是企业为获得未来服务支付的金额

案例研究：债权人

债权人是向企业提供贷款的个人或实体。他们是运输公司的债权人。

	2021年 百万英镑	2020年 百万英镑
应付账款	12.0	19.1
对子公司的欠款	20.4	18.3
对集团旗下公司的欠款	0.5	0.5
股利	24.0	24.0
其他债权人	4.2	3.2
公司所得税	2.6	99
税金及社会保障	2.9	2.7
应计费用	55.1	49.1
合同负债	60.5	58.5
	182.2	**274.4**

因提供原材料或零部件而被拖欠款项的**个人或实体**

对集团旗下相关公司的**欠款**

对股东的**付款**

税金和员工福利支出

总计

百万英镑

5154.1
243.3
−39.1
5358.3
−1454.6
−61.5
30.2
−1485.9
3872.4
3699.5

现金流量表

现金流量表显示的是上一会计周期内的现金流动情况。现金流量表十分重要，因为它揭示了企业的流动性，即流入的资金是否多于流出的资金。

如何读懂现金流量表

顾名思义，现金流量表回答了一个关键问题：企业赚得的资金是否能够维持自身的经营，是否有盈余资本支持未来的发展，并能支付债务、发放红利。

案例研究：现金流量表

这家虚构的制造公司的现金流量表包含了与上一年的比较。通过分析该表，决策者可根据过去的现金流来制订未来的计划。

从税前利润出发，减去非现金收入和费用后，得到经营活动的净现金流。

这里，**投资收益**是收到的总利息减去支付的总利息，再减去融资租赁所产生的利息。

税款即缴纳的所有税款和税收抵免的总和。

以上数字的**总和**

包括借款、贷款以及股利分配的**变动**

上述两个数字（融资活动前的净现金流和融资活动产生的净现金流）相加得到现金流**变动**，其数值必须等于当年期初与期末现金及现金等价物之差。

这是全年现金流**变动**，等于期末现金与现金等价物减去期初现金与现金等价物。

	截至2021年3月31日百万英镑	截至2020年3月31日百万英镑
经营活动产生的净现金流	340.7	349.4
投资活动产生的净现金流	−255.3	−245.6
税款	−28.4	−23.7
融资活动前的净现金流	57	80.1
融资活动产生的净现金流	12	−141.8
现金及现金等价物的增加/减少额	69	−61.7
期初现金及现金等价物	−22.4	39.3
期末现金和现金等价物	46.6	−22.4
现金及现金等价物的增加/减少额	**69**	**−61.7**

运作原理

与其他主要报表相比，现金流量表在评估企业的健康方面，对投资者更为有用，因为它提供了核心业务的表现。以损益表为例，由于增加了折旧等非现金因素，所以核心业务的表现被掩盖了。资产负债表也是一样，相比流动性，它更关注资产。

三类现金流

现金及现金等价物，包括存入银行的现金、银行透支款，以及周期短、流动性高、价值变动风险几乎为零的投资。现金不包括利息、折旧或坏账（核销的债务）。

经营活动产生的现金流

大部分现金流来自经营活动，并且满足一个公式。营运资金（Working Capital，流动资产减去流动负债）的变动可以是负值。

$$(收入 - 销售成本) - (税项 + 维修费用 + 营运资金的变动) = 经营活动产生的现金流$$

实践中的经营活动现金流

在本例中，一家果汁公司购买了20美元的橙子，卖出了价值100美元的橙汁。该企业需为80美元的收益支付25%的税款。

在此期间，榨汁机产生了20英镑的维修费，这是另一笔现金支出。营运资金并未发生变化（短期资产覆盖了短期债务）。

一家果汁公司卖出价值 **£100** 的橙汁

－ 支付 **£20** 的橙子

－ (支付25%的税款 ＋ 在此期间榨汁机产生了 **£20** 的维修费用 ＋ 营运资金并未发生变化 **£0**)

＝ **£40** 经营活动产生的现金流

投资活动产生的现金流

资产买卖或投资属于此类。由于买入比卖出多，通常为现金流出（负值），但如果销量显著，也可以是正值。

融资活动产生的现金流

包括买卖股票、发行债券、偿还债务或支付红利。通过出售而得到的资金即现金流入；通过支付而流失的资金即现金流出。

总现金流

三类现金流的总和。将三类现金流分开，能使决策者了解核心业务相对于投资和融资活动的健康程度，而后两者与企业的日常经营关系不大。

环境会计

环境法规迫使企业考虑其活动带来的影响，肩负起企业社会责任（Corporate Social Responsibility，CSR），以应对立法问题、气候变化和公众意见。

运作原理

就全球范围来看，各种环保法覆盖了多个地区，它们通过各种方式，影响着这些地区内企业的经营。环保法涉及的领域包括：大气、淡水、海洋环境、自然保护、核安全和噪声污染。通常，国际法先由各国分别批准，才能在各国生效。例如，排放交易（"限额与交易"）就是全球共同减少温室气体排放的手段。按照规定，企业的排放量超过一定水平，就必须按吨为其排放的二氧化碳购买许可；排放量未达到这一水平的企业，可以将排放许可出售给其他企业。

环保资质

大多数企业的财务报表会收录环境会计的章节。有些细节是法律要求披露的，不过，财务报表也为企业提供了向利益相关者展示其环保资质的机会。

社会

▶ **方案与实践** 评估和管理企业经营对社区的影响

▶ **罚款与制裁** 针对不遵守规章的行为

产品责任

▶ **生命周期阶段** 评估产品或服务对健康和安全的影响，并据此进行改进

▶ **遵守法律、标准**，以及与营销沟通相关的自愿性规范

🔍 案例研究

塔塔集团

塔塔集团是一家印度跨国企业集团，它为自己是一家由价值观驱动的组织而自豪。它通过旗下多家公司的努力来保护环境，并通过其慈善机构塔塔信托，获得了非政府环保组织的支持。它的项目包括：

▶ 塔塔化工公司建立了一个占地约60公顷的植物保护区，以保护当地的和其他的植物物种。保护区建立于古吉拉特邦米塔普尔一家工厂的所在地。

▶ 塔塔汽车公司在其位于印度西部浦那的工厂内开辟了占地约99公顷的城市湿地，吸引了150多种鸟类和60多种蝴蝶。

▶ 过去30年间，塔塔电力公司在位于马哈拉施特拉邦的瓦尔万大坝及其水电设施周围，种植了1800多万棵树。

▶ 其他举措包括为保护海龟和鲸鲨做出努力，以及为喀拉拉邦的洪灾提供救援。

温室气体排放

在一些国家，法律规定企业必须提供温室气体排放的详细信息。通常，企业会在年报的环境会计章节以表格的形式披露此类信息。排放包括直接排放和间接排放——企业本身的排放和第三方的排放，包括燃气、柴油及其他燃料，硫氧化物和氮氧化物，甲烷及其他消耗臭氧层物质的排放。这张表出自一家虚构的公用事业公司，其排放单位为千吨二氧化碳当量。

指定业务	直接燃料使用	电网电力	第三方	2020—2021年总计	2019—2020年总计
燃气、柴油及其他燃料	7	0	2	9	7
电网电力	0	120	0	120	115
运输	11	0	2	13	12
甲烷	20	0	3	23	23
一氧化二氮	12	0	5	17	18
可再生能源出口	0	-6	0	-6	-5
总计（净排放量）	50	114	12	176	170

经济
▶气候变化给企业活动带来的**财务影响、风险和机遇**
▶来自政府的**财政援助**

人权
▶**投资协议** 包括人权条款或经过人权检查的条款
▶**供应商和承包商** 已经通过人权审查；会采取行动来解决问题

劳动实践
▶按雇用类型、合同和地区来划分**全体员工**
▶按员工类别划分的每名员工每年的**平均培训时间**
▶按雇用类型划分的男女员工**基本工资之比**

环境
▶**直接与间接**的能源消耗
▶**废物类型**和处置办法
▶按来源、目的地和品质划分**用水量**
▶针对违反规章的行为进行**罚款与制裁**

折旧

企业在购买资产时，可因会计和税收目的而将资产成本从收入中扣除。企业可以计算资产随时间推移而下降的价值，通过折旧来分摊成本。

运作原理

假设企业为了获得收入而购入长期资产，如车辆、机械或工厂设备，那么这笔开支可作为成本抵销赚取的收入。不过，并非所有的收入都产生于购买资产的年份；此外，随着时间的推移，资产会老化，带给企业的收益会减少，直至资产过时或无法使用。

要使折旧变为税收上的优势，会计师需要做两件事。首先，计算出一段时间（通常为一年）内，资产价值下降了多少。其次，将下降的价值与这段时间内赚取的收入匹配起来，用折旧来抵扣应税收入。

计算折旧有许多不同的方法。企业使用的方法取决于经营类别、资产类型、税收法规或个人喜好。在美国，企业必须使用加速法（修正的加速成本回收系统，Modified Accelerated Cost Recovery System，MACRS），它融合了直线法和双倍余额递减法。英国税务当局则对不同的资产类型设定了资本冲减（Capital Allowance，也译作"资本减免"）制度。

折旧的计算

直线法是最简单的折旧计算方法，适用于大多数资产。折旧按时间均匀划分，价值损失被摊到资产的使用经济寿命上。残值从购买价值中扣除，并将剩下的部分按时间分为几等份。

$$\frac{购买价值 - 残值}{使用/经济寿命} = 年折旧 (£)$$

价值（£）
£25000
£20000
£15000
£10000
£5000
£21000
0 1

例子

一家园艺公司花25000英镑购买了一辆新面包车。税务机关将使用5年后的残值定为5000英镑。

$$\frac{£25000 - £5000}{5} = £4000$$

第一年年底 面包车的价值减少4000英镑（购买价值减去残值，除以使用/经济寿命）。面包车现在的价值为21000英镑。

固定资产的典型寿命

通常，税务机关会为特定资产设定典型的使用/经济寿命。这有助于规范折旧，消除资产价值和折旧年限的不确定性。

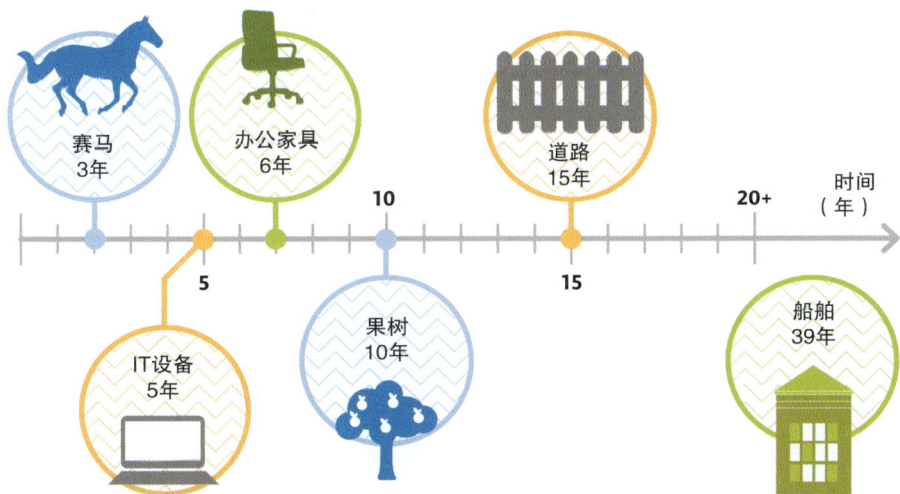

60%
汽车使用3年后的平均价值损失

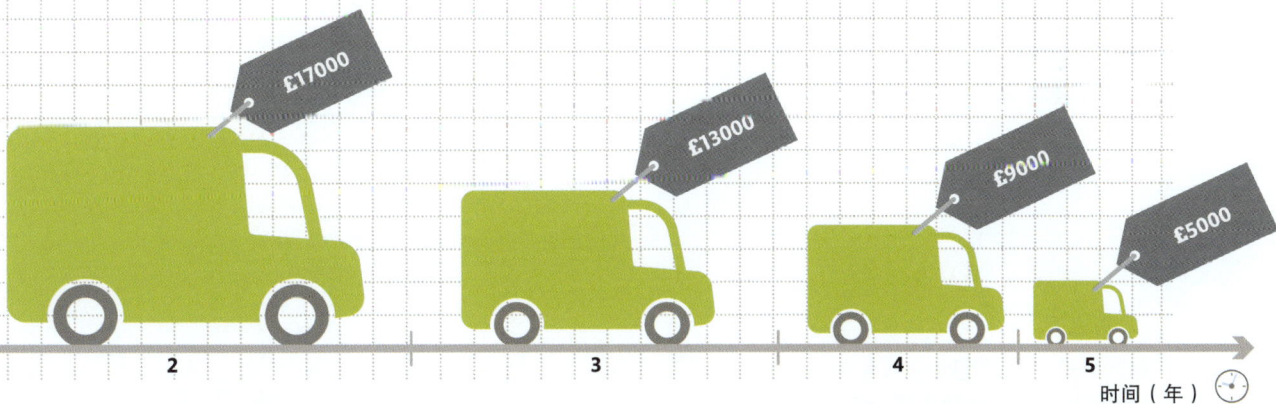

赛马
3年

办公家具
6年

道路
15年

IT设备
5年

果树
10年

船舶
39年

时间
（年）

5　10　15　20+

第二年年底 价值又减少4000英镑，现有价值为17000英镑。

第三年年底 面包车的价值再次减少4000英镑，为13000英镑。

第四年年底 面包车进一步贬值4000英镑，其账面价值为9000英镑。

第五年年底 面包车的价值仅剩5000英镑——这就是它的残值。

£17000　£13000　£9000　£5000

2　3　4　5

时间（年）

折旧的应用

计算折旧时，需要考虑多个因素。例如，企业需要预测资产的存续年限。好在大多数国家的税务机关为会计师和企业发布了指南，估算了企业常见资产的经济寿命。

给定资产有多种计算折旧的方法。财务人员受过训练，会从中做出选择。不同折旧方法反映了不同的折旧模式，对于特定类型的资产，有些方法更为适用。例如，加速法是指在资产寿命的初期迅速折旧，这更适用于科技资产；而作业法将折旧与实际使用时间或生产单位数量联系起来，更适用于运输和生产线的资产。

此外，大多数国家的税务机关提供了使用何种方法的指导原则。虽然企业因税收而使用两种方法来编制账目在技术上是可行的，但企业应避免这样做。

注意事项

折旧的滥用

▶ **方法错误** 企业对资产类型所采用的方法，必须是被允许的。

▶ **前期吃重** 如果资产出售得早，售价超过其账面价值，选择加速法会产生税收得益。

▶ **超过使用年限的计提** 超过资产使用年限后，不能再计提折旧。

▶ **忽略折旧** 企业没有计提折旧，也必须报告销售收益，哪怕扣除折旧会产生亏损。

其他折旧方法

计算折旧有多种方法。在特定的税收制度下，某些方法更受青睐；而另一些方法则特别适用于特殊的行业、资产类型，以及它们的价值损失模式。

双倍余额递减法

这种方法在购买资产后的头几年内，计提的折旧较多，适用于在早期便失去大部分价值的资产。在资产使用寿命的早期，该方法使企业的净收入降低，但也节省了税款。

$$\left(\frac{购买价值 - 残值}{使用/经济寿命} \right) \times 2 = 年折旧（\%）$$

何时使用 适用于在早期就损失大部分价值的资产，如计算机或货车。

年数总和法（SYD）

计算折旧时，用各年的资产寿命除以资产历年寿命的总和，得到可折旧价值的百分比。如果资产的使用寿命为5年，那么历年寿命的总和为15（5+4+3+2+1）。第一年损失的价值为33%（5÷15）；第二年为27%（4÷15），以此类推。

$$\left(\frac{剩余使用寿命}{历年寿命总和} \right) = 年折旧（\%）$$

何时使用 加速折旧的另一种方法，也适用于车辆等在早期就失去大部分价值的资产。

资产负债表上的折旧

企业账目必须列出企业拥有的全部资产，包括不动产、设备等全部固定资产。固定资产的年末总价值，等于年初总价值减去一年内的累计折旧。如果没有折旧，账目就会错误地反映企业财务状况。也就是说，如果资产按原始成本价列出，成本价可能高于当前价值。

固定资产与流动资产分别列出。

减掉固定资产的**折旧**。

注：中国的会计准则规定，"租入固定资产改良"（Leasehold Improvement）不得作为企业的固定资产，也不计提折旧。

总资产，扣除折旧后计算得到。

与上一年的总资产进行比较。

企业名称		资产负债表
资产	英镑	英镑
流动资产	**2020年**	**2021年**
现金	17467.00	8023.00
投资	4853.00	3367.00
存货	1056.00	2138.00
应收账款	2165.00	3600.00
预付费用	3000.00	3000.00
其他	860.00	976.00
流动资产总额	**29401.00**	**21104.00**
固定资产	**2020年**	**2021年**
不动产与设备	64553.00	58219.00
租入固定资产改良	4780.00	2679.00
权益及其他投资	3789.00	4587.00
减：累计折旧	5625.00	4171.00
固定资产总额	**67497.00**	**61314.00**
其他资产	**2020年**	**2021年**
商誉	1577.00	1650.00
其他资产总额	**1577.00**	**1650.00**
总资产	**£98475.00**	**£84068.00**

生产单位法

若企业用资产制造可量化的产品，例如用复印机打印，企业就可采用生产单位法（Units of Production Method，也译作"产量法"）来计提折旧。这种方法根据资产的年产量来计算折旧。

$$\left(\frac{(购买价值 - 残值) \times 年产量}{寿命期总产量} \right) = \frac{折旧}{(每单位)}$$

何时使用 通常被工厂采用，用于计算生产若干单位产品的机械所产生的折旧。

服务时数法

这种方法根据实际使用时数来度量资产价值的下降。计算折旧时，企业应度量每年的使用时数占估计总寿命时数的百分比。这种方法尤其适用于运输业。

$$\left(\frac{(购买价值 - 残值) \times 每年使用的时数}{总寿命时数} \right) = \frac{折旧}{(每小时)}$$

何时使用 这种方法可用来匹配飞机的飞行时数和飞行时数产生的收益。

摊销及折耗

摊销及折耗（Amortization & Depletion）与折旧的概念类似，会计师用二者分别说明无形资产和自然资源如何耗尽。

运作原理

摊销是指无形资产（如艺术品的版权）的购买成本如何被分摊到一段时间内，这段时间通常指其使用寿命。在资产负债表中，摊销被记为无形资产价值的减少；在损益表中，则记为费用。在贷款时，"Amortization"一词指"分期偿还"，即随时间推移而逐步偿清债务。折耗指的是煤矿、林区、天然气等自然资源的消耗。

如何计算摊销

摊销有两种类型，一种用于分摊无形资产的成本，另一种用于贷款的还款。这两类摊销的计算方法类似，只是前者计算为数值，而后者按百分比计算。

无形资产

本例中，企业花20000英镑购买了一份无形资产——一种革命性网球拍的专利。该专利的使用期为10年，因此，成本被记为每年2000英镑的摊销（费用），而不是一笔一次性的费用。与有形资产不同的是，专利并没有残值（参见124页）。

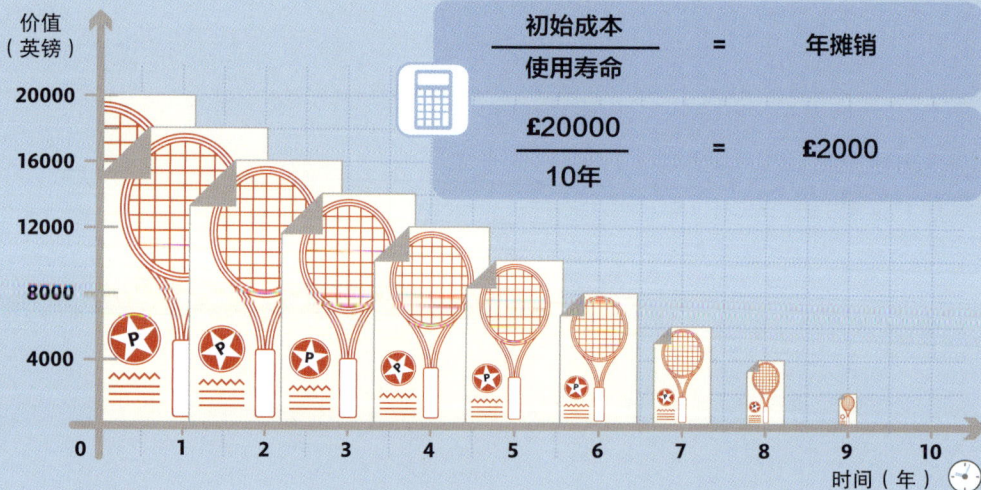

$$\frac{初始成本}{使用寿命} = 年摊销$$

$$\frac{£20000}{10年} = £2000$$

贷款比例

如果企业的未偿还贷款为150000英镑，每年偿还3000英镑，那么，已分期偿还的贷款额为3000英镑。换言之，贷款的2%已被摊销，照此速度，还清贷款需要50年。

$$\frac{贷款成本}{每年还款额} = \frac{已偿还年数}{100} = x\%$$

$$\frac{3000}{150000} = \frac{1}{50} = 2\%$$

商誉

在商界，商誉是以企业声誉为基础的无形资产，它包括：忠实的客户和供应商、品牌名称，以及公众形象。一家企业购买另一家企业时，若支付的金额高于后者净资产（总资产减去总负债）的公允市值，就会产生商誉。例如，A公司以1000万英镑收购了B公司，但B公司净资产的公允市值为900万英镑，那么，其商誉为100万英镑。根据2001年颁布的国际财务报告准则（IFRS），商誉不可摊销，即商誉不会作为摊销出现在财务报表中。不过，若商誉的价值下降（如通过负面宣传），则可计提减值（Impairment）。

✔ 必备知识

▶ **无形资产**　非实物资产，如专利、商标、品牌知名度和版权；其估值有时较为主观。

▶ **专利**　由政府或权威机构授予所有者的许可，赋予所有者制作或拥有一项发明的专属权利。

如何计算折耗

除非有特殊理由，否则与摊销一样，折耗均采用直线法计算（参见124~125页）。

在这个例子中，一家伐木公司花费1000万英镑，购买了一片约有6万棵树的森林。最初的残值为150万英镑，但该公司花费50万英镑在森林中修建了运输道路，使残值降低到100万英镑。每个会计周期，伐木公司会砍伐6000棵树木。

$$\frac{成本-残值}{总单位} \times 开采单位 = 折耗费用$$

$$\frac{10000000 - 1000000}{60000} \times 6000 = £900000$$

树木数量（棵）

时间（年）	价格
1	1000万英镑
2	910万英镑
3	820万英镑
4	730万英镑
5	640万英镑
6	550万英镑
7	460万英镑
8	370万英镑
9	280万英镑
10	190万英镑
	100万英镑

时间（年）

管理会计

要使企业管理层能够预见损益、规划现金流、为企业设定有效的目标，就必须详细制订未来一年的收入和支出计划。财务会计主要针对投资者、债权人、监管机构等外部人士，与之不同的是，管理会计或成本会计（Management/Cost Accounting）发生在企业内部，其目的是预测销售收入和支出，使企业能够决定如何利用好已有资源。

管理会计的流程

规划按照下一个财务（财政）年度制订——这也被称为会计年度，由连续的12个月组成。各国的开始日期与结束日期不同。

部门预算
管理人员估算预期支出所需的资金。参见136～137页。

采购订单（Purchase Orders，POs）
采购订单告诉财务部门需要预留多少资金来付款。

时间表
按小时或按天雇用的员工填写的时间表；有助于管理人员计算总用工成本。参见140～141页。

发票
由承包商和供应商提交的发票，必须与采购订单相匹配，并得到偿付。

收货
员工记录收货情况，描述产品或服务的种类和收到的数量。

管理
管理人员编制预算，记录企业成本，监督企业绩效，制订短期和中期规划。管理人员收集的信息可以提供一些线索，揭示正在进行的项目如何影响财务状况。

将信息传达到财务部门

1570亿美元

2020年四大会计师事务所*的总收入

* 德勤、普华永道、安永、毕马威

成本会计准则

英国特许管理会计师公会（CIMA）和美国注册会计师协会（AICPA）发布了《全球管理会计原则》（GMAP）。

❯ **沟通提供了影响深远的洞见** 通过讨论促进好的决策。

❯ **信息至关重要** 寻求最佳资料。

❯ **监管建立信任** 维护企业组织的财务及非财务资产、声誉和价值。

❯ **分析对价值的影响** 提出模型，展示不同情况下的结果。

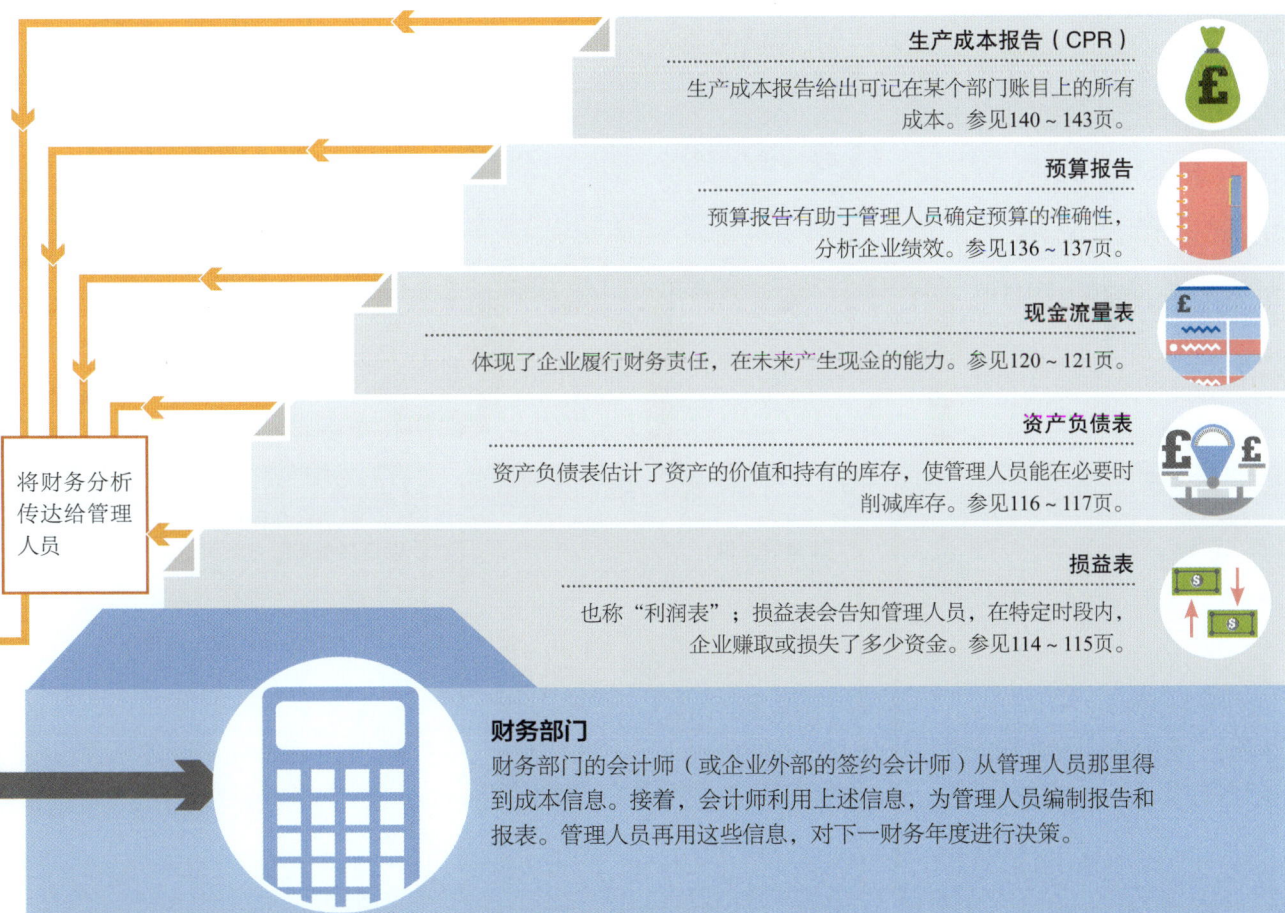

将财务分析传达给管理人员

生产成本报告（CPR）

生产成本报告给出可记在某个部门账目上的所有成本。参见140～143页。

预算报告

预算报告有助于管理人员确定预算的准确性，分析企业绩效。参见136～137页。

现金流量表

体现了企业履行财务责任，在未来产生现金的能力。参见120～121页。

资产负债表

资产负债表估计了资产的价值和持有的库存，使管理人员能在必要时削减库存。参见116～117页。

损益表

也称"利润表"；损益表会告知管理人员，在特定时段内，企业赚取或损失了多少资金。参见114～115页。

财务部门

财务部门的会计师（或企业外部的签约会计师）从管理人员那里得到成本信息。接着，会计师利用上述信息，为管理人员编制报告和报表。管理人员再用这些信息，对下一财务年度进行决策。

现金流

企业的现金流指进入和流出企业的资金。流入项来自融资、经营和投资，而流出项源自支出、购买存货和资本成本。

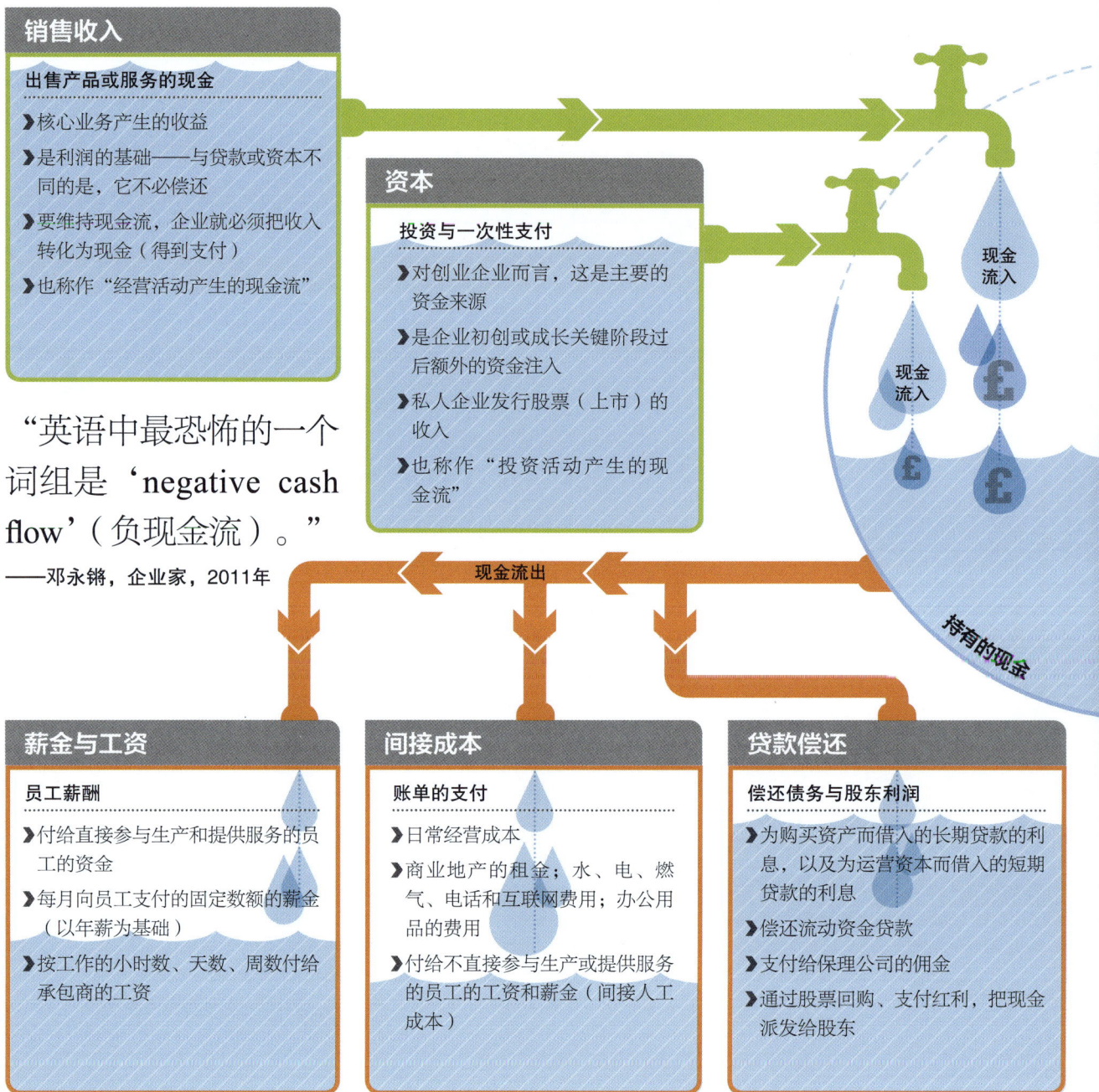

销售收入

出售产品或服务的现金

▶ 核心业务产生的收益

▶ 是利润的基础——与贷款或资本不同的是，它不必偿还

▶ 要维持现金流，企业就必须把收入转化为现金（得到支付）

▶ 也称作"经营活动产生的现金流"

资本

投资与一次性支付

▶ 对创业企业而言，这是主要的资金来源

▶ 是企业初创或成长关键阶段过后额外的资金注入

▶ 私人企业发行股票（上市）的收入

▶ 也称作"投资活动产生的现金流"

现金流入

现金流入

持有的现金

现金流出

> "英语中最恐怖的一个词组是'negative cash flow'（负现金流）。"
>
> ——邓永锵，企业家，2011年

薪金与工资

员工薪酬

▶ 付给直接参与生产和提供服务的员工的资金

▶ 每月向员工支付的固定数额的薪金（以年薪为基础）

▶ 按工作的小时数、天数、周数付给承包商的工资

间接成本

账单的支付

▶ 日常经营成本

▶ 商业地产的租金；水、电、燃气、电话和互联网费用；办公用品的费用

▶ 付给不直接参与生产或提供服务的员工的工资和薪金（间接人工成本）

贷款偿还

偿还债务与股东利润

▶ 为购买资产而借入的长期贷款的利息，以及为运营资本而借入的短期贷款的利息

▶ 偿还流动资金贷款

▶ 支付给保理公司的佣金

▶ 通过股票回购、支付红利，把现金派发给股东

运作原理

现金通过产品和服务的销售、贷款、资本投资等来源流入，并通过支付员工薪金和工资、房租水电、供应商货款和贷款利息而流出。时机是关键——企业应有足够的现金流入，以便及时支付账单，保持偿债能力。

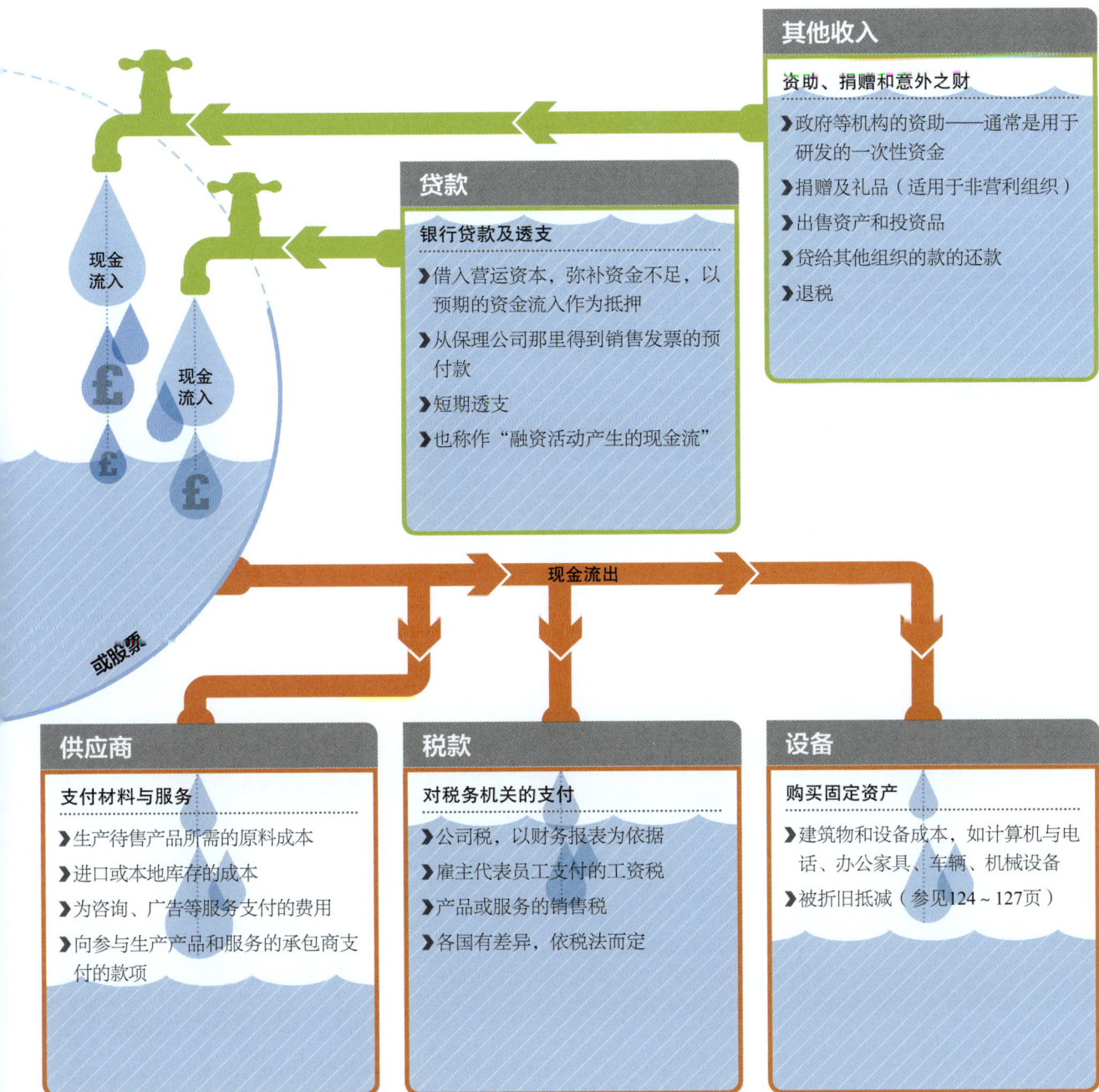

其他收入

资助、捐赠和意外之财

▶ 政府等机构的资助——通常是用于研发的一次性资金

▶ 捐赠及礼品（适用于非营利组织）

▶ 出售资产和投资品

▶ 贷给其他组织的款的还款

▶ 退税

贷款

银行贷款及透支

▶ 借入营运资本，弥补资金不足，以预期的资金流入作为抵押

▶ 从保理公司那里得到销售发票的预付款

▶ 短期透支

▶ 也称作"融资活动产生的现金流"

现金流入

现金流入

或股票

现金流出

供应商

支付材料与服务

▶ 生产待售产品所需的原料成本

▶ 进口或本地库存的成本

▶ 为咨询、广告等服务支付的费用

▶ 向参与生产产品和服务的承包商支付的款项

税款

对税务机关的支付

▶ 公司税，以财务报表为依据

▶ 雇主代表员工支付的工资税

▶ 产品或服务的销售税

▶ 各国有差异，依税法而定

设备

购买固定资产

▶ 建筑物和设备成本，如计算机与电话、办公家具、车辆、机械设备

▶ 被折旧抵减（参见124～127页）

现金流管理

　　企业的生存取决于对现金流的处理。企业将盈利转化为现金的能力——流动性，同样重要。不管企业的盈利能力如何，如果不能及时支付账单，企业都有可能破产。新企业可能因"过度交易而破产"，从而成为自身成功的受害者。例如，在资金流入开始前，就花费大量资金进行扩张，会耗尽现金致使企业无法偿还债务。为了管理现金流，企业有必要预测现金流入和流出。销售预测和现金转换率非常重要。规划客户应当付款的时间，以及企业必须支付薪酬、账单、供应商货款、债务等成本的时间，有助于预测资金的不足。如果现金流管理不善，致使企业在收到付款前必须支出，企业就会出现现金短缺。超市等精明的商家，出售商品得到的是现金支付，购入存货却靠的是赊账——由此产生了现金盈余。

! 注意事项

五大现金流问题

▶ 发货单**支付太慢**

▶ 销售的**赊账期限**为60天或120天，而支出的赊账期限是30天

▶ **销量下降**，由经济环境或竞争对手发生变化或产品过时导致

▶ **产品定价过低**，尤其是创业企业希望赢得竞争的胜利时

▶ **过度支出**薪酬和间接成本；购买资产而非租用

正负现金流

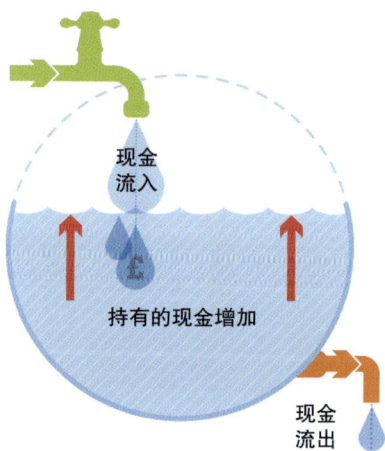

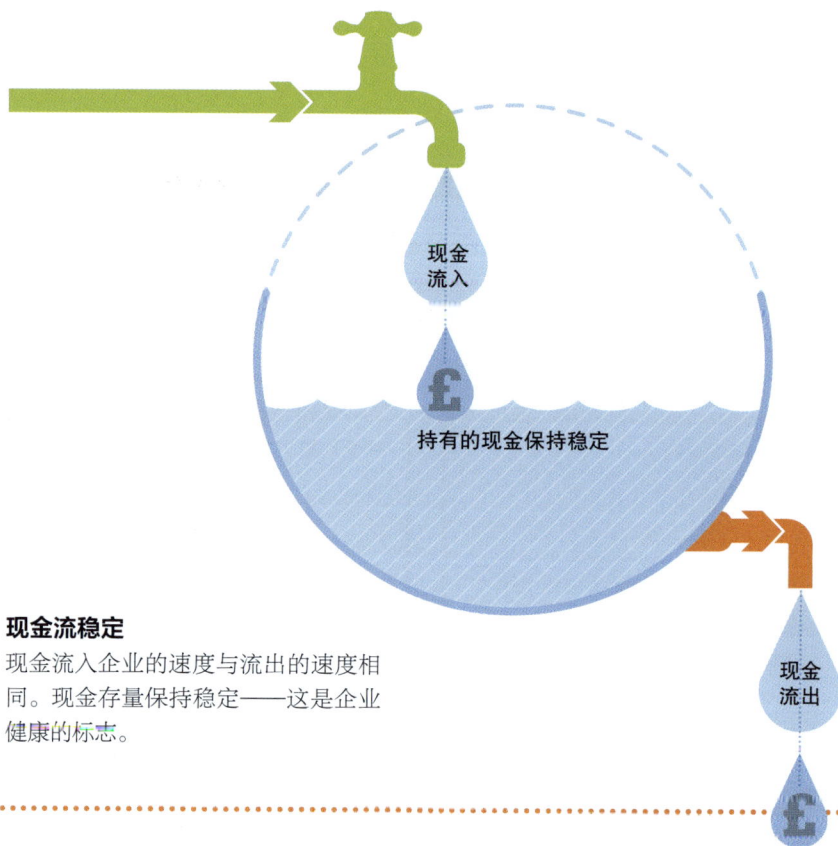

现金流为正

流入企业的现金大于流出的现金。资产池中的现金存量增加。在这种情况下，企业会兴旺起来。

现金流稳定

现金流入企业的速度与流出的速度相同。现金存量保持稳定——这是企业健康的标志。

✔ 必备知识

▶**保理** 企业将发货单交给第三方（保理商），后者向客户收取货款，以获得佣金的一种交易。

▶**应付账款** 企业应当支付给他人的账款。

▶**应收账款** 企业应当收到的账款。

▶**账龄表** 按日期列出应付账款和应收账款的表格。

▶**现金流缺口** 支付与收款之间的间隔。

现金周转

成功的企业在账单到期前，就能将产品或服务转化成现金流。为了使转化过程更有效率，企业可以加快如下进程：

▶客户下单购买

▶订单处理与货物运输

▶为客户开具发票

▶应收账款的收款

▶付款及支付定金

76%的小企业主担心现金流会影响企业增长

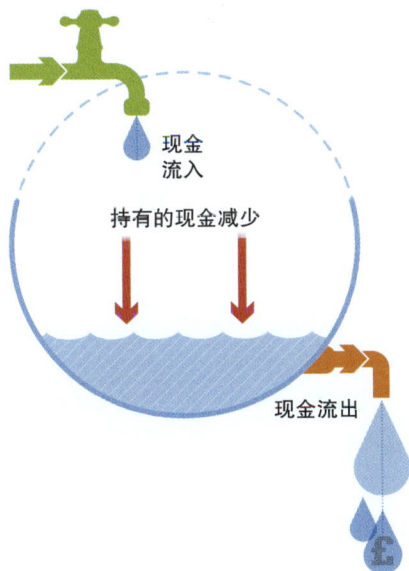

现金流为负
流入企业的现金比流出的要少。随着时间的推移，现金存量将减少，企业将面临困境。

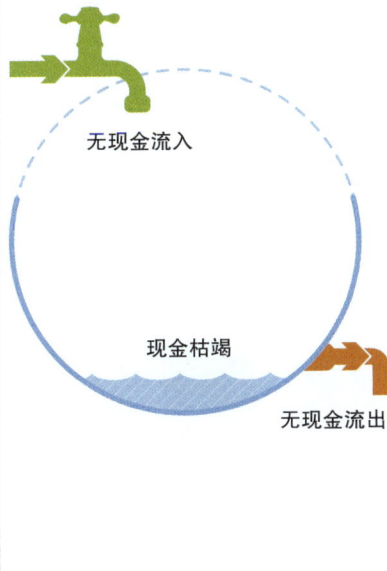

破产
如果现金流出超过现金流入的情况持续，现金存量将降低到企业失去偿债能力的水平，即企业已经没有资产来继续交易了。

现金流管理

盈余管理

▶将多余现金转入存款账户，赚取利息，或者投资可盈利的项目。

▶使用现金来升级装备，提高生产效率。

▶扩大业务，通过雇用新员工、开发产品或购买其他公司实现。

▶尽早偿付债务，改善信用资质。

管理短缺

▶通过降价来增加销售，或者提高价格来增加利润。

▶迅速开具发票，到期时追账。

▶向供应商要求提供信贷。

▶为销售发货单提供折扣，以便更快收到付款。

▶使用透支或短期贷款来偿还紧急费用。

▶继续预测现金流，进行规划，以避免未来出现问题。

预算

为企业制订预算，涉及会计年度内收入和支出的规划。预算通常按月划分，使规划的预算与实际预算能够进行比较。

运作原理

在财务年度内，每个企业都要为预期收入和运营成本制订预算。在资本预算中，高级管理人员要分配特定项目或资产上的花费；收入预算与资本预算不同，它侧重的是对下一财务年度流入和流出的资金进行总体预测。会计师根据企业所有管理人员提供的信息编制经营预算，再连同对企业现金流的预测，编制出总预算（Master Budget）。总预算还可包括企业未来一年内所需资金的预期数额。一年内，企业会在每日、每周、每月监测预算与实际流入、流出的资金，找到原始预算的偏差，并在必要时进行修正。

预算的编制与控制

制订预算的过程，发生在各部门经理、高管，以及企业的融资部门之间，其目的是查证并控制每个部门或项目的成本。

46%的企业
认为其收益预测准确度在5%以内

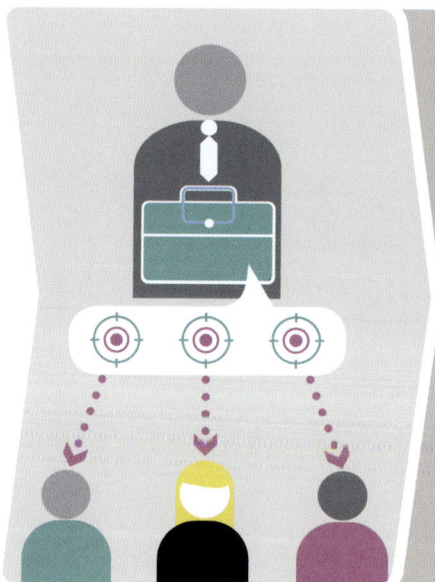

磋商
高管向部门经理阐述企业的目标。接着，部门经理制订各自部门的预算，从而在下一年实现企业目标。

编制预算
预算通常按会计年度来编制，但会拆分成较短的时段。部门经理将预算提交高管批准。预算可能包括经营成本（工资和物资）和行政开支（办公费用）。

增量预算与零基预算

制订预算有两种主要方法：

▶**增量预算** 即把前一年的预算作为下一年预算的依据。增量预算考虑了各种变化，如可能影响来年核算的通货膨胀。其不足之处是，前一年预算的不精确，会被带入之后的年份。

▶**零基预算** 从头开始编制下一年的预算，不参考往年的预算。这意味着，进入预算的每一项都要经过仔细核查，部门经理必须证明其合理性。零基预算能够更清楚地看到规划好的变更所带来的全部成本。

✓ 必备知识

▶**计划项目预算系统** 一套预算编制系统，被市镇委员会、医院等公共服务组织所采用。

▶**调剂** 一个成本项节省下的数额，可以转入另一个成本项来补偿超支。

▶**预算松弛** 编制预算时，有意低估销售额或高估费用。

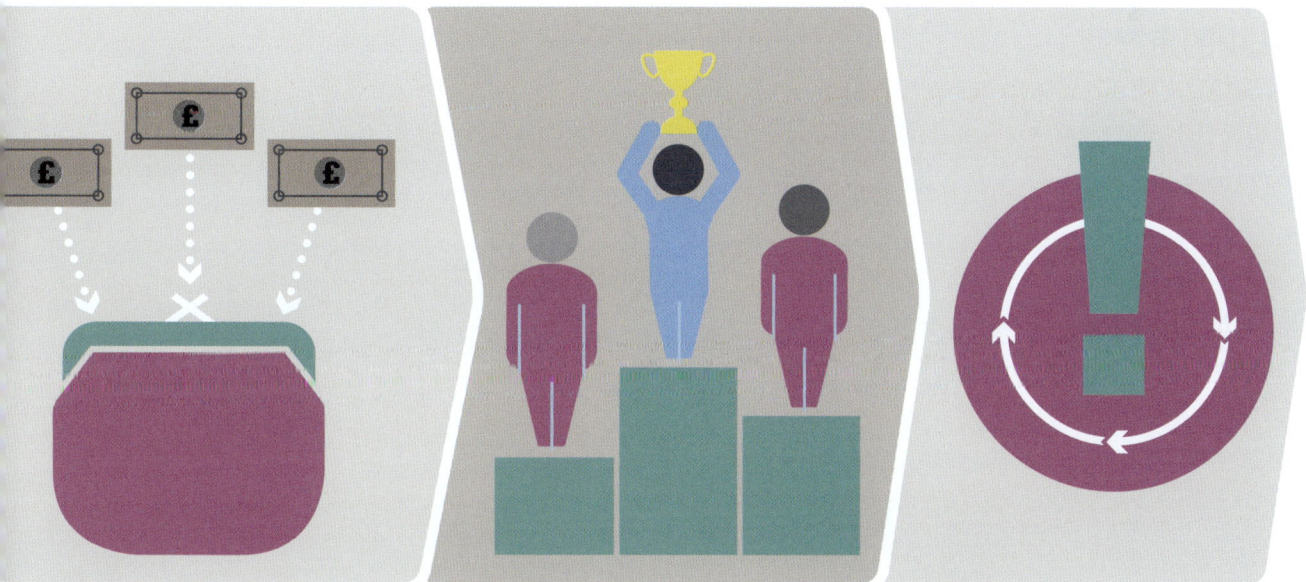

总预算
每个部门的预算获批后，就会被整合成当年的总预算，其中包括：损益表预算（也译作"预计损益表"）、预计资产负债表，以及预计现金流量表（通常会按月进行拆分）。

度量绩效
每个月（或按预算设定的相同时间间隔）过后，企业实现的实际数字都会与原始预算的数字进行比较。变化会得到仔细的检查，以便判断它们是否与原始预算有显著差异。

采取行动
若有必要，可对预算进行修正，考虑未预见到和持续的支出，或者任何未料到的结余。如果收入低于预期，就可以采取行动，改变部门的流程或活动，由此实现预算确立的目标。

资产

企业的资产主要分为两大类：固定（或长期）资产和流动（或短期）资产。流动资产包括银行存款和存货等。

运作原理

固定资产使企业得以经营下去。它们往往需要长期持有，并且不容易转换为现金。固定资产可分为有形固定资产或无形固定资产：有形固定资产是实物，而无形固定资产不具有实物形式。流动资产主要用于交易，可以短期持有。就产生收入而言，流动资产是最重要的类型，其关键组成部分是存货。存货可以是待售的制成品，也可以是用来生产产品的原材料。

实践中的资产

超级体育有限公司（Super Sports Ltd）是一家虚构的运动服装及配件公司。下表是该公司资产负债表的一部分，展示了它的某家分店的流动资产。这些流动资产包括持有的银行存款和存货，而存货包括这家分店所有的待售产品。

超级体育有限公司 5月31日	
资产	£
银行存款	12000
存货	22000
总资产	34000

超级体育有限公司 6月15日	
资产	£
银行存款	54000
存货	0
总资产	54000

5月31日的资产负债表
资产负债表的资产项显示，在这一时间点，该公司持有22000英镑的存货（产品），同时还有12000英镑的银行存款。

6月15日的资产负债表
两周以后，公司以42000英镑出售了所有存货，在同一天收到了销售存货货款。这意味着，其总资产增加了20000英镑——销售存货的利润——这使其银行存款增加了42000英镑。

存货的种类

按照企业开展的业务类型，存货包含原料、在制品和制成品这三类。参见316~317页。

原料

计划用来制造产品的原材料和零部件。例如，一家巧克力工厂含持有：

▶**配料** 糖、可可膏、可可脂、添加剂、调味料，可能还有牛奶或坚果

▶**铝箔、塑料和纸** 用于内包装和外包装

在制品

开始变为制成品的材料和零部件，可称为"半成品"。例如，平面设计师持有：

▶**布局和设计** 正在开发，有待客户认可

制成品

已制成的产品的存货，或有待出售给客户的产品。例如，一家书店持有：

▶**精装书和平装书** 出版社提供的各种图书

▶**礼品** 如贺卡、笔记本

固定资产的种类

超级体育有限公司拥有各类有形和无形的固定资产。相比有形固定资产，无形固定资产的价值有时很难估计。

有形固定资产的类型

土地和房产
零售网点及公司总部

家具
店铺陈设与店内办公家具

IT设备
计算机及其他IT设备和组件

车辆
卡车及有公司标志的汽车

机械与工具
仓储与配送设备

无形固定资产

知识产权
品牌设计、创意创新

注册商标
受法律保护的文字和符号

品牌
自有品牌，其中包括平价品和奢侈品系列

电脑软件
在线销售的网络门户

版权与版税
发放许可的收益流

成本

成本即企业为了开展能够盈利的业务，如制造产品或提供服务而产生的直接或间接费用。

运作原理

成本主要有两种分类方法：一是直接成本和间接成本；二是固定成本和可变成本。可变成本随产量或销售量的增加而变化，固定成本不随产量或销售量的增加而变化。直接成本与特定的产品或服务相关，间接成本不与产品或服务直接相关。间接成本因企业的整体经营而产生，可以随产量水平而变化，也可以不变。企业需要考虑三种主要成本。首先是劳动力成本，即支付给受雇完成特定任务的工人的工资。劳动力成本既可被视为直接固定成本，也可被视为间接可变成本。其次是生产中使用的原材料，以及服务性行业使用的其他材料的成本——这些成本是可变的。最后是费用，即经营活动中产生的其他成本。

固定成本和可变成本

考察成本的方法之一是将成本分为两类：固定成本，它不随企业活动水平的变化而变化；可变成本，它会随企业活动水平的变化而变化。这种分类能帮助会计师确定企业活动的变化（如产量的增减）如何影响成本。在现实中，一旦企业活动增加到一定水平，一些固定成本就会增加——这便是所谓的阶梯式固定成本（Stepped Fixed Costs）。

可变成本

主厨订购每天所需的配料。高峰期的夜晚，订购食物的成本较高；较为冷清的夜晚，订购食物的成本较低。

大量食物订单

固定成本

租金和保险成本

洗涤服务

员工工资

清洁费用

一家餐厅租用了能容纳40名客人就餐的场所。不论餐厅为30名客人还是40名客人服务，其固定成本都是一样的。

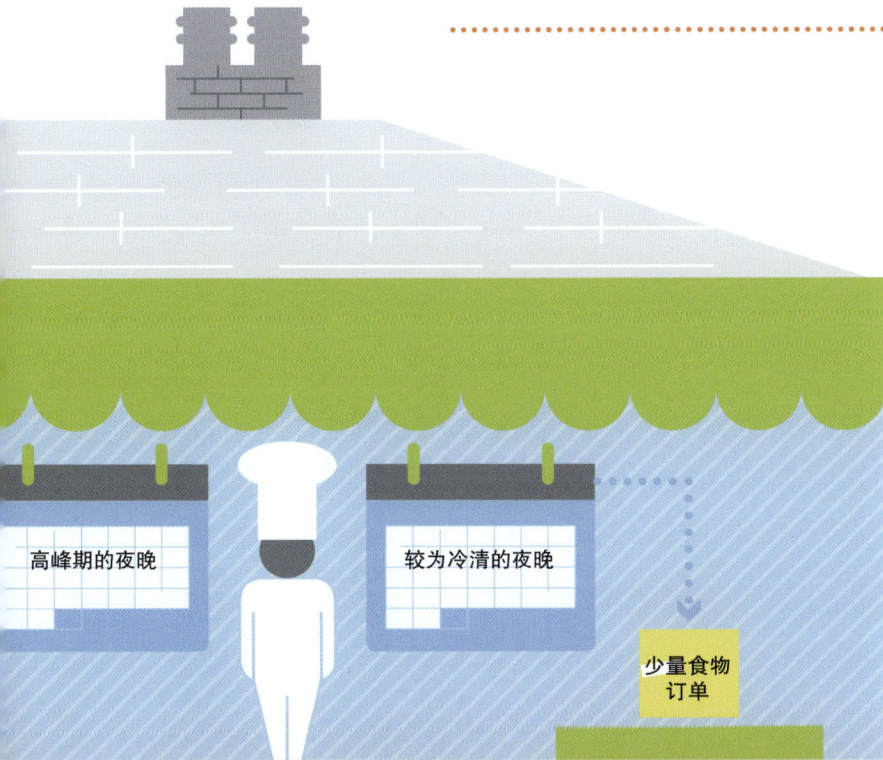

高峰期的夜晚

较为冷清的夜晚

少量食物订单

阶梯式固定成本

更高的租金和保险成本

额外的洗涤服务

更高的员工工资

更高的清洁费用

必备知识

▶**盈亏平衡点** 总销售收入等于总成本的点。

▶**可疑成本** 可被视作固定成本，也可被视作可变成本。

▶**沉没成本** 过去已经发生但无法收回的成本。

▶**预期成本（Prospective Costs，也译作"前瞻性成本"）** 未来可能产生的成本，取决于所做的商业决策。

28.5英镑
2020年欧盟每小时的平均劳动力成本

这家餐厅十分火爆，于是店主租用了隔壁的场所，此举可增加40个餐位。固定在一定水平上的成本由此增加了一倍。

产品成本核算与产品定价

企业生产的每件产品的总成本（Full Cost）是一条重要的信息。了解它，有助于产品定价和企业绩效评估。

运作原理

直接成本和间接成本构成了产品的成本。为了核算成本，产品被视作一个生产单位。接着，估算并加总一个生产单位产品的直接成本和间接成本，得到其总成本。

25%

银行业的平均净利润率（在食品零售业，该数值为2%）

完全成本定价法

直接成本可以用每一生产单位产品使用的原材料和劳动来度量。尽管间接成本难以估算，但它是计算总成本时不可或缺的部分。管理人员和会计师必须分摊间接成本，以反映其对单件产品成本的贡献。一旦确定间接成本，就能确定产品的总成本。一般而言，将生产的直接成本和间接成本加起来，再加上利润，就能得到合适的销售价格。

直接成本
▶ 原材料
▶ 直接劳动
▶ 直接支出
▶ 专门用来生产待售品或服务的开支

+

间接成本的分摊
▶ 生产和服务的间接成本
▶ 行政与管理的间接成本
▶ 销售与配送的间接成本

其他成本核算法

由于行业、企业类型和规模、生产方法的差异，存在几种不同的成本核算和定价方法。

订单成本法
用于按客户要求定制的订单。例如，一家为客户印制小册子的印刷企业可采用订单成本法。

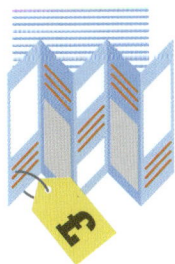

分批成本法
用于生产一批相同的产品时。例如，一家生产电视机的电器公司可能会采用此方法。

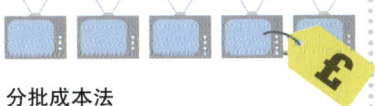

合同成本法
用于大规模一次性作业，往往是竞标过程（一家公司通过投标而获得项目）的结果，并且在客户的场所进行。例如，一家建筑公司在新的住宅开发区建造房屋时使用该方法定价。

分步成本法
用于正在进行的持续作业，通常涉及多个制造流程，区分单位成本十分困难。例如，一家炼油厂将原油炼制成柴油。

服务成本法
用于向客户销售的产品是标准服务的情形。例如，一家美甲沙龙在特定的期限内，按照固定的价格提供修甲和足部护理服务。

➕ 利润
➤ 必须为企业带来利润
➤ 必须与产品的销售方式相符
➤ 必须有现实的定位，使消费者会购买

出售豪华房屋

＝ 售价
➤ **低**：为了获得更大的市场份额，或与竞争对手进行较量
➤ **以成本为基础**：收回直接成本和间接成本，赚取市场可接受的利润
➤ **以服务为基础**：较为灵活，因为不存在制造成本或配送成本

绩效度量

度量企业的绩效主要有两种方法：财务方法和非财务方法。要评估财务绩效，企业可以通过计算多个财务比率进行分析。若要评估其他方面的绩效，企业可查看关键绩效指标（Key Performance Indicators，KPIs），帮助管理层和员工评估并改善绩效。关键绩效指标还能帮助有兴趣的外部人士（如投资者、债权人或分析师）决定是否投资该企业。

财务和非财务类型

发布财务报告的企业，必须为其取得的收入及经营活动中产生的费用制订关键指标。通过计算财务比率，可以对关键指标进行比较。不过，财务比率本身并不能准确预见企业未来的发展前景。非财务比率，即关键绩效指标，虽然不能衡量财务绩效，但披露了企业的其他重要特征，如客户忠诚度、研发（R&D）生产力，而这些特征最终会影响企业的盈利能力。

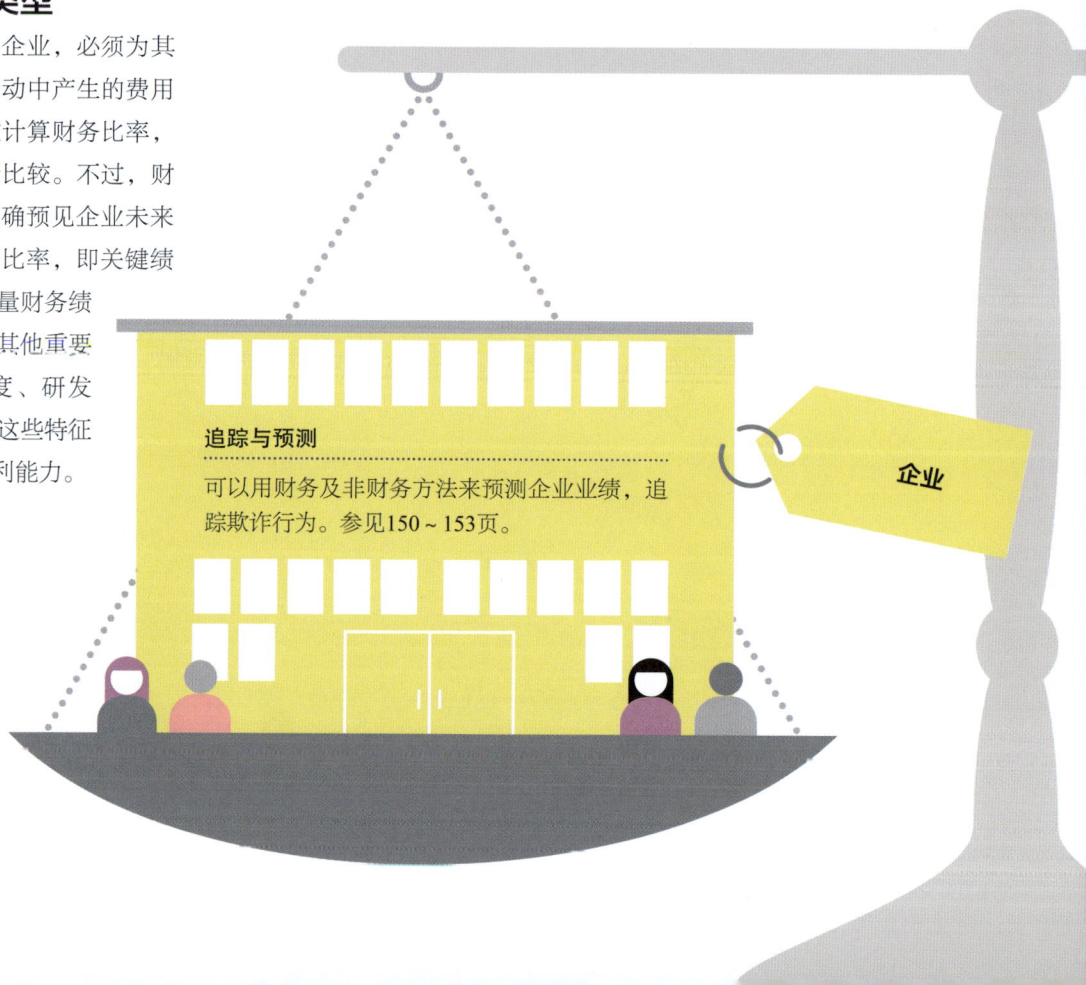

追踪与预测

可以用财务及非财务方法来预测企业业绩，追踪欺诈行为。参见150~153页。

企业

使用绩效度量进行趋势分析

同一行业各企业在不同时期的财务比率或关键绩效指标的比较，常被用来追踪企业绩效。流动比率（Current Ratio）是用流动资产除以流动负债计算得出的：流动比率越高，企业的流动性越强。

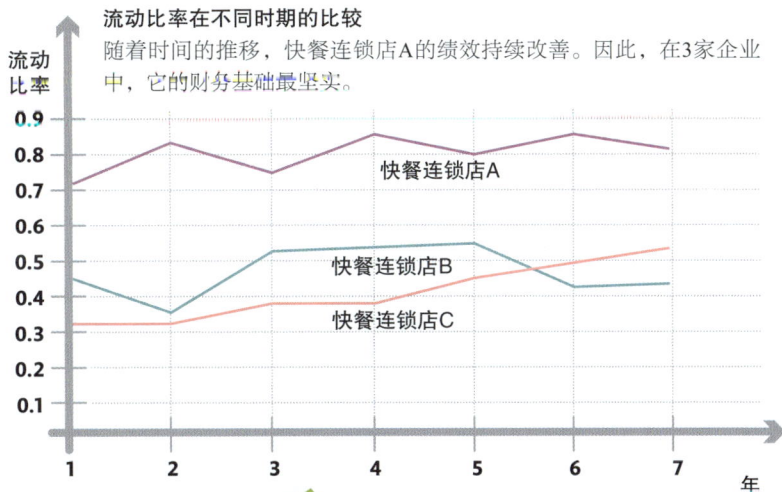

流动比率在不同时期的比较

随着时间的推移，快餐连锁店A的绩效持续改善。因此，在3家企业中，它的财务基础最坚实。

流动比率

快餐连锁店A

快餐连锁店B

快餐连锁店C

年

财务度量

非财务度量

财务比率

▶投资者和贷款人用它来衡量企业的财务健康状况，看企业能否在经济衰退中生存下去，以及未来是否有发展的前景

▶金融行业使用一组标准比率

▶依据财务报告中提供的数字进行计算

参见148～149页。

关键绩效指标

▶相关指标出现在财务报表中，由企业内部人员和投资者使用

▶可以每天或更频繁地计算，供企业内部使用

▶企业可以设置不同的关键绩效指标，以反映未来的目标

▶对每个企业都是唯一的

参见146～147。

宏图

一些专业机构和服务公司，如英国工业联合会（CBI）和跨国公司普华永道（PwC），会定期进行调查，采访高管，看他们对所在的行业和整体经济有多乐观。这类调查有助于企业客观地衡量自身的绩效。

4～10个

对大多数公司而言，可能十分重要的KPIs个数

关键绩效指标

关键绩效指标也称"关键成功指标"（Key Success Indicators，KSIs），它以企业目标为基础，并因企业和行业的不同而有所差异。关键绩效指标会在企业年报中说明。

运作原理

KPIs是企业绩效的非财务指标——它不具有货币价值，但会影响企业的盈利能力。任何企业的部门都可以用它来估算绩效。会计部门的KPIs可以是"逾期未付发票的比例"，这有助于确定会计部门的效率。这也是滞后指标（Lagging Indicator）的一个例子——它属于结果，不难衡量，但其影响并不是直接的。企业还会寻找领先指标（Leading Indicator），这类指标侧重于投入，很容易发生变化。会计部门选定的领先指标可以是"提前预订的采购订单比例"。

企业的KPIs

可以在计算机上用仪表盘的形式设置KPIs，时常进行检查。下述仪表盘展示了企业特定部门KPIs的例子。设置KPIs之后，各部门将接受管理层的检查，如果KPIs不合格，就需要采取行动。

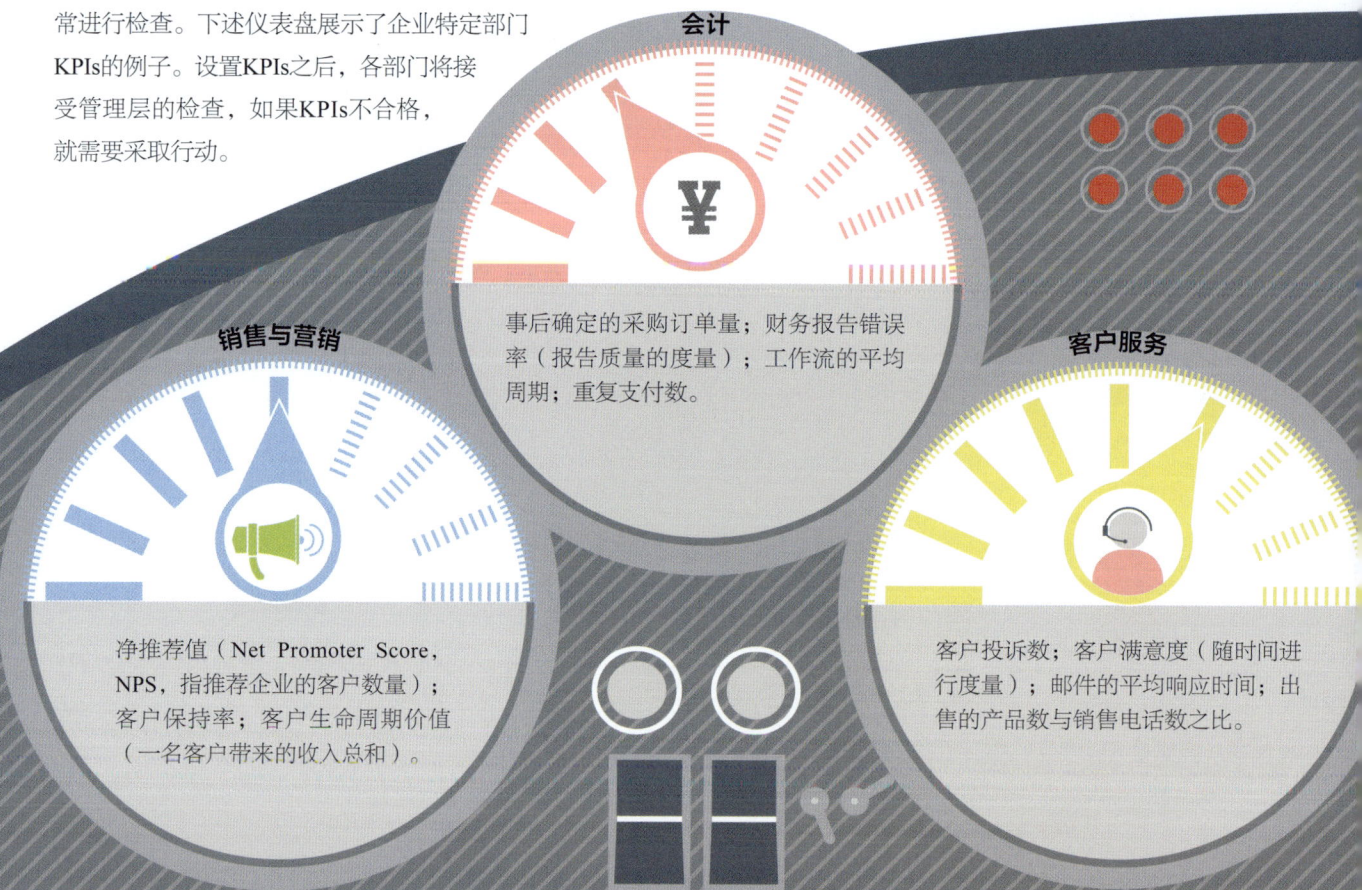

会计

事后确定的采购订单量；财务报告错误率（报告质量的度量）；工作流的平均周期；重复支付数。

销售与营销

净推荐值（Net Promoter Score，NPS，指推荐企业的客户数量）；客户保持率；客户生命周期价值（一名客户带来的收入总和）。

客户服务

客户投诉数；客户满意度（随时间进行度量）；邮件的平均响应时间；出售的产品数与销售电话数之比。

平衡计分卡系统

这套战略系统为监测企业绩效提供了一种与众不同的方式。它给出了更加全面的观点，而不是只关注财务业绩。20世纪90年代，平衡计分卡系统由哈佛商学院的罗伯特·卡普兰和戴维·诺顿提出，是《哈佛商业评论》过去75年里最有影响力的商业理念之一。据估计，美国以及欧洲和亚洲超过50%的大型企业使用这套系统。平衡计分卡包括四种查看企业绩效的方式：

▶**学习与成长** 员工培训和企业文化；

▶**业务流程** 包括一些特殊度量，用以监测日常绩效；

▶**客户视角** 客户满意度；

▶**财务视角** 传统财务数据。

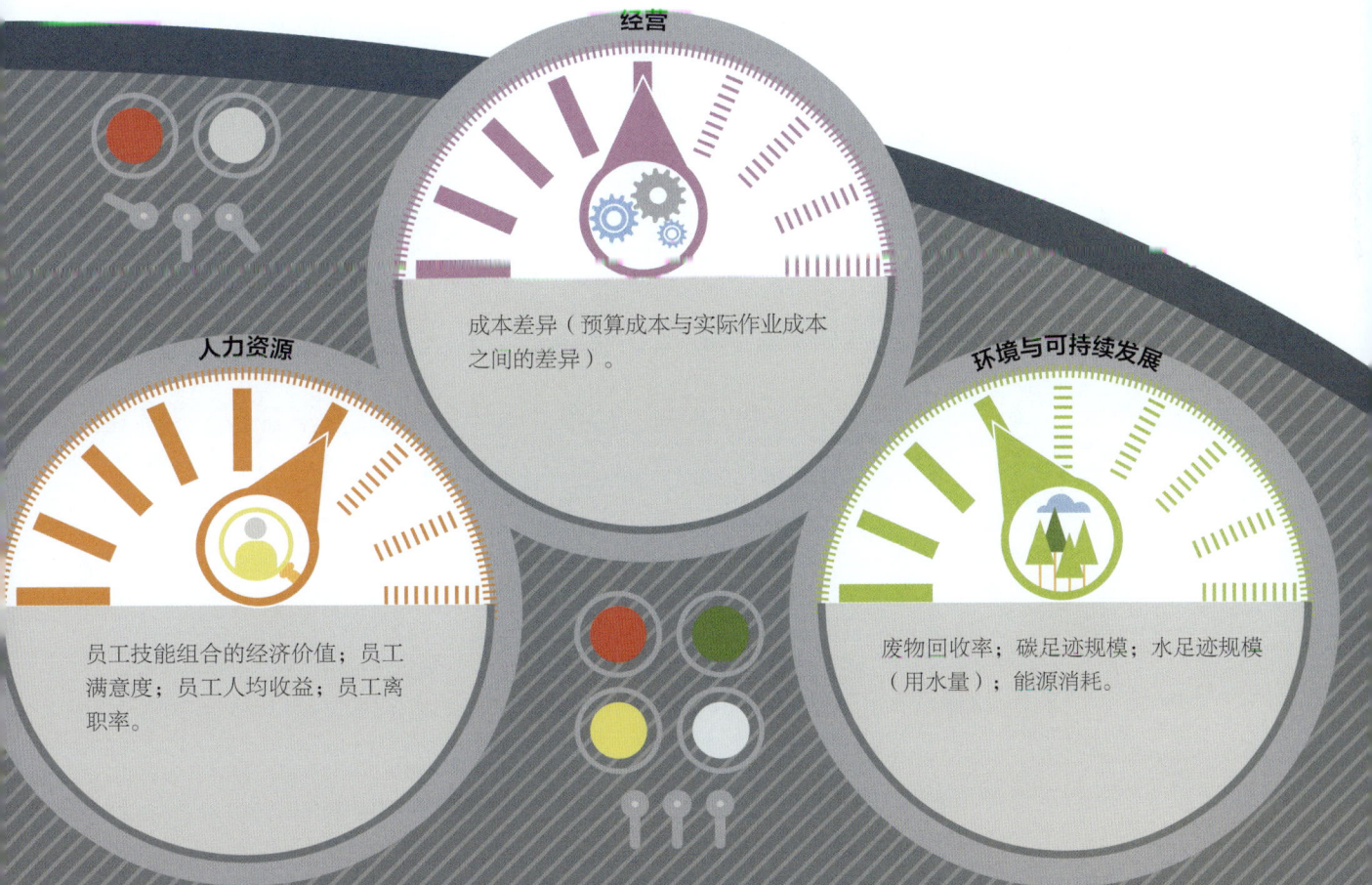

93%的企业
认为平衡计分卡非常有用

经营

成本差异（预算成本与实际作业成本之间的差异）。

人力资源

员工技能组合的经济价值；员工满意度；员工人均收益；员工离职率。

环境与可持续发展

废物回收率；碳足迹规模；水足迹规模（用水量）；能源消耗。

财务比率

贷款人、投资者、分析师、内部管理人员等利益相关者，会计算财务比率，以解读财务报表对企业真实状况的刻画。

运作原理

财务比率被用来评估企业的财务状况，识别可能影响企业未来发展前景的问题领域。这个过程涉及财务报表中的两个相关项的比较，例如，净销售额与净值之比，或净收益与净销售额之比，这些比率被用来衡量企业的相对绩效。根据不同的目的——例如，度量企业为投资者提供丰厚回报的能力，或处理债务的能力，或企业的经营效率——可以选择不同的财务比率。可以将企业的财务比率与其竞争对手的相比较，或是与企业内部的特定基准相比较，从而确定企业的财务业绩是否始终如一。

常用财务比率

下面是参与评估企业的人士最常用的比率。这些比率应视为相对的，并且需要放在经济形势中考虑。这些比率通常被用来分析发行股票的公众公司；而创业企业和小企业往往缺乏足够的统计数字来提供可靠的指南。

盈利能力比率

盈利能力比率的目的是考查企业取得利润的效率，反映投资估值比。营业利润率（Operating profit margin ratio）是盈利能力比率的一个例子，比率越高，说明收入（毛收入）转化为营业利润（净收益－营业外支出－折旧与摊销）的比例越高。

$$营业利润率 = \frac{营业利润}{营业收益}$$

其他盈利能力比率

▶ **股本回报率（ROE）** 税后净收入与股东权益之比。比率越高，说明盈利能力越强，但不适用企业严重依赖借款的情形。

▶ **EBITDA与销售额之比** EBITDA（未计利息、税款、折旧及摊销前的利润）与销售收入之比。它度量的是企业核心业务的盈利能力。比率较高，利润越大。

效率比率

效率比率显示了企业利用资产和资源，实现利润最大化的效率。销售收入与已动用资本比便是效率比率的一个例子，它体现了企业利用资产产生销售收入的能力。这种比率可以考察企业结算账单和发票的速度。

$$销售收入与已动用资本比 = \frac{净销售额}{已动用资本}$$

其他效率比率

▶ **应收账款周转率** 净赊销额与平均应收账款之比。它度量的是企业将销售额转换为现金的效率。比率越高，现金的回收越频繁。

▶ **存货周转率** 产品的销售成本与平均库存之比。它显示了企业管理库存水平的效率。比率低，通常表示销售状况欠佳。

注意事项

投资者应注意

企业要了解为何身在目前的处境中，而不只是了解处境如何。企业应当持续使用比率分析——至少四年。例如，债务突然上升可能因为企业正在扩张，步入了有盈利潜力的新领域，也可能是为了限制过去糟糕决策所造成的损失。

10%~14%

为企业未来增长提供资金所需的最低投资回报率（ROI）水平

流动性比率

流动性比率体现了企业是否有足够的现金或等价资产来偿还债务。营运资金比率（同时也是效率的一个度量指标；即流动比率——译者注）便是一例，它显示了企业是否有足够的短期资产来支付短期债务。

$$营运资金比率 = \frac{流动资产}{流动负债}$$

其他流动性比率

➤ **现金比率** 现金（及等价物）与流动负债之比。它显示了企业的短期资产能否偿还债务。比率高被认为更好。

➤ **速动比率（酸性测试比率）** 流动资产减去库存后除以流动负债。它体现了企业用现金偿还短期债务的难易程度。速动比率越高，偿还越容易。

偿付能力比率

流动性比率体现的是企业短期偿债的能力，而偿付能力比率衡量的是企业是否拥有足够的现金或流动资产，在较长时期内偿还债务，以无限期经营下去。债务股本比（Debt to Equity Ratio）便是一例。

$$债务股本比 = \frac{总负债}{股东权益}$$

其他偿付能力比率

➤ **股本比例** 股东权益与总资产之比。它显示了企业长期或未来的偿付能力。比率较高更好；比率较低可能是债权人风险较高的信号。

➤ **资产负债率** 总负债与总资产之比。它体现了企业资产由债务融资的比例。较低的比率被认为更好。

投资估值比率

投资估值比率常用来衡量投资者购买企业股票能够获得的回报。股利支付率（Dividend Payout Ratio）便是一例。它体现了盈余能够在多大程度上支持股利的支付——较为成熟的企业往往有较高的股利支付率。

$$股利支付率 = \frac{年每股股利}{每股收益}$$

其他投资估值比率

➤ **净利润率** 税后利润与收入之比。它是度量企业盈利能力的另一个指标，可用于比较企业及其竞争对手。比率越高，企业的盈利能力越强。

➤ **市盈率** 每股市场价值与每股盈利之比。它体现了企业股票的价值。较高的比率体现了良好的增长潜力。

预测

预测企业未来绩效是至关重要的，因为这样做可以估计企业大体的销售、收入、成本和盈利能力，使企业获得投资，从而维持企业内部的信心。

运作原理

对企业成败的预测取决于历史数据——财务报表、财务比率和关键绩效指标——它们反映了企业经营状况，并可以沿时间追踪。追踪及监测所得的数据，能为潜在的问题提供早期的预警。对于小型企业和创业企业来说，精确的预测为筹集外部资金提供了基础；对于大型企业来说，精确的预测为投资者和市场提供了衡量财务实力的指标。

用Z得分模型做预测

阿特曼认识到，成本收益率等传统财务比率并不能得到企业财务绩效的完整图景。为此，他设计出一套公式，将四五个关键比率综合起来，得到一个Z得分。在预测企业破产方面，Z得分模型一年内的准确率为90%，两年内的准确率为80%。

运营资本/资产总额
流动性的度量：企业的运营资本越多，偿付债务的能力越强。

股本市场价值/总负债面值
市场对企业信息的度量：比率小于1，说明企业的资产不足以抵偿债务——企业没有偿付能力。

留存收益/资产总额
杠杆的度量：比率高，说明为增长提供资金的是利润；比率低，说明为增长提供资金的是债务。

息税前收益/资产总额
资产回报率的度量：计算的是由资产带来的运营收入。

销售额/资产总额
效率的度量：计算资产带来的销售额。

企业的成功
有效地经营企业，保持好资产和负债、利润和债务之间的平衡，会增强投资者的信心。

成功号

Z得分的计算
将上述比率分别乘以一个特定的值以进行加权，再将相应的结果加总即得到Z得分。
▶得分小于等于0.2，表示企业非常可能破产
▶得分大于等于0.3，表示企业不太可能破产

预测方法和模型有很多，选择哪种取决于要预测的具体内容。Z得分模型是预测企业破产概率最常用的模型之一，它由纽约大学金融学教授爱德华·奥尔特曼（Edward Altman）于1968年提出。

必备知识

▶**奥尔森O得分** Z得分模型之外的另一种预测企业成败的方法。

▶**过度交易** 企业的销售增长超过了资金的增长。

▶**交易不足** 与企业的资金水平相比，企业的交易水平较低。

▶**Zeta分析** 第二代Z得分模型。

企业破产的征兆
企业经营不善或者滑入资不抵债的深渊，有很多征兆。这些征兆会令投资者紧张不已，如果他们开始抛售持有的股票，就会导致股价下跌。然而，大多数企业破产时是盈利的，却耗尽了现金。

59% 的组织
正在使用高级预测分析方法

破产号

出售资产以偿还债务

削减员工福利

持续削减股东红利

破产
企业若不能偿债，就会破产

高管辞职，去别处就职

高负债，支付的利息高，收益缩水

盈利能力低下，损益表连续数年显示利润下滑

低现金流，资产负债表连续数年显示现金持有量降低

追踪欺诈

在对财务报表观察敏锐的人的眼中，过分乐观的报表、高管闪烁其词的态度，可能是企业欺诈活动的警告标志。

运作原理

公众公司必须将年度财务报表交由独立审计师进行审计（检查）。在审计过程中，财务上的花招——创造性会计，即在财务报表中操纵数字，粉饰企业绩效——以及赤裸裸的欺诈行为，都会得到揭露。审计师的职责是确保业务记录和报表准确，确保报告真实。审计师会对业务记录进行系统性审查，识别出可能存在欺诈的异常情况。如果找到欺诈的证据，下一步就是提请法务会计师和刑事调查专家介入，对违规者提起诉讼。

✓
必备知识

➤ **资产剥离** 抛售企业资产，获得盈利以筹集资金，通常会造成企业倒闭。

➤ **隧道效应** 一种特殊的欺诈行为，即把资产和资金非法转移到管理层或股东手中。

表明欺诈的危险信号

一些公认的警示信号或"红旗警告"信号会提醒审计师存在欺诈——这些信号可能与CEO等高管的行为直接相关，或者表现为财务报表中的异常情况。

财务报表中的可疑数字

➤ 现金流量连续三个季度为负，接着突然显示为正

➤ 毛利率突然增加，与行业平均水平和企业以往的业绩模式不相符

➤ 向有可疑交易记录的企业大量销售

➤ 销售未发生便被记录下来

➤ 编造的、并不存在的收入来源

➤ 费用从一家企业转移到另一家企业，或者被列为资产

➤ 每股收益长期持续增长

➤ 与基本工资相比，支付给高管的薪酬过高

6起
过去两年平均每家企业报告的欺诈事件数量

如何察觉欺诈

各项程序应当到位，追究处理开支者的责任。如果这些都不奏效，那么内外部审计师应采取更严厉的措施。

运用比率分析来揭示重要的长期趋势（参见148~149页）。

大盘点：声名狼藉的五大骗局

一些严重的欺诈行为发生在声名显赫的公司：安然曾跻身美国七大公司之列；论资产，摩根大通是美国最大的银行。

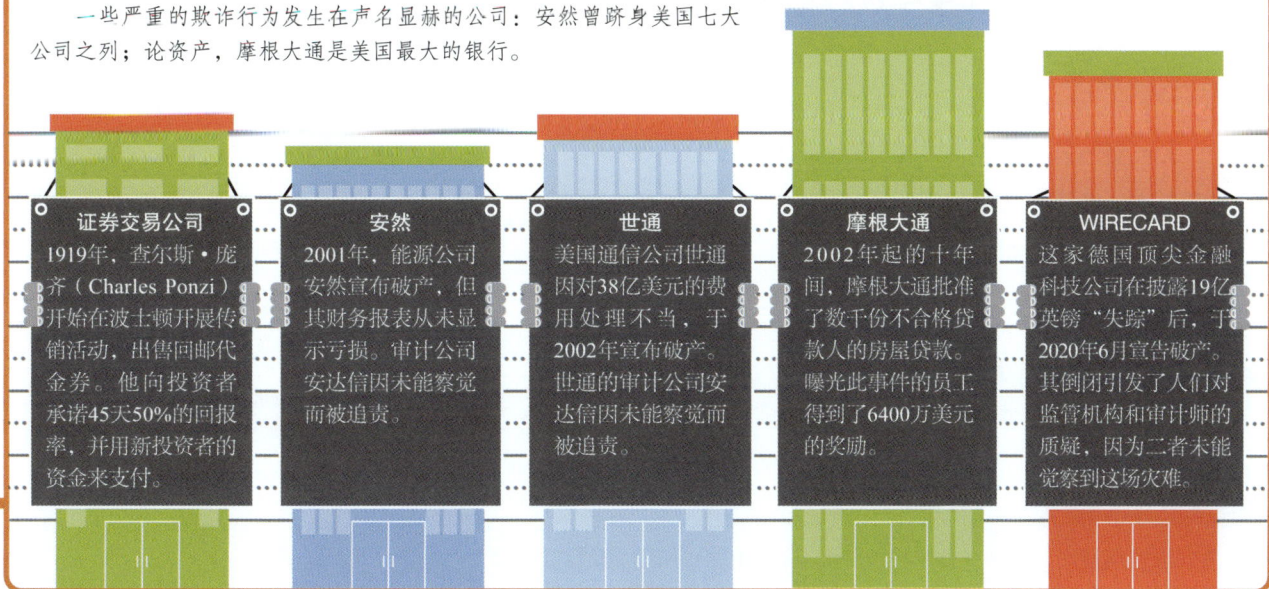

证券交易公司
1919年，查尔斯·庞齐（Charles Ponzi）开始在波士顿开展传销活动，出售回邮代金券。他向投资者承诺45天50%的回报率，并用新投资者的资金来支付。

安然
2001年，能源公司安然宣布破产，但其财务报表从未显示亏损。审计公司安达信因未能察觉而被追责。

世通
美国通信公司世通因对38亿美元的费用处理不当，于2002年宣布破产。世通的审计公司安达信因未能察觉而被追责。

摩根大通
2002年起的十年间，摩根大通批准了数千份不合格贷款人的房屋贷款。曝光此事件的员工得到了6400万美元的奖励。

WIRECARD
这家德国顶尖金融科技公司在披露19亿英镑"失踪"后，于2020年6月宣告破产。其倒闭引发了人们对监管机构和审计师的质疑，因为二者未能觉察到这场灾难。

CEO的行为
▶高管对重要的财务细节闪烁其词
▶CEO试图将审计人员的注意力从特定文件上引开

技术细节
▶销售或收入调整的录入延迟
▶缺少审批或签名

设置私密热线，针对现有员工、前员工等掌握企业信息的人。

使用突击小组，例如开展积极的内部审计而不事先通知。

进行突击现金盘点，确定当前的现金流是否与报表相符。

数据挖掘，用审计软件检测过去的模式与当前的报表是否存在不一致。

筹集资金与资本

企业需要额外资金时，可以利用内部资源、外部资源或二者并用。这取决于企业是寻求大量资金用于长期增长（如扩张），还是寻求少量资金用于短期开支（如支付经营成本）。此外，可获得的外部资金数额，取决于企业是已经知名的企业，还是相对年轻而没有太多业绩记录的企业。

资金与资本来源

考虑融资前景时，财务主管会首先评估企业的财务状况。接着，他们会确定企业的股权融资比例（企业的自有现金储备和发行股票募集的资金），以及通过外部渠道（如银行）借入资金的比例，这些会使企业背负债务。

59%的美国财务经理认为财务上的灵活性是决定企业负债多少的最重要因素

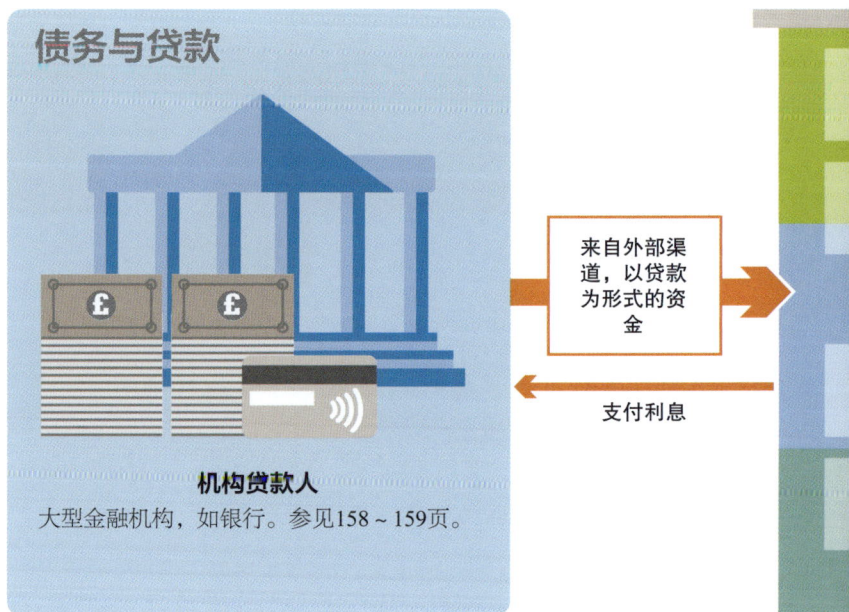

债务与贷款

来自外部渠道，以贷款为形式的资金

支付利息

机构贷款人
大型金融机构，如银行。参见158～159页。

评估资本结构

　　投资者购买企业股票时，会考察企业的资本结构，评估企业的未来前景。资本结构是指企业的资金有多少比例来自股票和盈余，即股权，以及有多少比例来自借入的资金，即债务。在评估资本结构时，投资者应考虑以下几点。

▶ 一般原则：股权多于债务的企业，投资风险较小，因为企业资产超过负债。因此，股权显著超过债务的企业具有较低的债务股本比，一般认为其投资风险较低。

▶ 债务显著超过股权的企业具有较高的债务股本比，一般认为其投资风险较高。

▶ 负债不一定是坏事。如果利率较低，企业可以承担更多债务进行扩张，只要借入的资金获得的收入超过应付利息。因此，风险更高的企业，也同时拥有较大的增长潜力——这便是所谓的杠杆（gearing，也译作"传动"）。参见174～175页。

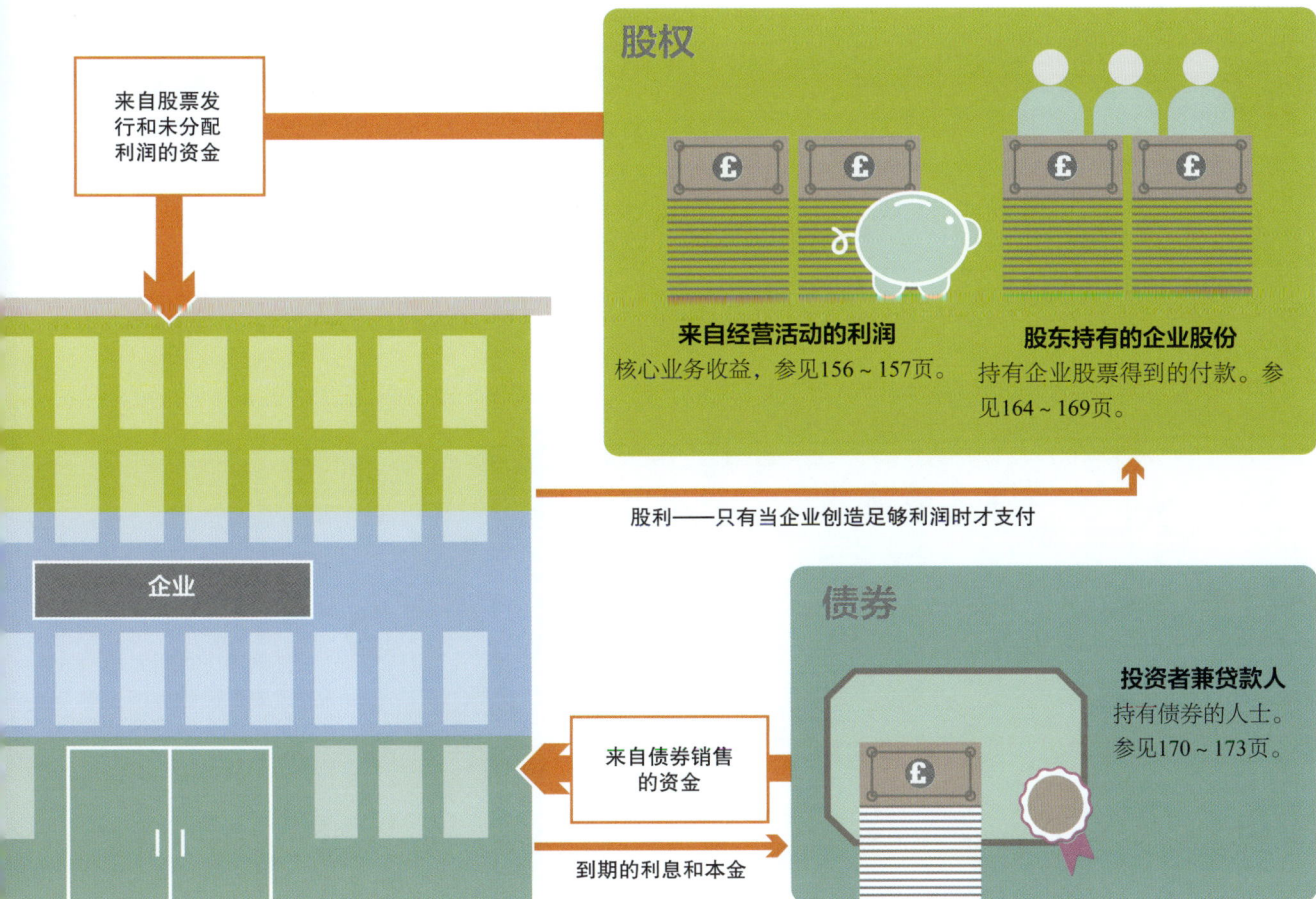

股权

来自股票发行和未分配利润的资金

企业

来自经营活动的利润
核心业务收益，参见156～157页。

股东持有的企业股份
持有企业股票得到的付款。参见164～169页。

股利——只有当企业创造足够利润时才支付

债券

投资者兼贷款人
持有债券的人士。参见170～173页。

来自债券销售的资金

到期的利息和本金

内部融资

大多数企业倾向于通过内部渠道寻找资金来源，而不是承担债务或放弃企业的一部分利益来发行股票，因为后两种方式的成本更高。

运作原理

若企业需要资金进行扩张或投资，以维持目前的经营，那么它面临两个选择：要么从外部渠道获得资金，要么从内部渠道获得资金。考虑到从外部渠道引进资金的成本，如银行贷款要支付利息，企业管理者必须权衡使用自有资金的机会成本——把自有资金投资出去可以赚取的利润——和外部融资的成本。

筹集内部资金

无论企业对额外资金的需求是长期的还是短期的，它都可以采取措施，通过内部渠道来提高资金水平。

短期融资

对于热衷在不诉诸外部渠道的情况下募集资金的企业，为了最大化用于日常经营和资本支出的现金数额，可以采用三种主要战略。

近期偏差

企业按时收到发票付款，有助于维持资金水平。有趣的是，完成业务后直接开具发票，往往比稍后寄送发票更快得到付款。近期偏差解释了这一现象：相比很久以前发生的事件，大脑会优先考虑最近发生的事件。

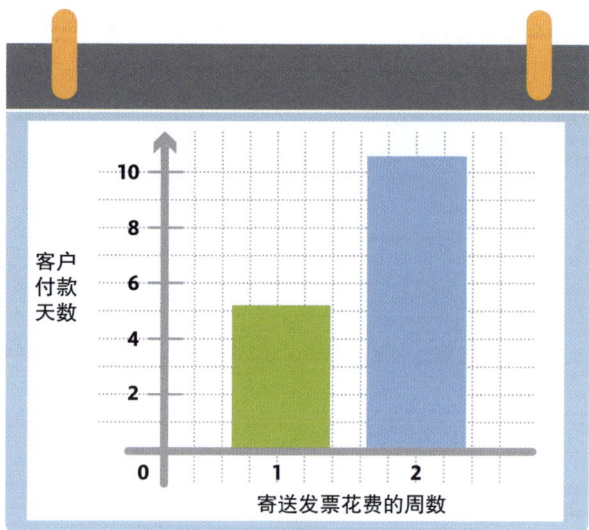

客户付款天数 / 寄送发票花费的周数

收紧信贷控制

这类策略包括：向债务人追债，使发票按时偿付；通过严格的信贷审查确保新客户的信用良好；设置30天的付款期限。

延期支付

大型供应商可以为提早付款提供折扣，也可为企业提供较长的付款期限，提升短期内的现金水平。

企业

长期资金
需要长期资金扶持的企业应以自身的资源作为主要支撑。

减少存货
企业保留大量未售产品库存并不划算。削减库存能够降低仓储成本、生产成本，以及替换过时或多余产品的成本。

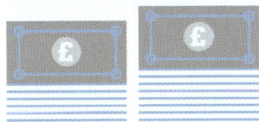

未分配利润
可以将利润的一部分重新注入企业。企业也可通过出售资产来筹集现金。

企业内部融资总额

用利润为扩张提供资金

寻求增长的企业，会使用利润来为扩张提供资金。这样做既有优点，也有缺点。

优点

> 使用利润意味着，不需要为负债支付利息。

> 企业现有的所有者和董事能够保持对企业的完全控制，而不是与新的投资者分享权力。

> 企业能保持较低的负债率，吸引未来的投资者和贷款人。

缺点

> 积攒足以支撑扩张所需资金的利润是个较为漫长的过程。

> 扣留股利会引起一些股东的不满，因为他们更愿意收到利润分红。

> 花掉利润，可能会损失用利润进行投资而赚取资金的机会。

37天
英国企业从供应商开具发票到付款的平均天数

外部融资

若使用留存收益等内部融资渠道无法满足业务增长或不可预见的费用的需要，企业就必须向贷款人或投资者寻求资金支持。

运作原理

外部资金支持包含银行贷款、发行股票等多种形式。从外部渠道获得的资金数额，取决于企业需要的数额，以及这笔资金是用于解决现金流等短期问题，还是用于企业发展的长期问题。短期融资不难获得，但找到大额资金用于扩张，是个不小的挑战。已经在证券交易所上市或准备上市的企业，可以靠出售股票来筹集资金。然而，非上市企业要筹集较大数额的资金并不容易。同样，债务太多的企业也会发现筹集资金十分困难，因为贷款人或投资者判断该企业存在风险。

✔ 必备知识

▶ **定期贷款**　须在规定时间内偿还的银行债务。

▶ **借据**　承诺未来按约定日期付款给持有人的单据。

▶ **欧洲债券**　以发行国本币之外的币种发行的债券。

筹集外部资金

从外部渠道筹集资金，可能是一项挑战，特别是在争取投资者的时候。不过，获取资金不一定要采用贷款的形式。不少战略的实施可通过与外部各方合作的方式，为企业提供丰厚的运营资本。

43%

2019年，美国小企业中新申请融资的比例

短期融资

要想在短期内筹集资金，企业可以与外部各方达成一系列财务协议，以帮助企业迅速获得资金。

银行透支

在一定限额内，通过企业的往来账户借入资金，通常收取较高利息。

资产融资

企业以其资产作为抵押物借入资金，这些资产包括库存、设备和房地产。如果企业违约，贷款人就可以扣押这些抵押物。

发票贴现

抵押客户尚未付款的销售发票，借入资金（通常利息较低）。

债务保理

要立即得到资金，企业可以将未付款的发票（应收账款）出售给第三方，即所谓的"保理商"（Factor）。保理商将大部分资金预支给企业，剩余部分保留，直至账款得到偿付，然后收取一定的费用。

企业对协议进行谈判，将未付款的发票按折扣价出售给保理商。

企业向客户开具发票，并将发票复印件发送给保理商。这样，客户对保理商有了欠款。

根据协议，保理商应在收到发票的数日内向企业支付一定比例的发票金额（通常为80%～90%）。

客户在30天后向保理商支付发票金额（若付款期限更长，支付的金额更多）。

保理商扣除费用（通常为发票金额的2%～5%），将发票金额的剩余部分支付给企业。

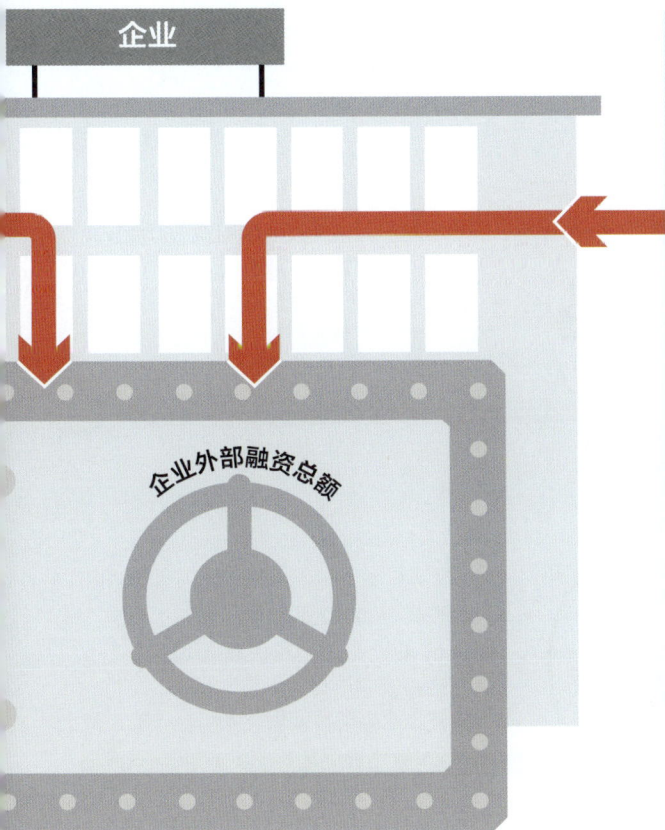

企业

企业外部融资总额

长期融资
落实有效措施，持续提供企业长期发展所需的资金。

股票
通过发行股票为企业增长提供资金支持。企业保留较少利润，因为其中一部分要以股利形式支付给股东，当然企业价值的资本收益也会使股东受益。参见164～165页。

借款
从银行及其他金融机构获得长期贷款，通常比透支银行账户的条件更为优惠。

融资租赁
出售计算机等贵重资产来为企业提供资金，先释放资本，后再将资产租回。

分期购买协议
分期支付车辆等贵重资产的费用，虽然总成本可能更高，但不会占用资金。

上市

企业由私人公司转为公众公司时，会向公众发售股票。这一过程被称为上市（Flotation，也称为Going Public），它使企业能够为增长募集资金。

运作原理

一家企业的上市标志着其成为公众公司的开始。以后，企业不再由少数股东或企业出资人所有。需要资金来支持增长时，企业可以选择上市。上市过程通常发生在几个月内：在最终阶段，企业会向投资者、普通公众或二者发售股票，而在此之前，企业应做好法律和财务方面的准备。每一股都代表企业的一份"股权"，而通过出售股票获得的资金，则成为企业拥有的资本或财富。

注意事项

▶ **估价过低** 如果承销商对股票的最初估价过于谨慎，那么，企业无法实现股票的真实价值。

▶ **估价过高** 如果承销商对投放到市场上的新股（新发行的股票）估价过高，股票价格会因需求不足而迅速下落。

▶ **波动** 在上市的头几天，股票价格会因政治或经济事件而大幅波动。

上市的途径

企业上市有三种主要方式，每种方式对应的成本有所不同。企业选择何种方法上市，取决于企业的规模大小，以及需要筹集的资金数额。

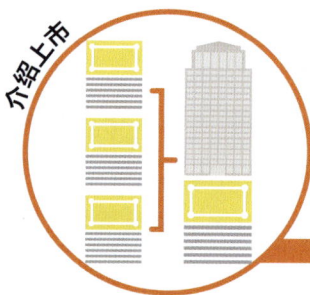

介绍上市

企业并不筹集资金，而是通过挂牌交易已有股票，转场新的证券交易所。为此，由公众持有（在其他证券交易所）的股份必须占较大比例，任何股东都不得持有大部分股票。

配股上市

精选出的一组机构投资者受邀购买股票。其成本比首次公开募股（IPO，见下文）要低，但能够筹集到的资金数额有限，因为股东数量较少。

首次公开募股

机构投资者和私人投资者受邀认购或购买企业第一轮发售的股票。这是成本最高的上市方式，但能使企业筹集到大量资金。

1415

2020年全球首次公开募股的数量

历史 | 大IPO

知名私人公司进行首次公开募股时，投资者会竞相购买其股票，进而产生破纪录的交易活动。根据上市首日出售股票获得的资金数额，下图列出了截至2021年，规模最大的首次公开募股事件。

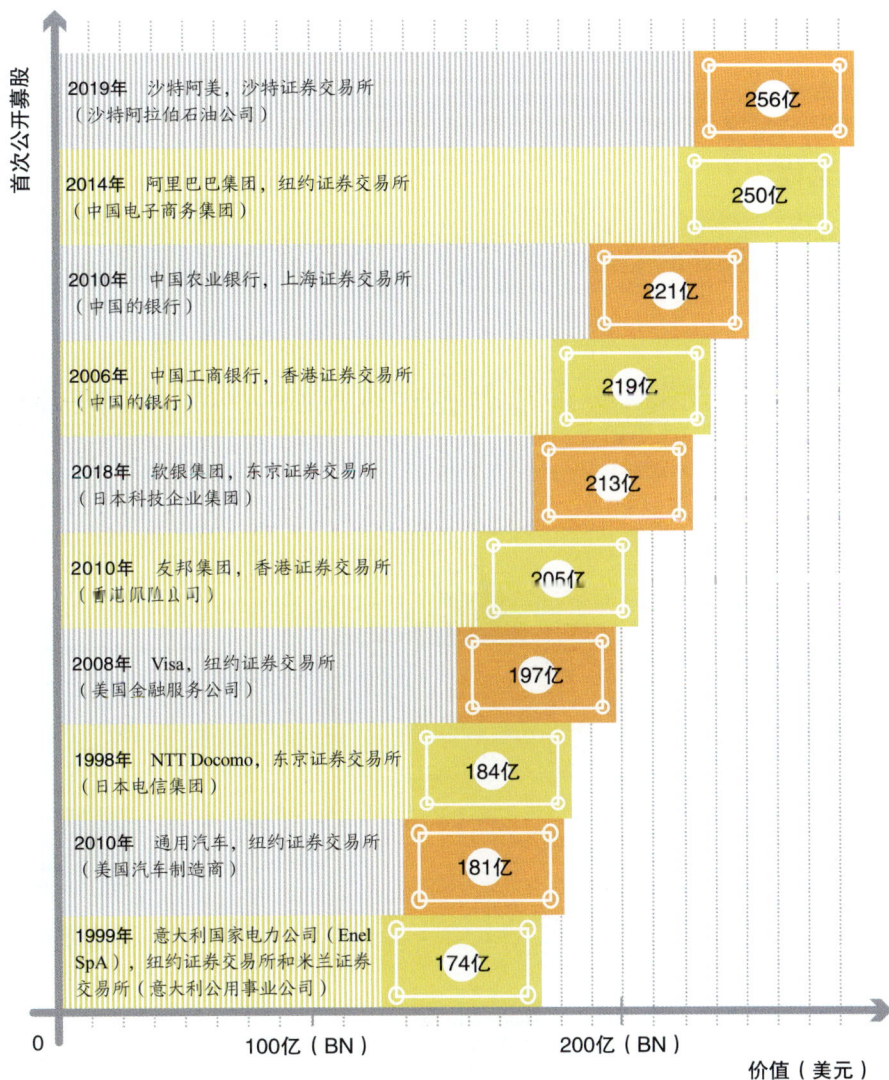

股票交易

在金融市场，公司股票按市场价格进行买卖。参见170～171页。

首次公开募股

年份	事件	价值
2019年	沙特阿美，沙特证券交易所（沙特阿拉伯石油公司）	256亿
2014年	阿里巴巴集团，纽约证券交易所（中国电子商务集团）	250亿
2010年	中国农业银行，上海证券交易所（中国的银行）	221亿
2006年	中国工商银行，香港证券交易所（中国的银行）	219亿
2018年	软银集团，东京证券交易所（日本科技企业集团）	213亿
2010年	友邦集团，香港证券交易所（香港保险公司）	205亿
2008年	Visa，纽约证券交易所（美国金融服务公司）	197亿
1998年	NTT Docomo，东京证券交易所（日本电信集团）	184亿
2010年	通用汽车，纽约证券交易所（美国汽车制造商）	181亿
1999年	意大利国家电力公司（Enel SpA），纽约证券交易所和米兰证券交易所（意大利公用事业公司）	174亿

0 　　　100亿（BN）　　　200亿（BN）

价值（美元）

IPO剖析

首次公开募股是指企业第一次将股票发售给公众。如果一家企业需要大量资金注入，为大规模扩张提供资金，IPO是最为常见的融资方式。上市还有其他原因，例如大型家族企业的成员想要出售所持股份。

世界十大证券交易所

大型交易所管理着全球利润最丰厚的一些公司，有大量资金往来其中。下面是依照交易所的市值规模，即各交易所股票的总货币价值所做的排序。

1. 纽约证券交易所
2. 纳斯达克OMX，纽约
3. 香港证券交易所
4. 上海证券交易所
5. 日本交易所集团
6. 泛欧交易所
7. 深圳证券交易所
8. 伦敦证券交易所
9. 孟买证券交易所
10. 印度国家证券交易所

IPO流程

企业在发行股票之前，必须在开展交易活动（股票买卖）的证券交易所挂牌。为了保护投资者，企业必须符合一些标准。IPO流程十分漫长，并且受到金融法规的严格限制，成本高昂。只有走完IPO流程的各个阶段，企业才能在证券交易所正式宣布发行股票。

3 提交招股说明书
招股说明书包含如下信息：股票发行、企业介绍、历年财务及拟定的计划。细节仍有可能发生变化。

1 满足资格
具体的要求由企业拟上市的证券交易所设定。上市条件因交易所不同而异，但一般的要求有：

✓ 税前收入超过一定水平
✓ 近三年经审计的财务报表
✓ 有能力缴纳上市年费

2 委任承销商
作为金融专业人士，承销商负责购买企业股票，并将之出售给公众。

2278家
上海证券交易所上市公司数
（总市值52.4万亿元）*

* 截至2024年年底

4

股票发行宣传

企业代表和承销商访问国内外目的地，向潜在投资者进行推销。

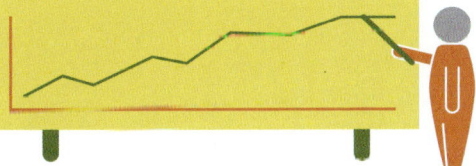

6

在市场上卖出股票

潜在投资者收到正式招股说明书几天后，IPO会被正式宣布。该宣布在证券交易所收盘后的指定日期进行，股票次日可交易。

5

设定发行价格

确定市场状况和预期需求后，企业决定股票价格及发行数量。发行已经就绪。

7 8 9 +

股票与股利

企业上市将股票出售给投资者。投资者由此成为企业的部分所有者，并获得资本的投资回报。每名投资者购买的股票数量和类型，决定了其所有权的大小。

运作原理

企业在证券交易所挂牌之前，会经历一个估值过程，以确定股票的初始价格。估值过程涉及董事、潜在投资者，以及受托评估企业价值的投资银行。三者共同决定在交易所上市的股票财务上最为可行的价格。上市时，企业会向投资者发售普通股。普

通股代表了基本的所有权单位，通常被称作"企业股份"。企业也可以私下发行股票，而不是通过证券交易所公开面向投资者发行，从而保留较大的管理控制权。

一块蛋糕

普通股是所有企业上市时都要发行的股票，也是最常见的股票类型。除此之外，还存在其他股票类型，它们使企业在控制不同股东群体权利，具有更大的灵活性。大多数股票在证券交易所出售，但管理股和无表决权股直接面向持有人发行。不同类型的股票赋予持有人不同的权利。

企业股票

直接出售

管理股

面向所有者和企业管理层成员（通常是赠予而非出售）发行，这些人士拥有：
- ✔ 额外的投票权，使企业的控制权掌握在同一群体手中

无表决权股

面向员工发行，员工可以：
- ✔ 以股利的形式获得一部分报酬
- ✘ 无表决权
- ✘ 不会收到参加年度股东大会的邀请

普通股

股东可以：

- ✓ 分享企业股利
- ✓ 分享企业资产
- ✓ 有权出席年度股东大会
- ✓ 对任命董事等企业重大事项拥有表决权
- ✓ 接收企业年报及财务报表

必备知识

- ▶**打新股** 买入首次公开募股（IPO）的新股后，迅速卖出，以获取丰厚利润。
- ▶**可赎回股票** 稍后由发行企业按一定价格回购的普通股或优先股。

67564美元

在苹果公司1980年首次公开募股时投资100美元，40年后的价值

通过证券交易所出售

优先股

股东可以：

- ✓ 在持有普通股的股东得到分红之前，得到固定的股息
- ✓ 企业破产时，能优先获得偿还债务后剩下的资产份额
- ✗ 无表决权，即使有也较小

筹集更多股本

首次出售股份后，企业由私人企业变为上市公司，可以靠增发股票来筹集额外的资金。筹资的方法主要有三种。

- ▶**配股（也译作"供股"）** 一段时间内，在企业将股票出售给他人之前，老股东有权购买企业的股票。
- ▶**公开配售** 企业在股票市场上向公众增发新股。
- ▶**私人配售** 企业将股份（或其他证券）直接出售给私人投资者（通常为大型机构），完全绕过证券交易所。

递延普通股

股东可以：

- ✓ 参与企业分红，分享企业资产，但要排在其他股东之后

塑造股票价值

供求关系决定了股票价格。企业向公众发行有限数量的股票，随后，这些股票便可在证券交易所进行买卖。对股票的需求，取决于投资者是否认为企业具有良好的经济前景。如果投资者认为企业已经做好了迎接大幅增长的准备，他们就会购买企业股票，进而推高股票价格。

25%

1929年华尔街大崩盘期间，股票价值在四天内的下降幅度

股票分割

一家企业偶然会对已有股票进行"股票分割"。股票分割并没有提高股票的总体价值，但增加了现有股票的数量。股票分割能使企业降低股票价格，使之与竞争对手的股票价格趋于一致。股票分割通常以一分为二或一分为三的方式进行。股东会发现，其持股数量变为了原来的两倍或三倍。

股票价值的提高

金融市场的观察家认为，股东价值最大化理论出现在1976年。当时，最大化股东利润成为首要任务。自那时起，市场总体上持续走高，偶尔出现探底。右图记录了伦敦金融时报指数1964—2021年所有股票的平均价值。

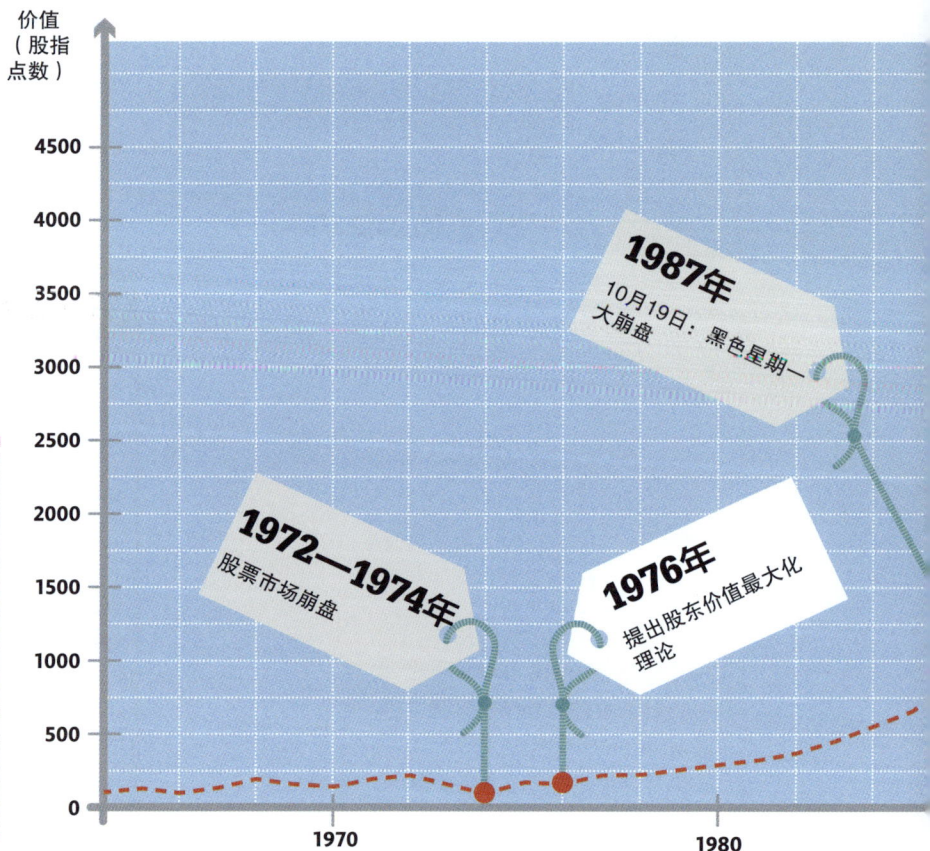

✔ 必备知识

▶**熊市** 两个月及以上的时间内，市场下跌20%。

▶**牛市** 股票价格增长，投资者信心高涨的阶段。

▶**市场回调** 股票价格短期下跌，对价格过高的状况进行调整。

价值
（股指点数）

4500
4000
3500
3000
2500
2000
1500
1000
500
0

1987年
10月19日：黑色星期一大崩盘

1972—1974年
股票市场崩盘

1976年
提出股东价值最大化理论

1970

1980

股票价格过高

证券交易所的一家上市公司发现，自己的股票价格上升，超过了竞争对手的股票价格。价格过高会使投资者望而却步。

股票分割

该企业决定进行股票分割。它将3美元每股的现价降低一半，使每股价格变为1.5美元。

发行股票

该企业向持股人发行新股，股票数量由1000股增加至2000股，但总价值仍为3000美元。

股票价格看齐

这样，企业的股票价格与竞争对手接近。这一价格会鼓励新投资者购买。

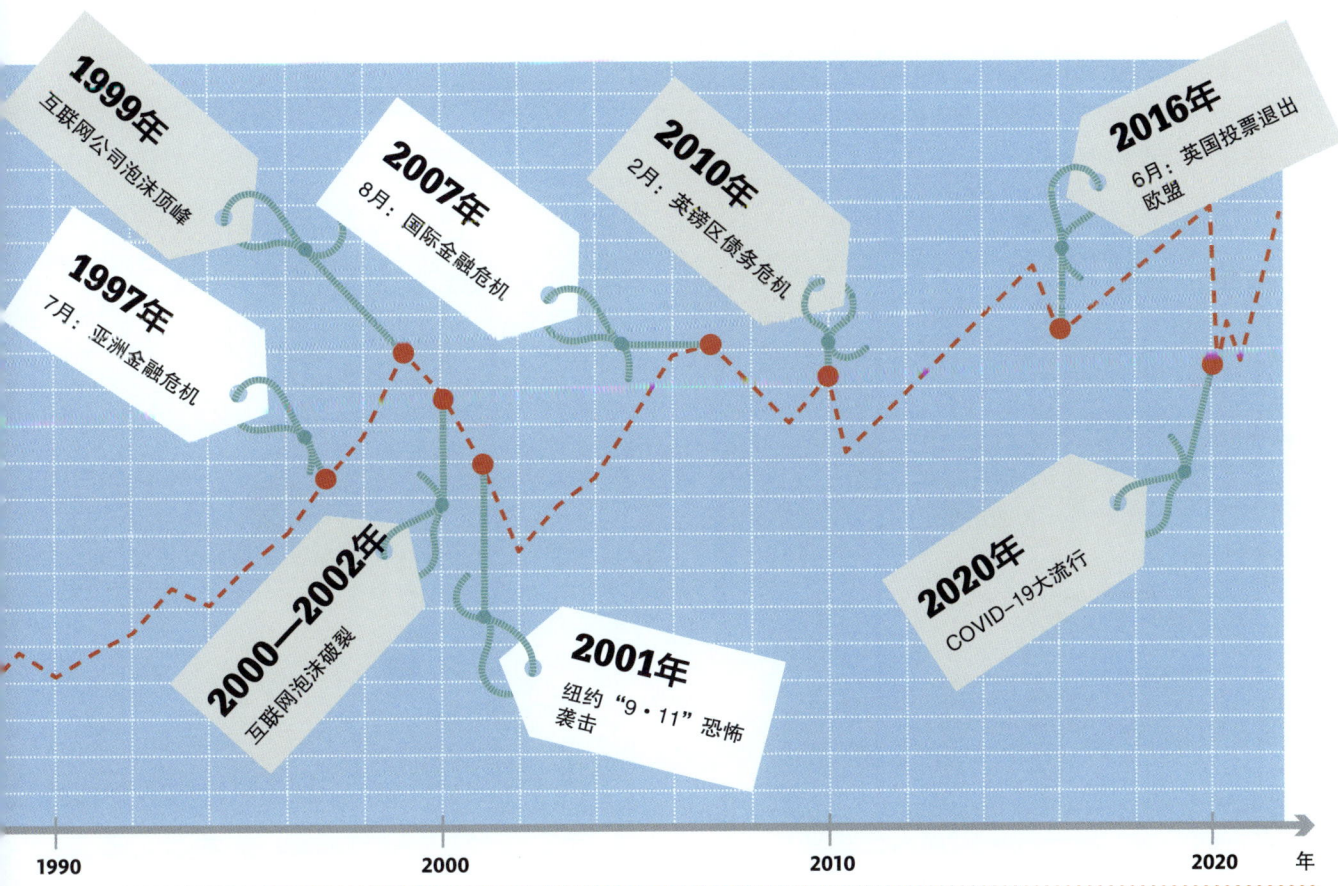

1999年
互联网公司泡沫顶峰

2007年
8月：国际金融危机

2010年
2月：英镑区债务危机

2016年
6月：英国投票退出欧盟

1997年
7月：亚洲金融危机

2000—2002年
互联网泡沫破裂

2001年
纽约"9·11"恐怖袭击

2020年
COVID-19大流行

1990　　　2000　　　2010　　　2020　　年

什么是股利？

通常，企业股东有权以现金形式获得一部分利润。企业对其发行的每一股股票，都会支付一定数额的股利。然而，将多少利润用于投资，多少利润用于支付股利，由企业的董事会决定。投资者根据企业的股利数额及资本增长情况来评估企业的财务状况，并决定是否投资。依靠股利获得收入的投资者，会投资那些支付股息较为稳定的企业。在经济形势良好的情况下，他们可谓双倍赢家——股利提供了收入，且所持股票的资本价值也会上升。然而，股票价值下降的风险始终存在，并且企业只会在盈利的情况下支付股息。

支付股利是企业吸引投资者的好办法，其本质上是对投资者的奖励。它使企业能够为已有的产出融资，同时发展、扩大其业务。

必备知识

▶ **股利收益率**（也译作"股息率"）度量的是相对于每股价格，企业派发了多少股息。

▶ **每股股利** 计算的是留存收益之后，企业为每一股股票的支付的公司盈余。

▶ **派息率** 指企业派发的股利占净收入的百分比。

运作原理

如果企业在本财务年度保留了足够多的利润，那么持股股东通常会收到股利。是否支付股利由董事会定夺。股利可以按季度支付（一年四次），也可以分两次支付——年中支付中期股利（Interim Dividend），财务年度结束后支付末期股利（Final Dividend）。

宣布留存收益

在财务年度末期，企业宣布留存收益，即企业打算保留利润，以进行再投资或偿还债务，而不是作为支付股利的金额。

支付股利的决策

董事会决定是否有足够的利润来支付股利，以及应该支付多少股利。股利凭证（Dividend Voucher）记录了每次支付股利的详细信息。

利润与股利

当利率较低时，股利较高的股票会受到投资者的青睐，因为这些股票的回报要高于仅支付利息的投资。这种经济环境鼓励企业支付高额股利，尽可能吸引投资者，反过来，这又会推高股票的价值。

相反，若利率上升，投资者便更愿意将资金投资到固定收益资产上。因为利率高涨导致固定收益资产支付的利率较高，且不存在与购买股票相关的风险。

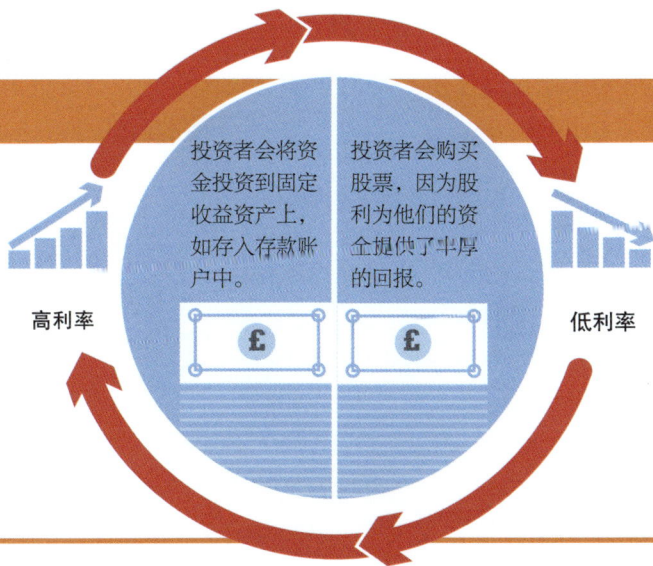

投资者会将资金投资到固定收益资产上，如存入存款账户中。

投资者会购买股票，因为股利为他们的资金提供了丰厚的回报。

高利率

低利率

保留资金促增长

企业将一部分利润重新投入生产。企业必须在取悦投资者和扩大经营之间寻求平衡。

1602年

荷兰东印度公司成立，它是第一家同时发行股票和债券的企业

纳税

股东必须在报税时申报股利，并支付税款。

支付股利

大多数股利为现金股利。有时，企业会派发股票股利（Stock Dividends），向股东发行更多的股票，而不是派发现金给股东。

资本市场

    资本市场是交易长期证券的全球性金融市场。长期证券是指到期日（Maturity）至少为一年的股票和债券。在资本市场上，政府和企业可以进行融资，投资者则可以通过投资长期证券获利。

运作原理

    资本市场出售两类产品：股票（股权）和债券（债务）。股票和债券首先在一级市场出售，即最初的发行场所；之后，股票和债券会在二级市场上进行交易。资本市场对经济体的良好运转至关重要，因为它为企业、政府等资本使用者提供资金，这些资金使产品和服务得以生产出来。二级市场纯粹是为投资者而设的，所以二级市场的交易并不能使股票和债券的原始发行人获益。不过，股票的价值、债券的交易水平反映了人们对企业或机构及其财务状况的信心。

市场架构

    资本市场包括交易债券的债务资本市场，以及交易股票的股票交易所。二者都有一级市场和二级市场。

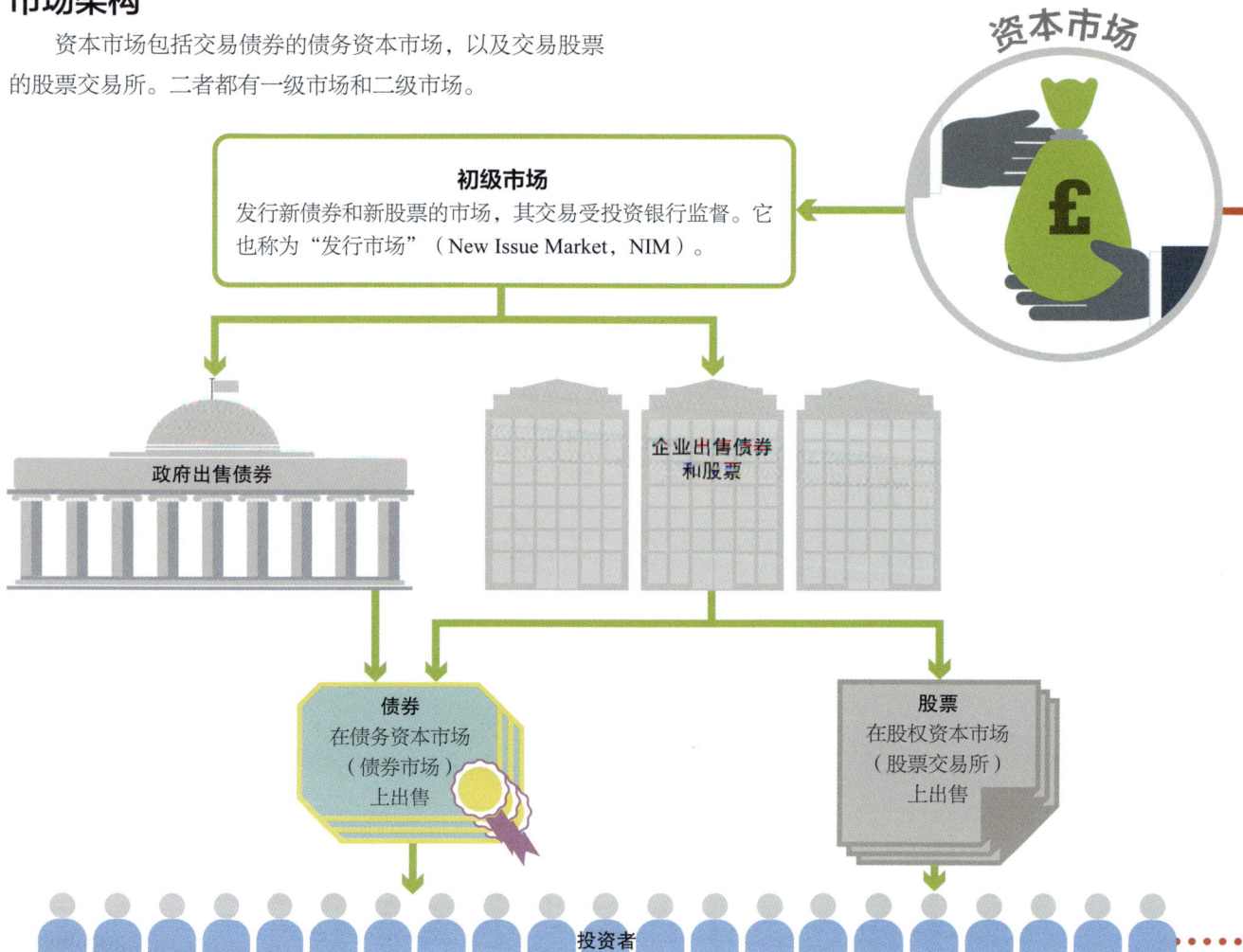

资本市场

初级市场
发行新债券和新股票的市场，其交易受投资银行监督。它也称为"发行市场"（New Issue Market，NIM）。

政府出售债券

企业出售债券和股票

债券
在债务资本市场（债券市场）上出售

股票
在股权资本市场（股票交易所）上出售

投资者

债券是什么？

债券是企业向投资者发行的债务证券。通过购买债券，投资者将资金借给发行人；作为回报，发行人同意向投资者支付利息。债券有确定的到期日（有限的有效年数），且在到期日之前，发行人每年都要向投资者支付利息。债券到期时，发行人应向投资者偿还最初的借款金额。企业或政府通过发行债券筹集资金，资金被注入企业或用于偿还政府债务。

119万亿美元

全球债券市场的估值

二级市场

投资者并不直接购买发行企业的债券和股票，而是向其他投资者购买。债券和股票的资金收益归投资者所有，不归相关企业或实体所有。

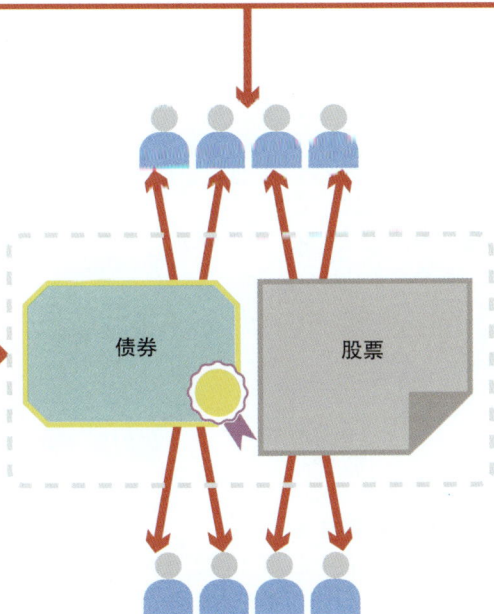

个人投资者买卖之前在一级市场上发行的股票和债券

债券与股票：优势与劣势

债券（债务投资）

✔ 债券卖方承担支付利息的合同义务
✔ 债券风险较小：债务资本市场比股票交易所的波动小；如果发行企业陷入困境，在支付其他费用、偿付股东之前，债券持有人可以优先得到偿付
✘ 债券买方不拥有企业股份
✘ 在债券到期前，债券买方不能收回本金

股票（股权）

✔ 股票的买方获得企业股份
✔ 股票的卖方必须支付股利，如果企业认为有必要，可以少付或停付股利
✘ 股票的风险更大：企业利润和整体经济状况的变化，可能导致股票价格上升或下跌；如果企业倒闭，股票会变得一文不值

债券的运作原理

实际上，债券持有人购买的每份债券，都代表着一笔大额贷款的一小部分。债券持有人会得到利息，并在债券到期时收回本金。债券的发行、购买和出售都发生在债务资本市场。债务资本市场具有多重功能：它向投资者提供债券等类型的贷款；它是一种固定收益市场，因为发行人有定期支付利息的义务；它使企业和政府得以筹集长期资金。总体而言，债务资本市场比买卖股票的股票交易所要大得多。债券受到投资者的青睐，因为

它提供的风险保障比股票更多。债券的类型多种多样，某些债券更为安全。债券的风险在于：发行人能否支付利息，并在到期日偿还本金。担保债券有房产等资产作为抵押；无担保债券没有资产抵押，因而风险更大。

债券和股票被称为证券。证券这一术语既指股票或债券本身，又指所有权或债权的凭证，这种凭证赋予了持有人获得股票股利或债券利息支付的权利。

✔ 必备知识

▶**债务工具** 债券或其他长期债务的术语。

▶**可转换债券** 可转换为现金或发行企业股票的债券。

▶**权证（也作"认股证"）** 持有人有权以固定价格购买企业股票的证券。

▶**可赎回债券** 在到期日之前，发行人有权赎回的债券。

▶**不可赎回（永久）债券** 没有到期日且不得被赎回的债券，持有人可以选择将其回售给发行人，持有人会永久收到利息。

投资债务资本市场

一家企业想要筹集1亿英镑来扩张业务，但又不希望增发股票。为了筹集资金，该企业可以在债务资本市场上发行债券。

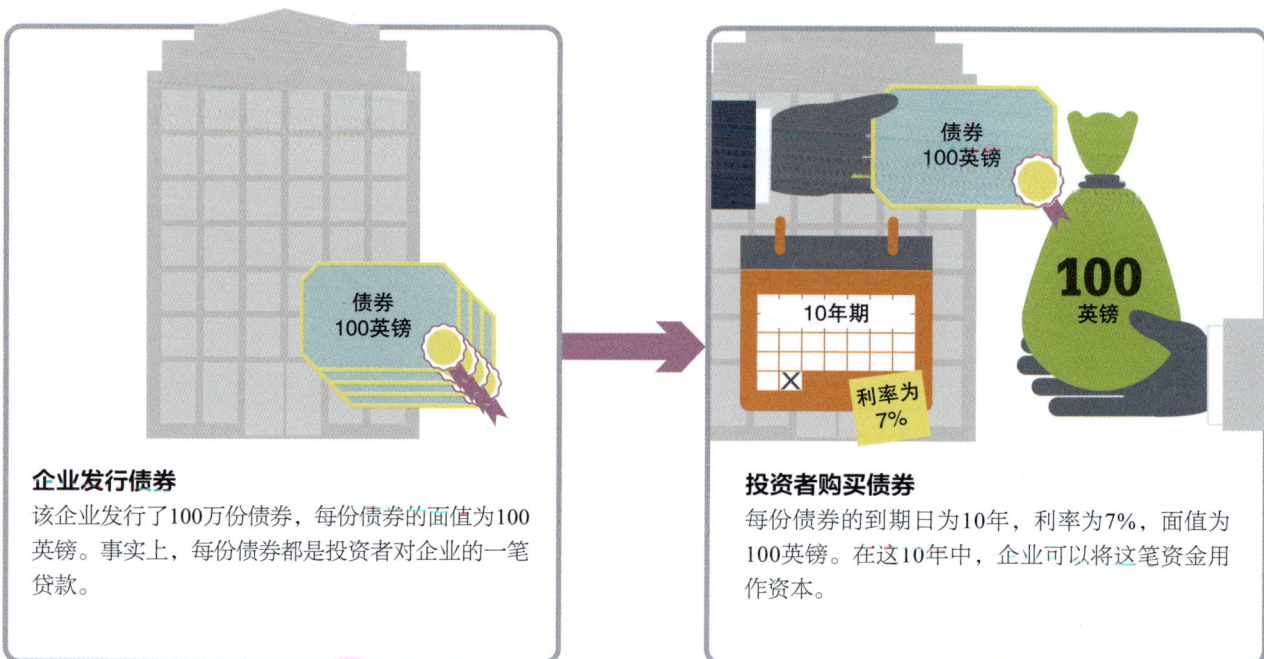

企业发行债券

该企业发行了100万份债券，每份债券的面值为100英镑。事实上，每份债券都是投资者对企业的一笔贷款。

投资者购买债券

每份债券的到期日为10年，利率为7%，面值为100英镑。在这10年中，企业可以将这笔资金用作资本。

债务保理流程

政府债券

政府债券

有担保

政府债券是最安全的债券类型，因为政府不大可能会在利息支付和本金偿还上违约。政府债券也被称作"金边债券"，因为早年发行的政府债券带有金边。

公司债券

债券

有担保

债券以公司资产作为抵押，因此较股票而言风险更低。如果公司破产，担保债券会首先得到偿付（与英国不同，美国的公司债券通常无抵押——译者注）。

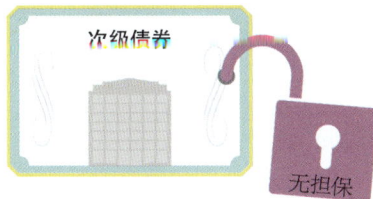

次级债券

无担保

次级债券是无抵押、风险较高的投资——如果公司破产，投资者的偿付顺序在有担保的债券之后。由于风险更高，所以投资者要求获得更高的投资回报（利息）。

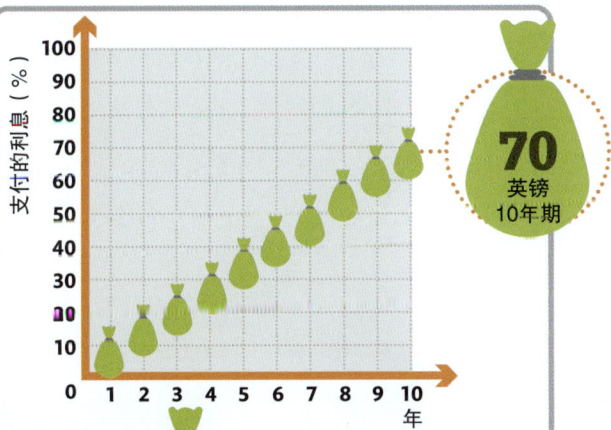

支付的利息（％）
100 90 80 70 60 50 40 30 20 10
0 1 2 3 4 5 6 7 8 9 10 **年**

70 英镑 10年期

7 英镑

投资者每年获得利息

对于投资者购买的每份债券，企业每年支付7英镑利息（100英镑的7%），作为对其提供资金用于企业融资的回报。10年后，投资者每一份债券所收到的利息合计70英镑。

10年期

100 英镑

到期债券偿付

本例中，债券的期限为10年。债券一旦到期，企业就应将最初的100英镑本金偿还给投资者。这样，在整个期限内，投资者以100英镑的初始投资，获得了共计170英镑的本金和利息。

杠杆比率与财务风险

财务杠杆（Capital Gearing，英文也作Financial Leverage）是指企业的股权资本与长短期贷款资金之间的平衡关系。投资者和贷款人用它来评估风险。

运作原理

大多数企业有某种形式的杠杆。为了获得经营所需的部分资金，企业通过贷款和债券等方式借入资金，并承诺定期向贷款人偿还固定数额。如果企业的负债水平较高（换言之，企业已经背负了大量债务），一些投资者就会对企业的偿还能力感到担忧，认为企业有资不抵债的风险。然而，如果企业的营业利润支付利息绰绰有余，那么，高负债率就能给股东带来更高的收益。最佳的杠杆水平还取决于：经营部门的风险有多大，竞争对手的借贷比率有多高，以及企业处在生命周期的哪个阶段。

股权融资（股票）

优点
▶ 不必偿还
▶ 股东承担损失
▶ 适合需要一段时间才能盈利的创业企业
▶ 天使投资人可以分享专业知识
▶ 低负债，是财务实力的表现
▶ 低风险，吸引更多的投资者，提高信用评级

缺点
▶ 分享所有权，企业对决策的控制权有限
▶ 承担资金风险的投资者要分享利润
▶ 需履行考虑股东利益的法定义务
▶ 沉重的行政负担
▶ 发起程序复杂

低杠杆

企业的债务较少

企业的股权较多
债务股权比率较低，即财务杠杆较低。股权来自：
▶ 储备资金（留存收益）
▶ 股本

杠杆比率的计算

为了评估企业的财务风险，分析师和潜在投资者会计算杠杆比率，杠杆比率用百分比表示。

$$\frac{长期债务}{股权资本+储备资金+长期债务} \times 100\%$$

低杠杆

一家软件企业上市。其杠杆比率为21.2%，这告诉投资者，该企业的负债率相对较低，它有能力抵御经济衰退。

$$\left(\frac{120万英镑}{200万英镑+245.5万英镑+120万英镑}\right) \times 100\% \approx 21.2\%$$

（本书对杠杆比率的定义是长期债务除以已动用资本（capital employed）；事实上，杠杆比率及已动用资本的定义或者说指标并不唯一——译者注）

高杠杆

企业的债务较多
债务股权比率较高，即财务杠杆较高。债务的典型例子包括：

▶ 贷款
▶ 债券

企业的股权较少

债务融资（贷款）

优点

▶ 如果盈利，企业可以分得的比例更大
▶ 支付的利息可以抵扣税款
▶ 不会稀释所有权
▶ 企业保留决策控制权
▶ 还款数额已知，便于规划
▶ 发起流程简单，时间更短
▶ 创业企业可以得到针对小企业的优惠贷款利率

缺点

▶ 贷款需要偿还
▶ 即使运营利润缩水，也必须支付利息
▶ 债务可能以企业的固定资产为抵押
▶ 未得到偿付的贷款人会扣押资产，强制企业破产
▶ 在破产的情况下，贷款人首先得到偿付
▶ 高负债被认为是财务脆弱的表现
▶ 高风险会使投资者望而却步，并对企业信用评级产生负面影响

✔ 必备知识

▶ **利息覆盖率** 计算负债率的另一种方法，用营业利润除以应付利息。
▶ **过度杠杆化** 企业债务太多，无法偿还贷款利息。
▶ **去杠杆化** 为降低负债率而偿还现有债务。

高杠杆

某水务公司是该地区唯一的供水商，客户多达数百万人。对于一家具有区域性垄断地位、信誉良好的公共事业公司，64%的负债率是可以接受的。

$$\left(\frac{3.6亿英镑}{8200万英镑 + 1.2亿英镑 + 3.6亿英镑} \right) \times 100\% \approx 64\%$$

25%
杠杆比率等于或低于这一比率的企业传统上被称作低负债企业

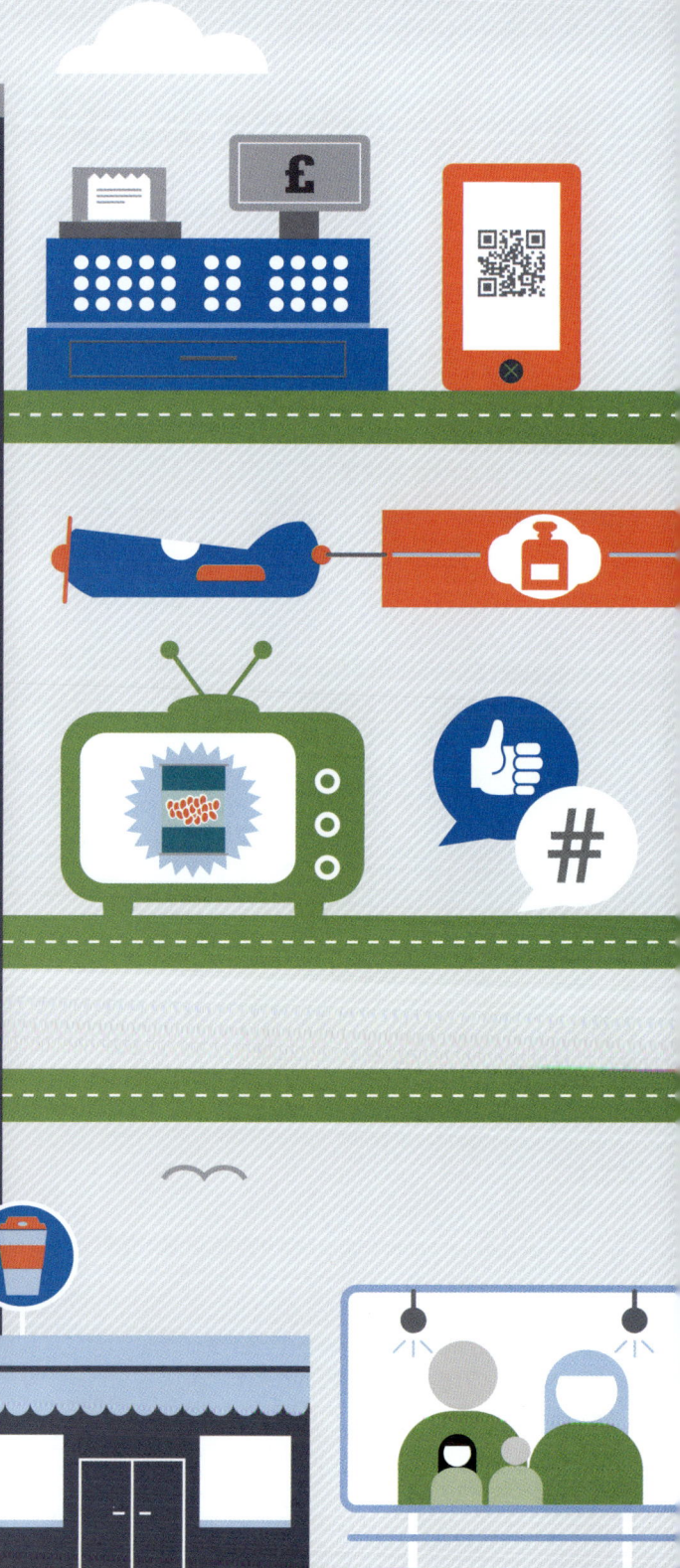

销售与营销的运作

营销组合 ❯ 营销方法
推播式营销 ❯ 集客式营销
企业发展 ❯ 信息管理

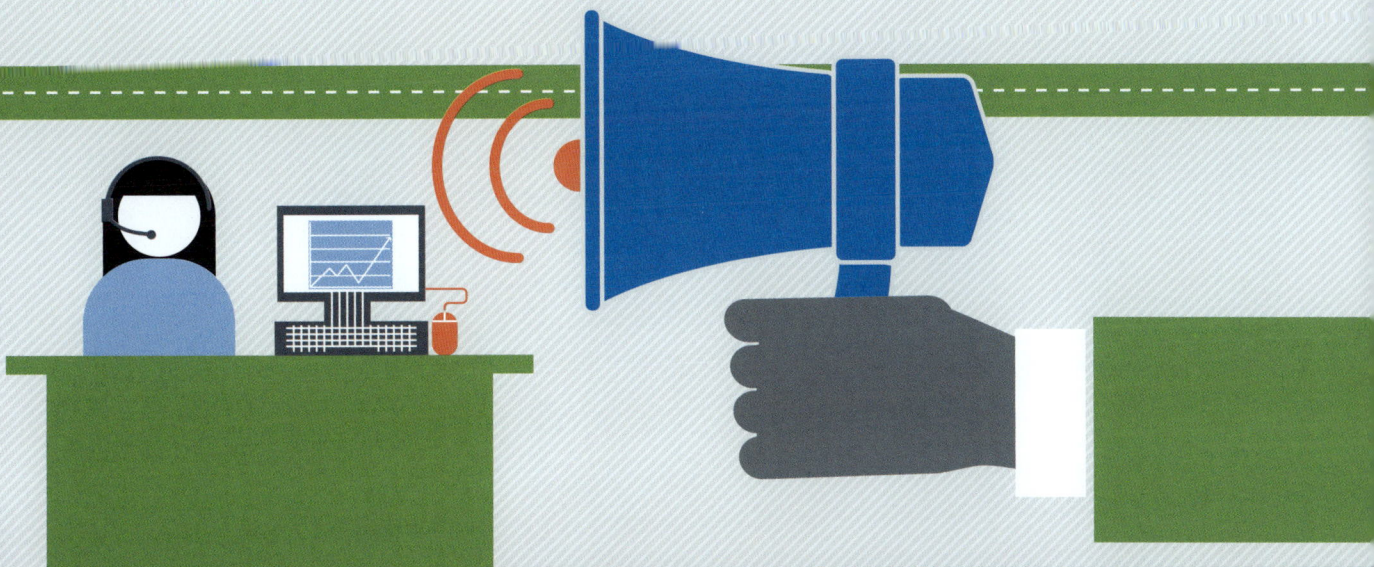

营销组合

一款产品的成功营销，取决于对四个关键因素的考量——产品本身、产品价格、推广方式及销售地点。这四个因素的组合被称作"营销组合"（Marketing Mix），它被用作策划产品发布及营销活动的工具。在专注于营销组合之前，营销人员需要确定产品的目标市场，即哪些客户群体最有可能购买该产品。

营销组合的4P和4C

经典的营销组合工具包括4P——产品（Product）、价格（Price）、促销（Promotion）和渠道（Place）。

营销组合的7P

一些营销人员使用的是更细致的营销组合模型，在4P的基础上增加了三个元素。

- ▶**产品** 参见180~185页。
- ▶**价格** 参见186~187页。
- ▶**渠道** 参见188~189页。
- ▶**促销** 参见190~191页。
- ▶**人员** 企业是否聘用合适的人员，为客户提供了最佳的服务？
- ▶**过程** 用来处理订单、响应客户查询及投诉的有效系统是否已经就绪？
- ▶**物理环境** 经营场所的设计和布局能否吸引客户？

消费者

- ▶他们的需求和愿望是什么？产品安全吗？他们可以得到产品的哪些信息？

产品

- ▶产品的设计、规格和颜色是否合适，从而吸引客户？
- ▶产品有什么独特功能？产品与竞争对手相比如何？

沟通

- ▶如何最有效地将营销信息传达给客户，并为他们提供有用的信息？

促销

- ▶市场营销和媒体渠道的哪种组合是最有效的？
- ▶开展促销的最佳时机是何时？

产品、促销和渠道能创造价值，而价格能收获价值

确定市场

为了给拟投放市场的产品确立营销战略，企业必须研究市场并细分市场，以确定目标客户。

市场研究

参见192~193页。

▶ 找出市场空白以推出新产品。

▶ 度量客户对新优惠和营销活动的反应。

市场细分

参见194~195页。

▶ 将市场分割成拥有类似需求的较小客户群体。

▶ 开展主旨明确的营销活动，提高成功概率。

价格

▶ 对潜在客户而言，产品具有什么价值？

▶ 这类产品通常的价位是多少？

成本

▶ 客户需要为产品花费多少钱？客户会认为物有所值吗？

渠道

▶ 应该在何处销售产品——店内，网络上还是通过销售目录？

▶ 竞争对手在何处销售？在同一地点该产品能否脱颖而出？

便利

▶ 忙碌的客户很容易找到并购买该产品吗？

如今，4P被改写为4C——消费者（Consumer）、成本（Cost）、便利（Convenience）、沟通（Communication），转而强调营销组合工具以客户为导向的维度。

营销组合的7C

7C模式是7P的变体形式，它侧重于客户，并在4C基础上增加了三个要素。

▶ 顾客

▶ 成本

▶ 便利（或渠道）

▶ 沟通

▶ 企业　企业的架构、利益相关者和其他竞争对手如何影响营销？

▶ 商品　商品是否经过特殊的工业设计和外观设计，从而满足并超越客户的期望？

▶ 情境　企业能否应对外部因素，如法律、天气、经济状况和文化？

产品

企业的产品可以按照功能、设计、规格、包装、服务类型、退换政策和保修期来划分，而划分的目的是满足客户的需要。

运作原理

可以说，客户购买的是好处，而不是产品本身。对营销人员而言，将包装好的产品呈现在客户面前，就体现了这种好处。对所出售的产品，营销人员可以识别出三个或五个产品层次，但核心层次是好处。营销人员的工作是解释并传达每个产品的层次，并将产品层次提供给客户。

产品整体概念：三个产品层次

从营销角度来看，产品不只是客户购买的最终商品本身，而是一个拥有多个层次的"产品整体概念"（Total Product Concept）。营销人员必须将这些层次传达给消费者。

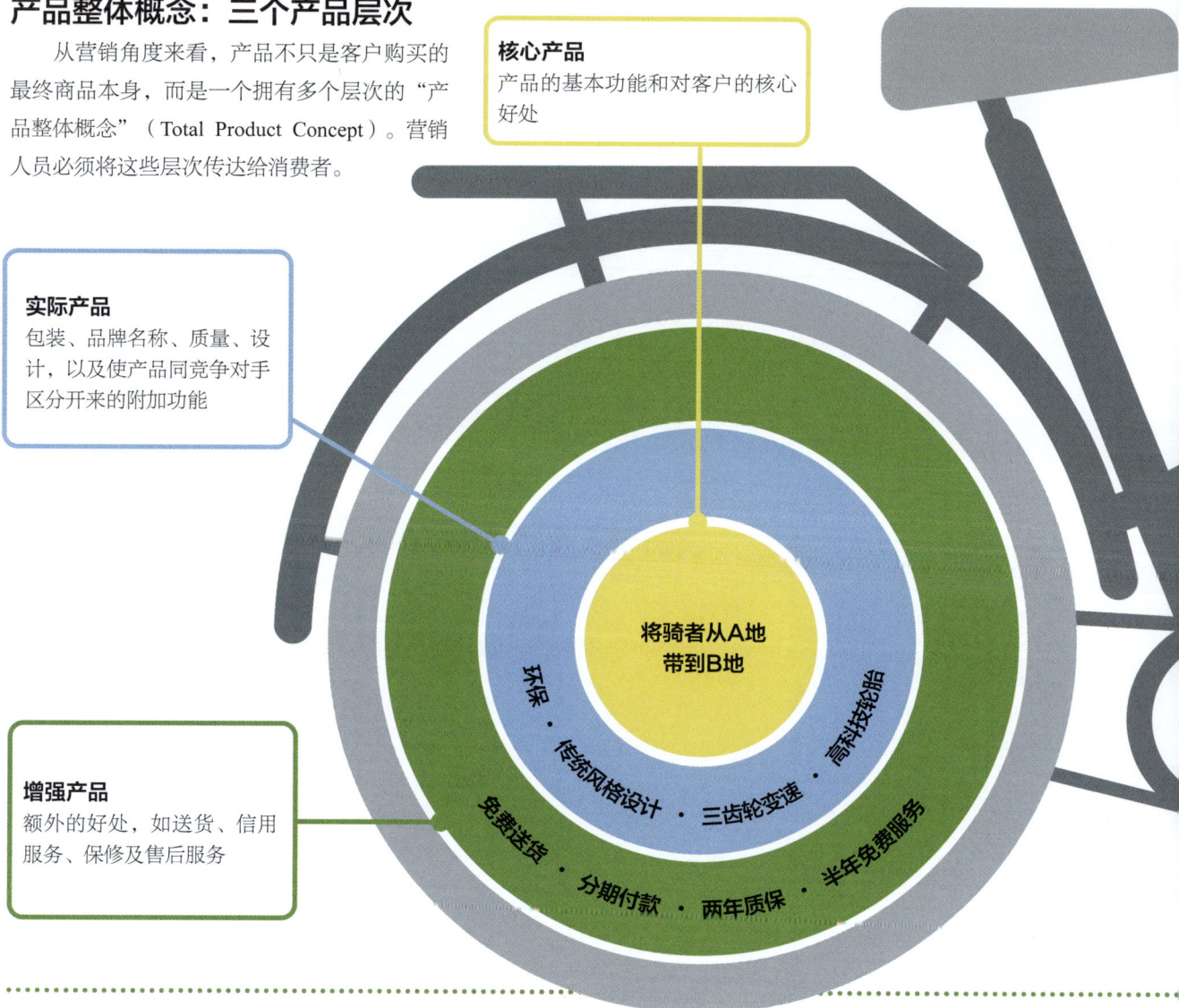

核心产品
产品的基本功能和对客户的核心好处

实际产品
包装、品牌名称、质量、设计，以及使产品同竞争对手区分开来的附加功能

增强产品
额外的好处，如送货、信用服务、保修及售后服务

将骑者从A地带到B地

环保 · 传统风格设计 · 三齿轮变速 · 高科技轮胎

免费送货 · 分期付款 · 两年质保 · 半年免费服务

40% 的新产品在推出三年后，仍在货架上无人问津

✔ **必备知识**

▶ **个人品牌推广** 将个人作为带有品牌个性的产品来推广。

▶ **快速消费品** 以较低单价迅速出售的商品，如食品和日用品。

变体形式：五个产品层次

"产品整体概念"这一变体形式更为细致。它通过把实际产品层次拆分为通用产品和期望产品，引入了两个层次，此外还引入了另一个层次——潜在产品。

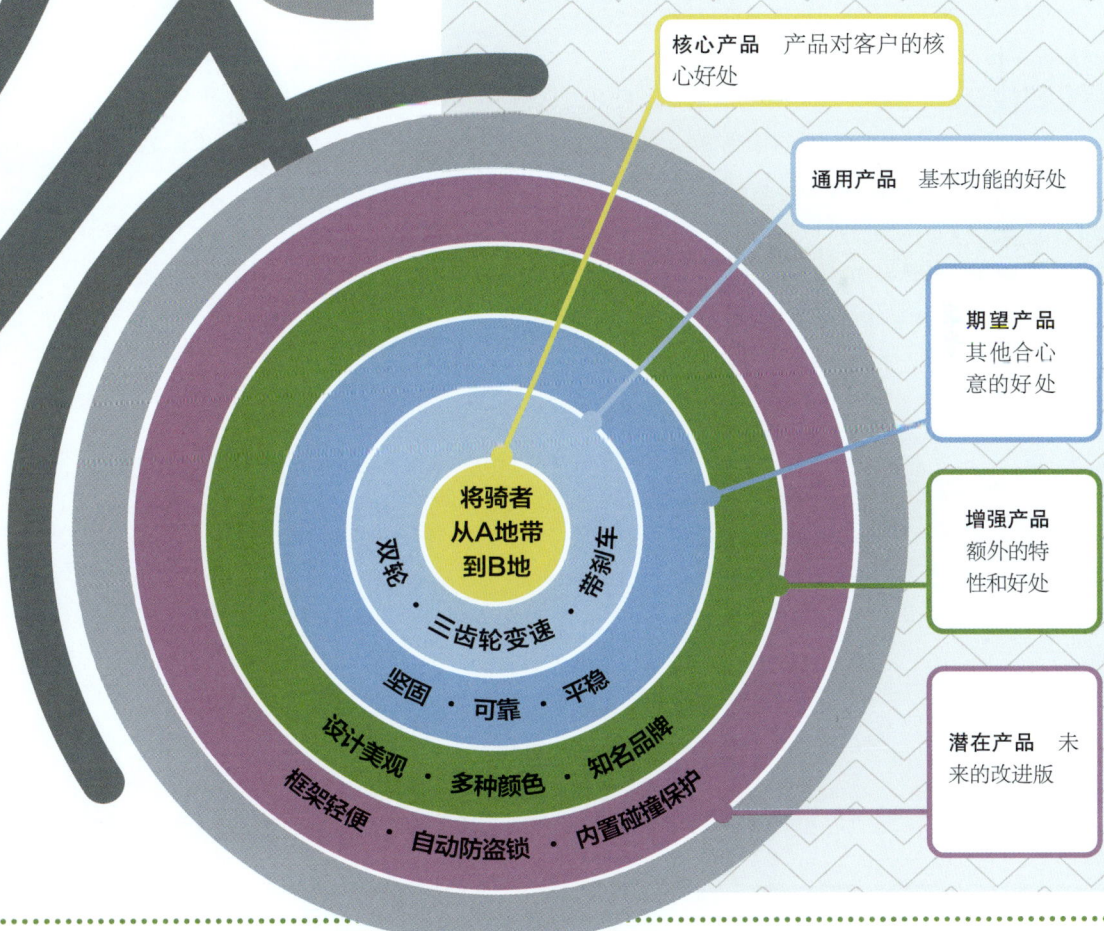

核心产品 产品对客户的核心好处

通用产品 基本功能的好处

期望产品 其他合心意的好处

增强产品 额外的特性和好处

潜在产品 未来的改进版

将骑者从A地带到B地

双轮 · 带刹车

三齿轮变速

坚固 · 可靠 · 平稳

设计美观 · 多种颜色 · 知名品牌

框架轻便 · 自动防盗锁 · 内置碰撞保护

产品定位

在营销产品的过程中，关键的一步是让产品在竞争中脱颖而出，即确定产品有何独到之处，以及与竞争对手的产品相比，有哪些优秀品质。

运作原理

在企业推出产品之前，营销部门必须决定：相比竞争对手，该如何谋求产品在市场上的最佳定位。为此，营销人员必须确定产品或品牌的重要特性和价值，阐明产品与竞争对手提供的同类产品有何不同。营销人员还应识别客户在选择特定产品或品牌时所使用的标准。有了这些信息，营销人员就可以绘制出产品定位矩阵或产品定位图。

产品定位图

营销人员通常用产品的两大属性来绘制"感知图"。两个属性用两条轴上的变量来表示，这样，产品的定位便一目了然。相关属性包括：价格、质量、状态、特性、安全性和可靠性。"感知图"标好后，就可在图上放置现有产品，最终体现出拟推出产品的最佳定位或市场空白。

四种定位战略

▶ **价值定位**　产品在图上的定位是：性价比最高，并具有良好的功能品质。

▶ **品质定位**　产品在图上的定位依据是：感知质量（Perceived Quality，也作"主观质量"）和优越感。

▶ **人口定位**　根据产品对特定人口（如从事特定职业的客户）的吸引力进行定位。

▶ **竞争定位**　产品与其竞争对手非常相似，应依靠适当的定价，在市场上找到可行的定位。

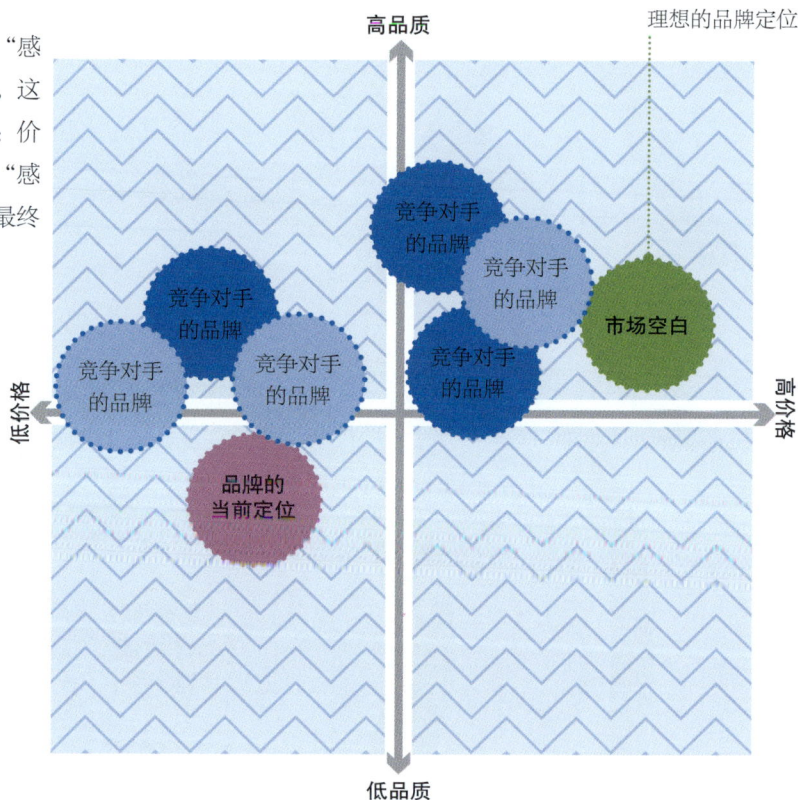

高品质 · 理想的品牌定位

竞争对手的品牌

竞争对手的品牌

市场空白

竞争对手的品牌

竞争对手的品牌

竞争对手的品牌

低价格 · 高价格

品牌的当前定位

低品质

产品定位模板

上图展示了营销人员应如何根据价格和品质变量（二者是最常用的变量），来为市场上的竞争性产品定位，从而为新产品找到市场空白。

昂贵

鸡蛋和培根

针对闲暇时间充裕、收入丰厚的人士的早餐食品。

牛角面包

价格不菲的早餐食品，十分适合繁忙的专业人士。

冷麦片

冷麦片处在中心位置，是最流行的早餐食品。

慢 ← → 快

煎饼

煎饼制作时间较长，在市场上处于利基位置。

热麦片

老年人和儿童对热麦片有强劲的需求。

即食早餐

学生族是即食早餐产品的理想目标人群。

便宜

早餐定位图

对各种早餐食品的定位，依据的是制备早餐的速度（按最慢到最快来排序），以及每种食品的价格（从便宜到昂贵的顺序）。

定位不是要改变产品，而是要改变潜在客户的思维。

——阿尔·里斯（Al Ries）和杰克·特劳特（Jack Trout）

营销战略家

产品生命周期

市场上推出的每件成功产品，都经历了先增长后衰退的过程。为了最大化利润，企业管理者必须认识并管理好产品生命周期的各个阶段。

运作原理

产品的生命周期通常有六个阶段，产品的增长率可以用时间和收入来衡量。在任意阶段，大多数企业都有不止一款产品在市场上销售。企业要保持增长，就必须在产品的不同阶段，对产品组合进行战略调控。延伸战略（Extension Strategies）可以延长旧产品的寿命；但是，如果旧产品不能抢占新的市场份额，企业就必须考虑推出新产品，从而继续获得收入。

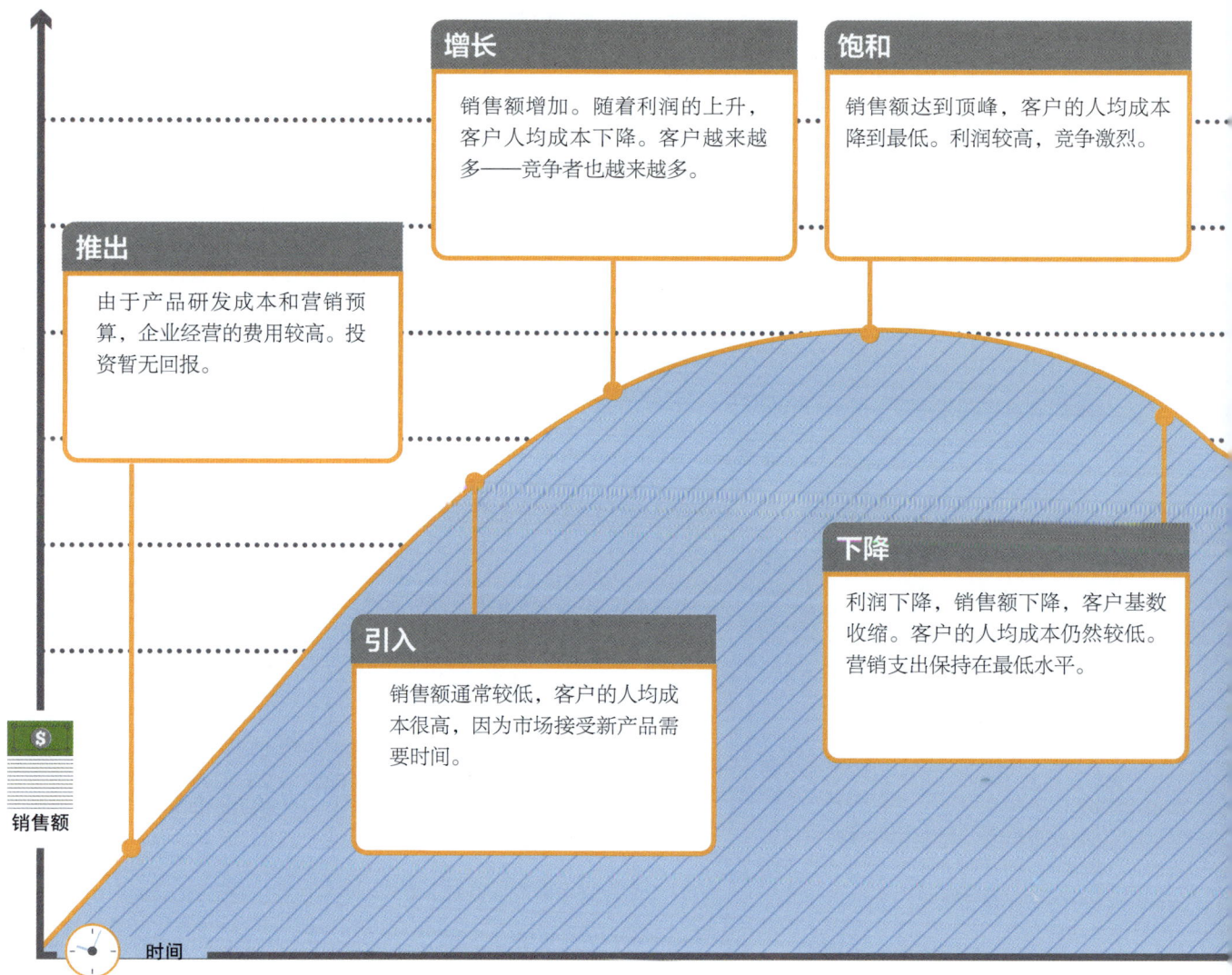

增长

销售额增加。随着利润的上升，客户人均成本下降。客户越来越多——竞争者也越来越多。

饱和

销售额达到顶峰，客户的人均成本降到最低。利润较高，竞争激烈。

推出

由于产品研发成本和营销预算，企业经营的费用较高。投资暂无回报。

下降

利润下降，销售额下降，客户基数收缩。客户的人均成本仍然较低。营销支出保持在最低水平。

引入

销售额通常较低，客户的人均成本很高，因为市场接受新产品需要时间。

$ 销售额

时间

6个月
产品可被称作"新"产品的时间长度

退市

销售停滞不前或持续萎缩，产品被逐步淘汰。在旧产品退市之前，企业会引入替代产品。

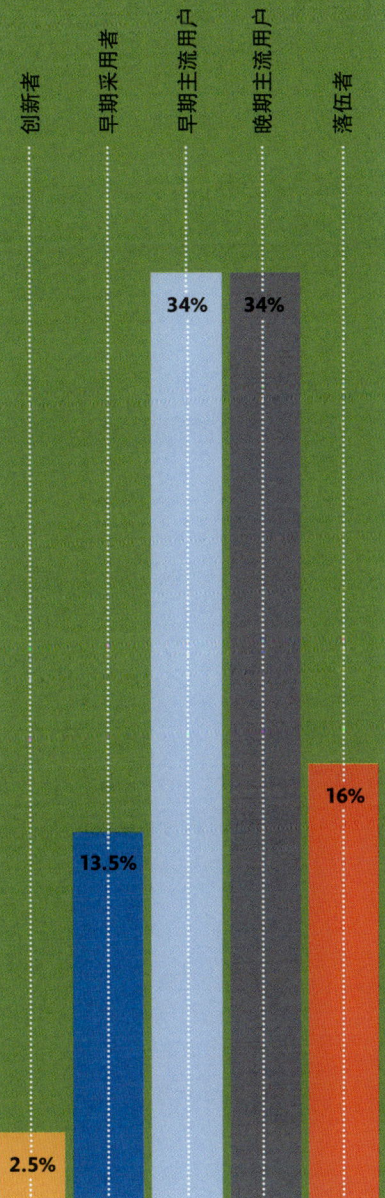

创新扩散（客户吸收率）（%）
营销人员根据客户接受新产品的速度，识别出五种客户类型。

创新者	早期采用者	早期主流用户	晚期主流用户	落伍者
2.5%	13.5%	34%	34%	16%

组合分析

明星产品

市场增长率高，市场份额大；产品增长需要较大的营销支出。

现金牛产品

市场增长率低，市场份额大；赚取的资金可以补贴明星产品。

问题产品

市场增长率高，市场份额小；需要较大的营销支出。

瘦狗产品

市场增长率低，市场份额小；可以留在产品组合中，让客户满意。

价格

价格是营销组合的关键变量，因为它会带来收益，而产品、促销和渠道会带来成本。定价也是营销人员的有力工具，因为价格的微调会影响收益。

运作原理

在为产品定价时，营销人员所采用的定价策略，不仅要考虑实际的生产成本，还要考虑客户对产品吸引力的感知。如果客户认为产品具有很高的价值，他们就会心甘情愿地支付更高的价钱；但如果客户认为产品的价值不高，他们就会在竞争产品中寻找最便宜的产品。

企业还应该考虑竞争对手的产品的价格，尤其是在市场竞争激烈的情况下。只有产品优于他人，才能设定高于竞争对手产品的价格。

定价战略

确定产品的价格，有多种策略。成本加成定价法是一种被诸多企业采用的零售加价法，其目的是确保能够赚取利润。例如，一件商品的制造成本为2英镑，加价50%意味着每件产品的售价为3英镑，产生的利润为1英镑。

定价矩阵：价格与质量

产品的质量会影响其价格——质量越高，客户支付的价格就越高。营销人员能够利用价格和感知质量之间的相互作用来制定战略。

> "你付出的是价钱，得到的是价值。"

——沃伦·巴菲特，投资家

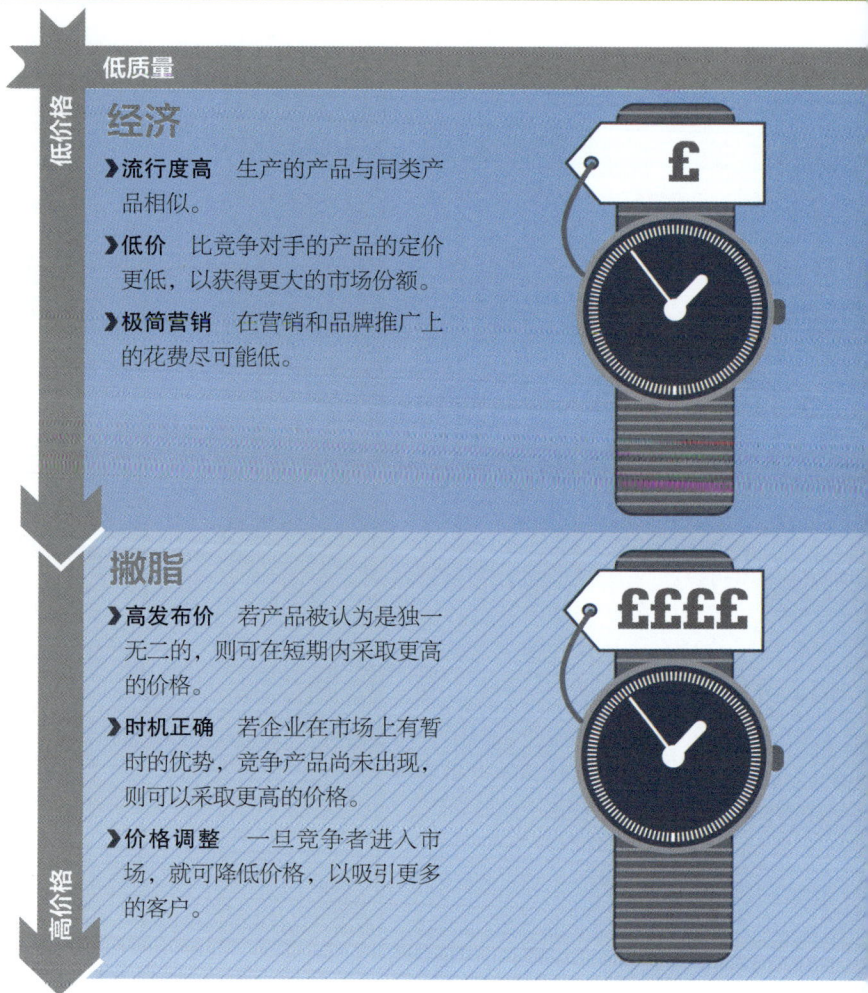

低质量

低价格

经济

▶ **流行度高** 生产的产品与同类产品相似。

▶ **低价** 比竞争对手的产品的定价更低，以获得更大的市场份额。

▶ **极简营销** 在营销和品牌推广上的花费尽可能低。

撇脂

▶ **高发布价** 若产品被认为是独一无二的，则可在短期内采取更高的价格。

▶ **时机正确** 若企业在市场上有暂时的优势，竞争产品尚未出现，则可以采取更高的价格。

▶ **价格调整** 一旦竞争者进入市场，就可降低价格，以吸引更多的客户。

高价格

加价方法比较

不同行业采用的加价方法不同。酒吧和餐馆的饮料，其加价一般是成本的2～5倍。酒水单上倒数第二便宜的瓶装葡萄酒，通常加价最高，因为人们通常不会点最便宜的酒水。

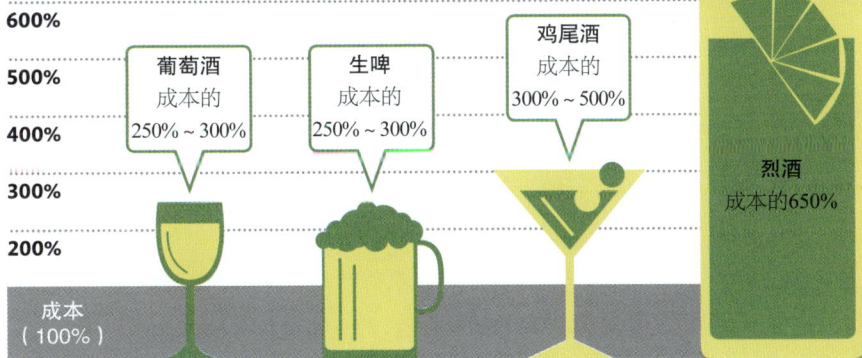

600%

500%

400%

300%

200%

葡萄酒
成本的
250%～300%

生啤
成本的
250%～300%

鸡尾酒
成本的
300%～500%

烈酒
成本的650%

成本
（100%）

高质量

市场渗透

▶**低价** 采取最低的价格，从竞争对手那里吸引客户。

▶**价格调整** 一旦产品有了忠实追随者，就将价格提高到正常水平。

▶**定价灵活性** 重新评估定价；最初的低价批量销售降低了生产成本，使价格微调得以进行。

溢价

▶**高价** 按照市场所能支付的最高价格定价。

▶**独特的价值** 对没有替代品（如著名品牌商品）的产品，应收取溢价（Premium Price）。

▶**高生产成本** 向定制产品收取较高的溢价，因为无法通过规模效应降低成本。

其他定价策略

心理定价

操纵客户的情绪，唤起他们节俭的一面或对声誉的渴求。

捆绑定价

为多种产品设定一个总体价格，使之比单独购买更超值。

地理定价

在不同地点，对同一产品采取不同的价格。

非价格策略

避免通过价格调整来扩展销路，而要依靠宣传产品的优势。

⬡ 渠道

要创造销售佳绩，就应当了解客户会在何处购买产品，以及该如何高效地将产品交付给客户，即营销术语所说的"渠道"。

运作原理

无论出售商品还是提供服务，企业都应该确保客户能轻而易举地找到并购买。企业必须确定最佳的销售网点及销售渠道，把产品交到客户手中，使企业和客户双双获益。经销网点指的是出售产品的地方，如实体店铺或电子商务网站。销售渠道是指商家、代理商、分销商和平台，如亚马逊或QVC这类电视购物频道。他们从卖家那里获得产品，再把产品送到客户手中。

主要销售渠道

产品可通过以下四种主要分销渠道之一到达市场。客户偏爱的产品购买地点，通常决定了最合适的分销渠道。

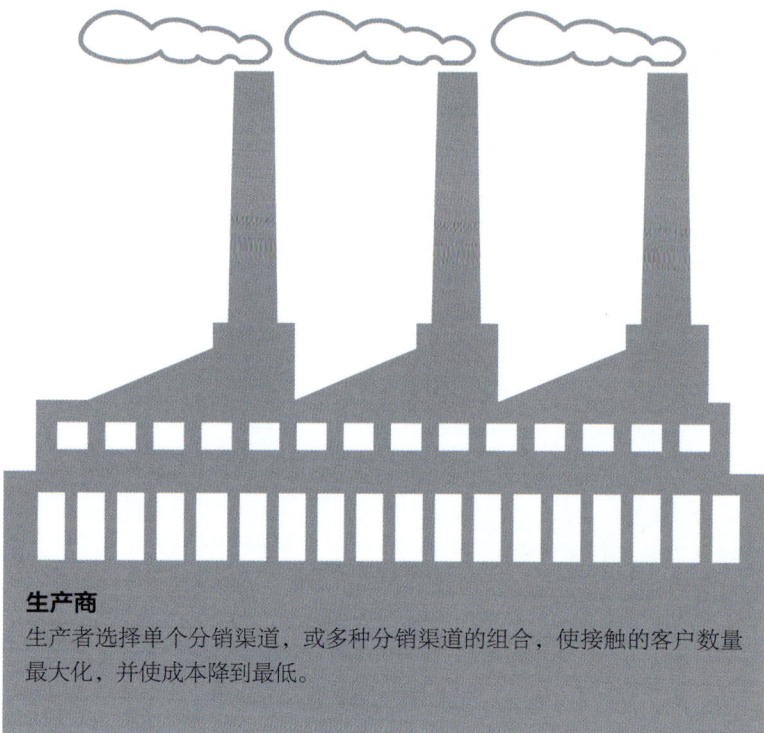

直接销售给客户
产品由生产商直接销售，通常通过网络，不经中介而直接交付给客户。

通过零售商销售
产品由生产商直接交付给零售网点；零售商在支付给生产商的价格的基础上加价。

通过批发商和零售商销售
产品分销包括两个阶段：从生产商到批发商，再从批发商到零售商。

通过代理销售
产品分销包括三个阶段：从生产商到代理商，再从代理商到批发商，然后从批发商到零售商。

生产商
生产者选择单个分销渠道，或多种分销渠道的组合，使接触的客户数量最大化，并使成本降到最低。

使用中间商的优缺点

优点

▶ 市场覆盖面更广，生产商能够吸引更多的客户，特别是偏远地区的客户

▶ 最大限度地减少生产商的分销成本，因为分销由中间商负责

▶ 补齐生产商对客户购买习惯、配送物流方面专业知识的短板

缺点

▶ 不容易与客户直接交流，无法了解其喜好

▶ 配送缓慢、低效等问题的发生风险升高，尤其是涉及中间商的情况

▶ 失去了在销售网点经手及摆放产品的控制权

✔ 必备知识

▶ **渠道毛利** 中间商在生产商销售价基础上的加价，它会被包含在客户支付的价格中。

▶ **推式策略** 生产商向批发商促销，批发商向零售商促销，零售商再向客户促销的一种促销策略。

▶ **拉式策略** 利用广告和促销活动向客户推销的一种促销策略。

例子

出售维生素的电子商务网站；通过邮局或快递向客户发货。

客户

例子

电器公司通过连锁店分销电视机。

零售商

客户

例子

农户向批发商出售苹果，批发商再将水果卖给杂货店和超市。

批发商

零售商

客户

例子

法国的巧克力制造商通过日本的进口代理商，将产品销售给批发商，批发商再将产品销售给零售商。

代理商

批发商

零售商

客户

促销

要引起人们对产品的兴趣并促成购买，就必须开展促销活动。促销是营销组合中既复杂又昂贵的一环，涉及与客户及同辈群体（Peer Group）等影响者的沟通。

运作原理

促销的主要目的是促进销售，吸引新客户，并鼓励老客户尝试新产品。大多数企业会采用一系列沟通手段，告知并提醒目标受众其产品的好处（参见196～231页）。

与客户沟通的长期好处是，有助于建立品牌忠诚度。不过，沟通过程中需要遵守客户数据使用的相关规定。

✓ 必备知识

▶ **整合营销传播** 所有媒体渠道推广同一品牌信息。

▶ **市场宣传企划** 全套促销活动，用于接触市场。

73%的营销人员
认为社交媒体营销对企业有显著效果

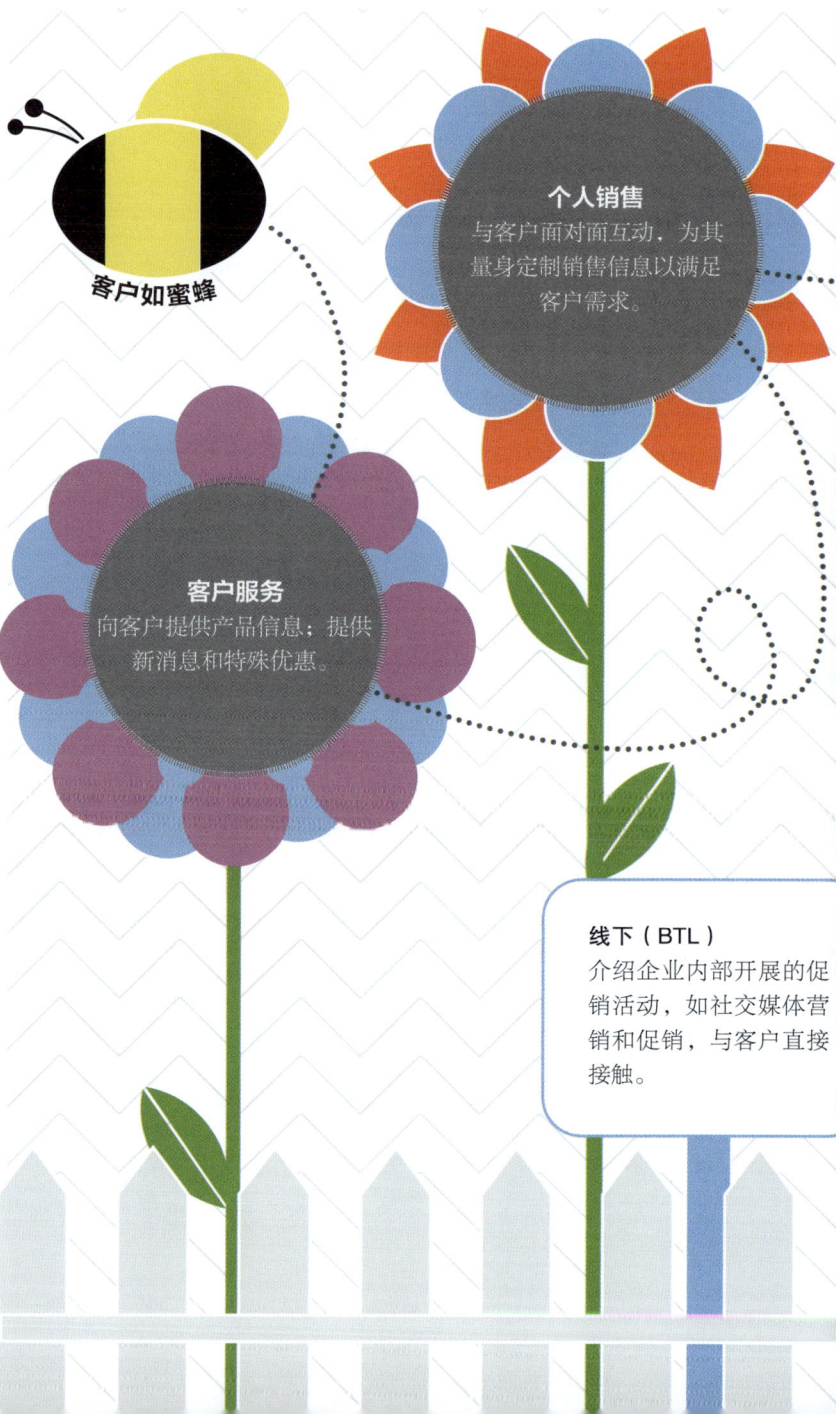

客户如蜜蜂

个人销售
与客户面对面互动，为其量身定制销售信息以满足客户需求。

客户服务
向客户提供产品信息；提供新消息和特殊优惠。

线下（BTL）
介绍企业内部开展的促销活动，如社交媒体营销和促销，与客户直接接触。

广告
在最有可能接触目标市场的媒体渠道上投放广告，坚持适度的产品预算。

直销
通过邮寄或电子邮件，将产品优惠信息直接发送给潜在客户。

互动营销
通过双向式沟通，特别是线上沟通，与客户建立长期关系。

打折促销
通过提供优惠、免费样品、赠品、竞赛、包装和销售点的展示来吸引客户。

公共关系
赞助赛事及慈善机构、向媒体投放新闻内容，或是获得有影响力的人的背书，从而引起人们对企业的正面关注。

线上（ATl）
指企业针对客户投放的在线/离线付费广告。

市场研究

询问客户对产品的看法，是营销人员决策过程的关键组成部分。市场研究为深入了解产品的销售表现、降低营销活动的风险，提供了深刻的见解。

运作原理

市场研究用于在整个商业规划周期中进行决策，从提出想法到评估解决方案。研究人员使用的数据来源多种多样，包括内部商业信息、一手（新）研究及外部信源，如社交媒体。一手研究（Primary Research，也译作"初步研究"）分为定量研究和定性研究。定量研究以数字为中心，通常是向大的群体提出固定的问题。定性研究则是针对小的群体深入了解主题，更具探索性。市场营销部门会根据想要解答的具体商业问题有选择性地采用这两种研究方法。

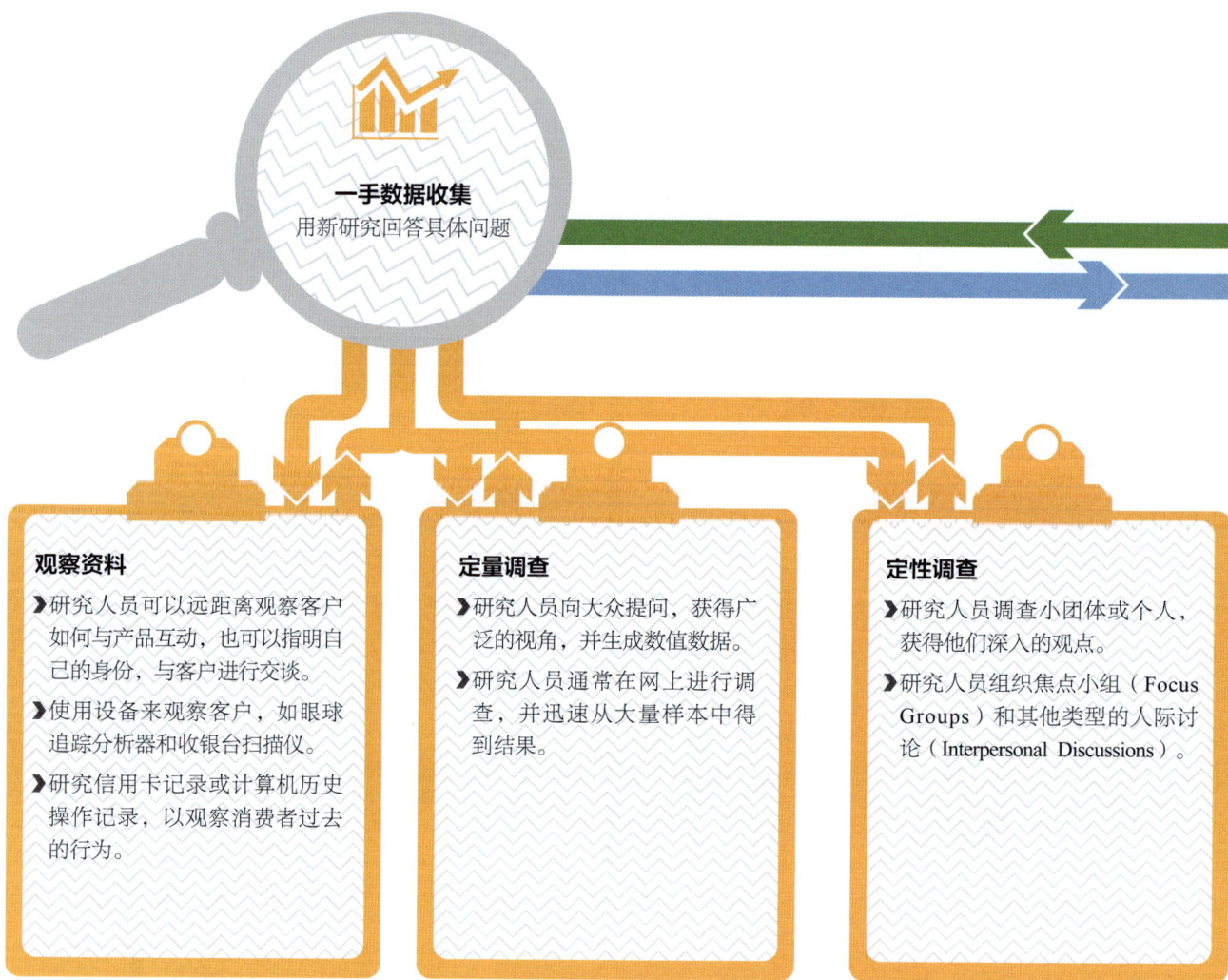

一手数据收集
用新研究回答具体问题

观察资料

➤ 研究人员可以远距离观察客户如何与产品互动，也可以指明自己的身份，与客户进行交谈。

➤ 使用设备来观察客户，如眼球追踪分析器和收银台扫描仪。

➤ 研究信用卡记录或计算机历史操作记录，以观察消费者过去的行为。

定量调查

➤ 研究人员向大众提问，获得广泛的视角，并生成数值数据。

➤ 研究人员通常在网上进行调查，并迅速从大量样本中得到结果。

定性调查

➤ 研究人员调查小团体或个人，获得他们深入的观点。

➤ 研究人员组织焦点小组（Focus Groups）和其他类型的人际讨论（Interpersonal Discussions）。

营销人员
提出问题

?

营销人员
做出决定

✓

请求数据

数据反馈

案例研究

帮助Hummel

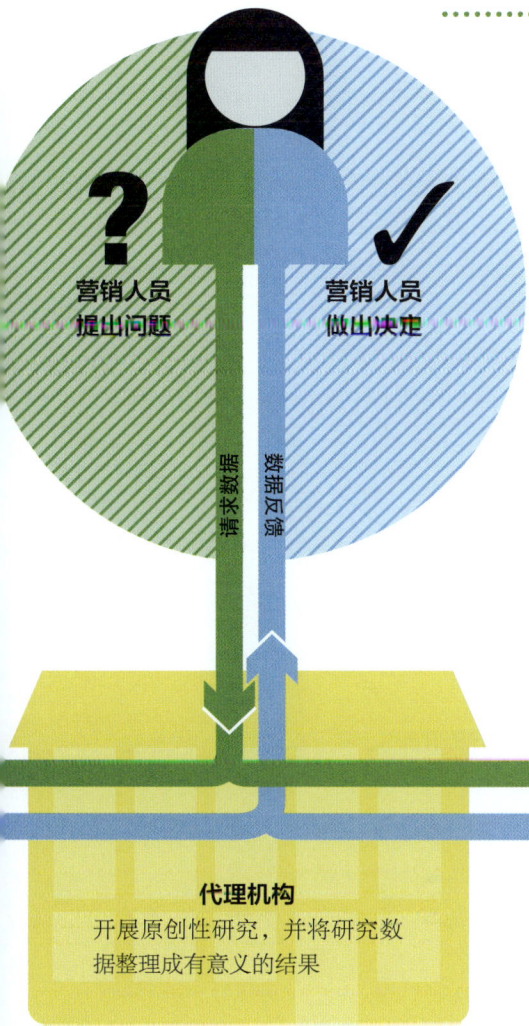

丹麦运动服饰品牌Hummel希望进军休闲服领域，于是向市场研究公司益普索（Ipsos）求助，希望益普索能帮助自己更好地了解客户和市场地位。益普索在丹麦和德国组织了16次定性焦点小组，进行了6500条火定量访谈，帮助Hummel识别出了五个独特的细分市场，以及一些具有发展潜力的领域。益普索还制作了动画和信息图（Infographics），并举办研讨会，将研究结果传达给Hummel的员工。Hummel的商业情报团队负责人琳恩·克里斯滕森·海因茨（Lene Christensen Heinz）表示："这为我们做出战略和运营决策奠定了坚实的基础。"

二手数据采集

已出版的针对某一问题的资料

代理机构

开展原创性研究，并将研究数据整理成有意义的结果

734亿美元
全球市场研究部门的价值

内部资料

▶网络使用数据（如浏览器日志、网上销售记录）。

▶附有购买历史、人口统计数据的客户资料。

▶会计记录，如财务报表。

▶来自之前市场研究报告的原始数据。

外部资料

▶行业组织、机构及私人研究公司撰写的报告。

▶广播、印刷品及互联网媒体的报道。

▶学术论文、大学智库的报告，以及图书馆藏书。

▶政府调查、报告及统计数据。

▶社交媒体和搜索引擎数据。

市场细分

为了确定产品的销售对象，营销人员试图找到具有相似需求及习惯的客户群体——这些客户共同构成了市场的"细分"（Segment）。

运作原理

营销部门会采用市场细分策略来寻找潜在客户，即最有可能购买产品的人士，由此来提高产品发布成功的概率。营销人员会根据多个因素，将广泛的消费群体划分为多个小群体。这些因素包括：年龄、对生活方式的偏好、位置、家庭结构、家庭收入和工作。这一过程将潜在的大市场缩小为多个细分市场，使营销人员能够识别可能购买产品的人士。例如，一家使用市场细分策略的企业，会推出高端价位的婴儿有机食品。因为企业认识到，与其向育有幼儿的所有妈妈推销，不如聚焦育有六岁以下幼儿的职业女性，她们的收入水平在平均水平以上，且对健康饮食颇有兴趣。

✔ 必备知识

- **银发网民** 退休人士，他们经常使用网络，尤其是进行网上购物、搜索和登录社交媒体平台。
- **X世代** 出生在20世纪60年代至80年代早期的人士。
- **千禧一代/Y世代** 20世纪80年代初至90年代中期出生的人士。
- **Z世代** 20世纪90年代中期至21世纪10年代初出生的人士。

定义市场群体

为了划分消费者群体，营销人员提出了五个细分元素，并逐一关注。除了按照地理和人口特征划分群体，营销人员还探索了心理层面，由此来确定客户的行为，以便更好地了解哪种产品会吸引哪个客户群体。另见258～261页。

行为

关注购物方面的行为模式，可以帮助营销人员调整营销活动，使之吸引特殊群体。潜在的关注领域包括：

- **品牌忠诚度**
- **购买规律**
- **信用卡使用情况**
- **典型开支**
- **线上或线下购物**
- **产品的重度用户**

> 市场细分是人与人之间巨大差异的自然结果。
>
> ——唐·诺曼（Don Norman），认知科学研究员兼教授

社会人口统计

识别个人在社交媒体上的人脉，或是政治团体等的成员身份，帮助营销人员了解客户的强烈喜好和兴趣。潜在的关注领域包括：

▶团体成员的身份

▶社交媒体上的朋友数量

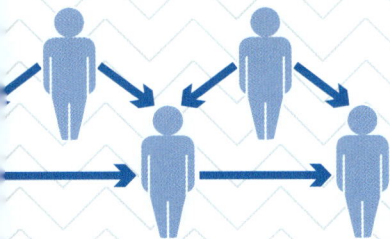

心理

关注客户的兴趣、价值观和观点，有助于营销人员拟定相关信息，找到合适的媒体渠道来吸引细分市场。潜在的关注领域包括：

▶冒险行为

▶慈善捐赠

▶追求卓越

▶偏向奢侈的品位

▶偏爱通过电子邮件联系

地理

关注客户的居住地点，以使推出的产品与客户所在的环境相关。潜在的关注领域包括：

▶邮编

▶所属大洲

▶城市

▶周边环境

▶人口密度

▶气候

人口统计

以年龄、性别等客户基本数据为依据，划分需求并为产品适当定位。潜在的关注领域包括：

▶收入

▶国籍

▶家庭规模和年龄

▶种族背景

▶职业

▶宗教信仰

营销方法

推出每一件产品都需要战略规划，其目的是确保新产品的消息能通过最有效的渠道组合，以最适当的内容和风格，传达给合适类型的客户。营销人员进行市场研究，确定目标受众之后，会面临如何运用营销方法的关键决策。

方法类型

吸引哪些群体以及如何吸引，是成功的关键。针对不同的潜在客户群体，营销人员可以使用多种互补方法。与通过不同渠道发送相同信息不同，营销人员通常会变换营销口吻和风格，使之与渠道和目标客户相适应。

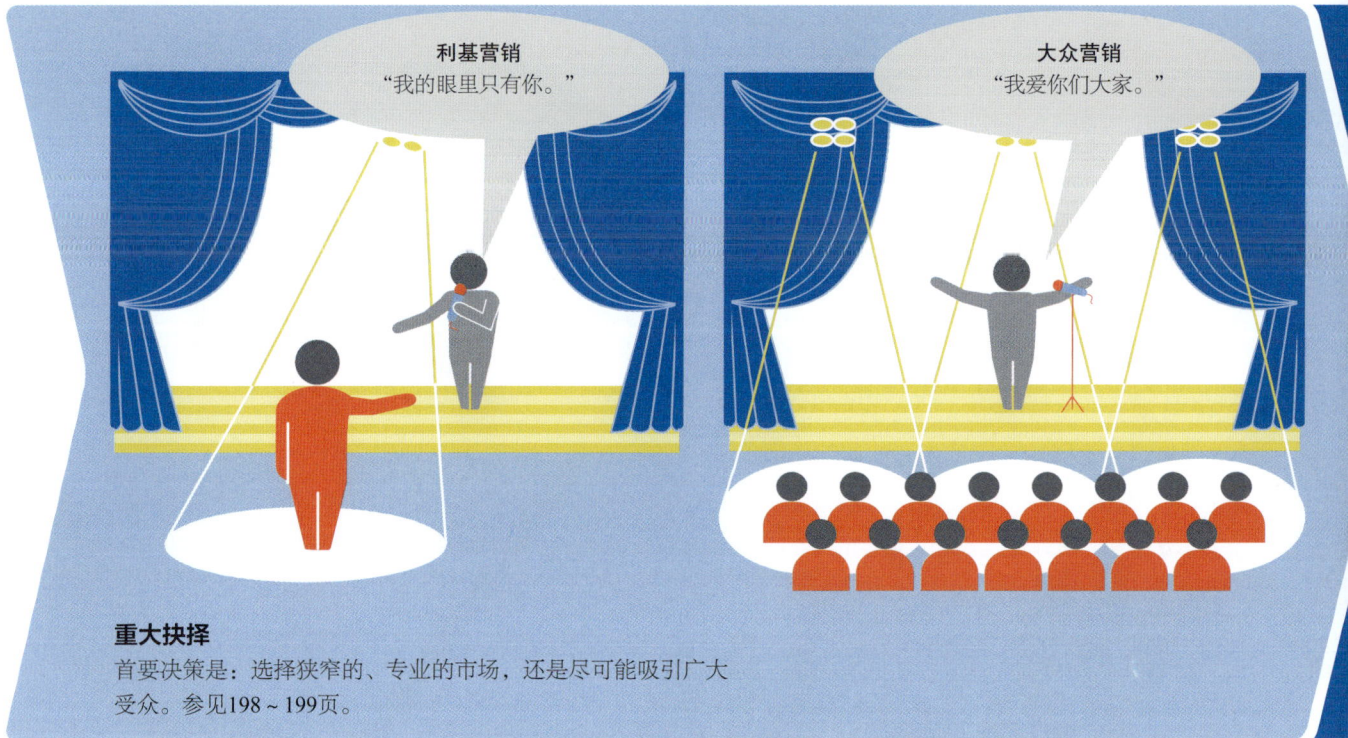

利基营销
"我的眼里只有你。"

大众营销
"我爱你们大家。"

重大抉择
首要决策是：选择狭窄的、专业的市场，还是尽可能吸引广大受众。参见198～199页。

89% 的女性
控制或分担日常用品的采买

参与式营销
"来吧，与我共舞。"
吸引客户参与产品销售。
参见204~205页。

传统渠道　采用强势策略。"让我告诉你。"它大声喊道。参见200~201页。

感官营销　"醒来吧，闻闻玫瑰的芬芳。"用景象、声音和气味来吸引客户。参见206~207页。

数字渠道　采用软营销策略。"让我追求你吧！"它低语道。参见202~203页。

关系营销
"让我们成为朋友吧。"
与受众建立融洽的关系。参见208~209页。

如何告诉客户
营销人员可以不同方式组合使用传统渠道与数字渠道，从而充分利用两种渠道的优势。

采取行动
将购买交易变成令客户乐在其中的体验，促进产品的销售。

利基营销与大众营销

传统上，营销人员面临两个选择：销售受大众欢迎的产品，尽可能吸引广泛的受众，还是专注于特定用户群，销售定制的产品。

运作原理

利基营销策略和大众营销策略，使企业拥有了获得较高投资回报的潜力。利基营销是将产品以较高的价格出售给特定的客户群体，通常适用于小批量销售；而大众营销通常采用高强度的促销，面向更广泛的受众，以实现大批量销售。

在现实中，商家往往会两种方法并用，首先推出利基产品，再将之扩展到大众市场。营销人员还会利用互联网渠道，将同一种产品推销给广大受众中的不同客户群体。

20%的销售额
最高可产生80%的利润

✓ 必备知识

长尾营销

"长尾市场"由《连线》（*Wire*）杂志编辑克里斯·安德森（Chris Anderson）创造，描述了需求量或销量不高的产品的需求曲线（见下图）。这类产品即利基产品，会持续售出，并随着时间推移实现盈利。

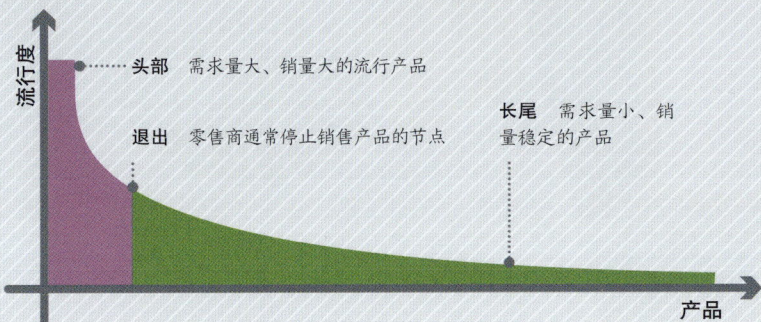

流行度

头部 需求量大、销量大的流行产品

退出 零售商通常停止销售产品的节点

长尾 需求量小、销量稳定的产品

产品

利基市场

受众与方法

▶企业瞄准拥有特殊需求和愿望的客户。

▶客户通常愿意为不寻常的产品支付高价。

▶利基产品销量不高，不能依靠生产的规模经济（大量生产从而降低单位生产成本）获益。

混合营销策略

　　营销人员利用社交媒体来识别并接触多个目标市场，提出了混合营销策略，它比传统的利基营销策略或大众营销策略更为灵活。

大众市场
非聚焦策略，目的是吸引最广泛的客户群体。

大型细分市场
将营销资源引导到大众市场的一个大型细分市场上。

相邻细分市场
一旦大型细分市场被全面渗透，就把产品扩展到相邻细分市场上。

多重细分市场
对多个细分市场同时开展营销，并为各个细分市场特别制定战略。

小型细分市场
如果资源有限，就面向竞争对手寥寥的细分市场开展营销。

利基细分市场
将营销资源集中在特定的客户群身上。

大规模定制
为大众市场中的每个细分市场单独制定战略。

大众市场

受众与方法

▶企业瞄准拥有普遍需求和愿望的广大客户群体。

▶推广产品需要较大的营销支出，产品分销必须遍及各地。

▶市场通常挤满了销售类似产品的竞争对手。

传统营销

数字时代来临之前，营销人员完全依靠非数字化渠道，如电视、广播、平面媒体，以及直邮、促销活动和上门推销，向客户传达信息。

运作原理

传统营销涵盖一系列久经考验的方法，用于打造品牌、促进产品销售。传统营销仍是营销的一个重要方面。然而，现如今大多数企业采用传统营销与数字营销相结合的方法。传统营销的一大优势在于，企业能够通过个人销售、特殊活动和赛事赞助与客户进行面对面的接触。

活动
开展体育活动、主题展示、花车巡游或展览，借此推广产品、事业或品牌。

电视
通过电视广告、节目赞助或植入广告进行促销。

传统营销过程

大小企业不仅使用各种传统营销渠道，还将其与数字营销策略结合在一起。

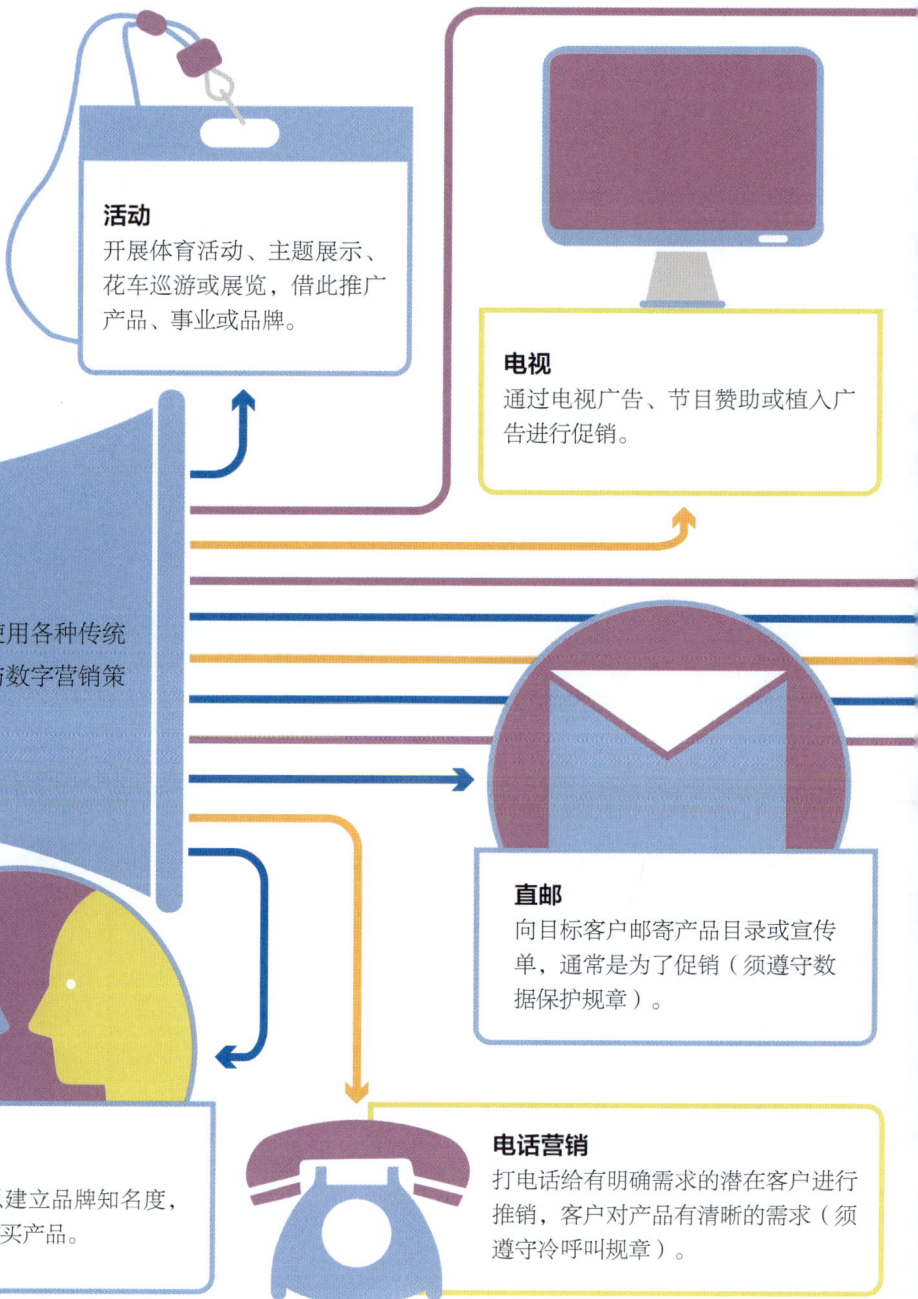

直邮
向目标客户邮寄产品目录或宣传单，通常是为了促销（须遵守数据保护规章）。

面对面
直接接触客户以建立品牌知名度，或者劝导客户购买产品。

电话营销
打电话给有明确需求的潜在客户进行推销，客户对产品有清晰的需求（须遵守冷呼叫规章）。

产品小样

提供免费试用装给客户，让他们可以在购买前试用——这是推出新产品、建立客户基础的有效途径。

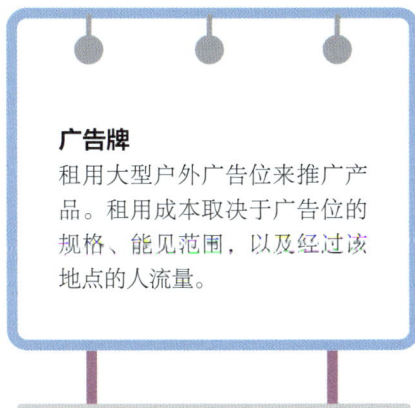

广告牌

租用大型户外广告位来推广产品。租用成本取决于广告位的规格、能见范围，以及经过该地点的人流量。

广播

使用广播的广告时段，根据广播电台的覆盖区域，在当地或全国范围内推广产品。

报纸和杂志

租用纸质媒体版面发布广告，或者撰写软文广告来推广产品。

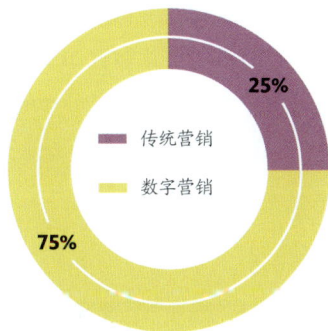

25%

75%

■ 传统营销

■ 数字营销

小册子和传单

通过邮寄或人工散发传单，在当地推广业务。

建立关系网

在专业活动中与他人进行互动，与专业人士建立联系。

70%

相比接触数字广告，接触直邮广告后，品牌回忆（brand recall）提升的幅度

数字营销

通过使用互联网，营销人员可以直接、即时地与老客户和潜在客户接触，以建立品牌识别度，收集数据，并促进口碑传播。

运作原理

与传统的线下营销不同，数字营销使企业能够与客户进行直接的双向沟通。数字营销也会采用一些常规方法，如网页上的"弹窗广告"或"条幅广告"，但在很大程度上依赖社交媒体的力量来提高产品或品牌的认知度。这使数字营销的回报率难以估量。数字营销时常与传统营销手段相结合，这种混合方法被称作"传统兼数字营销"（Tradigital Marketing）。

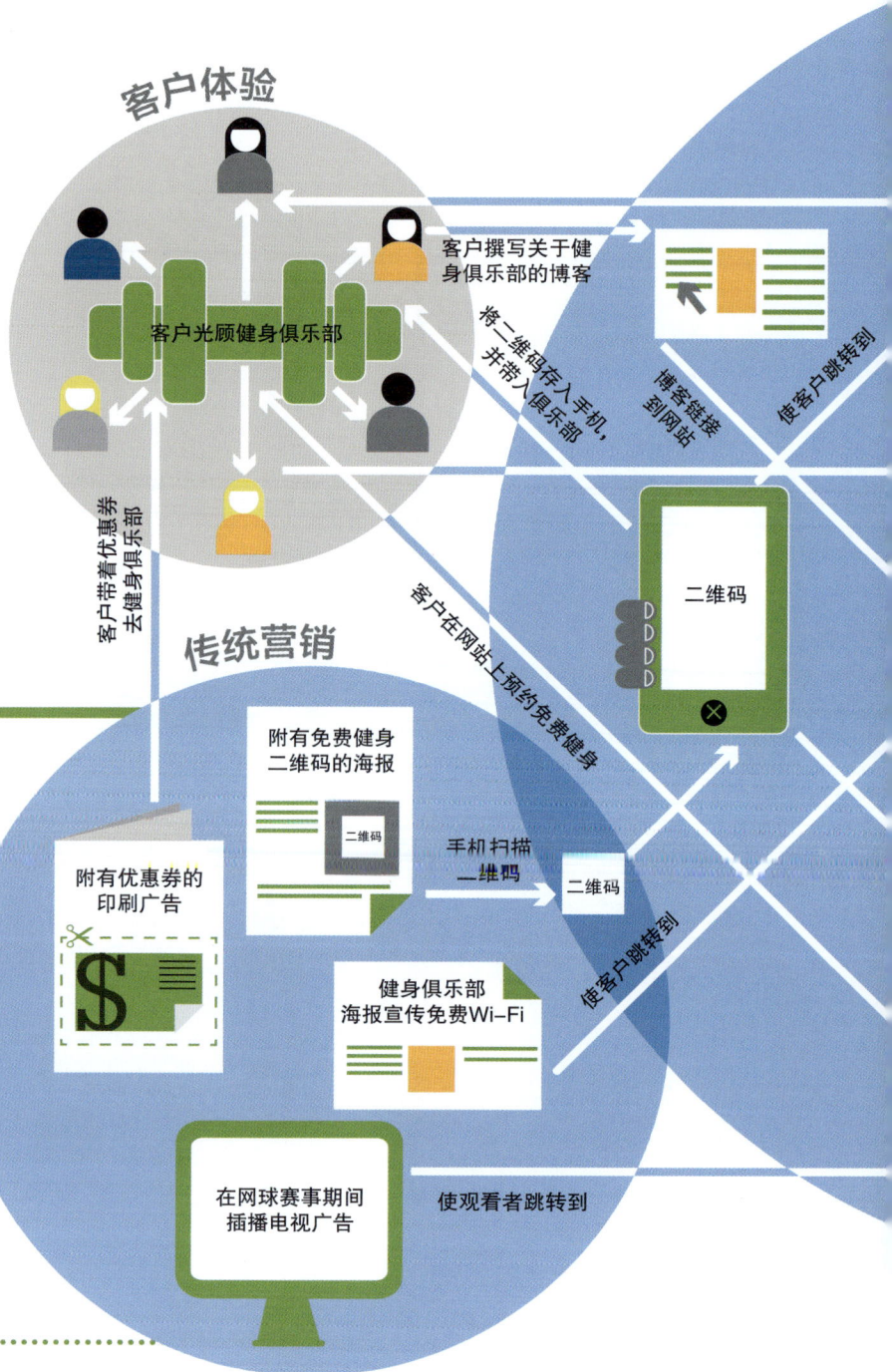

实践中的传统兼数字营销

一家新创立的健身俱乐部采用传统兼数字营销方法进行推广。在电视上播出的广告号召人们访问俱乐部网站，预约健身教练免费训练。平面广告推出了优惠券或可扫描的二维码，为人们提供在俱乐部免费健身的机会。在俱乐部里，会员可以免费接入Wi-Fi。Wi-Fi的登录页面上有一个链接，人们可以下载俱乐部的免费应用程序。俱乐部还可采用弹窗广告、播客、电子邮件和短信来吸引或留住会员。

客户体验

客户光顾健身俱乐部

客户撰写关于健身俱乐部的博客

客户带着优惠券去健身俱乐部

将二维码存入手机，并带入俱乐部

博客链接到网站

使客户跳转到

客户在网站上预约免费健身

二维码

传统营销

附有免费健身二维码的海报

二维码

附有优惠券的印刷广告

手机扫描二维码

二维码

使客户跳转到

健身俱乐部海报宣传免费Wi-Fi

在网球赛事期间插播电视广告

使观看者跳转到

数字营销

免费应
用程序

通过社交媒体提交反馈

使Wi-Fi用户跳转到

Wi-Fi登录页面

通过社交媒体
提交反馈

Wi-Fi登录页链接到视频
分享网站上的健身按钮

使Wi-Fi用户
跳转到

健身俱乐部网站

客户订阅电子简讯

潜在客户在网上搜索健身建议，
收到健身俱乐部的定制广告

潜在客户在网络上搜索该俱乐部

70%

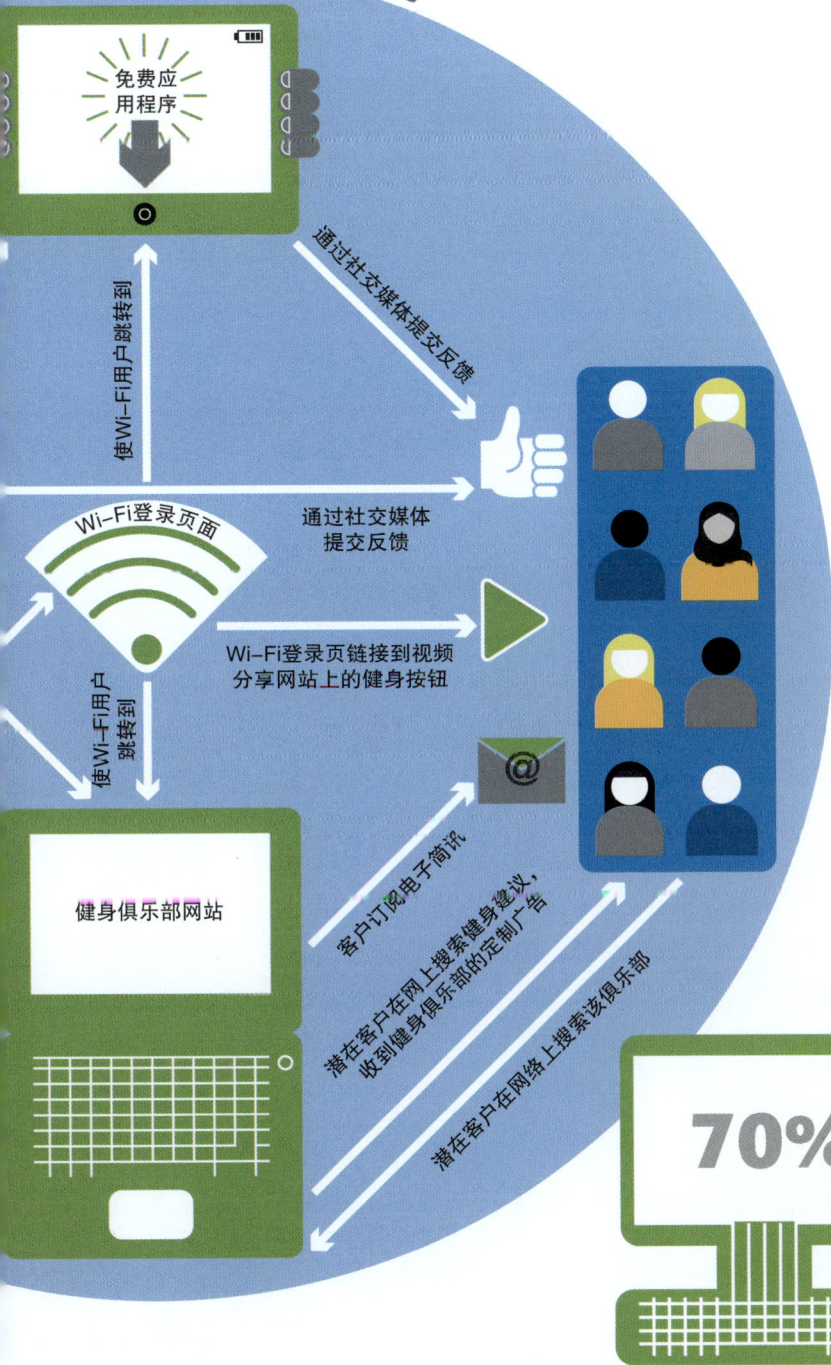

按媒体分类的
全球广告支出（%）

随着纸媒和电视广告支出的持续下降，互联网广告支出已占全球广告支出的五成以上。

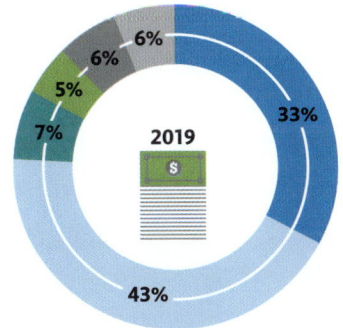

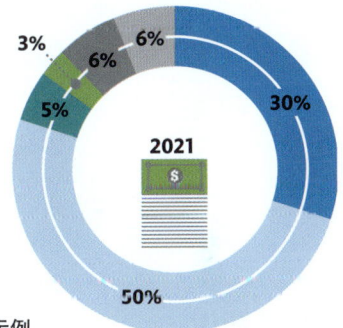

2019

33%
6%
6%
5%
7%
43%

2021

30%
6%
6%
3%
5%
50%

示例

- 电视
- 互联网
- 报纸
- 杂志
- 广播
- 户外

2021年，中国数字
广告支出占广告总
支出的比重

参与式营销

营销人员让客户直接参与品牌开发，希望与客户建立强大的双向联系，赢得客户长期的忠诚。

运作原理

参与式营销采用各种线上和线下战略来吸引客户的注意，使客户参与产品的讨论。这与更传统的营销方式不同，传统的营销方式呈现给客户的品牌理念、产品提议是固定的，客户要么接受，要么拒绝；而参与式营销鼓励客户投入进来，切身感受品牌。其目的是，让潜在客户访问网站，获得初步体验，然后努力挽留客户。

始于"惊艳"体验

提供有趣、益智或娱乐性的内容，吸引潜在客户关注某个网站。

终于销售

接着，拨打售后电话进行回访，增强用户的良好体验。

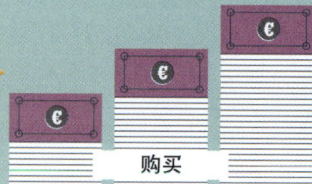

购买

新前景

对老客户的产品推荐和内容分享提供奖励。

社会知名度

在社交媒体上发布相关的有趣内容，提高话题度。

评论与分享

必备知识

- ▶ **"死忠"客户** 忠于企业，反复购买的消费者。
- ▶ **决策简易性** 客户找到可信赖的产品信息十分容易。
- ▶ **客户流失率** 在给定时间内，不再与企业联系的客户所占的百分比。
- ▶ **口碑营销** 口口相传营销，依靠满意体验的客户将产品推荐给他人。

如果品牌方提供个性化的体验，**72%**的人更有可能忠于该品牌

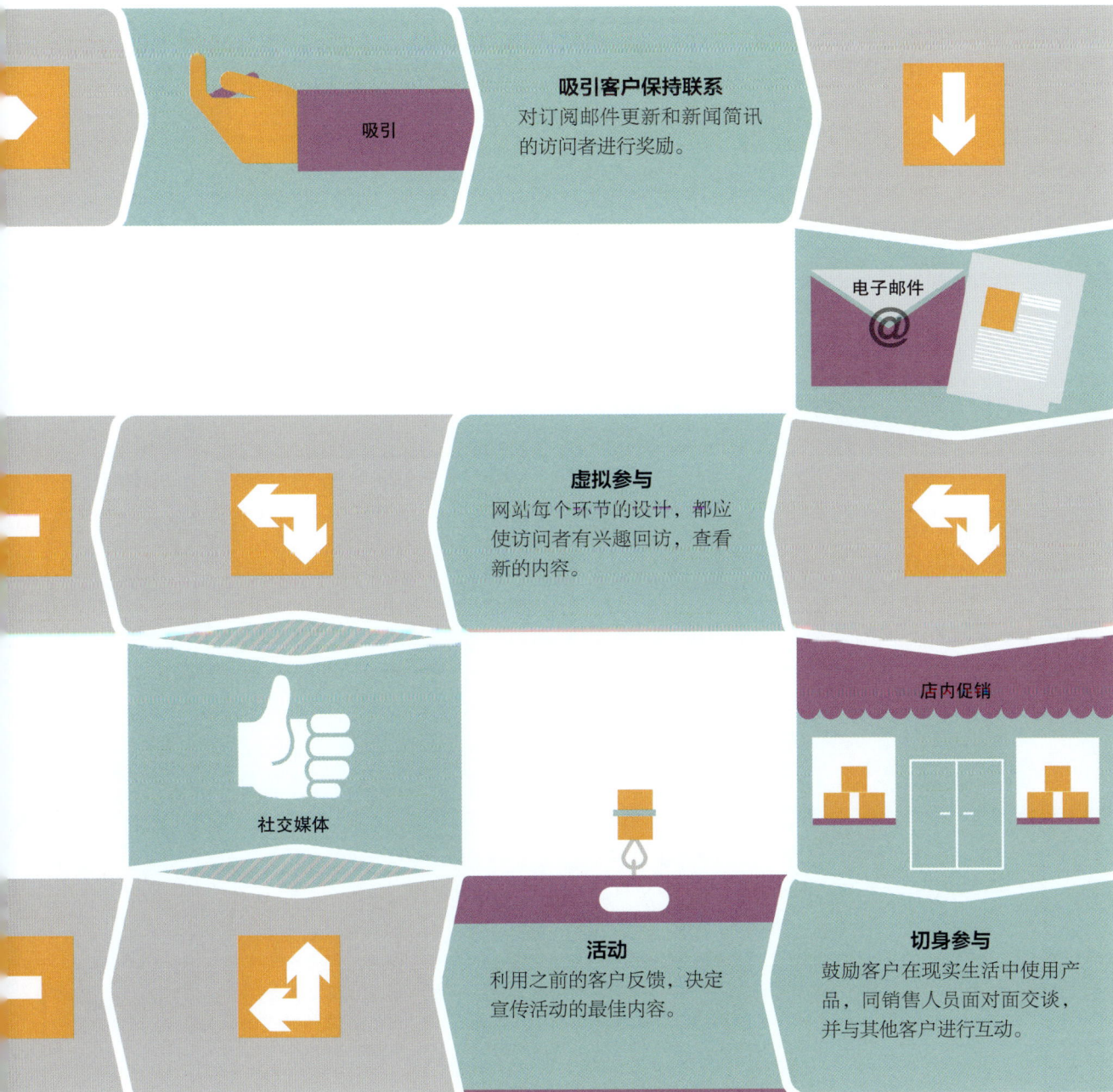

吸引

吸引客户保持联系
对订阅邮件更新和新闻简讯的访问者进行奖励。

电子邮件
@

虚拟参与
网站每个环节的设计，都应使访问者有兴趣回访，查看新的内容。

社交媒体

店内促销

活动
利用之前的客户反馈，决定宣传活动的最佳内容。

切身参与
鼓励客户在现实生活中使用产品，同销售人员面对面交谈，并与其他客户进行互动。

感官营销

感官营销通过针对多种感官来影响客户的购买决策。基于对大脑如何响应感官输入的研究，这种营销方式在客户无意识的情况下发挥作用。

运作原理

食品和饮料业是感官营销最明显的应用领域。当然，感官营销可以扩展到多种产品上：用颇具质感的材料制成的电脑，弥漫着香气令客户身心放松的酒店，以及释放可食用彩纸条的烟花表演。

典型的感官营销渠道包括实地营销（如店内活动、样品展示及人员销售）、直邮和产品配送。不过，对于在线商家而言，如何有效地运用感官营销，仍然是一项挑战。

视觉

在营销活动中，受到刺激最多的感官是视觉。视觉错觉、数字效果、3D摄影和360度拍摄等方面的技术已取得了多项进展。

触觉

营销人员采用2D和3D纹理印刷技术来印制宣传材料及包装，出售在触感上具有吸引力的产品。

嗅觉

在弥漫着诱人香气的环境中出售产品，客户更有可能心甘情愿支付更多的费用。

味觉

将味觉与触觉、视觉，尤其是与之紧密相关的嗅觉相结合，可使味觉增强或发生微妙的变化。

72%

在出生于1980—1996年的人中，重视体验胜过实物的人所占的比例

必备知识

▶**感官测试** 由感知度超乎常人的成员组成专家组，对产品进行测试。

▶**触碰技术** 通过电脑上的震动模拟触觉的发明。

▶**3D营销** 让客户沉浸其中的营销形式。

态度、记忆、行为与情绪

感官输入会对态度、记忆、行为和情绪产生短期或长期影响。感官数据的强度，以及对多个感官的同时刺激，会影响感官输入的效果。

知觉

大脑接收来自一个或多个感官的刺激。

情感

感官刺激会唤起存储的情感记忆，因为二者由同一个脑区处理。

认知

处理感官刺激后，大脑留存记忆、调节情绪，并做出决策。

听觉

就触发处理情感的脑区而言，听觉比视觉更有效。

关系营销

关系营销是指对企业与客户及相关市场所构建的长期信任关系进行培育和管理。

运作原理

关系营销的目的是，复制传统村镇商店与客户之间的互动，提供高水准的个性化服务，赢得客户的终生青睐。规模不大的本地企业，会自然而然地按这种方式经营；如今，大企业的关注点已从创造销售转向创造关系，从短期回报转向长期收益。营销人员可以将关系网扩展到老客户之外，涵盖员工、供应商等更多利益相关者。

供应商市场
与供应商建立合作关系，具有重大商业意义。

六市场模型

利用关系营销，专家们构建了一套客户沟通战略。这一战略界定了六个市场——除了传统的客户市场，企业应努力将营销投入到其他市场上。

案例研究

星巴克

星巴克采用的成功实践，是关系营销取得成效的典范。星巴克以核心客户和内部市场为中心，并将供应商市场、推荐市场和招聘市场纳入其中。

客户营销
- 社交媒体
- 商业众包
- 熟悉客户
- 忠诚度计划
- 积分卡App
- 移动支付

内部营销
- 咖啡师培训
- 技术开发机会

推荐营销
- 口口相传
- 社交媒体分享

员工营销
- 股票期权
- 医疗保险
- 合伙制

供应商营销
- 公平贸易计划
- 质量控制

影响力市场
为了维持良好的公共关系，企业应与监管机构、客户或环保团体密切合作。

"广告会带来客户，而口碑会带来最优质的客户。"

——乔纳·伯杰（Jonah Berger），营销学教授

推荐市场

客户的口口相传是对企业的支持。关联企业也会互相推荐生意。

内部市场

员工是企业的内部客户，他们同心协力，共同实现企业的目标、使命和战略。

客户市场

客户是营销的主要关注点，但营销活动越来越倾向于建立长期客户关系，而不是吸引新客户。

招聘市场

为了吸引优秀员工，企业可以向员工提供激励，以此来推销自身。

✔ 必备知识

- ▶ **大客户管理（KAM）**　一种营销战略，用以协调B2B公司的各个部门，从而与大客户建立关系。
- ▶ **频率营销**　通过奖励客户重复购买，以促进重复销售的营销活动。
- ▶ **直销（DR）**　一种邀请消费者通过电话或电子邮件直接回应广告商的营销方式。
- ▶ **交易营销**　说服客户在销售点一次性多多购买的策略。

推播式营销

推播式营销（Outbound Marketing），也叫打断式营销（Interruption Marketing），是指由营销人员将信息推送给客户。采用这种营销方式的企业需要支付费用，在媒体上做广告，吸引广大受众的注意。受众对广告本身或许不感兴趣，但推播式营销通过重复传递影响力巨大的信息来营造熟悉感，由此引起反响，吸引客户。

推播式营销过程

推播式营销不仅使用传统方式来吸引客户，还使用数字和非数字媒体平台。推播式营销过程有两个阶段：首先，企业向受众传达信息，并试图将受众变成客户；接下来，企业分析广播的效果，识别出最能促进销售的渠道和促销活动。

广播

营销人员挑选出久经考验的、能够接触到目标受众的渠道，将品牌或产品的信息传达给目标受众。

沟通渠道

➤ **黄金时段电视广告**，能够接触的受众最为广泛——适用于提高品牌知名度。

➤ **出席商业活动**，可以提升企业知名度，接触企业的受众。

➤ 在相关网站上设置**横幅广告和弹窗广告**，或附在链接到企业网站的博客上。

➤ **YouTube视频广告**，与静态广告相比，能在受众心目中停留更长时间，效果也更好。

➤ **赞助体育赛事或文化活动**，在众多观众面前展示企业名称或品牌。

转变

营销人员将线下的推播式营销活动和线上的数字渠道结合起来，作为整体战略的一部分，劝说潜在客户有所回应。

转变途径

➤ **电台广告** 重复好记的电话号码，引导听众立即行动。

➤ **在线广告** 在网页的显著位置做广告；用一目了然的点击按钮吸引客户点击进入，了解更详细的产品信息并购买。

➤ **传单** 挨家挨户发放传单，传单上印有产品限时优惠活动的信息，令人心动。

➤ **直邮** 传递新奇的价值，或是号召客户做出强烈的回应；包括附上邮资已付的信封和客服的联系方式。

86%的企业
使用视频作为营销工具

分析

营销人员监测推播式营销活动的进程，调整各类媒体上投放广告的比例，评估营销活动的效果。

行动

➤**进行控制并测试流量**　比较不同媒体或营销活动的成功率。

➤**查看点击率**　查看有多少客户点击进来了解产品或购买产品，以确定在线广告是否成功。

➤**分析推播式营销带来的销售**　查看哪些渠道带来的营销投资回报率（ROMI）最高。

➤**查看直邮的回复率**　包括不同邮件列表或目标人群的回复率。

推播式营销的种类

线下

➤**推销电话**　在合适的时间致电目标客户，会使营销活动尤为奏效；信息应当字斟句酌，语气要诚恳。应遵守冷呼叫规章。参见218～219页。

➤**电视**　虽然许多客户会跳过电视广告，但电视仍是客户较为熟悉也更容易接受的媒体形式。重复播出有利于信息的传达。参见212～213页。

➤**广播**　最流行的大众传播渠道，能够接触全球听众，是向国际市场传递推播式信息的理想渠道。参见212～213页。

➤**游击式营销**　在人流量大的公共场所开展富有创意的非传统营销，不失为提高品牌知名度的一种低成本营销方式。属于参与式营销的一种。参见204～205页。

线上

➤**社交媒体**　社交媒体网站上的广告类型日益繁多，其中包括赞助商信息、推广帖文、横幅广告和视频广告等直接形式。参见228～229页。

➤**移动科技**　为移动设备定制以文字、图片或图文并茂形式呈现的广告，旨在向客户介绍特惠信息；促销信息也可以通过手机App来发布。参见214～215页。

➤**社交领袖定位**　这一策略利用社交媒体上的个人资料来定制信息，通过推特和领英等在线网络发布。

➤**搜索引擎优化（SEO）的关键词**　购买与品牌相关的搜索引擎优化关键词，能够提高相关词汇在搜索页面上的排名，提高品牌曝光度。参见230～231页。

传统线下广告

线下广告使用传统媒体渠道来推销产品，如杂志、电视、广播和广告牌等。在线广告发展迅速，已经可以匹敌线下广告，成为全球广告的主要形式。

运作原理

线上广告和线下广告的共同标准是：企业付费做广告，以用商标或产品信息来吸引客户。

企业会考查每个广告的投资回报率（ROI），由此来判断广告效果。为了最大化投资回报率，企业必须保证，对目标受众选择了正确的广告渠道。

根据产品所对应的目标市场，营销人员会选择不同的渠道。选择的依据可以是企业之前在该渠道上投放广告的投资回报率。不过，与线上广告（参见214～215页）相比，精确地计算线下广告的投资回报率并非易事。

71%

2021年印度线上广告在印度广告市场上的占比。数字广告发展迅猛，2019年以来其占比增长了9%

线下广告与投资回报率

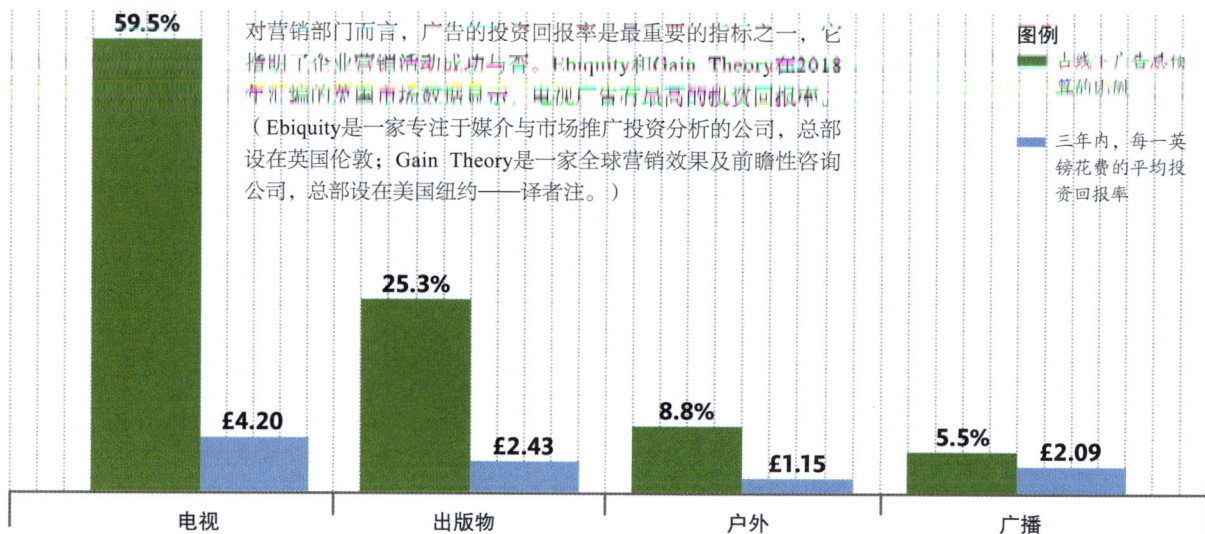

对营销部门而言，广告的投资回报率是最重要的指标之一，它指明了企业营销活动成功与否。Ebiquity和Gain Theory在2018年所提供的英国市场数据显示，电视广告有最高的投资回报率。（Ebiquity是一家专注于媒介与市场推广投资分析的公司，总部设在英国伦敦；Gain Theory是一家全球营销效果及前瞻性咨询公司，总部设在美国纽约——译者注。）

图例
- 占线下广告总预算的比例
- 三年内，每一英镑花费的平均投资回报率

	电视	出版物	户外	广播
占比	59.5%	25.3%	8.8%	5.5%
回报	£4.20	£2.43	£1.15	£2.09

线下广告渠道

	优势	劣势
电视	可以接触本地、全国乃至全球的客户；声音与图像相结合，传递影响力巨大的信息	价格昂贵；反复播出会引起观众审美疲劳；观众会跳过录播节目的广告部分
广播	价格低廉；制作过程简单快速；大多数电台面向特定人群播放	要竞争黄金时段的插播时间；广播时的背景杂音会导致效果不佳
报纸	出版流程迅捷；栏目按专题分类，广告投放能够有的放矢	广告要与同一版面上的其他内容竞争；通常为黑白两色，且只有文字，读者人数下降
杂志	流通时间长达数月；利基卖点和小众标题使广告更具针对性	实际发行量难以确定；需要提前数月预订广告位
直邮信函	成本低廉；直接送至客户家中或办公地点；针对特定市场可以更为突出	会被当作垃圾邮件丢弃；回复率通常不高，目标受众受规章限制
广告牌	高覆盖率使广告渠道更具成本效益；广告内容24小时可见	黄金地段的竞争十分激烈；内容的长度和复杂程度受到广告形式的限制
电影	能以极富创意的精良制作给人留下深刻印象；拥有固定的观众群体	观众数量有限；人们会选择在广告结束后进入电影院

✔ 必备知识

▶ **电视收视率**　表示目标观众占收看节目观众的比例。

▶ **每千人成本**　用于度量通过任意渠道接触到1000人所花费的金额。

▶ **广告销售比**　用于度量广告支出占销售收入之比。

▶ **广告占有率**　在某一产品领域中，某个广告商的活动量占总活动量的百分比。

70%的欧洲人每日观看电视，他们的日均观看时长为3小时39分钟

线上广告

营销人员越来越频繁地使用线上广告，将营销信息推送给客户。线上渠道包括展示与移动技术、电子邮件、搜索引擎及社交媒体营销。

运作原理

在网络上做广告时，营销人员需要确定广告的形式和位置，使之契合目标市场。虽然广告渠道众多，但展示广告（Display Advertising）和搜索广告（Search Advertising）是两种最常见的形式。

图片广告包含图文并茂的横幅。这类广告通常出现在目标客户常用的网站上，如新闻、社交媒体或视频内容网站。在线广告跟踪旨在更精确地定位广告，根据客户的网络活动提供更相关的内容。

搜索广告是在搜索引擎的查询结果页面上放置广告。虽然图片广告的整体浏览次数更多，但搜索广告更有可能触及目标受众。

其他形式的线上广告还包括：移动广告，即在智能手机和平板电脑的移动端浏览内容里安插广告，或是发送文本信息；电子邮件广告，即直接向某个电子邮件地址抄送广告；社交媒体广告，即企业通过社交媒体平台来推销产品。

线上广告的主要优势是，能更有效地追踪回复率。

94%
脸书的广告收入中，来自移动广告的比例

最有效的线上营销渠道

哪种数字营销方法是提高销售额的最佳手段？AWeber在2021年的一种调查中指出，由于电子邮件具有个性化的潜力，能带来更大的参与度，所以营销人员把电子邮件放在了首位。

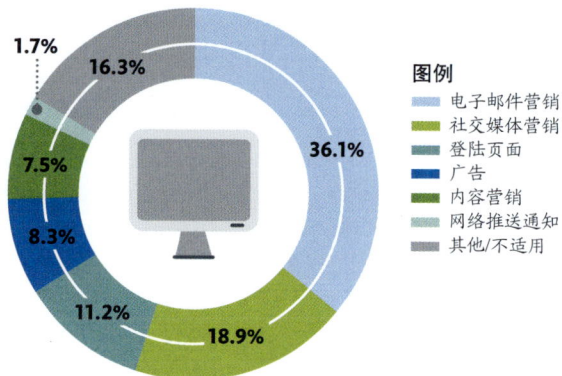

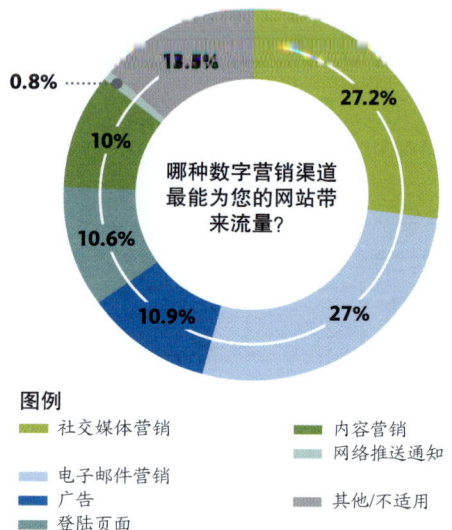

图例
- 电子邮件营销
- 社交媒体营销
- 登陆页面
- 广告
- 内容营销
- 网络推送通知
- 其他/不适用

左图数据：36.1% 18.9% 11.2% 8.3% 7.5% 1.7% 16.3%

哪种数字营销渠道最能为您的网站带来流量？

右图数据：27.2% 27% 10.9% 10.6% 10% 13.5% 0.8%

图例
- 社交媒体营销
- 内容营销
- 电子邮件营销
- 网络推送通知
- 广告
- 其他/不适用
- 登陆页面

线上广告

	优势	劣势
展示广告	吸引注意力；如果广告被点击，就可以使用"按次点击付费"（pay-per click）系统来跟踪	互联网用户会对广告产生审美疲劳，选择无视广告
搜索广告	适于定位客户，因为能将其搜索的关键词与广告商的关键词匹配起来（参见230~231页）	使用热门关键词十分昂贵；需要一段时间才能看到效果
移动广告	开发移动端内容比开发网页内容更便宜；追踪广告效果十分容易	不同的屏幕尺寸和操作系统会影响广告的显示效果；用户可能会因为被打断而气恼
电子邮件	有机会接触到千千万万的潜在客户（参见216~217页）	收件人可能不阅读邮件就直接删除，尤其是在感到被邮件轰炸时，更有可能如此；通常需要得到准许
社交媒体广告	易于定位特定受众；广告有机会被疯转从而被大量观看（参见228~229页）	持续地发帖和更新，容易让用户的注意力从投放的广告上移开

✔ 必备知识

▶**点击流** 用户活动的记录，总结了每个人点击的内容。

▶**行为定位** 网站用行为定位来捕捉页面访问者的数据，以改善广告效果。

▶**插页式广告** 出现在用户登录的页面之前，或是紧随登录页面出现。

🔍 案例分析

点击欺诈与僵尸网页

在点击付费广告中，企业要为每一次广告点击支付费用。然而，点击欺诈（Click Fraud）已经成为一个严重问题。骗子会创建一个网站，出售点击付费广告位，并用"僵尸网络"（Botnet）病毒侵入用户毫无防备的计算机，产生虚假的网络流量。在这类网站上做广告的企业，会因大量虚假流量而向骗子支付高额费用。2018年，美国联邦调查局、谷歌和其他机构铲除了"3ve僵尸网络"。3ve感染了约170万台计算机，涉及一万多个假网站，五年间骗取了约3000万美元的广告收入。

19%的营销电子邮件
在周五被打开，这是一周中"邮件打开率"最高的一天

邮件营销

营销人员邮寄信件或发送电子邮件给大量潜在客户，希望将一部分人变成企业的真实客户。这需要挑选信息的发送时机、设计和措辞来实现。

运作原理

邮件营销的工作原理是，向大量潜在客户有针对性地发送产品优惠信息，而其中一些客户肯定会接受优惠。客户群体越有针对性（可按工作职位、地点、历史购买记录和问询来挑选），回复率就越高。

邮件营销依赖包含姓名和地址的名单。名单可以是企业的老客户名单、之前问询者的名单，也可以是由专业机构管理的列表。遵守规制个人数据使用的数据保护法十分重要。在英国，短信、电子邮件和邮政信件遵循的规章略有不同，邮件营销所受的限制较少。不过，如果有人在邮件偏好登记册（Mail Preference Register）上登记过，或是要求你不要与他们联系，那你就不能向他们的个人地址发送信件。最新的规章可以在英国信息专员办公室（Information Commissioner's Office）的网站上查询。

营销人员可以向企业发送直邮，不过，建议保留退订者的名单。回复直邮、接受优惠并成为客户的百分比被称为转换率（Conversion Rate）。直邮的转换率非常低，但事实证明，直邮仍是有利可图的。

A/B测试

A/B测试（A/B Testing，也作"对比测试"）会比较两个版本的直邮信件拷贝。两个版本会被投递到不同的客户群体中，之后工作人员会记录每个版本的回复率。

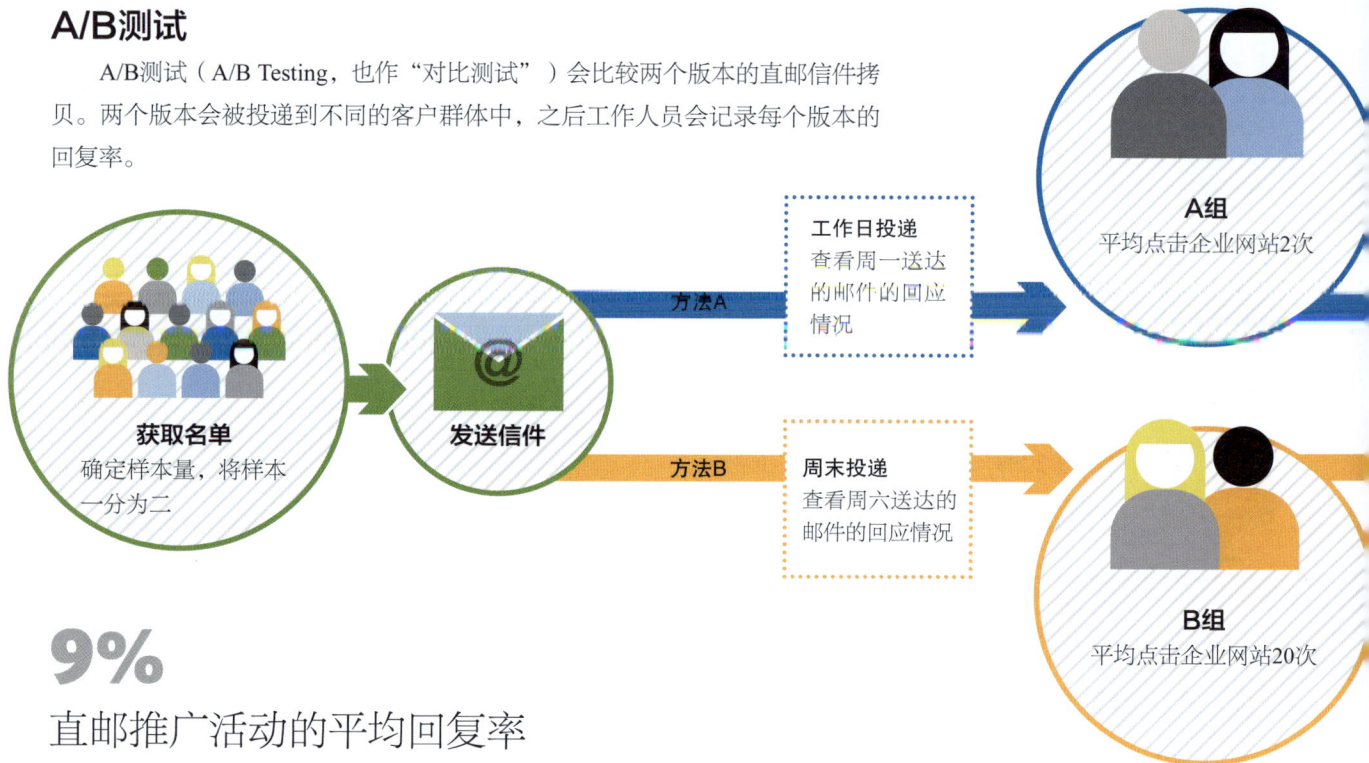

获取名单
确定样本量，将样本一分为二

发送信件

方法A

工作日投递
查看周一送达的邮件的回应情况

A组
平均点击企业网站2次

方法B

周末投递
查看周六送达的邮件的回应情况

B组
平均点击企业网站20次

9%
直邮推广活动的平均回复率

如何投递直邮信件？

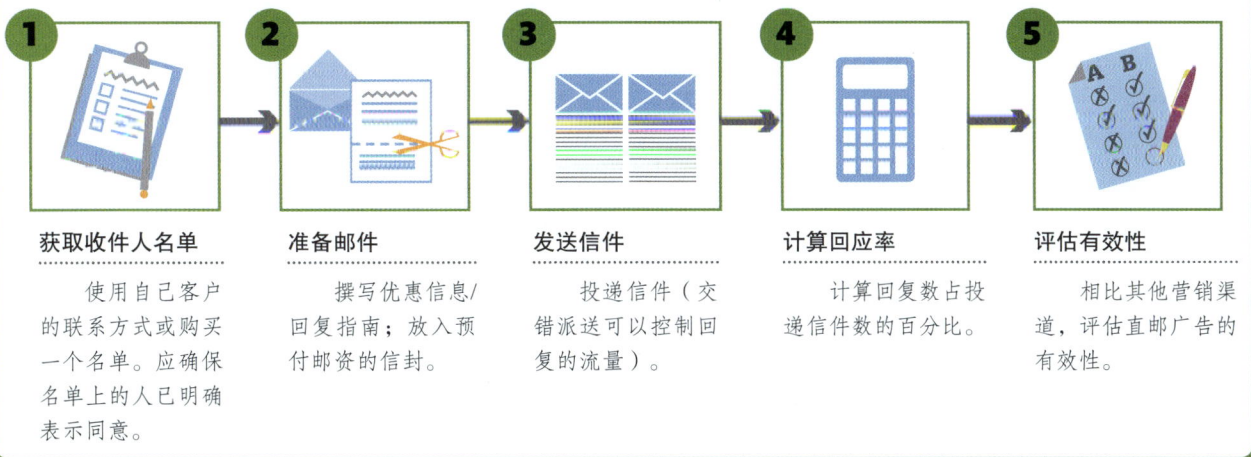

1 获取收件人名单
　　使用自己客户的联系方式或购买一个名单。应确保名单上的人已明确表示同意。

2 准备邮件
　　撰写优惠信息/回复指南；放入预付邮资的信封。

3 发送信件
　　投递信件（交错派送可以控制回复的流量）。

4 计算回应率
　　计算回复数占投递信件数的百分比。

5 评估有效性
　　相比其他营销渠道，评估直邮广告的有效性。

活动B
在周六向剩下的群体发送电子邮件

数据分析
对结果的比较显示，在周六的时间段内发送更为有效

评估有效性
结果表明，方法B的回复率更高

✔ 必备知识

▶**清理**　更正传统邮件名单和电子邮件名单上姓名和地址的详细信息，确保信息是最新的、有效的。

▶**邮寄公司**　专门印刷并邮寄信件和产品目录的公司。

▶**合并/清理**　用软件综合不同的邮件名单，找出重复的条目，并且进行更正的过程。

电话营销

企业采用电话营销与老客户及潜在客户建立直接联系。客户也可以直接联系企业。电话营销为企业提供了一条留住老客户、发展新客户的途径。

运作原理

电话营销有两种方式：呼入（Inbound）和呼出（Outbound）。客户致电企业（如咨询或投诉）被称作"呼入"。这使企业有机会挽留对产品或服务不满意的客户，或是赢得首次致电企业的新客户。企业"呼出"电话是指，向老客户推销额外的产品或服务，或是鼓励新客户购买。电话营销产生的销量可通过"小时订单数"来监测，例如，客服A每小时拨打140个电话，销售额为400英镑。更有效的度量是"次均通话收益"，例如，客服B每小时拨打60个电话，销售额为450英镑，那么客服B的转换率要高于客服A的。

使用电话营销的企业必须遵守数据保护法和其他法规。在英国，电话偏好服务（TPS）或企业电话偏好服务（Corporate TPS）记录了不接受营销电话的人，电话营销人员不得向名单上的个人或组织拨打电话。此外，电话营销人员不得给过去拒绝接听其电话的人打电话，也不能打电话销售特定的产品，包括养老金和个人法律服务。

呼入和呼出电话营销流程

电话营销人员通常从数据库中读取电话列表，通过电话联系新老客户。客服人员能够获得产品的详细信息，从而解决客户的咨询与投诉。

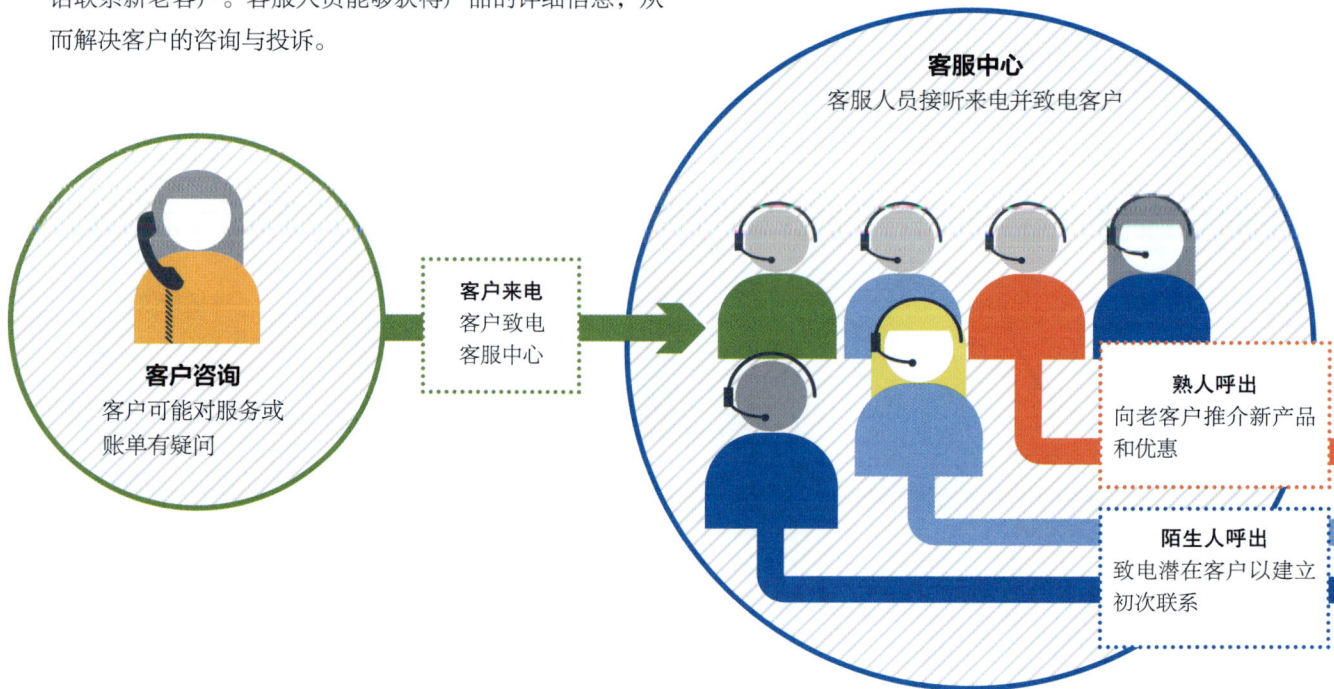

客服中心
客服人员接听来电并致电客户

客户来电
客户致电
客服中心

客户咨询
客户可能对服务或
账单有疑问

熟人呼出
向老客户推介新产品
和优惠

陌生人呼出
致电潜在客户以建立
初次联系

主要客服中心所在地

　　菲律宾是美国企业首选的客服中心所在地。原因是，很多菲律宾人拥有美国教育背景，了解美国的文化。

爱尔兰
波兰
中国
印度
菲律宾

✓ 必备知识

- ▶**呼叫后工作（ACW）**　客服人员在呼叫完毕后需要完成的工作，如处理销售表格。
- ▶**平均处理时长（AHT）**　与客户通话的平均时长。
- ▶**自动呼叫分配器（ACD）**　计算机电话集成系统，能将每个客户的电话转接给合适的客服人员。
- ▶**平均应答速度（ASA）**　接听呼入电话的时间。

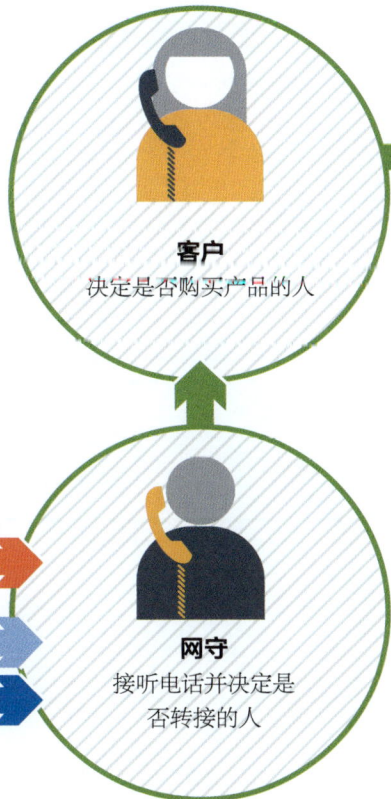

客户
决定是否购买产品的人

网守
接听电话并决定是否转接的人

客服A
客服B

评估有效性
电话营销人员持续评估电话的有效性。

客服A
可能采用特定的销售策略，或拥有独到的方法。

客服B
可能采用与众不同的沟通方法或销售手段。

结果
营销活动结束后，电话营销人员评估各种风格和策略的有效性，据此来选择未来的促销活动。

集客式营销

集客式营销（Inbound Marketing）用令人注目的信息来吸引客户，让他们参与进来。集客式营销将客户"拉入"关系网，而不是像做广告那样"推动"客户去购买。集客式营销也称作"许可式营销"（Permission Marketing），因为潜在客户给予了企业与他们交流的许可。换言之，潜在客户与企业或品牌进行着积极的互动。

集客式营销的流程

内容是集客式营销的核心元素，包括文字、图片和视频，有客户在网络上（尤其是在社交媒体平台上）搜索的内容，还有个人参与贸易会等活动时，与家人、朋友和同事分享的内容。潜在客户之所以会回应集客式营销，是因为企业或品牌为客户提供了与其相关的有趣信息、娱乐活动及情感价值。企业希望这种互动能最终促成销售，或是提高品牌认知度从而带动销售。

必备知识

▶ **漏斗顶营销（TOFU）** 提供内容，抓住潜在客户的注意力。

▶ **漏斗肚营销（MOFU）** 提供详尽细节，鼓励参与。

▶ **漏斗底营销（BOFU）** 尝试通过低价、优惠及客户推荐来促成销售。

常用的内容营销类型

1. 博客
2. 使用手册
3. 图片
4. 信息图表
5. 视频
6. 客户见证/用户评价
7. 案例研究
8. 网络爆红事件
9. 电邮新闻
10. 电子书
11. 播客
12. 推特聊天
13. 新闻劫持（Newsjacking，将内容提供给新闻媒体）

探索
发布内容并积极推广；使用搜索引擎优化（SEO）来吸引网络上的客户

决策
确保内容能够吸引潜在客户或解答疑问；鼓励双向交流

购买
鼓励感兴趣的网站访客成为客户；让网络购物变成轻松、积极的体验

支持
提供优质的客户服务；鼓励客户推荐产品，并在社交媒体平台上分享使用体验

82%

2021年接受调查的营销人员中积极采用内容营销的人所占的比例。2020年该比例为70%

搜索引擎、社交媒体平台、网络出版商，以及第三方博客

企业网站、博客、播客、网络社区及互动工具

电子商务流程、产品、价格、折扣与促销

客户对产品的支持

集客式营销策略

线下

优化零售空间　提供优雅的购物环境，吸引客户并鼓励他们再次光临。

吸引媒体关注　举办新闻发布会，吸引媒体报道。侧重有切实影响力的内容，特别是有统计数据和研究支撑的文章。

面对面互动　发起店内活动，为客户提供全新的体验和福利；在交易会场租用展台，展示关键信息。

线上

发布博文　更新企业博客，发布令人注目的内容来吸引客户。参见224～225页。

创作播客　确保内容与客户正在寻找的信息相关；邀请专家参与，以增加价值。参见226～27页。

制作其他内容　在社交媒体平台上发布文章、照片和视频；吸引有影响力的用户，鼓励病毒式传播。参见228～229页。

应用搜索引擎优化　向搜索引擎列表添加解答特定问题的关键词；添加流行站点的集客链接。参见230～231页。

推播式营销与集客式营销

推播式营销即打断客户，向其推销产品和品牌；而集客式营销则需要客户的许可——客户必须搜索能将他们引向营销内容的信息。

运作原理

在互联网和社交媒体兴起之前，绝大多数营销策略是推播式的。换言之，营销人员用广告或直邮打断客户，向其推送信息。网络上的推播式营销也是一样的：例如，弹窗广告会打断客户的浏览内容。如今，客户使用互联网来搜索信息及娱乐节目。因此，营销人员转而采用集客式策略，向客户提供有吸引力的产品和品牌信息，而不是将营销信息推送给他们。

优点与缺点

每天，营销人员都要用数百条推播式营销信息来打断客户。不过，他们也会用微妙的集客式营销策略来吸引客户。这两种营销策略有各自的优点与缺点。

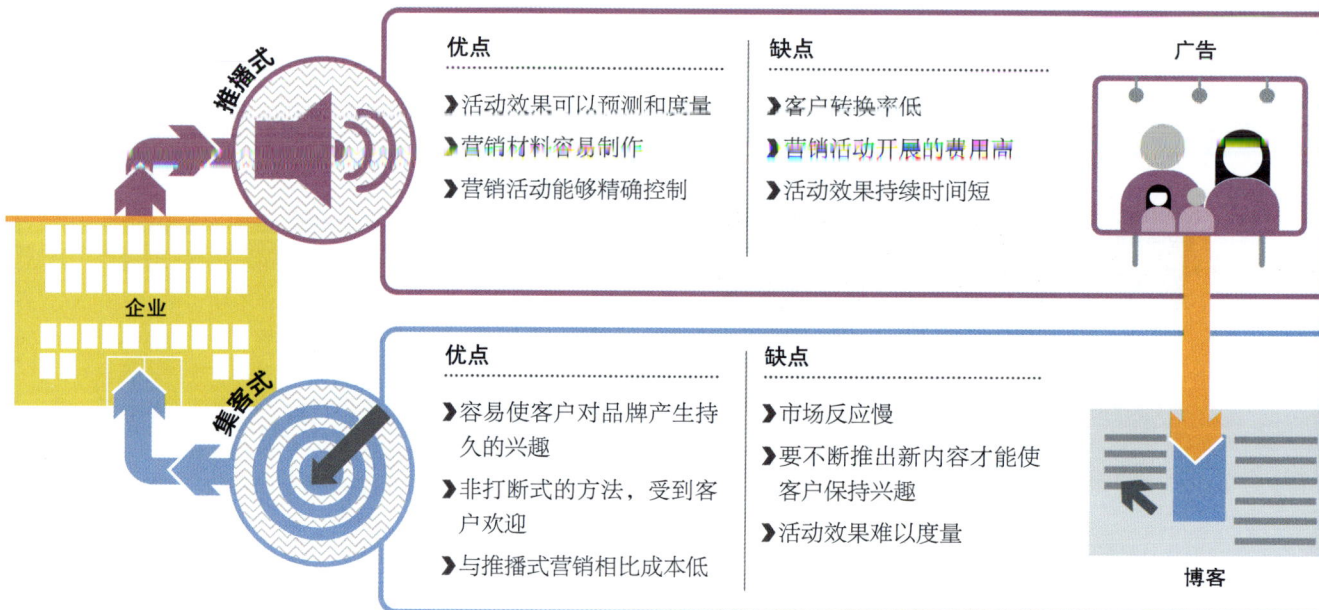

推播式

优点	缺点	广告
▶ 活动效果可以预测和度量	▶ 客户转换率低	
▶ 营销材料容易制作	▶ 营销活动开展的费用高	
▶ 营销活动能够精确控制	▶ 活动效果持续时间短	

企业

集客式

优点	缺点	博客
▶ 容易使客户对品牌产生持久的兴趣	▶ 市场反应慢	
▶ 非打断式的方法，受到客户欢迎	▶ 要不断推出新内容才能使客户保持兴趣	
▶ 与推播式营销相比成本低	▶ 活动效果难以度量	

投资回报率（ROI）：集客式营销与推播式营销

2018年HubSpot撰写的一份报告指出，超过半数的营销人员认为，集客式营销带来了更高的投资回报率。

53%

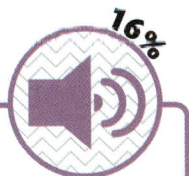
16%

31%

53%的营销人员表示，集客式营销的投资回报率更高

16%的营销人员表示，推播式营销的投资回报率更高

31%的营销人员表示，无法计算或者不清楚投资回报率，或认为不适用

74% 的营销人员表示，集客式营销是其组织所采用的主要营销方式

交易展

电话营销

付费搜索

直邮信件

渠道的整合
通过协调所有渠道的信息，企业可以优化营销活动的影响力。

播客

搜索引擎优化

网站

社交媒体

博客

　　企业在网络日志（博客）上发布信息，吸引客户访问企业网站。为了实现这一目标，企业可以在自己的网站上发布博文，也可以依靠独立的博客写手。

运作原理

　　与传统网站不同的是，博客站点只包含按时间顺序发布的信息帖子或条目，近期的内容排在前列。博客最早出现于20世纪90年代，当时，新的网站工具使非专业人士也能在网络上发布资料。自那以后，博客成为互联网上最常见的信息及观点来源。尽管发布博客的一度只有个人，但到现在，很多博客是由企业委托给他人，或是由企业的营销部门来撰写的。

博客发布过程

　　为了了解网络上的热议话题，营销人员可以使用搜索引擎优化工具（参见230～231页）来确定最合适的博客题目。许多企业任用内部人才来撰写博客内容。

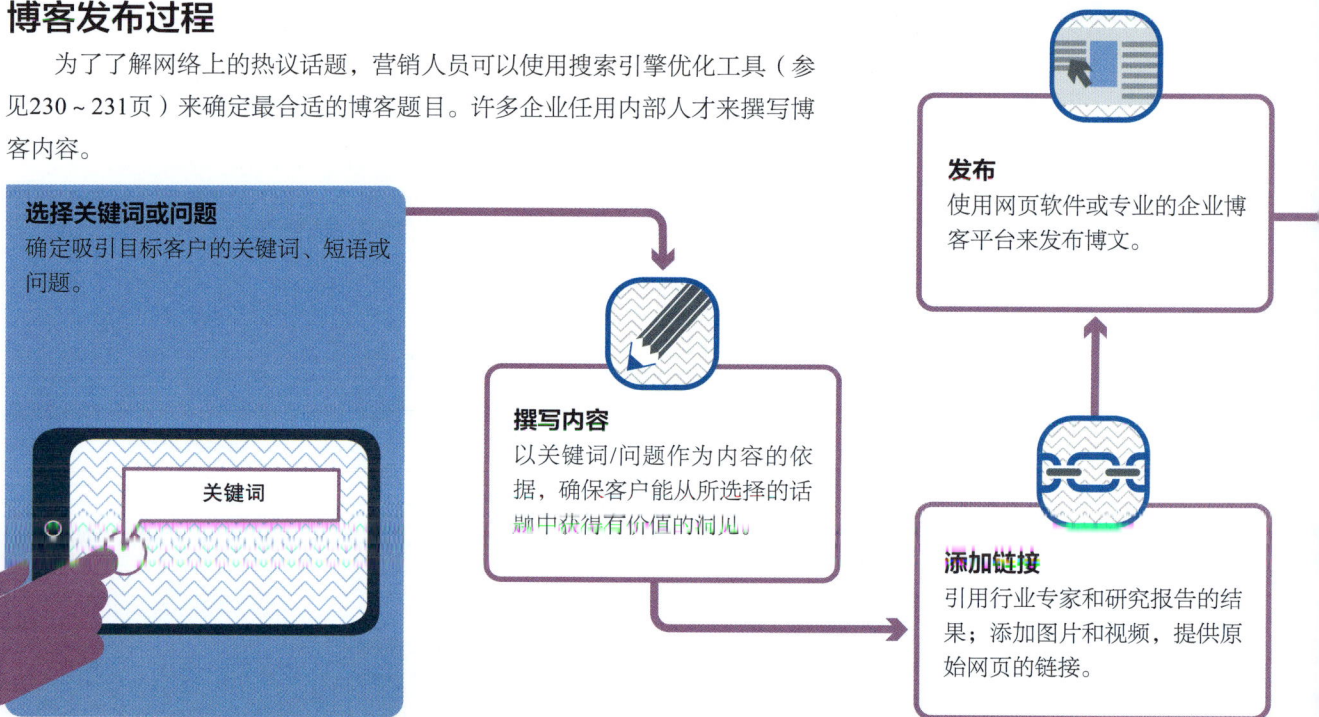

选择关键词或问题
确定吸引目标客户的关键词、短语或问题。

关键词

撰写内容
以关键词/问题作为内容的依据，确保客户能从所选择的话题中获得有价值的洞见。

发布
使用网页软件或专业的企业博客平台来发布博文。

添加链接
引用行业专家和研究报告的结果；添加图片和视频，提供原始网页的链接。

博客的兴起

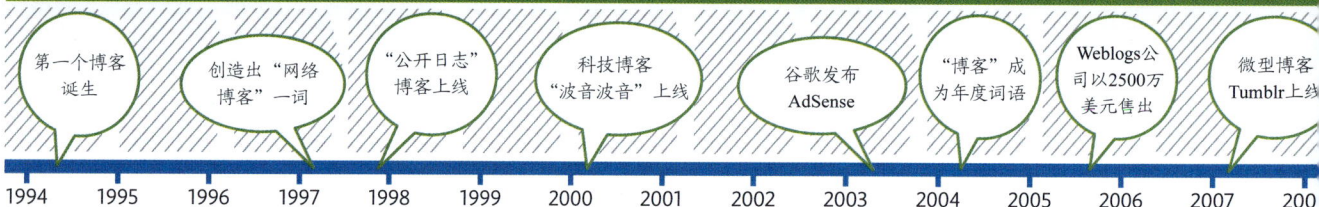

| 1994 | 1995 | 1996 | 1997 | 1998 | 1999 | 2000 | 2001 | 2002 | 2003 | 2004 | 2005 | 2006 | 2007 | 200 |

第一个博客诞生

创造出"网络博客"一词

"公开日志"博客上线

科技博客"波音波音"上线

谷歌发布AdSense

"博客"成为年度词语

Weblogs公司以2500万美元售出

微型博客Tumblr上线

40%的网站
使用WordPress提供的博客
工具

✓ 必备知识

- ▶**披露** 披露相关信息，如博客是否有赞助，接受评测的产品是赠送给博主的，还是需要单独购买的。
- ▶**垃圾博客** 垃圾博客会发布一些虚假文章，目的是提高某些网站在搜索引擎中的排名。

同步/分享
将博客提交给同步网站，并在脸书、推特和照片墙等社交媒体平台上分享。

追踪与度量
监测博客的关键统计数据，如独立访客数、RSS订阅源及邮件的订阅量。

博客的重点统计数据

追踪五大统计数据

- ▶**访客数** 访问博客的潜在客户数及客户进入途径——由链接进入还是直接进入。
- ▶**跳出率** 浏览单个网页后就退出网站的比例。
- ▶**每次访问的页面数** 访问者浏览的网页数量。
- ▶**转换率** 订阅博客的访客比例
- ▶**关键词** 访客用来寻找博客站点的常用词。

三大博客误区

- ▶**过分关注搜索引擎优化（SEO）** 搜索引擎优化固然重要，但企业应侧重于发布高质量的内容。
- ▶**忽略事实** 发布的文章应该提供真实信息，而不仅仅是观点或重新包装的内容。
- ▶**缺乏可读性** 设计欠佳、排版混乱的博客，会阻碍用户阅读内容。

美国在线（AOL）买下赫芬顿邮报的博客和新闻网站

WordPress的博客数达到7500万

推出.blog域名

博客数超过5亿个

09　2010　2011　2012　2013　2014　2015　2016　2017　2018　2019　2020　2021　2022

播客或视频博客

企业可在网上发布音频和视频内容，吸引网民并让他们参与进来——目的是让首次访问网站的人士订阅。一旦他们参与了播客或视频博客，企业就可以在播客页面或其下载页面上做广告，以销售产品，或者通过赞助播客或视频博客来强化品牌形象。

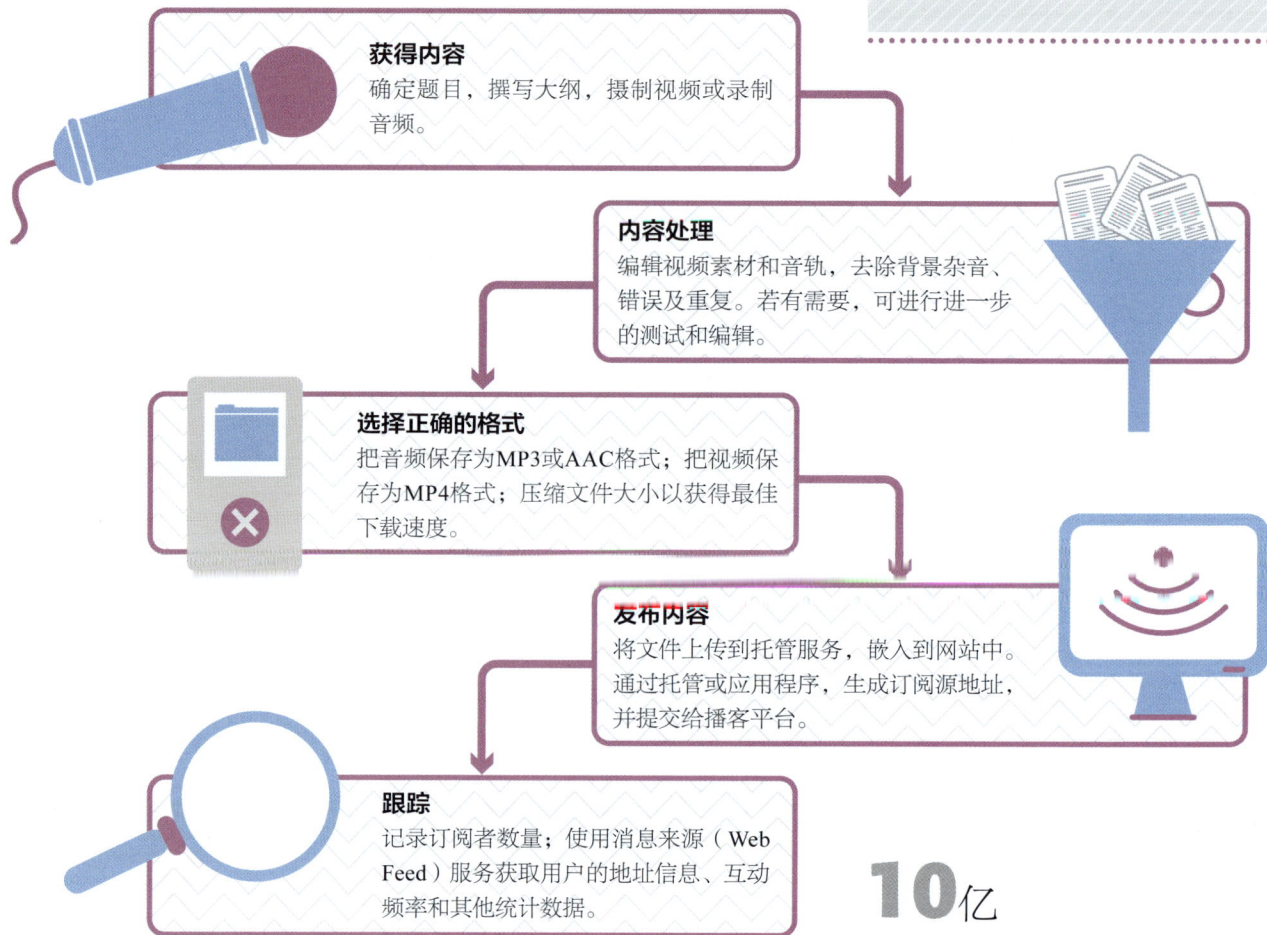

✓ 必备知识

▶ **播客** 一系列音频或视频文件，可以下载到个人媒体播放器中。

▶ **视频博客** 视频格式的博客，通常记录一个人的想法或经历。

▶ **移动播客** 在手机上制作并发布的播客。

播客/视频博客发布过程

为了从播客或视频博客中获得商业利益，企业需要制作并发布有趣、能增长见识的内容。

获得内容
确定题目，撰写大纲，摄制视频或录制音频。

内容处理
编辑视频素材和音轨，去除背景杂音、错误及重复。若有需要，可进行进一步的测试和编辑。

选择正确的格式
把音频保存为MP3或AAC格式；把视频保存为MP4格式；压缩文件大小以获得最佳下载速度。

发布内容
将文件上传到托管服务，嵌入到网站中。通过托管或应用程序，生成订阅源地址，并提交给播客平台。

跟踪
记录订阅者数量；使用消息来源（Web Feed）服务获取用户的地址信息、互动频率和其他统计数据。

10亿
每周收听播客的人数

企业博客和播客的伦理

独立网络评测员常与企业合作，它们互惠互利。根据法律，博主有义务披露他们为创作促销内容而收取的钱款或礼物。不过，其中的伦理边界并不清晰。

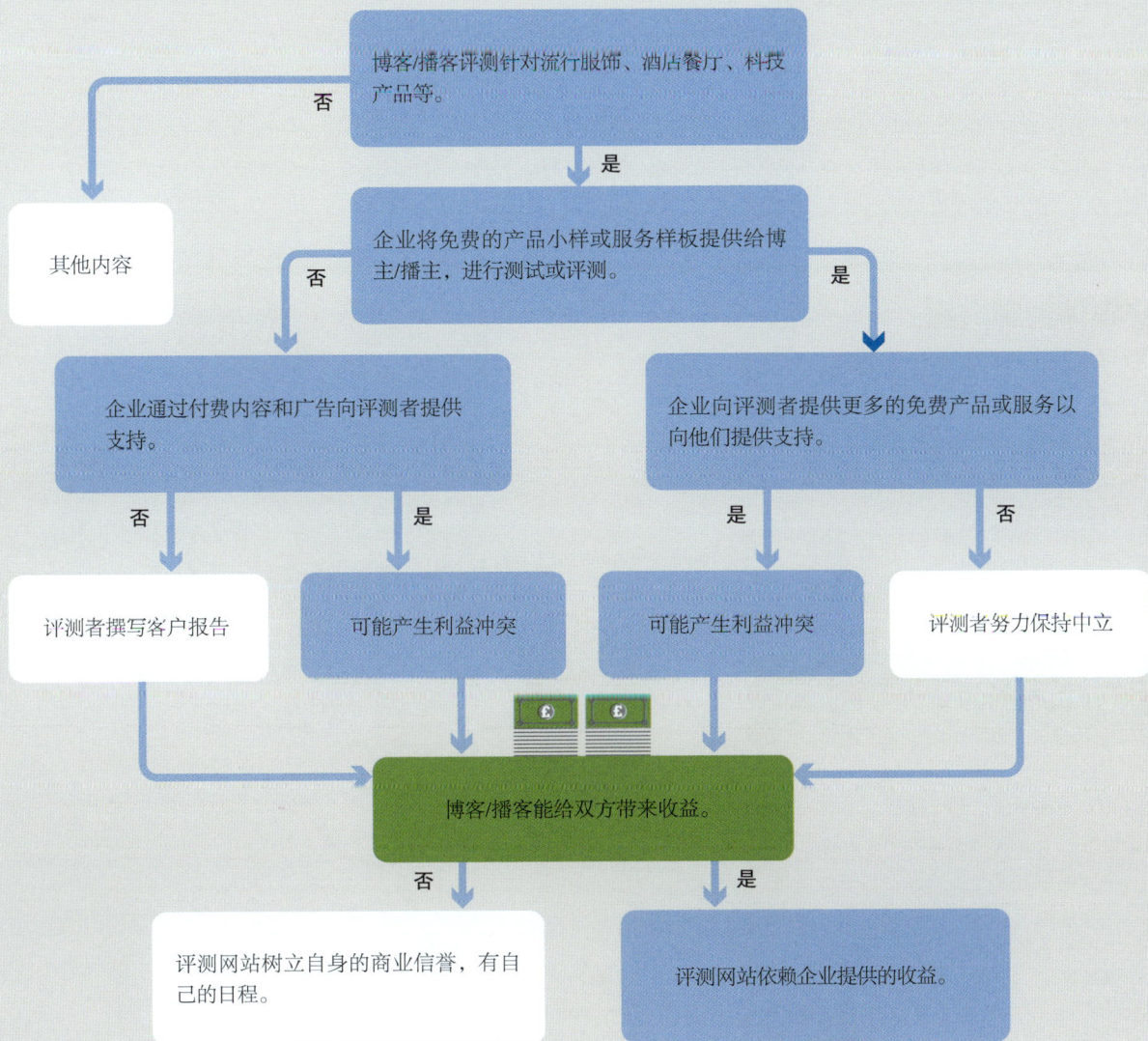

博客/播客评测针对流行服饰、酒店餐厅、科技产品等。

否

是

其他内容

企业将免费的产品小样或服务样板提供给博主/播主，进行测试或评测。

否

是

企业通过付费内容和广告向评测者提供支持。

企业向评测者提供更多的免费产品或服务以向他们提供支持。

否

是

是

否

评测者撰写客户报告

可能产生利益冲突

可能产生利益冲突

评测者努力保持中立

博客/播客能给双方带来收益。

否

是

评测网站树立自身的商业信誉，有自己的日程。

评测网站依赖企业提供的收益。

图例

企业对博主有潜在影响

博客为博主/企业带来收益

博主的运作独立于企业

社交媒体营销

营销人员在社交媒体平台上发布内容，以吸引网站用户，让他们注意到企业的产品。有时，这类渠道会使关注发布内容的人迅速增加。

运作原理

社交媒体营销人员负责制作吸引眼球的内容。通常，这些内容提供了娱乐，或是社交媒体用户积极寻找的信息。如果内容足够吸引人，就能引来不少关注者，将内容分享给亲友。这些内容不断被分享、评论、点赞，最终被谷歌等搜索引擎收录，从而引起更多人的兴趣。

社交媒体营销流程

晒后肌肤修复保健品的厂商制作了一段视频内容，来展示这款产品的神奇功效，并通过两个社交媒体渠道发布了视频。视频脚本、图片或故事在网络上迅速扩散的现象，被称为"爆红"（go viral）。

在YouTube上发布内容，题为"全新抗衰老肌肤护理品"

360名YouTube用户分享了该内容

美容方面的一位知名博主在照片墙上链接了YouTube的帖子

120个照片墙粉丝通过WhatsApp消息服务应用分享了该帖子。

数千名WhatsApp用户阅读了帖子并访问了链接。

将搜寻者变为参与者

内容营销人员的目的是：把访问网站、博客和社交媒体的"搜寻者"，变为订阅网站内容、允许双向沟通的"参与者"。

第一阶段 营销人员发布内容来吸引用户（"搜寻者"和"参与者"），如视频、文章或促销信息。

第二阶段 依靠社交媒体用户，将内容分享给亲朋，把帖子传播给更广泛的受众。

第三阶段 监测用户的回复率，审核他们的帖子。

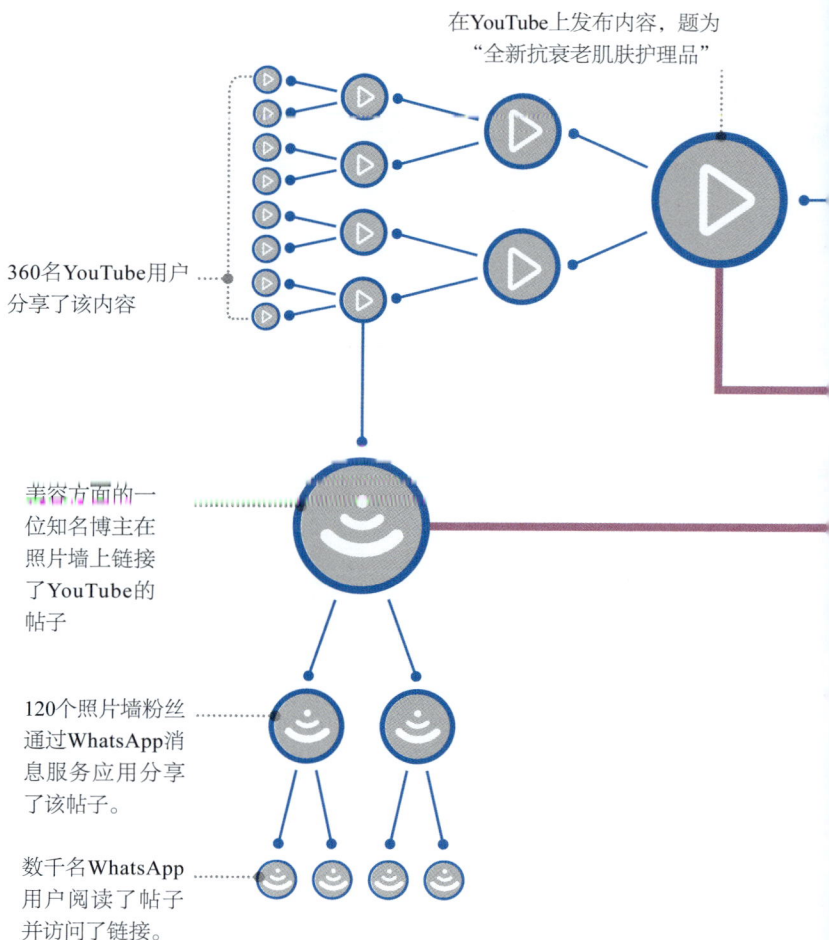

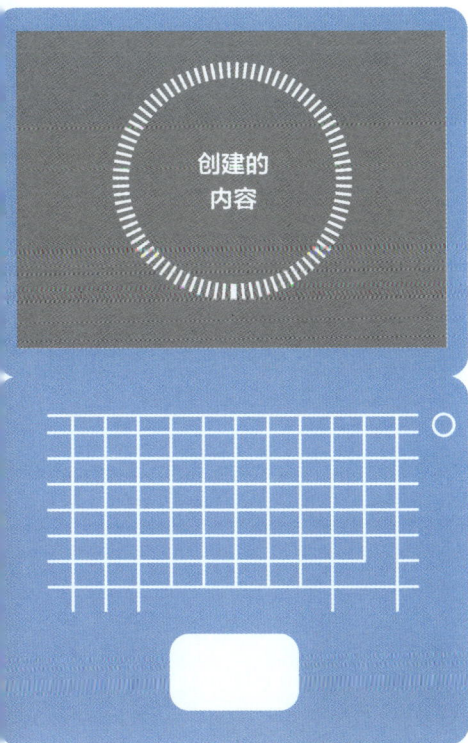

90%的营销人员表示，社交媒体数据帮助他们从同行中脱颖而出

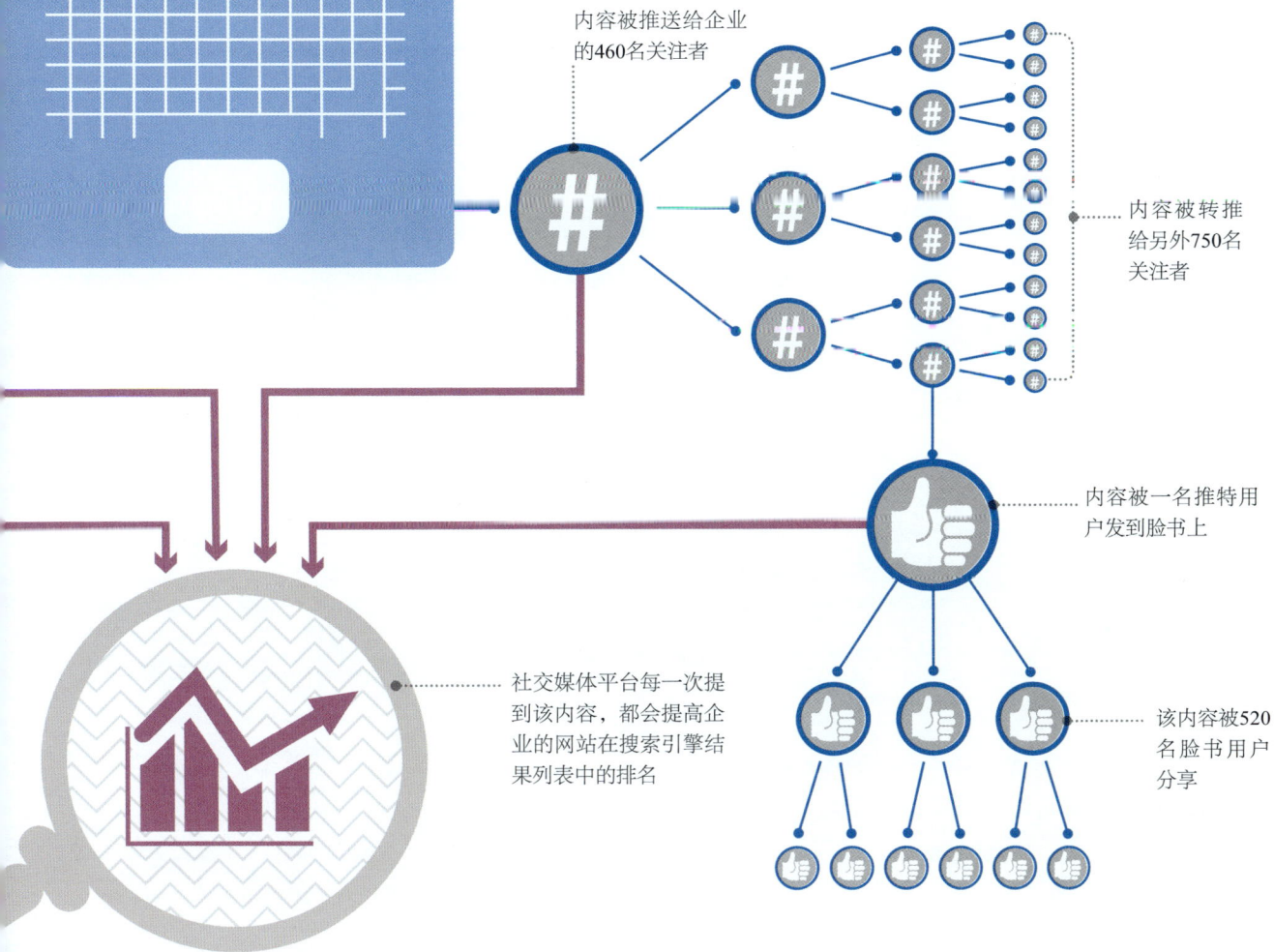

创建的内容

内容被推送给企业的460名关注者

内容被转推给另外750名关注者

内容被一名推特用户发到脸书上

社交媒体平台每一次提到该内容，都会提高企业的网站在搜索引擎结果列表中的排名

该内容被520名脸书用户分享

搜索引擎优化

搜索引擎优化（SEO）是指，营销人员采用易于被搜索引擎索引的技术方法，以及优化网站结构及表达，提高网站在搜索引擎结果列表中的排名，进而达到网站推广目的的技术。搜索引擎优化软件可以帮助用户创建网页，使之出现在搜索引擎结果列表的顶端。

运作原理

拥有网站的企业必须确保网站排在搜索引擎结果列表的前列。为此，企业通常使用搜索引擎优化工具，监测使用关键词搜索时企业网站的排名，并采取措施，提高搜索结果页的排名。营销人员常用的重要措施包括：选取适当的关键词，链接到其他网站，以及制作包含热搜词或热搜短语的内容，使网站与各种搜索请求关联起来。

搜索引擎提供"每次点击付费"服务，保证购买服务的企业排在搜索结果列表的顶端。用户每次点击企业的链接，企业都要向搜索引擎支付费用。

32%的人
点击了谷歌搜索结果
列表顶端的链接

搜索引擎优化过程

可以定期使用下列工具，提升网站在搜索引擎结果列表中的排名。

关键词研究
使用搜索引擎优化工具来研究最受欢迎的关键词。

➤对关键词进行头脑风暴
➤使用工具来扩展列表
➤思考用户会怎样搜索

优化页面
创建页面，包含正确的元素以提高排名。

➤创作与关键词排名靠前的网页相似的内容
➤撰写引人注目的标题标签（title tags）
➤使用描述性统一的资源定位符（URL）、图像标签和文件名

结构和技术性搜索引擎优化
帮助搜索引擎查找、爬取和检索你的网站。

➤使用逻辑站点结构
➤确保网站对移动端友好，加载速度快
➤使用超文本传输安全协议（HTTPS）以确保网站安全

关键词选择
依靠直觉，并用搜索引擎优化工具的分析来缩短关键词列表。

➤分析关键词流量
➤查看每个关键词排名的难度
➤决定竞争的最优办法

✔ 必备知识

▶ **Robot.txt** 一种文本文件，目的是指示Googlebot等网页爬虫软件避开某些网页。

▶ **搜索算法** 逐步进行的计算方法，旨在寻找决定搜索结果排名的线索。

▶ **元数据** 描述已存储数据的信息，即有关数据的数据。

▶ **黑帽SEO** 令人反感的搜索引擎优化实践，如违反搜索引擎的指导条例，填充过多的关键词。

▶ **跳出率（Bounce rate，也译作"单页面访问率"）** 只访问单个页面用户占全部访问用户的比重。

搜索引擎优化小窍门

避免单一词语，多个词语组成的短语排名更高

添加博客，发布搜索引擎能搜索到的内容

使用声誉良好的站点，将相关内容链接回企业网站

监测搜索统计数据，如使用谷歌关键词规划师（Google Keyword Planner）或Semrush

将优质内容排在前列，定期用关键词进行更新

给标题加上关键词，关键词要与页面内容相关

报告与追踪

使用工具追踪流量，报告网站排名

▶ 侧重访问质量
▶ 检查服务器报告
▶ 计算搜索引擎带来的收益

制作链接

在关联网站上添加链接，指向企业的网站

▶ 链接到知名网站
▶ 赞助社交媒体平台
▶ 请求与合作伙伴建立链接
▶ 模仿竞争对手的网络链接

关键词修改

监测目前选用的关键词得到的结果，并进行调整

▶ 检查用词是否太宽泛
▶ 避免专业词汇
▶ 改变词序

搜索引擎优化爬虫

在互联网上漫游，向搜索引擎数据库添加内容的软件

企业发展

销售和营销团队的总体目标是：同客户建立联系，并将之转换为收益。这是企业发展的核心，它需要不断吸引潜在客户，鼓励他们购买，并让他们参与进来。在这个过程中，营销人员和销售人员会使用一系列策略和渠道来吸引客户，赢得他们对品牌及产品的长期忠诚。

合作过程

营销部门建立品牌形象，而销售团队负责销售。他们协同合作，通过各种渠道传达信息，引导潜在客户踏上从认识品牌到反复购买的历程。

社交媒体

现场活动

面对面交流

建立品牌认知度
针对目标客户群体开展内容营销或广告促销活动，使之了解品牌及其价值。这会为建立长期客户关系打下基础。参见234 ~ 235页。

拓展销路
结合集客式营销和推播式营销策略，鼓励潜在客户搜索品牌或产品。参见236 ~ 237页。

将销路转变为销售额
一旦潜在客户产生兴趣，就可以用定制的信息、优惠活动、设计精美的电子商务网站来引导他们购买。参见238 ~ 239页。

广告

公关

邮件推销

电话营销

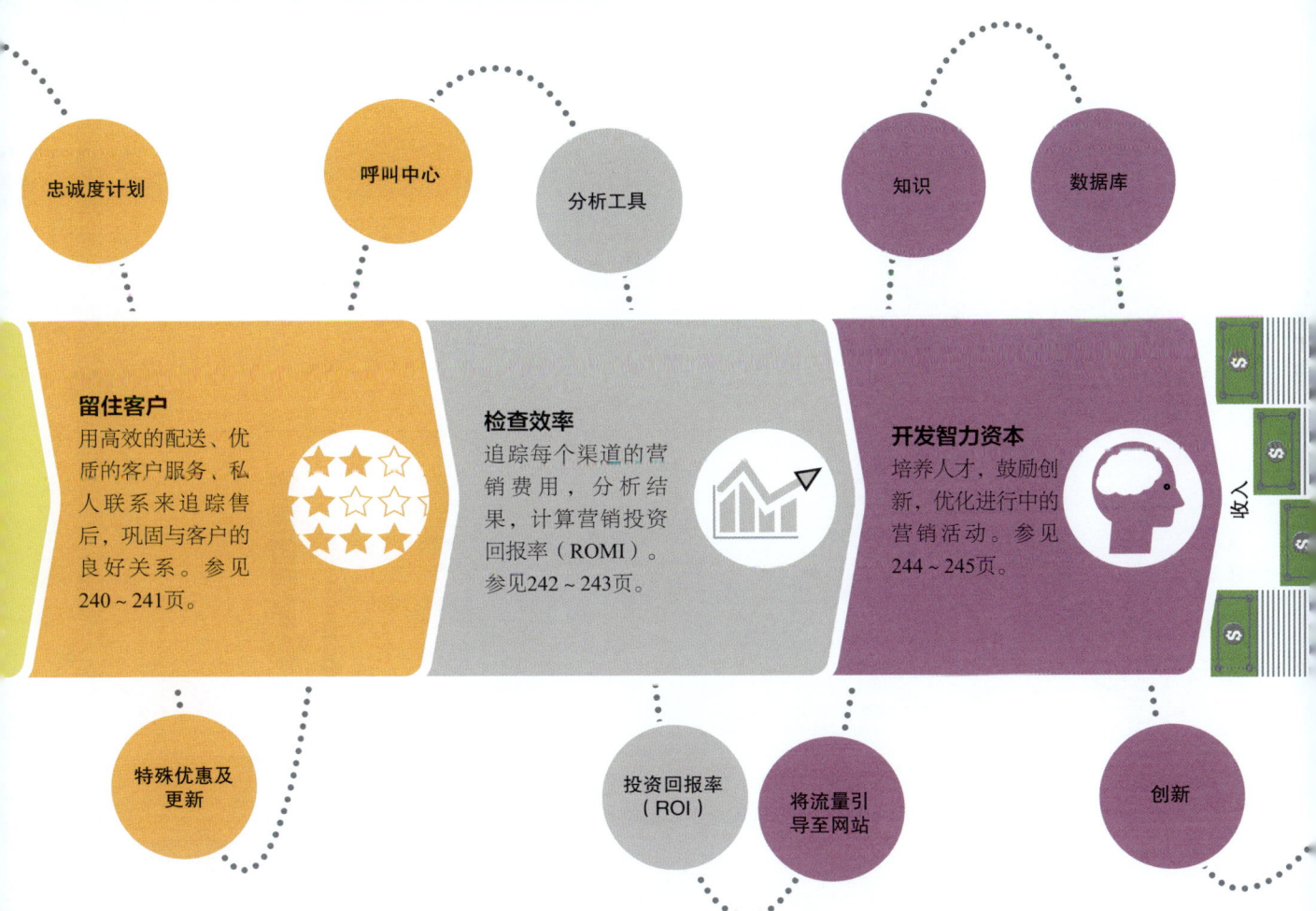

63%的企业
未采用结构化方法来优化经营

企业发展战略

　　企业的发展依赖业务增长。销售团队和营销团队通过建立客户基础，提高企业的长期盈利能力。要确保客户基础持续活跃，可以采用多种办法。

▶ 追踪客户的历程，从售前到售后。

▶ 想方设法降低销售成本，提高客户满意度。

▶ 整合销售流程与营销活动，拓展并保留客源；留意理想的客户。

▶ 定期监控和评估流程。

忠诚度计划

呼叫中心

分析工具

知识

数据库

留住客户
用高效的配送、优质的客户服务、私人联系来追踪售后，巩固与客户的良好关系。参见240～241页。

检查效率
追踪每个渠道的营销费用，分析结果，计算营销投资回报率（ROMI）。参见242～243页。

开发智力资本
培养人才，鼓励创新，优化进行中的营销活动。参见244～245页。

收入

特殊优惠及更新

投资回报率（ROI）

将流量引导至网站

创新

品牌塑造与品牌重塑

产品的专有特征定义了品牌。品牌塑造将产品的品质传达给客户，在企业和客户之间建立起持久的联系。

运作原理

企业在开发品牌时，会创造一套明确的价值观，其表达形式有：产品形象、配色、徽标、口号、广告歌曲、促销形象，以及员工与客户和供应商的关系。品牌对企业和客户都有效果。其目的是，消除不确定性和风险，传递重要特质。如今，社交媒体促进了品牌推广。例如，90%的照片墙用户关注了一个品牌。

品牌管理周期

一个产品的品牌塑造通常有几个阶段。为了进行产品的品牌重塑（重新开发），企业必须从头来过。

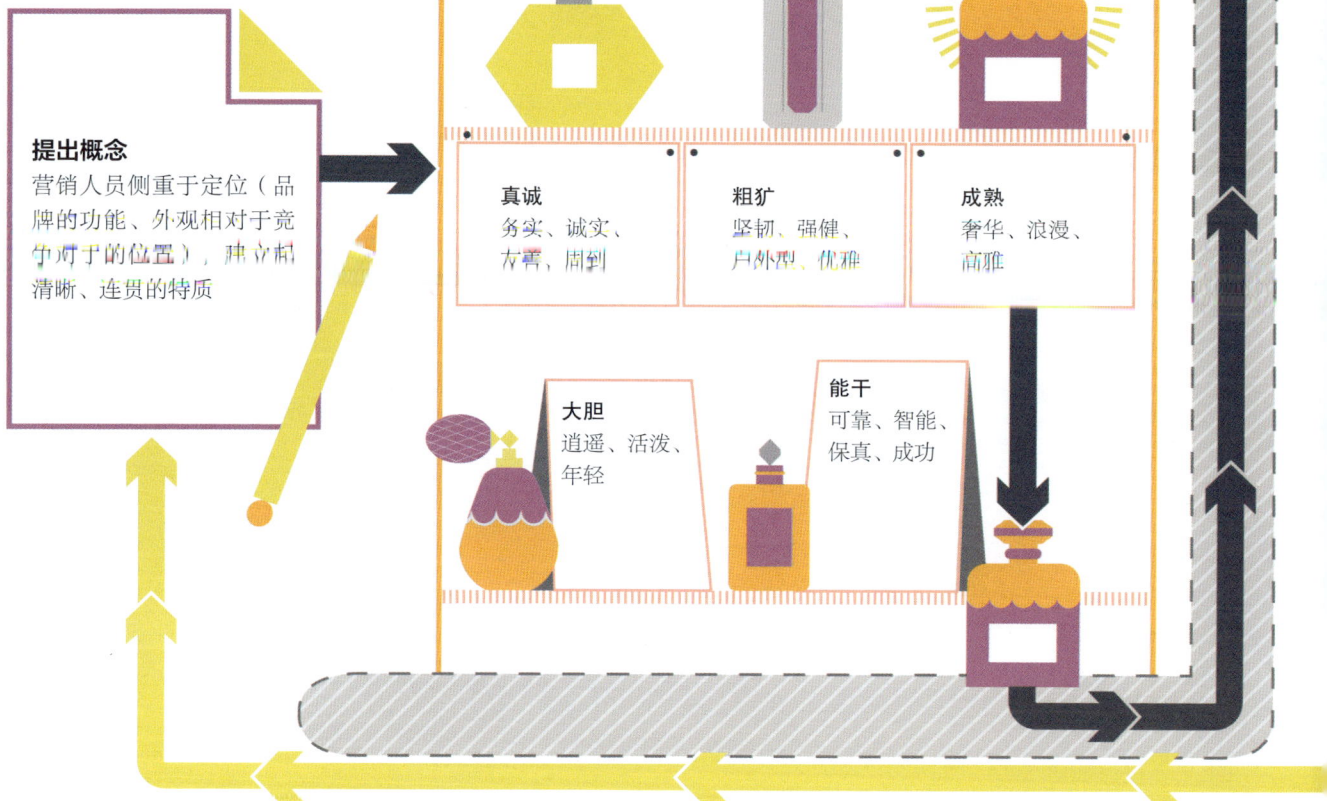

提出概念
营销人员侧重于定位（品牌的功能、外观相对于竞争对手的位置），建立相对清晰、连贯的特质

选择品牌特质

真诚
务实、诚实、友善、周到

粗犷
坚韧、强健、户外型、优雅

成熟
奢华、浪漫、高雅

大胆
逍遥、活泼、年轻

能干
可靠、智能、保真、成功

应用营销组合

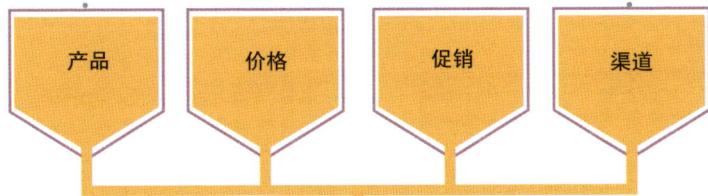

产品	价格	促销	渠道

必备知识

▶ **品牌资产** 备受推崇的品牌比竞争对手产生更多销售额的能力。

▶ **品牌宽度** 衡量品牌连接广大客户的效力。

▶ **品牌架构** 开发一个或多个品牌，并建立品牌层级结构的计划。

心理需求
让品牌诱人

生理需求
证明产品有用

购买力
利用品牌价值
优化销售

客户

应用促销组合

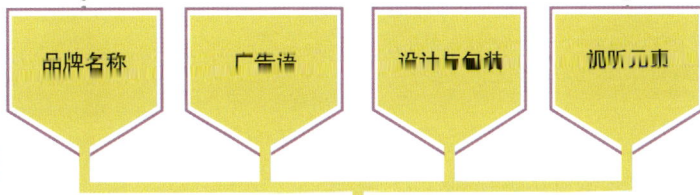

品牌名称	广告语	设计与包装	视听元素

研究

是时候重塑品牌，让产品更具吸引力了吗？

品牌审计

审计通过

品牌重塑

重新开发：回到流程的第一步

客源开发

企业要成长，发展新客户是一个基本目标。客源开发（Lead Generation）是企业用来定位、吸引、培养客源（潜在客户）的策略。

运作原理

客源开发的目标是找到客户，他们需要或是想要购买企业出售的产品。对于一开始就对产品缺乏兴趣的人，销售团队并不希望在他们身上浪费资源。客源开发这一过程的目的是：帮助企业界定并吸引最有可能成为实际客户的潜在客户，即优质客源。为了开发客源，营销部门和销售部门通常协作完成线上及线下的促销活动，识别并招徕潜在客户。客源开发过程的第一步是获取联系信息，下一步则是将客源转化为销售（参见238～239页）。

客源开发流程

客源开发流程涵盖多个步骤，需要销售、营销及客户服务团队通力合作，从而对营销活动做好规划、设计、实施、测试及改进。

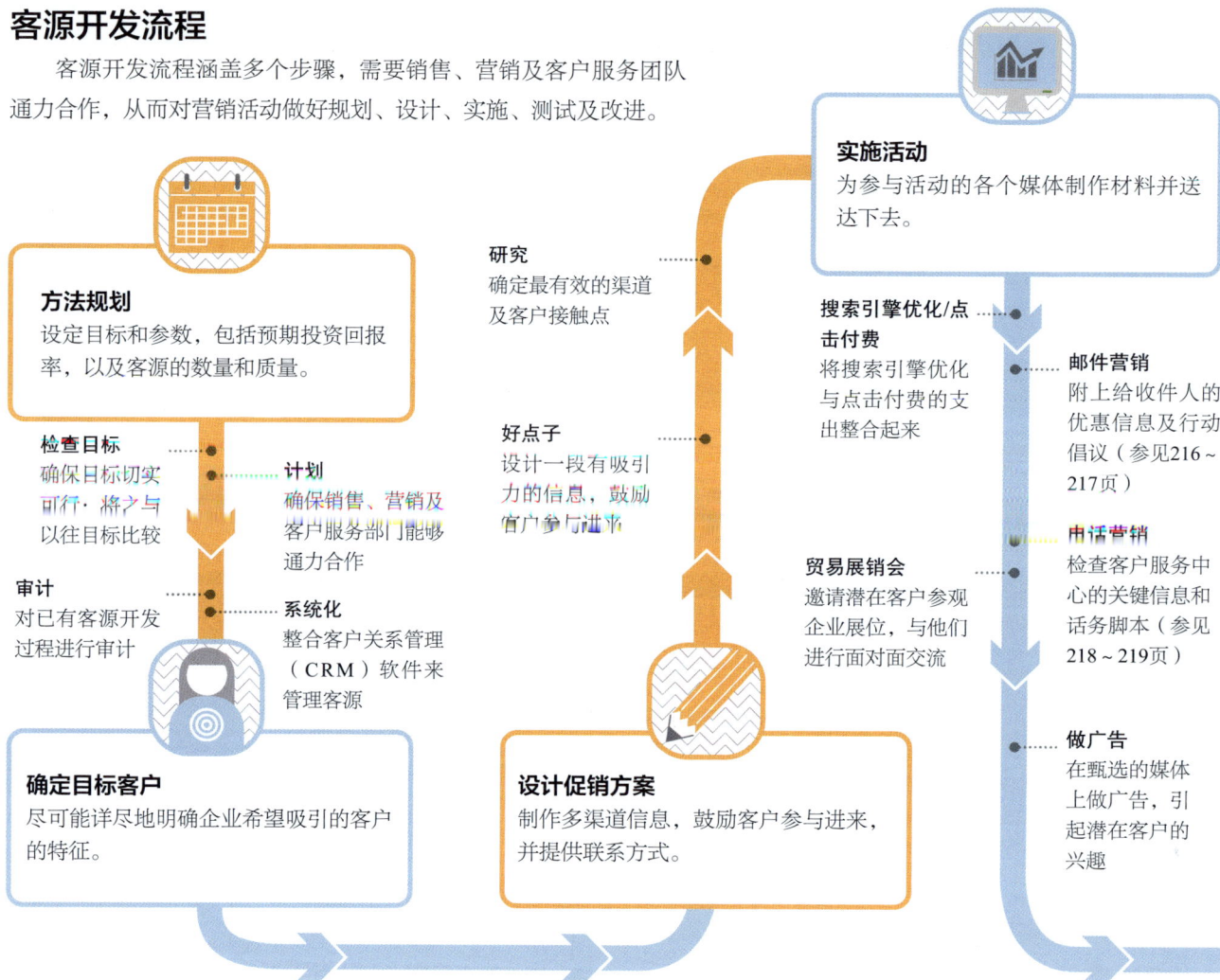

实施活动
为参与活动的各个媒体制作材料并送达下去。

方法规划
设定目标和参数，包括预期投资回报率，以及客源的数量和质量。

检查目标
确保目标切实可行，将之与以往目标比较

计划
确保销售、营销及客户服务部门能够通力合作

审计
对已有客源开发过程进行审计

系统化
整合客户关系管理（CRM）软件来管理客源

研究
确定最有效的渠道及客户接触点

好点子
设计一段有吸引力的信息，鼓励客户参与进来

搜索引擎优化/点击付费
将搜索引擎优化与点击付费的支出整合起来

贸易展销会
邀请潜在客户参观企业展位，与他们进行面对面交流

邮件营销
附上给收件人的优惠信息及行动倡议（参见216～217页）

电话营销
检查客户服务中心的关键信息和话务脚本（参见218～219页）

确定目标客户
尽可能详尽地明确企业希望吸引的客户的特征。

设计促销方案
制作多渠道信息，鼓励客户参与进来，并提供联系方式。

做广告
在甄选的媒体上做广告，引起潜在客户的兴趣

客源开发的五大战略

▶ 制作内容，如热门视频或有报道价值的企业报告，引导客户进入注册页面。

▶ 线上和线下渠道并用，因为大多数客户只会对一种渠道做出回应。

▶ 追踪每个客户的接触点，即购买前、购买中和购买后，客户接触产品的时间。接触点包括从在线用户评价到开具账单的时间点。

▶ 视渠道定制行动倡议，如邀请展销会访客参与竞赛。

▶ 设计有效的"选择加入"网络表单，获取数据，如邀请客户订阅更新信息的表单。

✔ 必备知识

▶ **自有媒体** 企业拥有的渠道，如网站、博客，或社交媒体账号。

▶ **注意、兴趣、欲望及行动** 有效营销信息的模型。

▶ **每次引导成本** 获取一名潜在客户的成本。

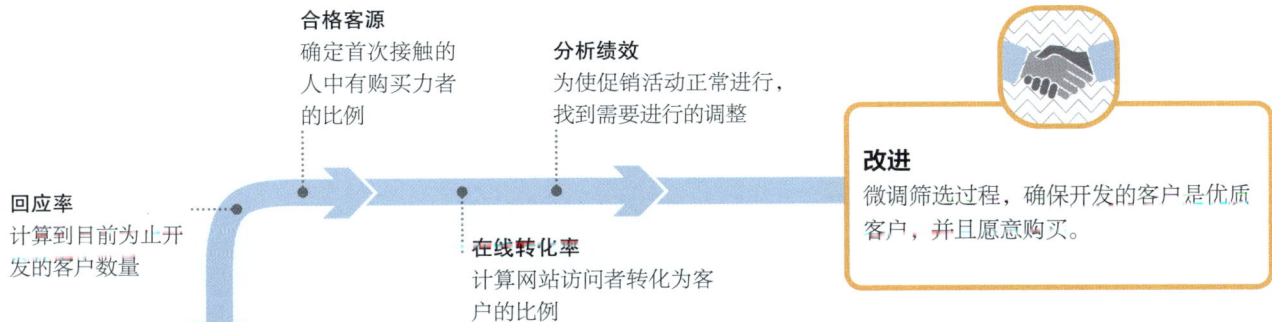

合格客源
确定首次接触的人中有购买力者的比例

分析绩效
为使促销活动正常进行，找到需要进行的调整

回应率
计算到目前为止开发的客户数量

在线转化率
计算网站访问者转化为客户的比例

改进
微调筛选过程，确保开发的客户是优质客户，并且愿意购买。

测量
跟踪并测量各种促销活动的反应，估算效率。

测试活动成果
监测活动开始后的几小时和几天里的效果，并在必要时修正活动细节。

B2B客源开发

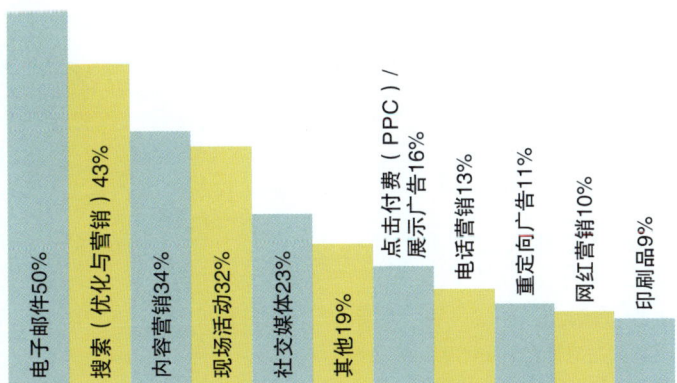

大多数B2B企业认为，客源开发是他们最重要的数字营销方式。然而，哪种策略最为有效？

电子邮件50%
搜索（优化与营销）43%
内容营销34%
现场活动32%
社交媒体23%
其他19%
点击付费（PPC）/展示广告16%
电话营销13%
重定向广告11%
网红营销10%
印刷品9%

2020年投资回报率最高的B2B企业中，将该策略置于前三位的企业比例

客源转化

客源转化（Lead Conversion）是将客户的兴趣转化为销售的过程。这不仅需要用推销辞令（Sales Pitch）来宣传产品，还需要为客户量身定制方法。

运作原理

销售部门和营销部门负责为企业带来销售收入。第一步是定位或识别潜在客户——客源开发。第二步是接触潜在客户，鼓励或劝说他们购买企业产品——客源转化。

营销人员用销售辞令将潜在客户转化为实际客户。如今，推销员过度热情的老套叫卖词，很大程度上已被更为复杂的策略所取代，购物网站上的实时聊天便是一例。实时聊天向客户提供了信息，并邀请他们参与对话，而不是单纯地纠缠他们。

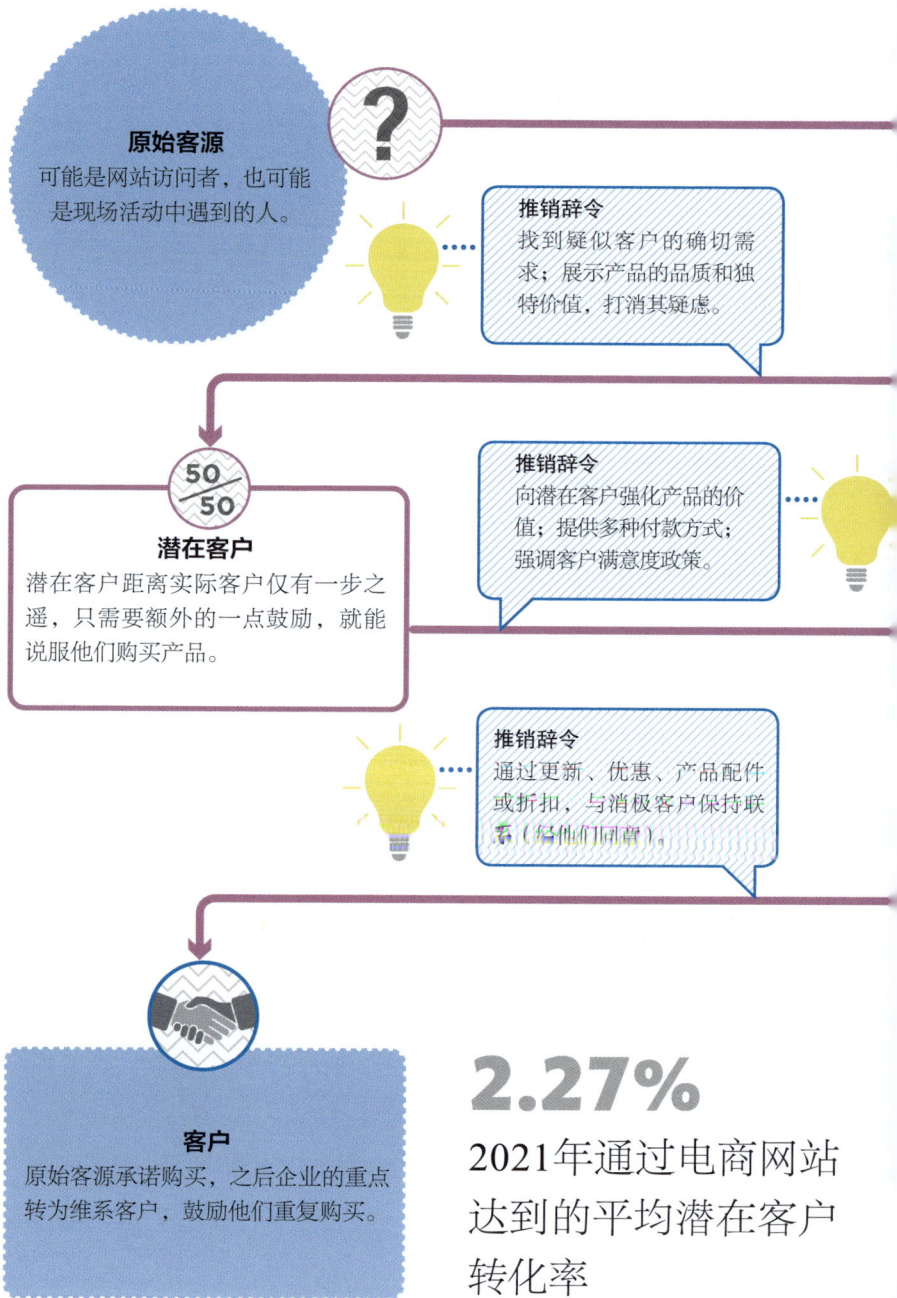

原始客源
可能是网站访问者，也可能是现场活动中遇到的人。

推销辞令
找到疑似客户的确切需求；展示产品的品质和独特价值，打消其疑虑。

50/50 潜在客户
潜在客户距离实际客户仅有一步之遥，只需要额外的一点鼓励，就能说服他们购买产品。

推销辞令
向潜在客户强化产品的价值；提供多种付款方式；强调客户满意度政策。

推销辞令
通过更新、优惠、产品配件或折扣，与消极客户保持联系（提他们同意）。

客户
原始客源承诺购买，之后企业的重点转为维系客户，鼓励他们重复购买。

必备知识

▶ **客源评分**（也译作"商机评分"）度量客户转化意愿的系统。

▶ **销售管道** 视觉追踪每个阶段的客源数量、潜力及期望，监测销售过程。

▶ **客源培育** 与潜在客户私下联络，慢慢将他们转化为客户。

▶ **每次接触成本** 每次接触（联系）客源耗费的销售人员劳动成本。

2.27%
2021年通过电商网站达到的平均潜在客户转化率

在线客源转化

　　引导网站访客完成客源转化流程的每一个步骤都需要策略。这通常用漏斗图来表示。一旦访客访问网站，他们就会被鼓励点击"号召行动"（Call to Action，CTA）的按钮，这将他们带到漏斗图的下一层。

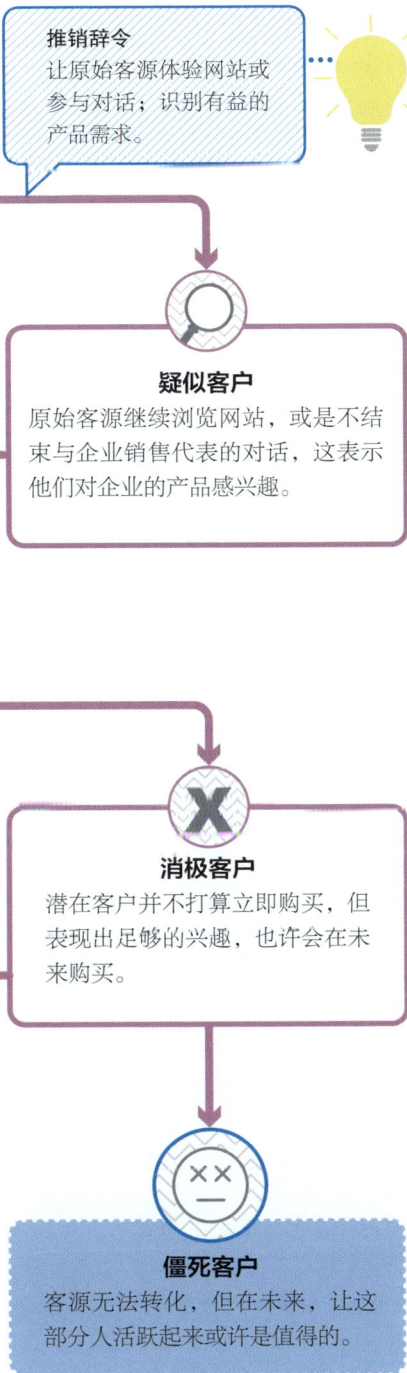

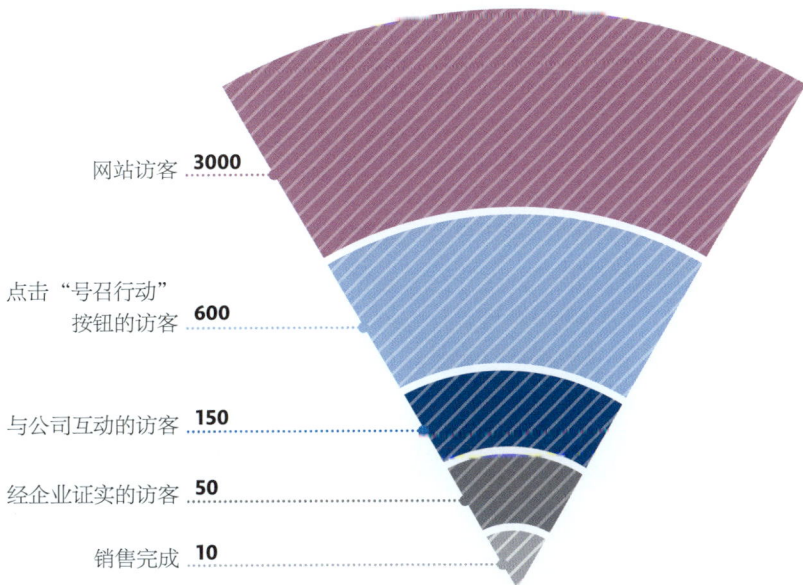

推销辞令
让原始客源体验网站或参与对话；识别有益的产品需求。

疑似客户
原始客源继续浏览网站，或是不结束与企业销售代表的对话，这表示他们对企业的产品感兴趣。

消极客户
潜在客户并不打算立即购买，但表现出足够的兴趣，也许会在未来购买。

僵死客户
客源无法转化，但在未来，让这部分人活跃起来或许是值得的。

网站访客　**3000**
点击"号召行动"按钮的访客　**600**
与公司互动的访客　**150**
经企业证实的访客　**50**
销售完成　**10**

三种经典销售辞令

高概念
　用朗朗上口的介绍，准确描述产品或企业的愿景（或核心理念）；目的是抓住客户的注意力，引起他们的兴趣。

电梯游说
　简短的概要（少于一分钟），解释企业或者产品的由来、内涵和原理。

二十分钟展示
　详细解释有关企业和产品的陈述；说明企业和产品会如何满足潜在客户的可能需求。

客户维系

老客户的额外购买和推荐，会给企业带来巨大的利润和成长空间。因此，维系老客户是营销人员工作的重中之重。

度量客户维系水平
追踪有多少客户再次购买产品或增加了购买量

识别满意的客户

客户推荐

度量单个客户推荐的人数。

忠诚度

找出企业品牌忠诚度计划中较活跃的客户。

识别不满意的客户

缺陷

找出客户流失的原因，以及客户转向了哪个竞争对手。

投诉分析

核查客户的书面投诉，以及呼叫中心的通话记录。

引入客户维系改进策略

早期预警系统

预计各类问题，事先通知客户。

修复计划

就问题致歉，同时采取补救措施，挽回不满意的客户。

客户反馈调查

听取客户意见，识别出让客户变心的风险。

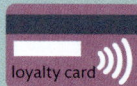

忠诚度计划

改进保持忠诚的激励措施，奖励客户。

提升客户服务

为员工提供激励，以建立良好的客户关系。

通过分析进行监测与度量

客户满意度

评估客户投诉率和推荐率。

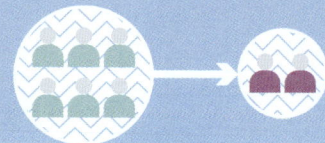

现有客户   现有客户

流失率

计算某段时间内维系的客户（已有客户）、流失的客户（退出客户），以及新增客户的数量。

收益目标

参照客户维系成本，度量收益目标。

运作原理

　　客户维系包括两个阶段：度量现有客户维系率，以及实施策略来管理并改进该比率。相关举措包括识别最有价值的客户，并培育与这类客户的关系。对于价值最低或成本最高的客户，如果他们没有表现出发展的潜力，就可以舍弃他们。

追加销售和交叉销售的客源
识别会购买更大规格产品及关联产品的客户。

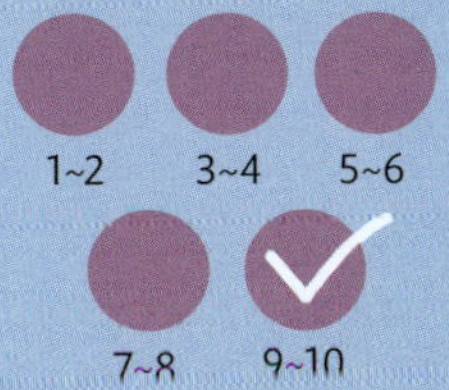

净促销分数
评估客户向他人推荐企业的可能性。

1~2　3~4　5~6
7~8　9~10

客户保留结余
计算留住老客户而节省的营销费用。

客户流失的五大原因

感觉企业态度冷漠

对产品或服务不满意

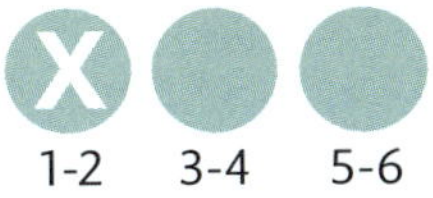

1-2　3-4　5-6

对价格不满意

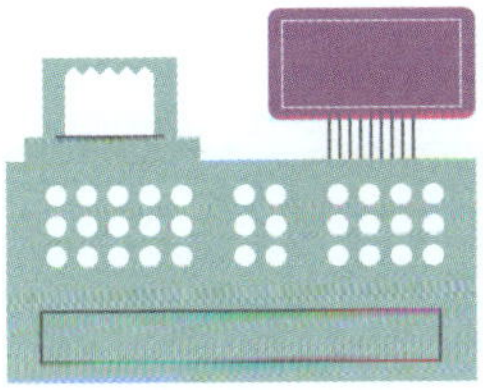

被竞争对手吸引

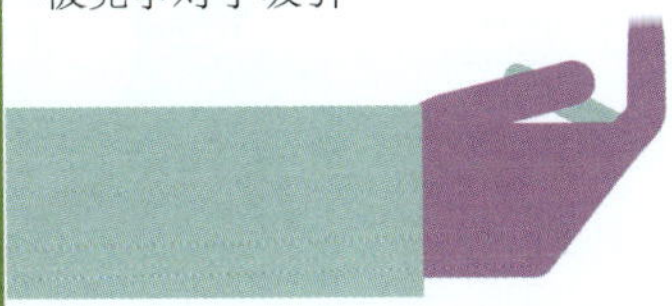

自然减员（离世、搬家）

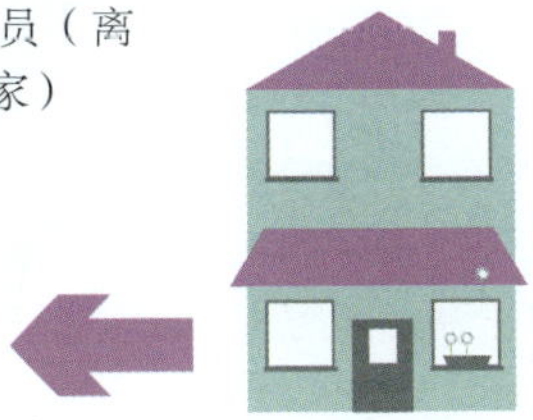

必备知识

▶ **客户终生价值**　客户给企业带来的长期收益。
▶ **客户维系率**　给定时间段内维系的客户数量，用百分比表示。
▶ **客户开发成本**　企业为赢得新客户而花费的支出。

82% 的企业

认为，保留客户的成本要低于获取客户的成本，尽管大多数企业更关注获取客户

营销投资回报率

不少企业用营销投资回报率（Return on Marketing Investment, ROMI）来度量营销活动的有效性。

运作原理

营销投资回报率是投资回报率的一种，企业用它来度量营销活动的有效性。

营销投资回报率是通过比较总收益和营销投资支出之间关系而得出的，常被用来评价在线营销活动的效果。然而，这种计算方法只考虑了营销投资对企业收益的影响，没有考虑到其他隐性收益，如社交媒体上的口碑效应，这类收益虽难以量化，却比广告或直邮带来的直接转化效果更具长期价值。

因此，在计算营销投资回报率时，很多数字营销人员将滞后时间、品牌知名度也考虑在内，目的是量化隐性收益，提高未来营销活动的效率。

实践中的营销投资回报率

右图描述的是：一家商用空调公司如何使用营销投资回报率来度量营销活动的效果。该公司在直邮营销上花费了2100美元，目的是针对二个主要城市中的写字楼，扩展销路、获得新订单。直邮传单中附有一张联络表，如果新客户在指定时间内对促销活动做出回应，那么他们就可享受10%的优惠。

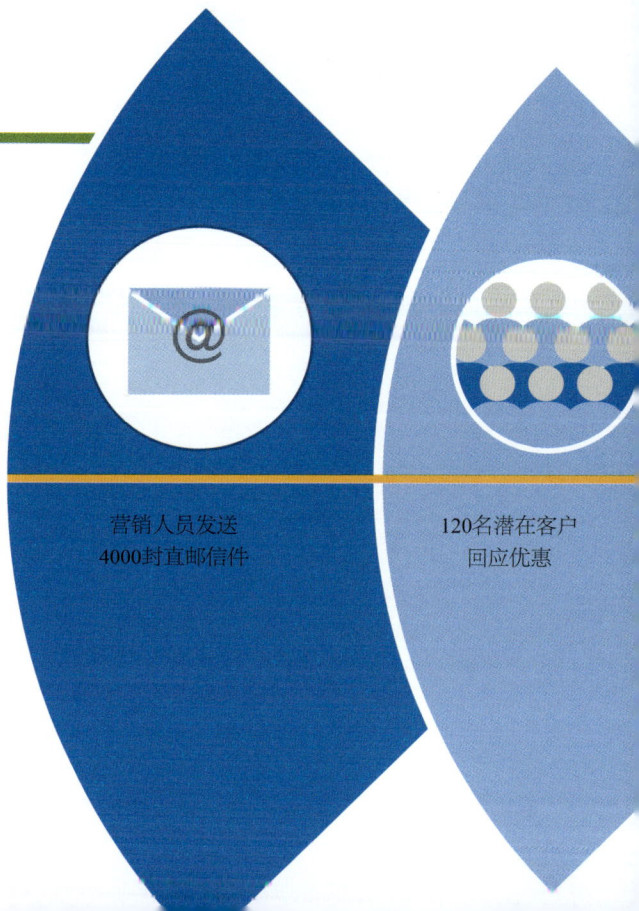

营销人员发送
4000封直邮信件

120名潜在客户
回应优惠

$$\frac{总收益 - 营销投资支出}{营销投资支出} \times 100\% = 营销投资回报率（ROMI）$$

36美元
在电子邮件营销上每花费1美元，能够产生的回报

营销投资的长期收益

营销投资的某些方面很难立即度量。例如，提供优质的客户服务、投资研发，都可以帮助营销人员维系客户。其效果虽不能立竿见影，但会收获长期利润。

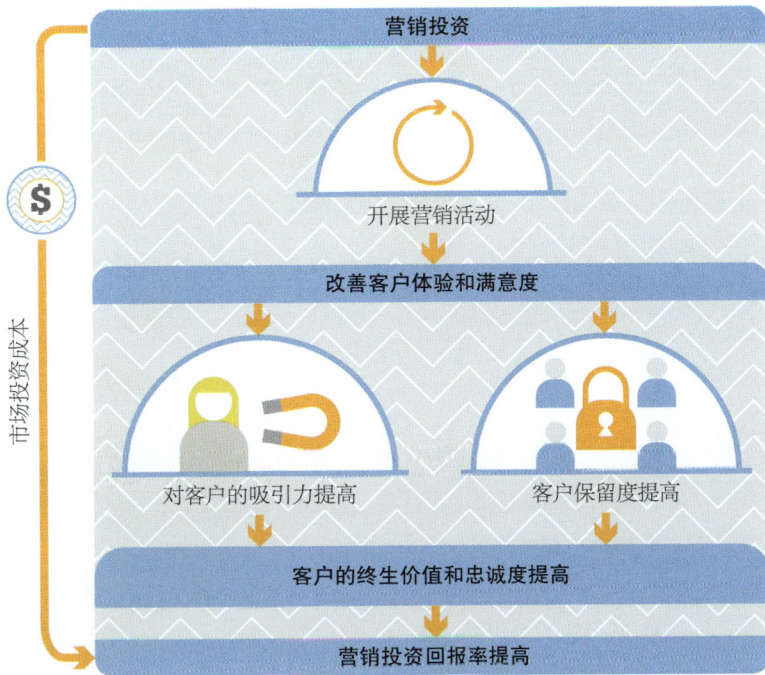

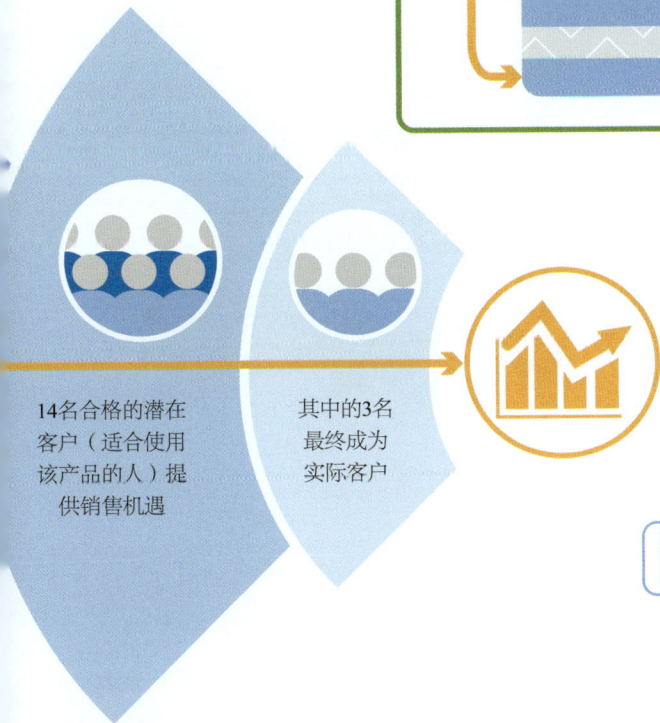

市场投资成本

营销投资
↓
开展营销活动
↓
改善客户体验和满意度
↓   ↓
对客户的吸引力提高   客户保留度提高
↓
客户的终生价值和忠诚度提高
↓
营销投资回报率提高

14名合格的潜在客户（适合使用该产品的人）提供销售机遇

其中的3名最终成为实际客户

结果

新客户总数=3
客户平均消费=6500美元（从平均总消费7222美元中扣除10%的折扣）
营销总收益=19500美元（3×6500美元）
活动支出=2100美元+2167美元（企业促销折扣成本722美元×3）=4267美元
营销投资回报率（ROMI）=357%

$$\frac{19500美元-4267美元}{4267美元} \times 100\% = 357\%$$

智力资本

企业内部用以改善企业绩效的知识，被称作智力资本（Intellectual Capital）。

运作原理

每个企业都拥有资本，这里指的是有形的实物资产，它出现在企业财务报表之一的资产负债表上。

每个企业还拥有智力资本，即企业内部的知识和技能。这种集体知识对企业的盈利能力至关重要，但要量化和度量十分困难。例如，管理层必须培训新员工，给他们一段交接期。这样即便有员工离职并带走专业知识，企业的人力资本也不会减少。管理学界识别出了三大智力资本：人力资本、架构资本和客户资本。

必备知识

▶ **战略资本**　企业对其市场及取得成功所需商业模式的了解。

▶ **知识产权**　经法律认可、属于特殊实体或个人的发明及创造，会体现在资产负债表上。

▶ **无形资产**　属于企业或组织的所有知识资产；可在多种系统下进行审计。

顶尖才智

No. 1

人类智慧

难度

实践经验的积累

人力资本

企业雇员和高管才智的结合。包括能力和技能、动力、创造力和创新精神，这些方面都很难度量。

难度

外部链接

客户资本

客户对企业及产品的忠诚，是企业与客户之间良好关系的体现。这种关系资本可以延伸到供应商，但很难量化。

市场关系

如何保持长期关系

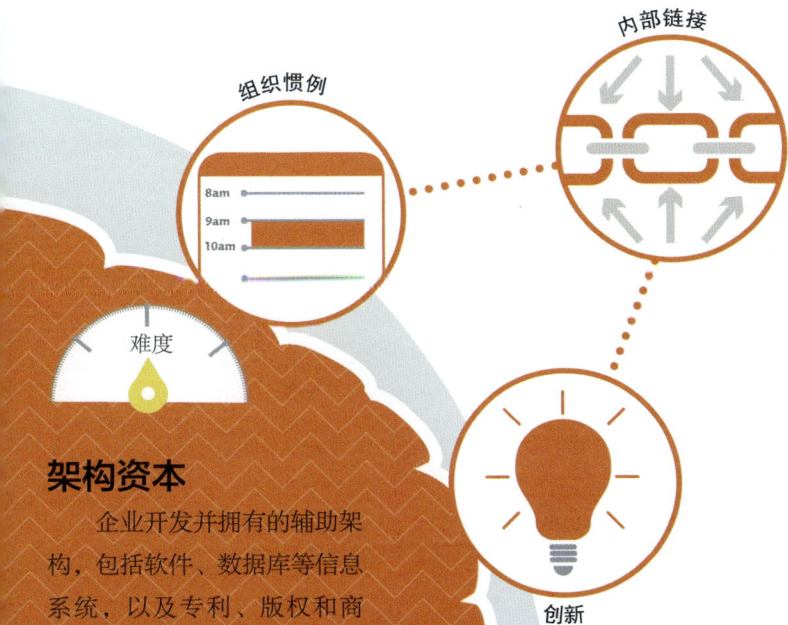

组织惯例

内部链接

难度

架构资本

企业开发并拥有的辅助架构，包括软件、数据库等信息系统，以及专利、版权和商标。架构资本不具有实体，因此很难度量。

创新

一个组织拥有的唯一不可替代的资本，就是其员工的知识与能力。

——安德鲁·卡内基（Andrew Carnegie），实业家

度量智力资本

精确地度量智力资本是不可能的，因为智力资本是无形的。不过，智力资本对企业很有价值，量化智力资本是十分有益的。量化智力资本没有一致的方法，但有几种常见的方法。

市场价值与账面价值比率

这种方法着眼于企业的财务价值、账面价值（资产和负债之间的差额）和市场价值（股票价值）之间的差异。差异包括智力资本和增长前景。

斯堪迪亚导航器（The Skandia Navigator）

由瑞典公司斯堪迪亚（Skandia）总裁列夫·埃德文森（Leif Edvinsson）提出。埃德文森创建了一个量化无形资产的模型，其中包含五个资产类别：金融、客户、流程、更新与开发，以及人力。该模型能够帮助企业理解市场价值与账面价值之间的差异是如何产生的。

平衡计分卡（The Balanced Scorecard）

平衡计分卡系统由美国学者罗伯特·卡普兰（Robert Kaplan）和大卫·诺顿（David Norton）开发（参见第147页）。平衡计分卡用四个类别来衡量智力资本和财务数据，包括学习和增长、业务流程、客户、财务。例如，分析学习和增长可以深入了解企业的人力资本；审视业务流程可能会揭示投资到工艺改进上的智力资本是否有回报。

信息管理

　　监测市场、理解海量可用数据，已经成为企业的当务之急；数据对数字营销至关重要，但数字营销的形式正变得日益复杂。如今，大多数企业采用一套系统来管理信息——成功的组织，不仅用数据来监测各个层面的日常运作，还用数据来预测未来的结果，并据此制订相应的计划。

外部

在企业外部，数据从生产、供应链、销售网点、合作伙伴及客户处流入。

内部

在企业内部，数据被从经营、财务及人力资源部门馈送到营销和信息技术（IT）团队。

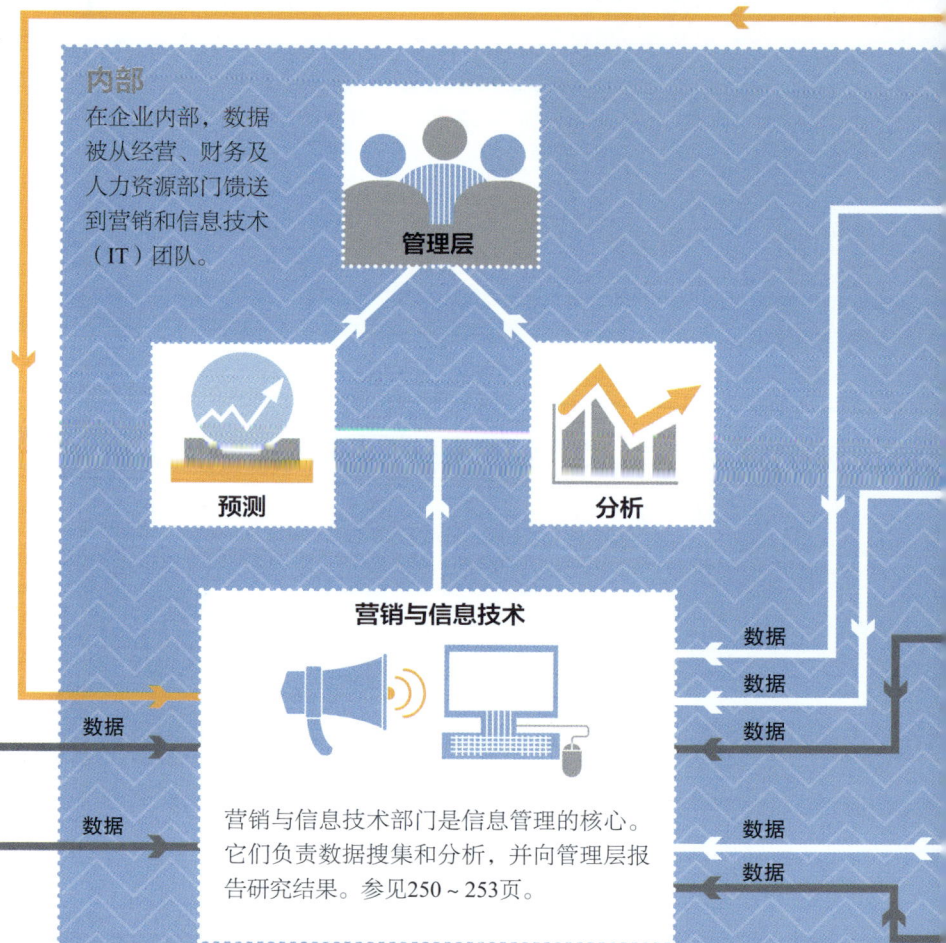

生产

供应链

销售网点

数据

数据

管理层

预测

分析

营销与信息技术

营销与信息技术部门是信息管理的核心。它们负责数据搜集和分析，并向管理层报告研究结果。参见250～253页。

数据

数据

数据

数据

数据

50%

2019年雇用了首席数字官的企业的比例。这要高于2014年的7%

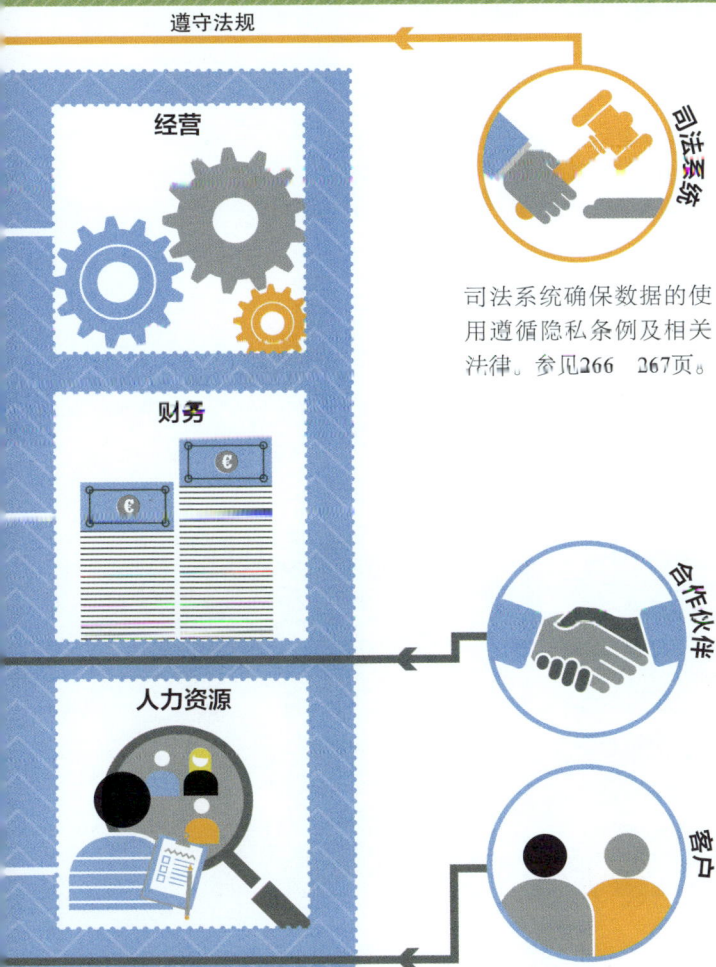

将数据转化为商业策略

若相关数据容易获得（参见262~263页），那么企业就能认识到自身的优势和劣势，并据此改进流程和操作，以及同客户的关系（参见264~265页）。

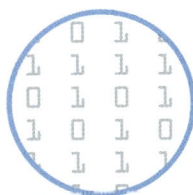

获取原始数据
收集客户数据。参见254~255页，258~259页。

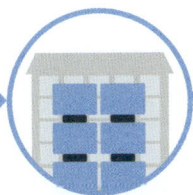

存储信息
通过数据仓库存储数据。参见256~257页。

获得洞见
使用商业分析方法分析数据。参见250~251页。

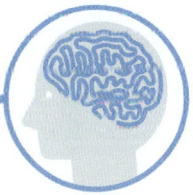

获取知识
使用商业智能工具检索数据。参见248~249页。

制定决策
为未来的结果做好规划、制订预算。

遵守法规

经营

财务

人力资源

司法系统
司法系统确保数据的使用遵循隐私条例及相关法律。参见266 267页。

合作伙伴

客户

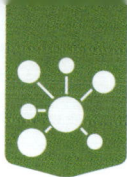

商业智能

商业智能（Business Intelligence，BI）是一个总称，它指的是各种软件应用程序，企业用它们来获取及分析手头拥有的海量原始数据。

运作原理

商业智能依托软件应用程序和计算机系统来搜集、整合数据，使企业能够报告过去和现在的活动。商业智能工具让员工能够从企业数据库中提取相关数据。接下来，营销人员使用被称作"仪表盘"的数据可视化工具，在计算机屏幕上查看信息。这种工具也可用于实时监测企业的经营。

商业智能使用流程

设定所需的智能术语（如实时销售额与上一年度销售额之比）后，企业就可以用商业智能工具来检索特定的相关数据。

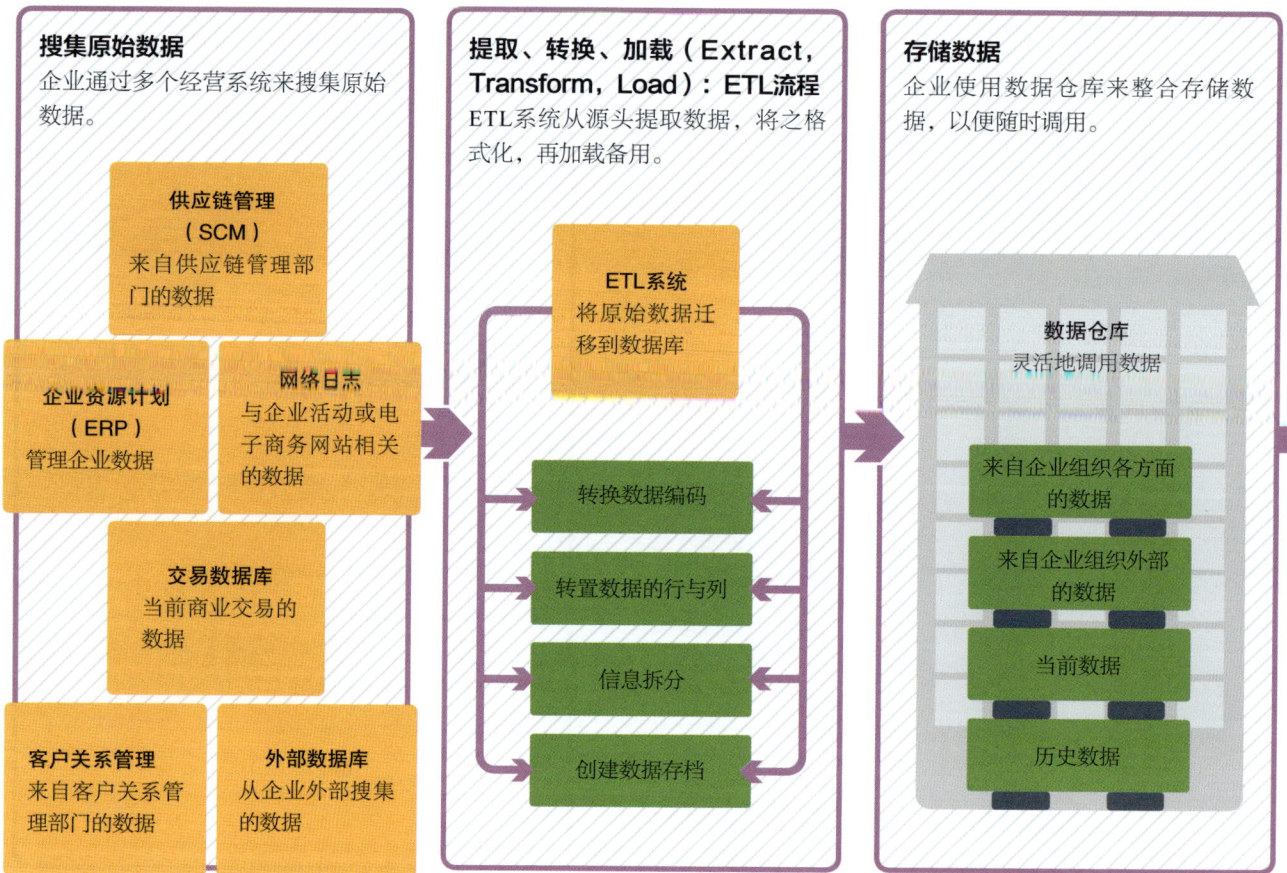

搜集原始数据
企业通过多个经营系统来搜集原始数据。

供应链管理（SCM）
来自供应链管理部门的数据

企业资源计划（ERP）
管理企业数据

网络日志
与企业活动或电子商务网站相关的数据

交易数据库
当前商业交易的数据

客户关系管理
来自客户关系管理部门的数据

外部数据库
从企业外部搜集的数据

提取、转换、加载（Extract, Transform, Load）：ETL流程
ETL系统从源头提取数据，将之格式化，再加载备用。

ETL系统
将原始数据迁移到数据库

转换数据编码

转置数据的行与列

信息拆分

创建数据存档

存储数据
企业使用数据仓库来整合存储数据，以便随时调用。

数据仓库
灵活地调用数据

来自企业组织各方面的数据

来自企业组织外部的数据

当前数据

历史数据

21%
全球范围内，对自身的数据素养技能充满信心的员工的比例

检索与分析
员工可以调取数据，解答与企业经营状况相关的问题。

电子表单
构成了商业智能的主要工具，用以显示数据（基本或高级）

联机分析处理立方体
可对电子表单中的3个变量进行二维分析

数据挖掘
筛选数据，找到模式及关系

报表工具
帮助用户开发、制作报表

数字仪表盘
使用量身定制的图表，展示定期更新的企业经营状况。

追踪电邮促销活动
下面的仪表盘追踪的是：一周各天内，收件人点开促销邮件，点击网站并购买商品的比例。

是
否

日期
50%

周一 周二 周三 周四 周五 周六 周日 — 打开

周一 周二 周三 周四 周五 周六 周日 — 点击

周一 周二 周三 周四 周五 周六 周日 — 购买

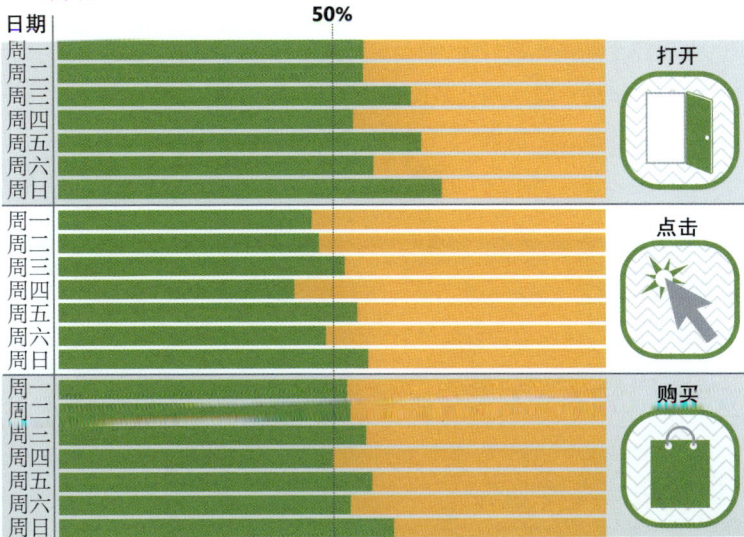

实际销售额：4700000英镑
预期销售额：8125000英镑
58%

追踪销售额
仪表盘显示的是企业实际销售额与预期销售额之比。

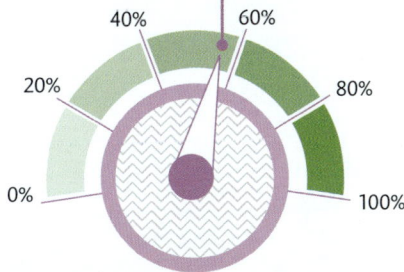

40% 60%
20% 80%
0% 100%

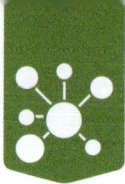

商业分析

商业分析（Business Analytics，BA）较商业智能（BI）更进一步，它对数据进行高级统计分析，帮助企业制定未来的商业决策。

运作原理

商业分析采用科学的方法来解释信息。企业运用商业分析高级软件，分析过去和现在的趋势及行为方面的信息，预测未来的前景。商业智能、预测分析考查的是当前数据和历史数据，商业分析则与二者不同，它使企业能够精准地预测未来。商业分析既可以被用于宏观层面，获取企业未来绩效的概览，也可以被用于微观层面，评估利基市场上个人购买的可能性。

预测建模

软件应用程序，用来预测行为模式，以及特定客户群体乃至个人购买产品的可能性。

商业分析流程

熟练的分析师使用商业分析工具来解释原始数据。分析的结果会影响企业未来采取的行动。

商业智能与商业分析

下面以销售额下降5%为例，说明商业智能和商业分析对这种状况的考查与解释。

商业智能

▶ **数据调查的类型** 揭示企业过去和现在状况的结果

▶ **需要回答的问题** 企业内部过去发生了什么？现在又在发生什么？

▶ **运用的工具** 报表、仪表盘、记分卡、联机分析处理

商业分析

▶ **数据调查的类型** 考查企业的历史事件，并用发现的模式来预测未来的状况

▶ **需要回答的问题** 事件为何会发生？会不会再次发生？要避免再次发生，该怎么做？

▶ **运用的工具** 统计分析、数据挖掘、模式匹配、预测建模

81%的经理能够获得分析信息。在前线员工中，这一比例仅为50%

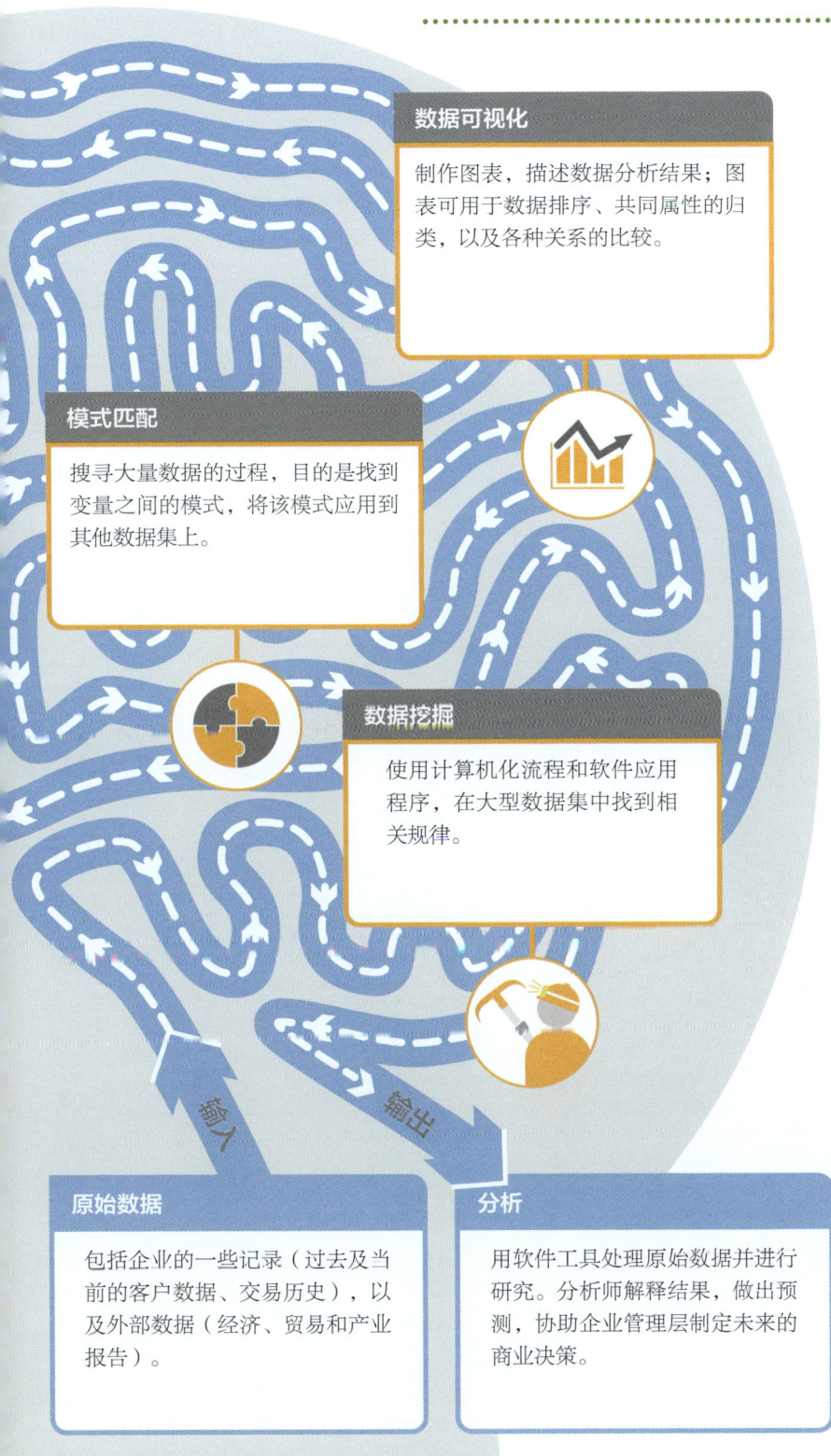

数据可视化

制作图表，描述数据分析结果；图表可用于数据排序、共同属性的归类，以及各种关系的比较。

模式匹配

搜寻大量数据的过程，目的是找到变量之间的模式，将该模式应用到其他数据集上。

数据挖掘

使用计算机化流程和软件应用程序，在大型数据集中找到相关规律。

输入

输出

原始数据

包括企业的一些记录（过去及当前的客户数据、交易历史），以及外部数据（经济、贸易和产业报告）。

分析

用软件工具处理原始数据并进行研究。分析师解释结果，做出预测，协助企业管理层制定未来的商业决策。

数据的有用性

某些数据比其他数据更有用——数据的价值取决于营销人员用数据得到的预测有多可信。解释数据的方法已变得日益复杂。

预测分析

进行高级数据分析的程序，用于预测未来的状况。

监测

用软件展示企业内部正在开展的活动，提供实时分析结果，帮助重要经营部门进行决策的过程。

统计分析

整理、调查相关数据集的各组成部分，解释数据以展示出趋势及模式的软件。

报告

利用历史数据得到总体概述，例如，揭示企业在某一年的业绩。

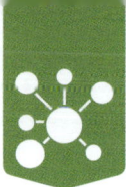

营销与IT

数字营销策略的运用表明：为了找到开展及管理在线宣传活动的最佳途径，营销人员与信息技术（IT）专家的合作正变得日益紧密。

营销与IT的趋同

与客户在线交流，已经成为不少企业经营的重要组成部分。结果是，营销活动十分倚重IT技术。在某些企业，营销团队在技术方面的开支甚至超过了IT部门。

营销人员
必须掌握执行并追踪在线宣传活动所需的技术。

重叠的领域

◄ 数字营销 ►
为宣传活动开发一套技术方案

实时交易 ►
安装一套系统，以随时记录并追踪在线销售

◄ 大数据 ►
在海量在线信息中找到重要统计数据以便改进营销

◄ 数据分析 ►
使用高级工具来搜集、分析数据，以提出未来的营销策略

◄ 移动技术 ►
了解并跟进移动应用程序的新进展及电子商务的发展

数据存储 ►
构建基础设施和软件，用以存储及检索销售额、营销活动及客户历史信息

◄ 社交媒体 ►
探索社交媒体平台提高网络流量的最佳策略

追踪 ►
借助在线互动与销售流程对客户进行全程追踪

运作原理

营销人员需要知道如何利用技术来增加收入。与此同时，首席信息官（CIO）已经适应了外部技术的变化。营销和IT部门的职责通常会有重叠，两个领域之间的交叉职位，被称为营销技术专员（Marketing Technologist，见下文）。

8000个
可供企业使用的营销技术工具数量

✔ 必备知识

- ▶ **营销技术大会** 年度商务会议，侧重于营销战略和营销技术的重叠。
- ▶ **可操作指标** 度量营销活动的指标，企业可据此制定明智的决策。
- ▶ **虚荣指标** 用来度量看似积极实则意义不大的活动结果。
- ▶ **增长黑客** 低成本的在线营销技术，如使用社交媒体来提高销量。

IT人员
要开展并管理在线营销活动，就必须找到或开发软件工具。

营销技术专员

在线营销人员利用软件来监测、分析营销活动，制作内容并提取数据，营销技术专员必须掌握营销和IT两方面的知识，其工作需要较广的知识基础。

- 网站架设
- 软件编程
- 营销软件
- 数据与分析
- 社交与移动平台
- IT操作
- 内容营销及搜索引擎优化

搜集客户数据

对于希望了解市场行情的企业而言，搜集关键数据是重中之重。然而，为了规避客户对隐私问题的敏感，完成这项任务需要创新性的策略。

运作原理

企业采用多种方法来搜集客户数据。客户与企业接触时，营销人员可利用这一机会，尽可能多地搜集信息。营销人员可在店内或网络的销售点观察客户行为，搜集数据。

营销人员也可以让客户填写注册表，开展电话营销或客户调查，直接向客户索求信息。

搜集数据，创建客户画像

数字营销和电子商务加快了客户信息的搜集速度。在线问卷等方法需要客户提供信息，而网站追踪等方法，则不需要联络客户便可实现数据的搜集。

调查
通过电子邮件、文本/短信、邮寄信件、面谈问卷来搜集客户反馈。

观察
研究客户在实体店及网店购物时的行为。

客户研究
研究现有客户或符合客户特征的人士。

客服中心
监听客户来电，存储客户偏好及购买历史的信息。

注意事项

数据搜集的误区

▶ **频繁骚扰**　利用客户的数据，用浏览过的产品信息和访问过的站点信息频繁骚扰他们。

▶ **忽视技术漏洞**　不能有效地整合应用软件，导致客户数据的搜集存在不一致（和错误）。

▶ **只使用自动化系统**　错失通过与客户进行私下沟通来深化与客户关系的机遇。

社交媒体
浏览客户在社交媒体平台上的资料。

10%

全球互联网用户中使用广告拦截软件的用户的比例。这类软件可以阻止在线数据跟踪

网站追踪器
追踪网站访客的浏览轨迹，找出引起其兴趣的内容。

竞赛
组织竞赛，搜集从观点到人口统计的各类信息。

交易
在结算时提问——可以是在店内、网上或电话里。

收银台上的科技

在这个科技时代，企业拥有了解客户的途径，无须用问题来骚扰客户。例如，零售商通常在店内采用下列三种方式来获取客户数据。

忠诚度计划
企业可以鼓励客户注册忠诚度计划以得到奖励，由此来搜集客户数据。忠诚度计划还能帮助企业记录客户偏好。

loyalty card
loyalty card

销售积分软件
计算机软件程序可以追踪客户的购买行为，使营销人员能够根据客户的消费习惯，为其量身定制优惠活动。

移动技术
智能手机的使用，使营销人员能够编制各种数据，如客户造访的频率、在店内停留的时间等。

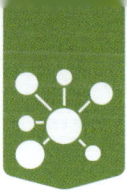

数据仓储

数据仓储（Data Warehousing）过程既涉及来自企业内部系统的数据，如发票、销售记录，也涉及来自企业外部的数据。这些数据被储存在安全的数字保险库（digital vault）中。

运作原理

数据仓库（Data Warehouse）存储企业销售及经营的历史数据，以及从其他来源获得的经济和贸易信息。数据在进入仓库前，要经历三个阶段的处理：首先是从信源中提取，接着是加载，最后是转换为可用的格式。这个过程被称为ELT（Extract, Load, Transform）。一旦数据存储完成，企业的所有部门就可以访问这些数据。数据通常被用来支持对企业的看法。例如，一家电动工具企业的营销经理认为，相比同年龄段的女性，25～35岁的男性更有可能购买其产品。这位经理可以调取数据仓库中的销售数据和客户记录来进行分析，从而证明自己的观点。

510亿美元
2028年数据仓库市场的预期规模

数据仓储过程

存储的数据应定期更新。当企业需要从数据仓库中获取数据时，数据会被转换为可读取的格式，并用软件工具进行分析。数据既可以存储在内部服务器上，也可以存储在第三方提供的云服务器上。

利用数据来源
企业搜集的信息包括在线交易处理（Online Transaction Processing, OLTP）数据、历史数据，以及外部数据。

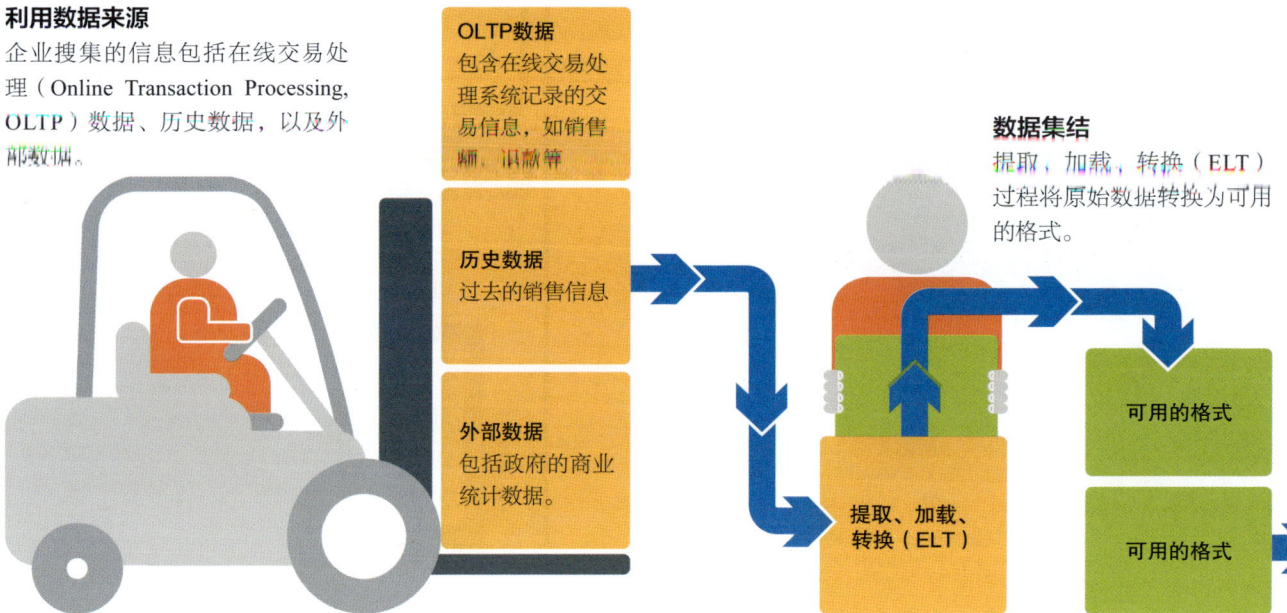

OLTP数据
包含在线交易处理系统记录的交易信息，如销售额、欠款等。

历史数据
过去的销售信息

外部数据
包括政府的商业统计数据。

提取、加载、转换（ELT）

数据集结
提取，加载，转换（ELT）过程将原始数据转换为可用的格式。

可用的格式

可用的格式

谁在使用数据仓库?

企业的重要部门可以调取数据仓库中的数据,查看各部门的情况。数据的编码和存储方式,使这些部门能为关心的问题找到答案。各个部门通常会问的问题包括:

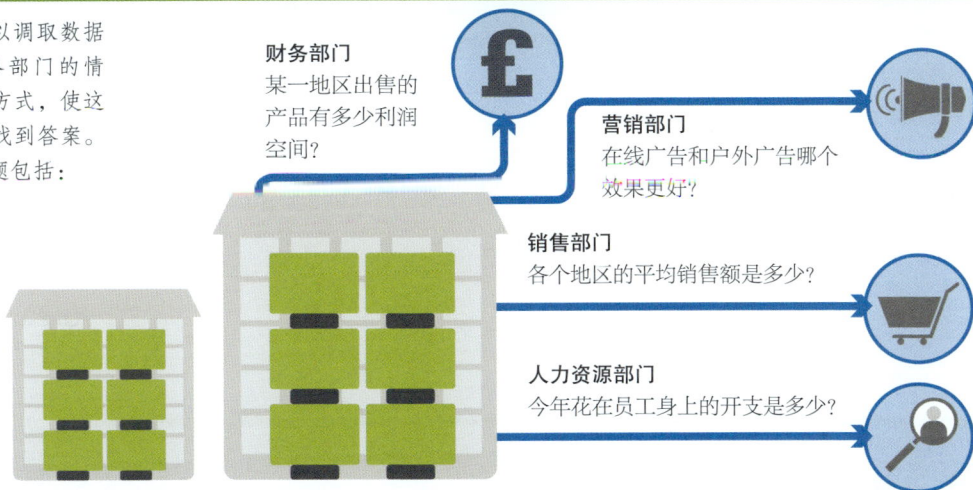

财务部门
某一地区出售的产品有多少利润空间?

营销部门
在线广告和户外广告哪个效果更好?

销售部门
各个地区的平均销售额是多少?

人力资源部门
今年花在员工身上的开支是多少?

存储数据

数据分为三部分存放:元数据、摘要数据和原始数据。

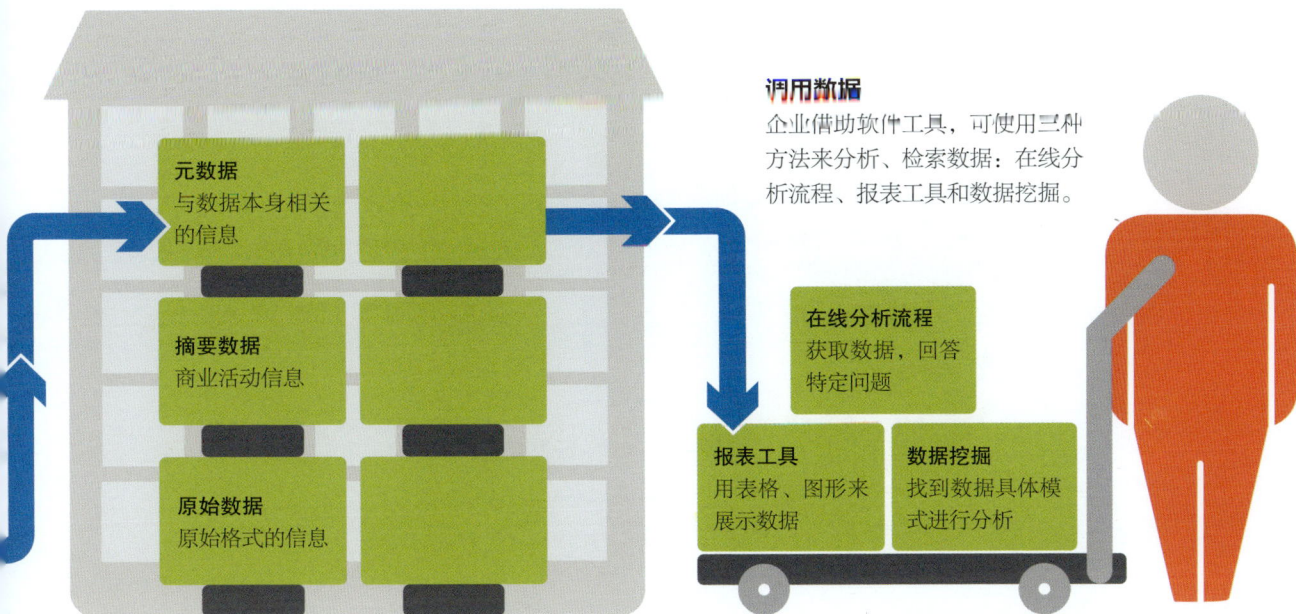

元数据
与数据本身相关的信息

摘要数据
商业活动信息

原始数据
原始格式的信息

调用数据

企业借助软件工具,可使用三种方法来分析、检索数据:在线分析流程、报表工具和数据挖掘。

在线分析流程
获取数据,回答特定问题

报表工具
用表格、图形来展示数据

数据挖掘
找到数据具体模式进行分析

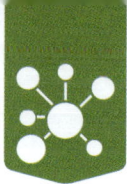

客户画像分析

为了得到详细的客户画像，营销人员可以使用企业内部关于客户的消费习惯、偏好、生活方式的数据，也可以使用关于客户的态度及社会趋势的外部数据。

运作原理

为了更好地了解受众，营销部门会开发客户画像，定义理想的客户。要建立客户画像，营销部门会搜集相关人士的信息，而这些人士经常购买企业希望推向市场的产品。营销部门考查的信息涵盖了基本的人口数据，如性别、年龄、职业、工资收入等，还涵盖了消费习惯的细节，如喜欢光顾的购物场所、消费的金额等。

心理统计视角

❯ **个性**　外向，喜欢标新立异

❯ **态度**　积极，享受生命中的美好事物

❯ **价值观**　努力工作，认为应该回馈社会

区隔模型

营销人员通过建立细分模型，分层放置与客户相关的一系列变量（不同层次的信息），逐步刻画出目标客户的清晰画像——下面是一家旅行社的例子。

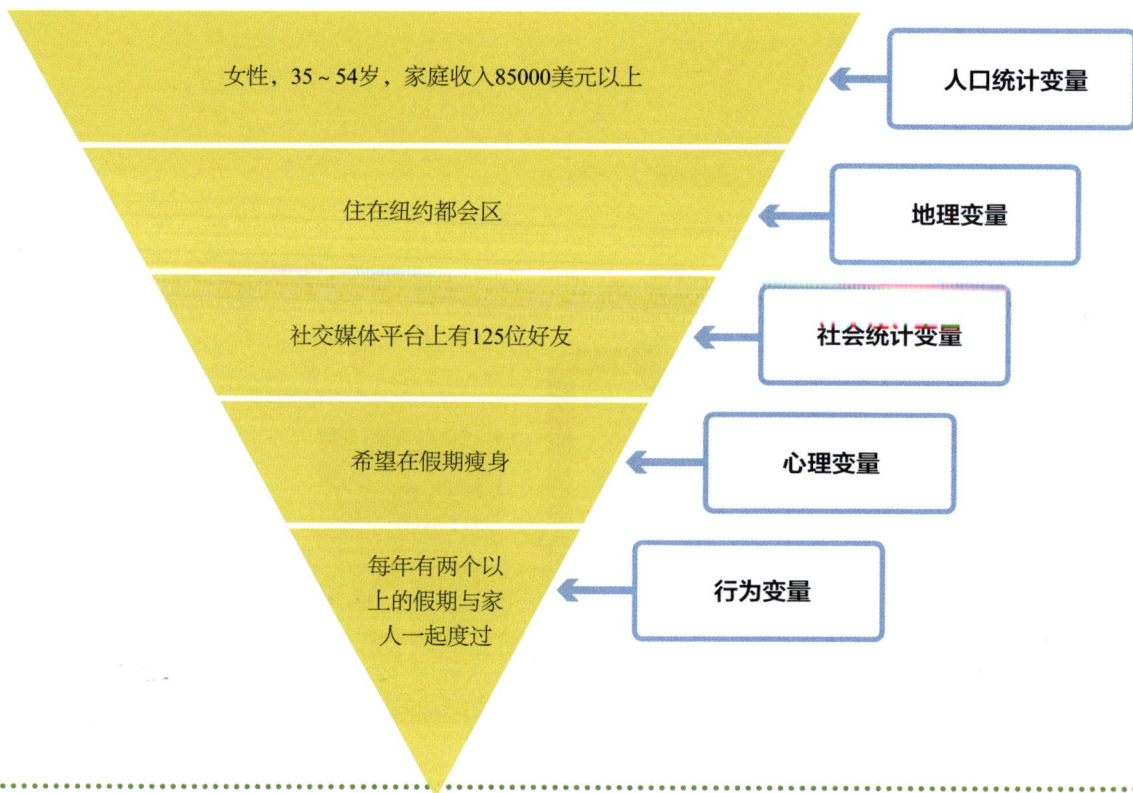

女性，35~54岁，家庭收入85000美元以上	**人口统计变量**
住在纽约都会区	**地理变量**
社交媒体平台上有125位好友	**社会统计变量**
希望在假期瘦身	**心理变量**
每年有两个以上的假期与家人一起度过	**行为变量**

行为视角

❯购物地点　喜欢在小商店购物

❯购买习惯　为了节省而购买大包装商品，会对打折有所响应

❯忠诚度　钟爱某一品牌，也接受更优惠的产品

社交视角

❯社交媒体　积极与好友分享兴趣

❯社区　有影响力的成员，乐于社交，并为社区服务

❯圈子和群体　观鸟和徒步旅行小组的成员

83% 的客户乐于分享个人数据，以获得个性化的体验

地理视角

❯大洲　北美洲

❯城市　工作机会和社交机会充裕的繁华大都市

❯气候　冬季气温在零摄氏度以下，夏季炎热、潮湿

客户画像

理想的客户有什么特征？他们住在哪里？他们把钱花在何处？

人口统计视角

❯年龄段　35～54岁（有助于确定家庭的收入及优先事项）

❯婚姻状况　已婚（子女会影响支出决策）

❯职业与薪水　教师，65000美元

创建客户画像

通过使用企业内部数据，为现有客户创建画像，营销人员可以清楚地了解客户个人的购买模式和习惯。营销人员还可以预测该客户的长期价值。

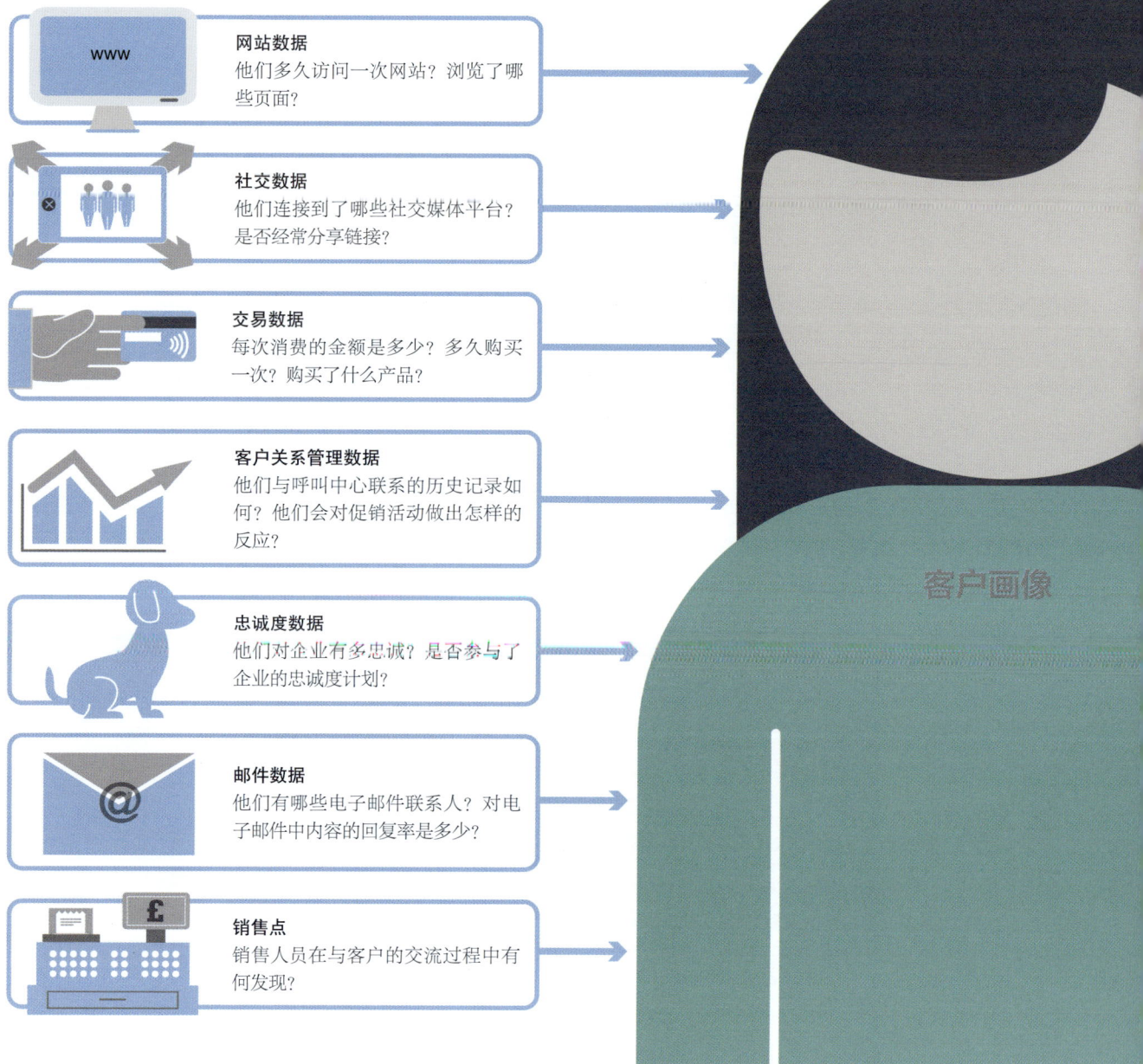

网站数据
他们多久访问一次网站？浏览了哪些页面？

社交数据
他们连接到了哪些社交媒体平台？是否经常分享链接？

交易数据
每次消费的金额是多少？多久购买一次？购买了什么产品？

客户关系管理数据
他们与呼叫中心联系的历史记录如何？他们会对促销活动做出怎样的反应？

忠诚度数据
他们对企业有多忠诚？是否参与了企业的忠诚度计划？

邮件数据
他们有哪些电子邮件联系人？对电子邮件中内容的回复率是多少？

销售点
销售人员在与客户的交流过程中有何发现？

客户画像

一旦了解了客户行为，其他一切就都会迎刃而解。

——托马斯·G. 斯坦伯格（Thomas G. Stemberg），
办公用品零售商史泰博（Staples）的创始人

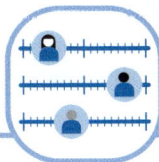

评估客户画像

好客户

▶ 经常光临，反复购买

▶ 响应营销活动和店内促销活动

▶ 在社交媒体平台上分享喜欢的产品

▶ 订阅企业的新闻简讯和优惠信息

坏客户

▶ 频繁致电呼叫中心投诉

▶ 频繁退货，要求全额退款

▶ 从未加入客户忠诚度计划，从不订阅新闻简讯

▶ 消费金额低于吸引他们的成本

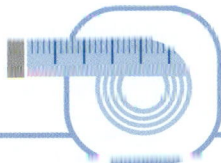

使用客户画像的三种方式

1 **定制内容以吸引客户** 通过发送个性化的信息及体验机会，企业可吸引客户参与进来，从而与其建立长期关系。

2 **向老客户出售更多产品** 挖掘客户画像，查看其消费习惯、喜好及兴趣，使营销人员能够制订出个性化的优惠信息。

3 **奖励忠实客户** 识别好客户，提供符合其品位的礼品和激励，提高客户的终身价值。

社会经济尺度

英国有一套划分社会阶层的系统，可用于一般的市场研究。

A **中上阶层**
高级管理人员、高级专业人士/行政人员

B **中产阶层**
中级管理人员、中级专业人士/行政人员

C1 **中下阶层**
监工、职员、初级管理人员、初级专业人士/行政人员

C2 **技术工人阶层**
熟练体力劳动者

D **工人阶层**
半熟练及非熟练体力劳动者

E **无业人员**
退休人士、失业者、散工/初级工人

✓ 必备知识

▶ **全渠道客户** 多种购物渠道并用的客户，包括逛商店、手机购物和网上购买。

▶ **忠实客户** 忠实于某个供应商并给予支持的客户，在此过程中，还向企业介绍其他客户。

▶ **360度概览** 客户的完整描述资料，使营销人员能够预测客户的需求和行为。

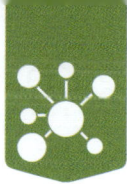

大数据

企业正试图利用互联网上的海量客户数据。这些数据可被用于分析及创建准确、详细的客户画像，以更精确地定位目标客户。

运作原理

大数据即每天通过互联网传输的大量数字信息。大数据以高速和许多不同格式——数据库统计数字、视频、音频、电子邮件文档传输。大多数企业所面临的挑战是，筛选大数据，以找到可能增加企业价值的信息。如今，要分析互联网产生的海量外部数据，有不少软件工具可供使用。

内部和外部挖掘的大数据

现今的企业可以调用各种数据，如移动通信数据、社交媒体平台数据、商业交易数据等，这些数据体现了千千万万个个体的活动。

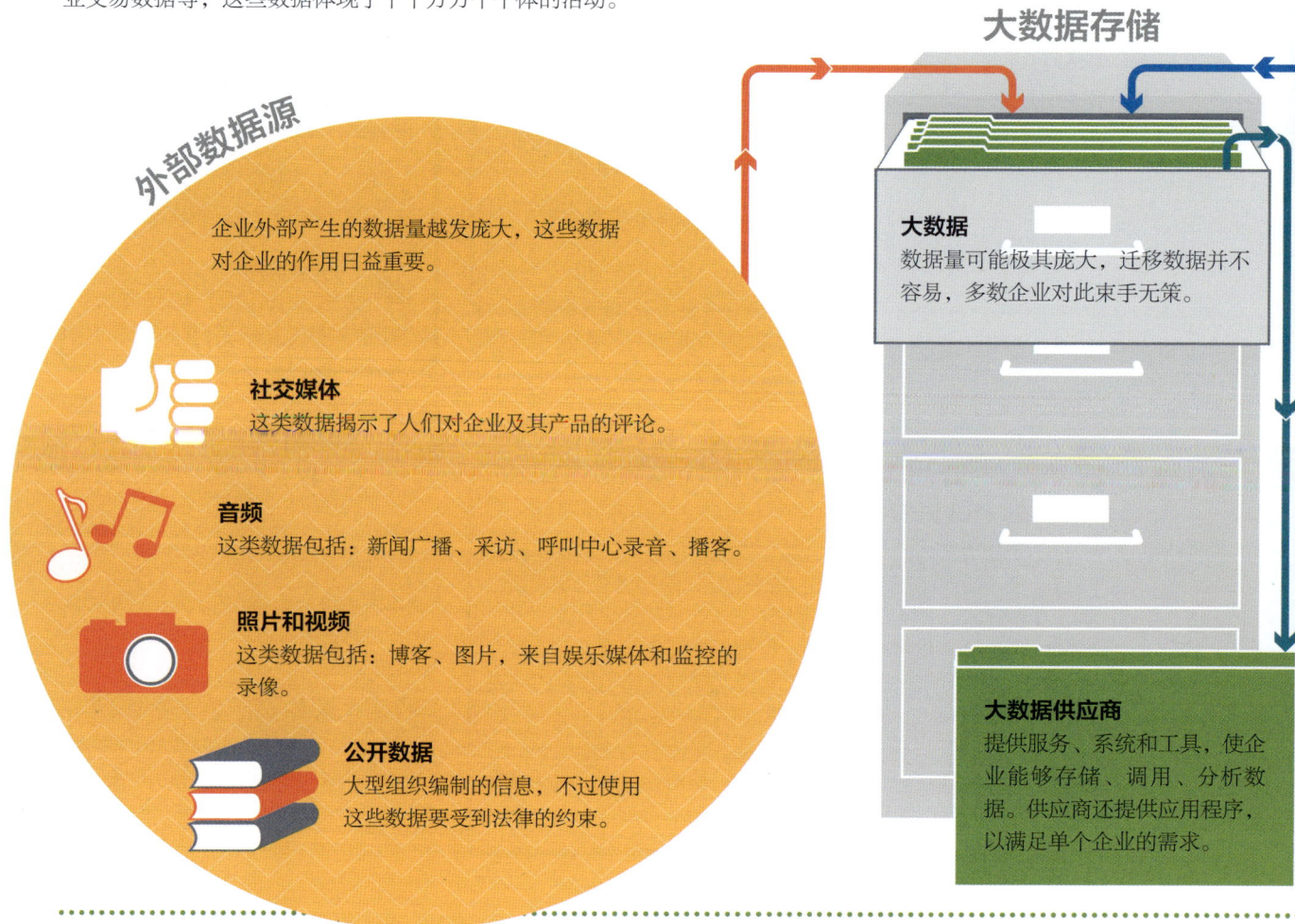

大数据存储

大数据
数据量可能极其庞大，迁移数据并不容易，多数企业对此束手无策。

外部数据源

企业外部产生的数据量越发庞大，这些数据对企业的作用日益重要。

社交媒体
这类数据揭示了人们对企业及其产品的评论。

音频
这类数据包括：新闻广播、采访、呼叫中心录音、播客。

照片和视频
这类数据包括：博客、图片，来自娱乐媒体和监控的录像。

公开数据
大型组织编制的信息，不过使用这些数据要受到法律的约束。

大数据供应商
提供服务、系统和工具，使企业能够存储、调用、分析数据。供应商还提供应用程序，以满足单个企业的需求。

50% ~ 80%

数据科学家在使用数据之前，耗费在准备数据上的时间比例

内部数据源

内部数据来自企业的各个部门。它被发送到大数据仓库中，在那里，数据被追踪并记录下来，形成一个通用数据库。

交易
▶ 每个客户的花销
▶ 门店的客流量
▶ 客户在店内的逗留时间

日志数据
▶ 客户评论
▶ 客户服务
▶ 客服电话的音频文件等

电子邮件
▶ 内部沟通
▶ 客户联络
▶ 电邮促销活动

信息过载

线上每秒产生的数据量通常为：

▶ **电子邮件** 发送3,048,134封
▶ **推文** 发送9570条
▶ **照片墙** 上传1088张图片
▶ **Skype** 拨打5853个电话
▶ **互联网** 123432 GB流量
▶ **谷歌** 93823次搜索
▶ **YouTube** 观看90694个视频

数据管理

企业可以选择线上或线下的方式来存储大数据和各种软件，以供访问及分析。

▶ **大型存储硬件服务器** 存储工具及网络工具，支持若干太字节的数据。

▶ **软件** 包括数据研究、分析、存储访问、可视化方面的程序。

▶ **云服务** 第三方供应商提供的存储网络，用于管理和调用大数据。

客户关系管理

客户关系管理（Customer Relationship Management，简称CRM）是一套计算机系统，企业用它来管理及协调营销、销售和客户支持数据。企业用这些数据来维护良好的客户关系，以提高盈利能力。

运作原理

客户关系管理是企业IT系统中的一套软件工具，被用来记录企业和客户之间的所有往来。这些信息有一系列用途：销售团队可以用它来寻找新客户，改善与老客户之间的关系；营销团队可用它来奖励忠实客户；客户服务部门可用它来处理投诉。

✓ 必备知识

▶ **技术支持关系管理（TERM）** 使用自动化流程管理客户关系。

▶ **企业资源规划（ERP）** 客户关系管理的前身。

▶ **基于云技术的客户关系管理系统（Cloud-based CRM）** 技术云上的电算化客户关系管理系统。

客户关系管理

客户关系管理采用可靠的流程，使企业能与客户更为有效地建立联系，为其提供更优质的服务，从而获得长期收益。

客户

客户的数据通过交易，进入客户关系管理系统中。

自动化

客户关系管理可以作为一种工具来自动响应访问和使用网站的客户。

客户细分

根据企业出售的产品来细分市场。

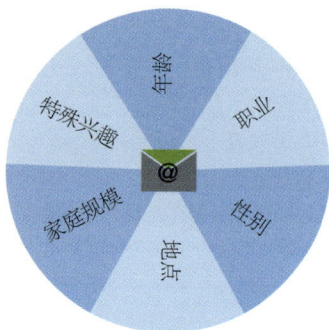

年龄　职业　特殊兴趣　性别　家庭规模　地点

电邮促销活动的管理

向对应的客户群体自动发送不同的电子邮件。

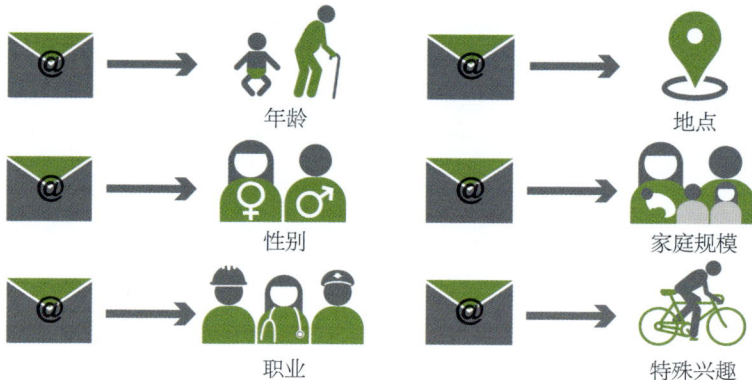

年龄　地点

性别　家庭规模

职业　特殊兴趣

871%
客户关系管理能够产生的平均投资回报率

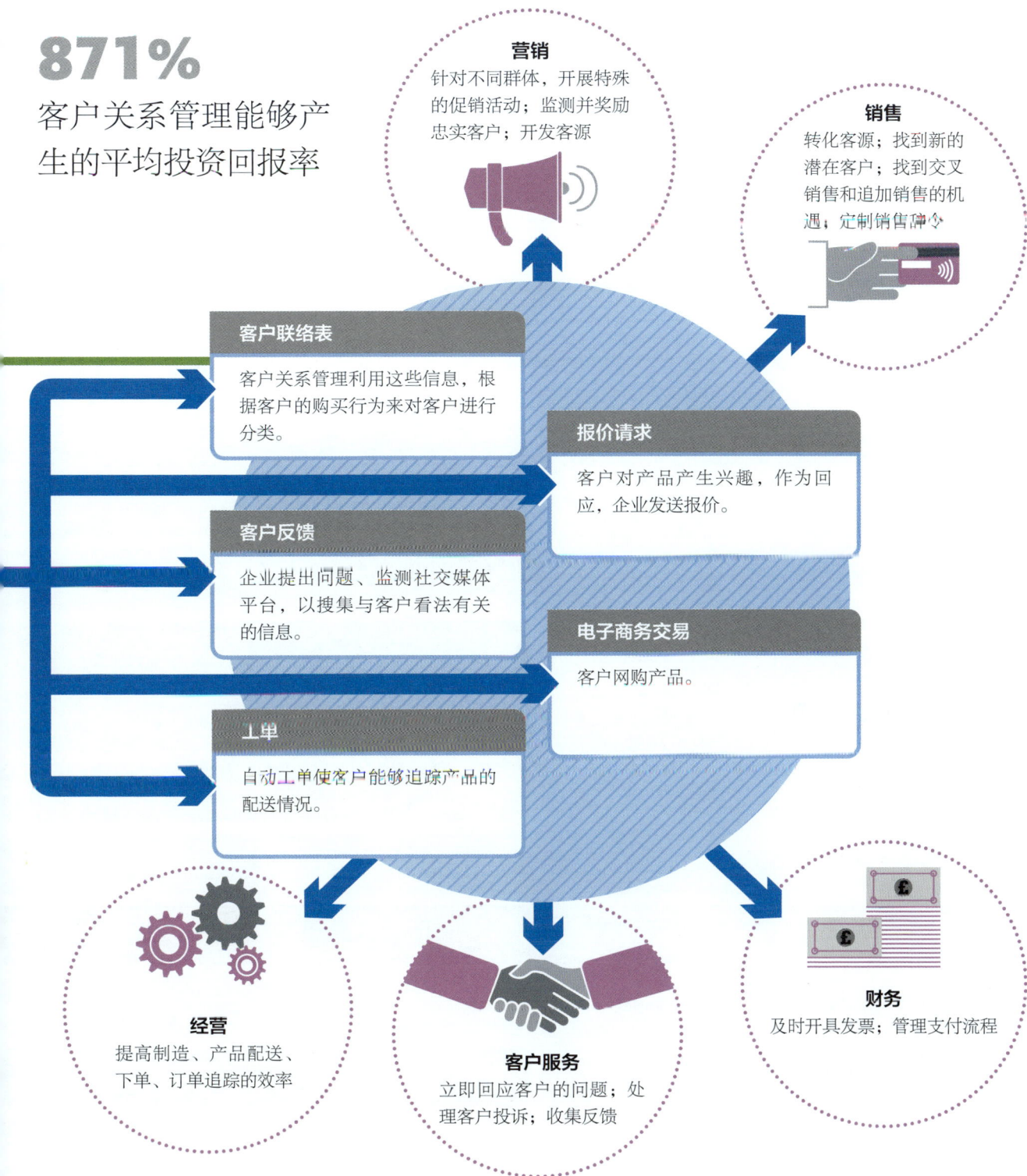

营销
针对不同群体，开展特殊的促销活动；监测并奖励忠实客户；开发客源

销售
转化客源；找到新的潜在客户；找到交叉销售和追加销售的机遇；定制销售信息

客户联络表
客户关系管理利用这些信息，根据客户的购买行为来对客户进行分类。

客户反馈
企业提出问题、监测社交媒体平台，以搜集与客户看法有关的信息。

报价请求
客户对产品产生兴趣，作为回应，企业发送报价。

电子商务交易
客户网购产品。

工单
自动工单使客户能够追踪产品的配送情况。

经营
提高制造、产品配送、下单、订单追踪的效率

客户服务
立即回应客户的问题；处理客户投诉；收集反馈

财务
及时开具发票；管理支付流程

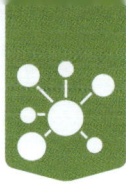

遵守法律

在大多数国家，企业必须遵守法律与行业条例，这些法规规定了如何销售及推销产品。其目的是确保企业公平运作。

运作原理

政府对营销人员施加法律约束，以防止不择手段、具有误导性、令人不齿的商业行为，如虚假广告、隐瞒合同条款和条件、垃圾邮件营销（发送骚扰邮件）等。监管机构有权调查被指控违反法规的企业，一旦发现情况属实，就对其实施处罚。

营销条例

为保护消费者，监管机构会制定指南，指导企业如何推销其产品。

受监管的商业领域	营销实例
对比性陈述	"我们的产品比竞争对手的产品更好！"
背书	"因为他们的产品，我才获得了成功！"
特殊优惠	"买一件，送一件！"
抽奖与竞赛	"参加幸运大抽奖，赢取难忘假日游！"
电话营销	"早上好，请问您想大幅削减能源开支吗？"
针对儿童的营销	"快来呀，快来呀，快来玩具屋……"
客户数据	"请填写注册表。"
电邮营销	"24小时网上大促销，今日结束！"
使用垃圾邮件	"恭喜您！你被选中为……"
消极选择计费	"若您不想参加，请取消勾选本框。"

50%

2020年，电子邮件中垃圾邮件
所占的比例

保护消费者的常见法规

✅ 声称产品好过竞争对手的营销人员，必须提供证据来证实。

✅ 营销人员必须证明，他们请来推广产品的人士所做的代言是真实的。

✅ 以特殊优惠进行促销，营销人员必须以书面形式制订条款和条件。在英国，"免费"一词的使用要受到
监管。

✅ 所有竞赛和抽奖都必须遵守法律规定，确保公平和公正。

✅ 在客户下单前，英国的电话营销人员必须列出关键事实，包括企业名称及联系方式、成本和数量、限制与
条件、退款政策。

✅ 针对儿童产品的广告和促销，营销人员必须遵守相关的监管规定。

✅ 客户信息的存储、管理和使用，必须遵守隐私条例。

✅ 在未获得明确同意的情况下，英国的营销人员不得向个人发送电子邮件，除非对方是老客户。每条信息都
必须包含一个退订选项。

✅ 未经请求的电子邮件是最常见的垃圾邮件类型。营销人员不可以批量发送此类邮件，也不得发送其他类型
的未经请求的消息。

✅ 与主打产品一同出售的任何物品，必须标明"可选"，而不能是消费者必须采取行动来拒绝的产品。

生产和经营的运作

制造与生产 ➤ 管理
产品 ➤ 控制 ➤ 供应链

制造与生产

一旦企业确定拟供给的产品或服务，企业负责人就必须选择一套生产方法，既能适应客户的需求、产品和市场，又能使企业获得最丰厚的利润。各类企业在三大基本产业领域经营，这三大产业构成了一条生产链，为客户提供最终产品或服务。

生产方法

工业革命前，各类产品主要由工匠制作。而在工业革命后，工厂将人们聚集在一起，人们通过操作机器来工作。通常，每人生产一件产品，即分批生产。经济学家亚当·斯密（Adam Smith）最先提出了劳动分工的概念，而劳动分工又会导致批量生产。20世纪初，亨利·福特（Henry Ford）将移动装配线（流水线）引入了汽车制造业，实现了批量生产。如今，制造商可以把各种好方法结合起来，大批量生产私人定制产品。生产通常包括三个阶段，下面以从菜豆到超市出售的焗豆的过程为例来说明。

第一产业

获取原料并加工——这个例子里，原料即菜豆和制作酱汁用的番茄。

菜豆原产于南美，种植菜豆是为了收获嫩豆荚，像四季豆那样生吃，或取豆粒本身食用。菜豆晒干后，常被用来制作焗豆，这种做法发源于美国的波士顿。

选择最佳方法

▶**分批生产**　产品被一件件地生产出来。参见272～273页。

▶**批量生产**　大量产品被同时生产出来。参见274～275页。

▶**流水作业**　适合在流水线上批量生产相同的产品。参见276～277页。

▶**大规模定制**　大规模生产买家定制的产品。参见278～279页。

▶**连续生产**　流水线7天24小时不间断生产，针对有持续需求的产品。参见280～281页。

▶**混合生产流程**　结合批量生产和流水生产或其他生产流程。参见282～283页。

40.5万亿元

2024年，中国全部工业增加值完成数。中国制造业总体规模连续15年保持全球第一

关键生产要素

要制造产品，企业需要各种资源

> **资本**　投给企业的资金，包括购置设备、机械及建筑物等生产工具的资金。

> **土地**　用来生产产品的自然资源，如实体土地，以及矿产、木材、石油、天然气等可开采资源。

> **劳动力**　受雇于企业，拥有生产产品或服务必要技能的人。

> **管理者**　管理整合生产要素，启动整个流程的企业家或领导者。

第二产业

用原材料进行制造并组装，将之转化为产品或服务；本例中为罐装豆子。

第三产业

辅助焗豆生产、分销的服务，如运输、广告、仓储、保险等。

将生豆子与番茄酱、糖、盐和秘制调料混合。将食材放入高压容器中烹煮，以确保质地均匀且有较长的保质期，烹煮后进行密封罐装。

贴上标签的罐头被运往仓库，由仓库发往超市及其他销售网点待售。这种速食颇受欢迎，有多个品牌通过广告、价格、口味差异化等策略来争夺市场领先地位。

分批生产

在分批生产（Job Production）中，产品是被单独制造的。每件产品都是一次作业，通常，一件产品完工后才开始制作下一件产品。分批生产常用于小规模生产或大型的一次性项目。

运作原理

对需要满足客户特殊需求的企业来说，分批生产最为适合。通常，这些需求是独一无二的，需要单个人或团队全程负责。量身定制的西装和定制的家具就属于此类。分批生产的规模可能较小，由于其流程简单、投资量小，所以企业通常从分批生产起步。分批生产也可用于复杂的项目，或是电影制作等需要顶尖科技的项目，如海军舰艇、建筑师设计的大楼等大型建设项目，以及桥梁、隧道等土木工程项目。

服务业

分批生产也适用于服务业，如发型设计和客户资料搜集。航空服务也不例外——空乘人员需要根据旅客的饮食偏好、特殊要求（如需要乘坐轮椅）来提供个性化服务。

制作婚礼礼服

准新娘可以购买现成的礼服（通常为大批量生产），也可以自行定制，但定制的价格要贵得多。

准新娘来到店铺
准新娘无法买到现成的礼服，因此选择定制礼服。

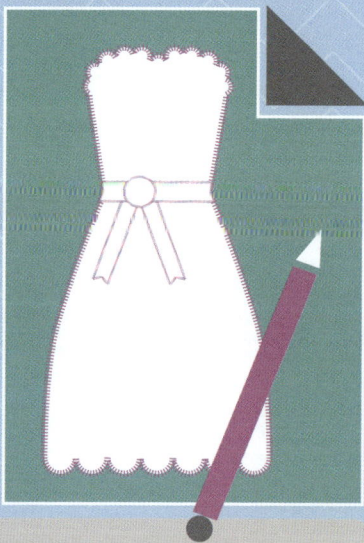

委托设计师
设计师根据准新娘的要求设计结婚礼服。

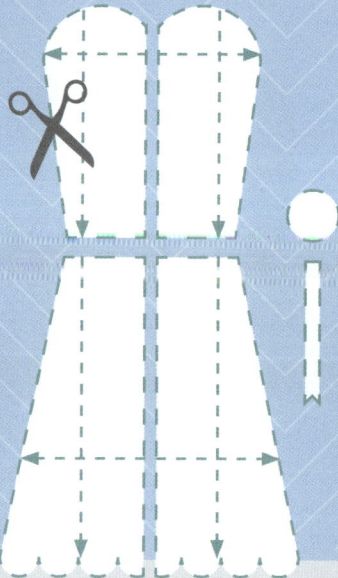

剪裁
设计师根据准新娘选择的布料，设计礼服式样并剪裁。

分批生产的优点和缺点

优点	缺点
❯ 产品品质通常较高	❯ 缺乏规模经济，一次性成本较高
❯ 从开始到完成，参与生产的匠人有较高的满意度和成就感	❯ 劳动密集型
❯ 生产商能够满足每个客户的需求	❯ 可能需要特殊材料，并对技能进行投资
❯ 靠少数客户获利	❯ 高昂的价格会让很多客户望而却步，在经济萧条时期更是如此
❯ 对于小规模分批生产，口口相传可以减少营销成本	❯ 十分依赖少数客户

1600 美元

2019年，美国一件婚礼礼服的平均成本

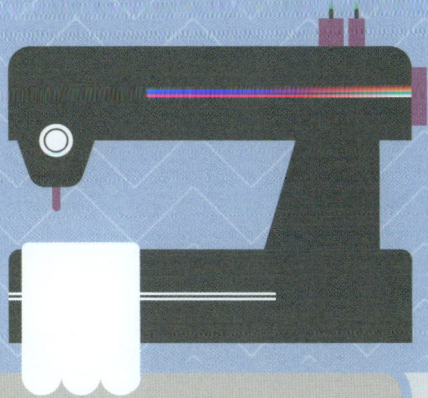

缝制礼服
设计师缝制礼服。

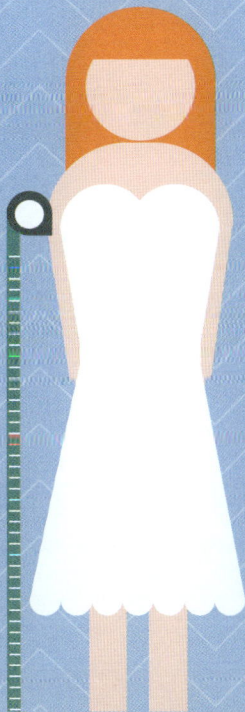

试穿
礼服修改之后，会贴合新娘的身材，满足其要求，设计师也对此表示满意。

制成礼服
虽然礼服价格昂贵，但它是准新娘梦寐以求的。至此，设计师可以开始制作下一件礼服了。

批量生产

同时制作大量相同的产品，被称为批量生产（Batch Production）。一个批次的各个生产阶段处理完毕后，企业才会开始生产下一批产品。同一批次使用的设备、步骤完全相同。

运作原理

批量生产使企业在一次生产流程中，制造出大量产品。各批次的尺寸、特殊工具会发生变化，厂商应据此对设备进行调整。例如，调整原先生产200件10码红色女装的设备，转而生产400件12码的蓝色女装。产品数量可以少到为本地供应商提供的几件，多到为百货公司生产的数千件。只要有需要，就生产相应的批次。批量生产通常用于食品、服装、鞋、涂料、黏合剂、药品等行业。法律规定，每个批次的产品应明确标注生产日期以供追踪。

像切片面包一样容易

面包通常是批量生产的。面包师先制作100个小餐包，再制作50个全麦长条面包。

混合散装原料
将制作这批小餐包的原料搅拌均匀，制成面团

第一批

切割面团
原料经机器搅拌后，将大块面团切割后装入小烤盘

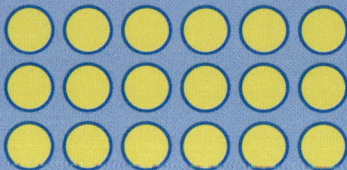

面团发酵
面团在烤盘内发酵

对第二批生产做调整
为了制作50个全麦长条面包，需要对器械进行调整。将制作全麦长条面包的原料搅拌均匀，制成面团

第二批

切割面团
原料经机器搅拌后，将大块面团切割后装入大烤盘

面团发酵
面团在烤盘内发酵

1100万个

英国每天销售的长条面包
数量

批量生产的优点与缺点

优点	缺点
▶ 规模经济；生产数量大，单位成本较低	▶ 由于重复性劳动（即使有自动化），工人们的积极性可能不高
▶ 客户可以选择尺寸、重量和口味等	▶ 成本较高，因为企业需要存储原材料、半成品和制成品（参见139页）
▶ 由于使用专业/专门设备，所以产出和生产率有所提高	▶ 需要详细的规划和安排

烘烤小餐包
设定温度和时间，烘烤整批餐包

取出并冷却小餐包
从烤盘中取出小餐包

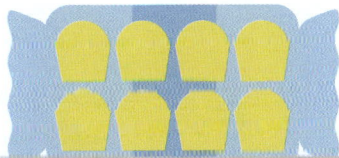

包装、完工
所有小餐包同时结束生产流程

烘烤长条面包
因为面团更大，所以烘烤时间比第一批要长

取出并冷却长条面包
从烤盘中取出长条面包

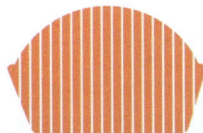

将长条面包切片、包装
将长条面包切片并包装好以便出售

流水作业

流水作业（大规模生产）的目的，是生产出大量相同的标准化产品。流水作业通常在流水线上进行，产品的改变会使生产中断。

运作原理

流水作业通常涉及配备传送带、贵重机械的大型工厂，装配从其他企业购得的各种零部件，并实现任务的自动化。汽车制造便是一例。在生产线上，汽车零件被组装到一起；机械臂负责安装轮胎，工人完成特殊的操作。哪怕只有少量工人，也能实现大量产出。报纸印刷厂、石油精炼厂和化工厂均采用流水作业。

生产线

在流水作业中，产品（如汽车）随着传送带进入各道工序，直至完工。装配汽车所需的零部件可以外包出去，或由该企业的另一间工厂生产。在生产线上，所有零件都已备好待用。

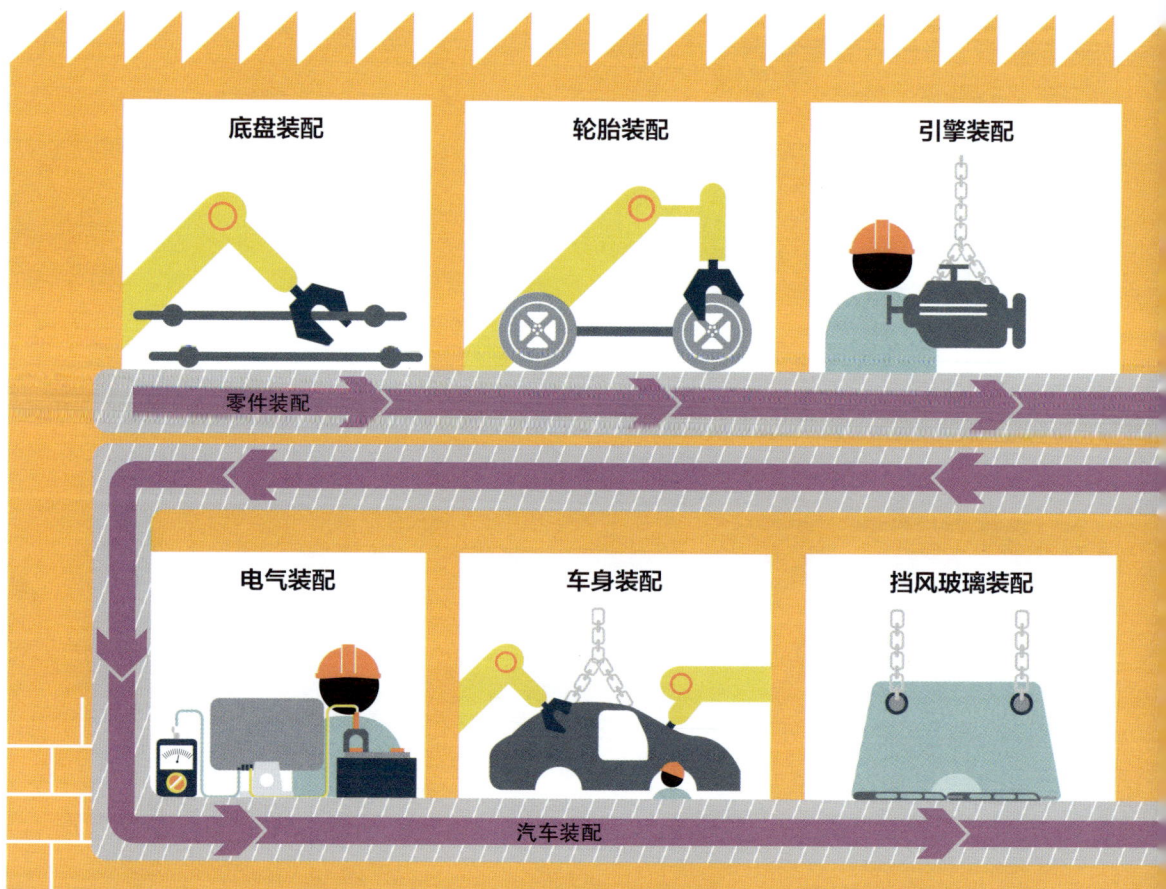

底盘装配　　轮胎装配　　引擎装配

零件装配

电气装配　　车身装配　　挡风玻璃装配

汽车装配

流水作业的优点与缺点

优点

▶ 规模经济：以较低的成本制造出大量产品

▶ 使用非熟练工人和自动化，使成本保持在较低水平

▶ 大规模购进原料，降低了成本

缺点

▶ 贵重机械需要大量投资

▶ 重复性劳动使得工人的积极性不高

▶ 依赖机械：一旦机械损坏，生产就会停滞

9395万辆
2024年全球生产的汽车数量

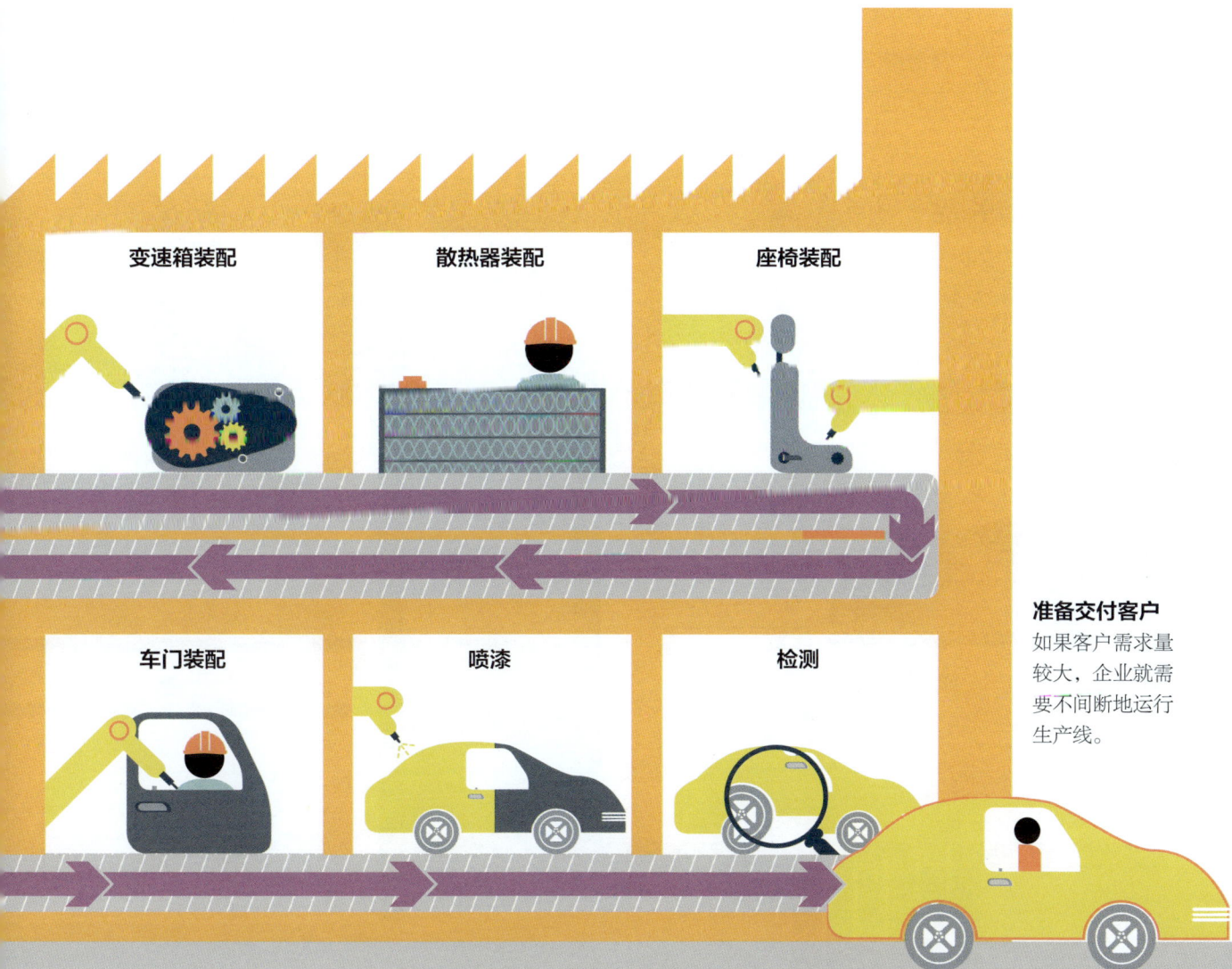

变速箱装配　散热器装配　座椅装配

车门装配　喷漆　检测

准备交付客户
如果客户需求量较大，企业就需要不间断地运行生产线。

大规模定制

先进的技术和制造业的发展，使得大众产品也能够定制。这使批量生产的低廉成本与定制产品的营销机遇结合了起来。

运作原理

大规模定制（Mass Customization）为制造业和服务业提供了新的机遇。社交媒体、网络技术、三维建模工具、电子商务软件、柔性生产系统及流程，使得客户可以根据自身的品位和需求来定制产品。制鞋（特别是运动鞋）、制衣、汽车、珠宝和计算机等行业，已经允许客户定制产品。不过，定制产品的价格通常要高于标准化产品的价格。

人们预测，革命性的新技术将进一步扩大定制的范围。例如，客户可以扫描自己的体形，使用增强现实技术来设计并订购独特的服装。

食品组合

在社交媒体中成长起来的新一代，希望定制生活的方方面面，而食品和饮料注定是大规模定制的一个发展领域。客户可以在网站上自行设定麦片组合，此举尤其适合患有过敏症的人士。客户也可以买到自行配制的茶叶和咖啡。

客户自行设计产品

大规模定制有改变消费主义的巨大潜力。例如，客户可根据自身的具体要求，在网上设计运动鞋。而在特定群体眼中，运动鞋是一种可以凸显身份的商品。

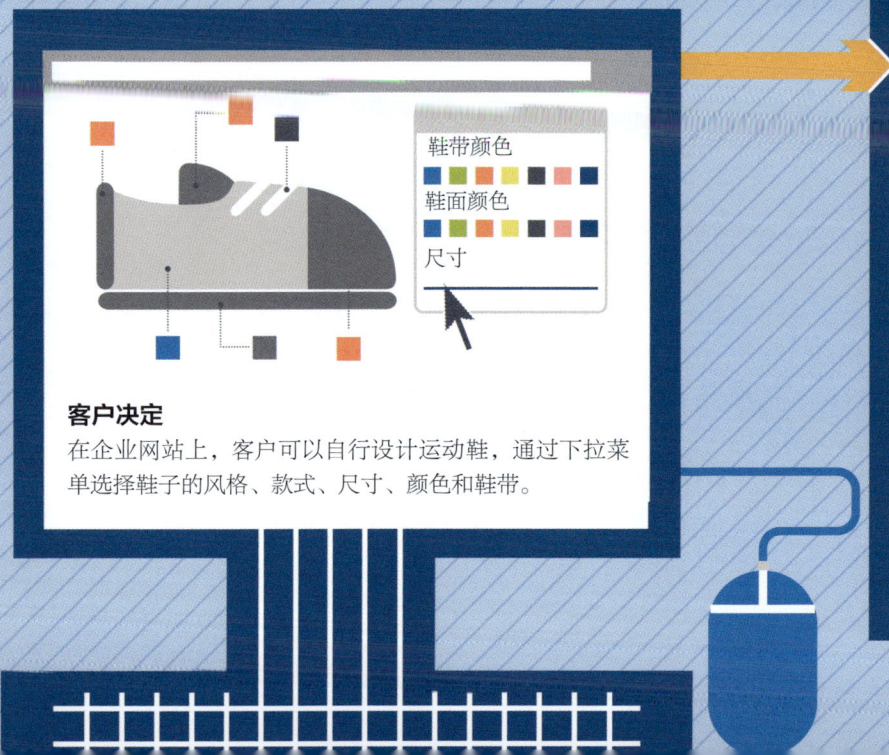

鞋带颜色

鞋面颜色

尺寸

鞋带

工具

客户决定

在企业网站上，客户可以自行设计运动鞋，通过下拉菜单选择鞋子的风格、款式、尺寸、颜色和鞋带。

向工厂下单

企业不保留制成品存货，而是用一系列零部件，根据订单进行生产，并且在生产前就得到客户付款。

25.3%

客户愿意为个性化多支付的费用比例

大规模定制的四种方法

B. 约瑟夫·派恩二世（B. Joseph Pine II）在其著作《大规模定制：企业竞争的新前沿》一书中概括了四种类型。

▶**合作型定制** 和客户合作，开发出符合客户需求的产品。例如，企业会根据客户的具体要求来组装计算机。

▶**适应性定制** 生产可由最终客户定制的标准化产品。例如，美国路创电子公司（Lutron）生产的照明系统，允许客户在多个预先编程选项中自行选择。

▶**透明型定制** 为客户提供定制产品，但不指明产品是定制的。例

如，许多酒店集团都有客户偏好数据库，帮助客户制定个性化住宿方案。

▶**装饰型定制** 生产标准化产品，但以不同的方式营销。用带商标的手袋、T恤衫和钢笔给企业做推广，就是例子。

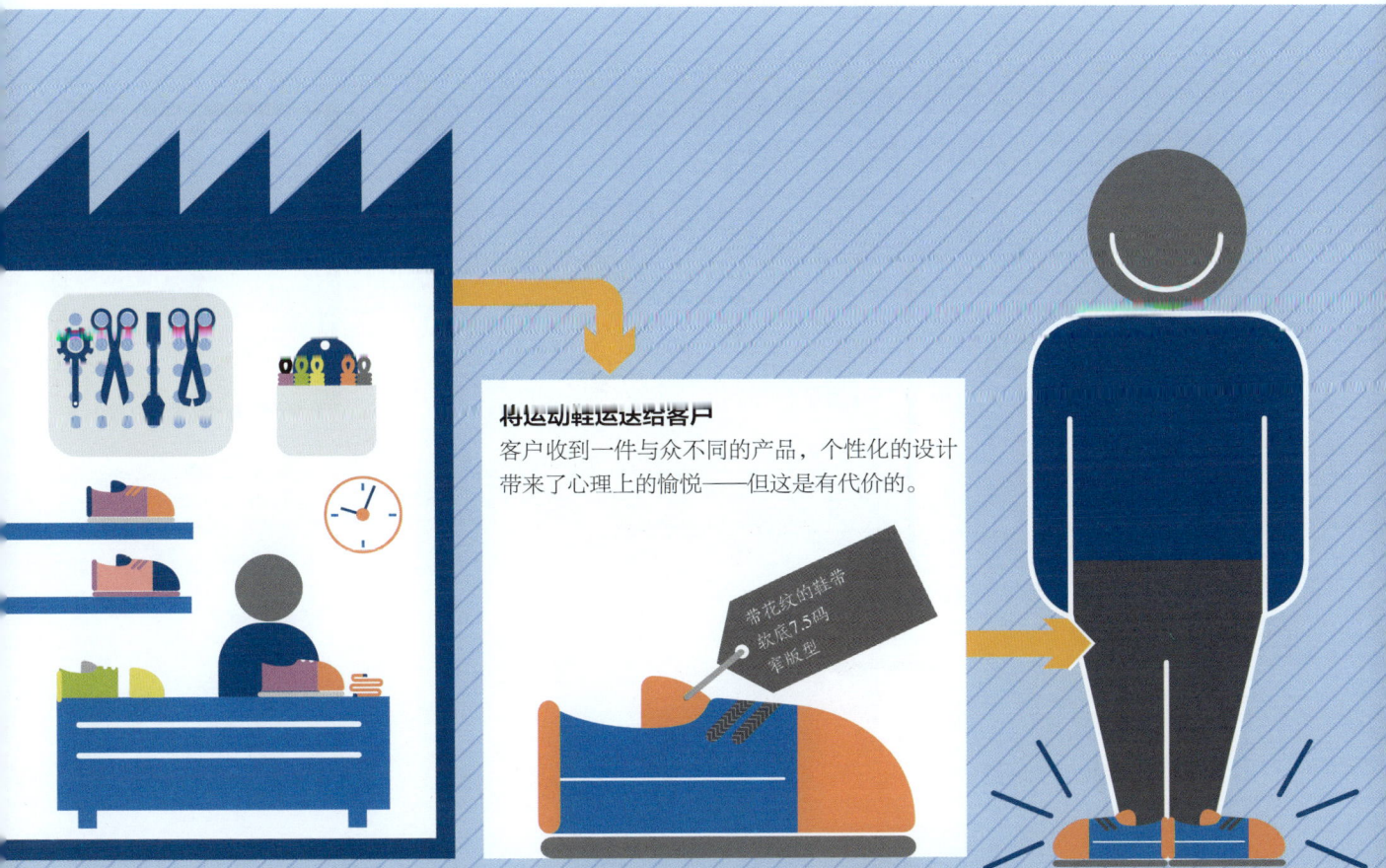

将运动鞋运达给客户

客户收到一件与众不同的产品，个性化的设计带来了心理上的愉悦——但这是有代价的。

带花纹的鞋带
软底7.5码
窄版型

连续生产

在连续生产期间，产品的生产7天24小时不间断。为满足市场需求，生产线持续运转，员工则倒班工作。

运作原理

在流水作业和批量生产中，改变产品或模型需要暂停生产线。虽然连续生产采用同样的模式，但生产线全年无休，产出不间断。连续生产被用来制造需求量大且持久的同质产品，如纸张、硬纸板、包装、洗衣粉、电子元件、石油制品等。与批量生产一样，连续生产实现了流程的自动化，员工数量被压缩到最少，因此质量控制必不可少。

采用连续生产的行业，竞争十分激烈。虽然利润率可能不高，但市场需求通常相对稳定，这鼓励企业对机械设备的投资。

造纸过程

全世界广泛使用纸张，为了满足稳定的市场需求，造纸厂全年365天开工。木材是造纸的原料。木材经过削皮、切片、打浆之后，其中的纤维会经过清洗并染色。在流通过程的最后一环，有的纸张会被回收。

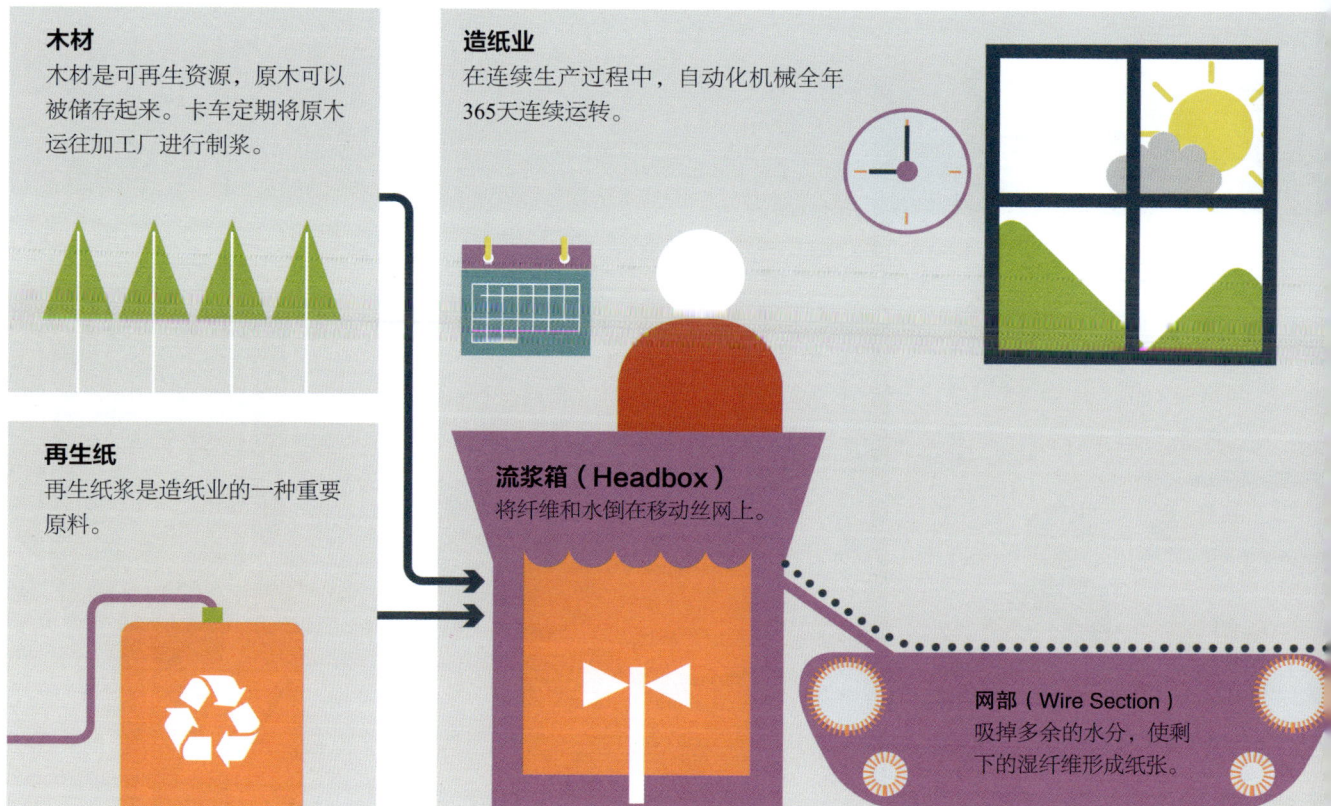

木材
木材是可再生资源，原木可以被储存起来。卡车定期将原木运往加工厂进行制浆。

再生纸
再生纸浆是造纸业的一种重要原料。

造纸业
在连续生产过程中，自动化机械全年365天连续运转。

流浆箱（Headbox）
将纤维和水倒在移动丝网上。

网部（Wire Section）
吸掉多余的水分，使剩下的湿纤维形成纸张。

55千克

地球上平均每人每年的纸张用量

常见用途

连续生产常用于需求量大且稳定的无差异产品。

能源：电力和天然气

炼油厂和化工厂

造纸

玻璃制造

烘干部
将纸张烘干。

压榨部
挤出湿纸中的
多余水分。

涂布及压光
纸张经过涂布及
压光处理。

完工与配送
成品纸张被送往
印刷厂、包装厂
和报社。

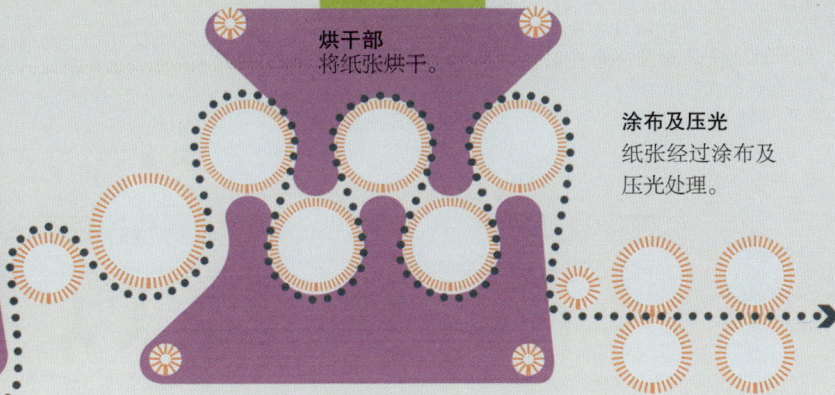

混合生产流程

为达到最优绩效，制造业企业会修改既有的生产流程，或是结合两种生产方法，尤其是产品范围较广的时候。

运作原理

混合生产的例子并不少见。"关联成批流水生产"（Linked Batch Flow Production）便是一例。其中，生产只涉及两到三种机械，一批产品会从一套流程流向另一套流程。这类生产常见于化工及制药行业。例如，一家企业生产治疗头疼和花粉症的药品，药品有片剂、胶囊和药液形式，剂量各不相同。各批次的产品会按不同的成分和形式，经过从批量加工到包装的一系列流程。另一个例子是单元式制造（Cell Manufacturing），它结合了分批生产和（大规模）流水作业。

多种方法相结合

在经典的流水作业中，每名工人都熟练掌握一类产品的生产，或是产品的一部分生产。与之截然相反的方法是，单个工人完成整套流程，从头至尾参与产品的生产。单元式制造是流水作业和分批生产的结合，形成自治式单元（Autonomous Unit）——一组工人专门负责某类产品的生产或零部件的生产。

流水作业

一套流程由单个或多个工人处理。这套流程完工后，产品会进入下一个工作站。工人1只需使用一套工具来完成流程；接着，产品被传递给工人2，之后继续沿生产线移动（参见276～277页）。

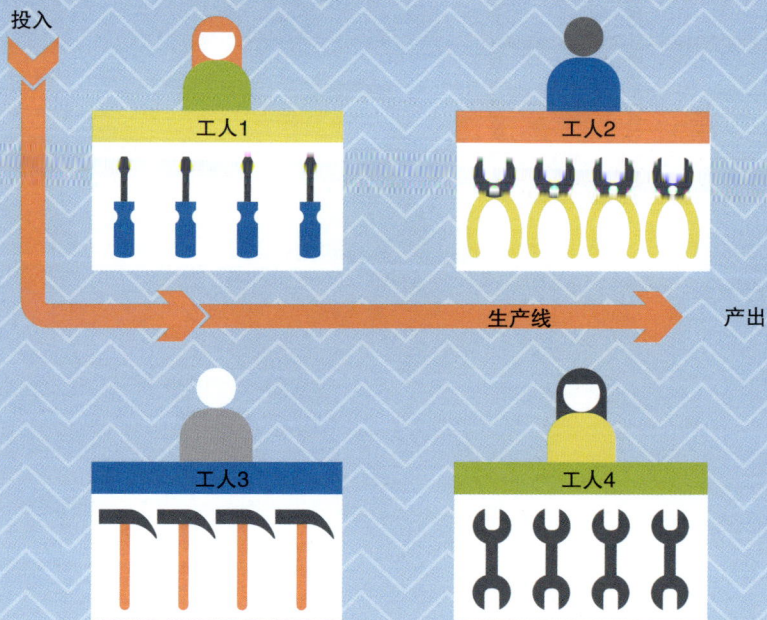

投入

工人1　工人2

生产线　产出

工人3　工人4

针对创新的混合流程

　　将多个流程结合起来，企业就可以创造出新颖、具有原创性的产品。例如，制作切片面包和烤薯条的食品公司，可以首先将薯条放入面包炉中烘烤，加快薯条的生产速度，此举有一个意料之外的好处：生产出来的薯条更加健康了。新产品就此诞生，企业可以向不同客户推销这个新产品。

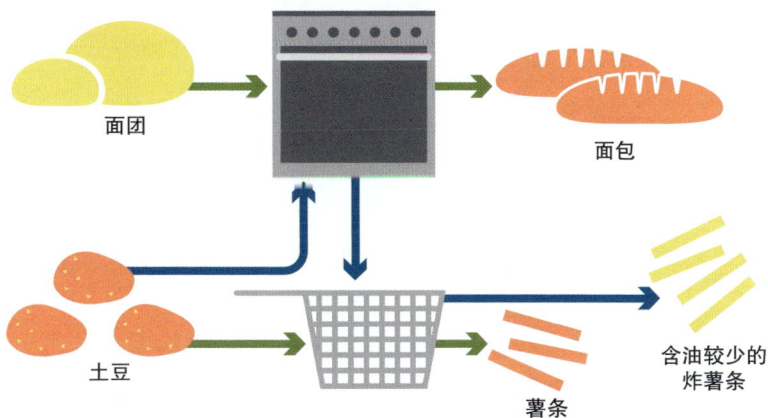

面团

面包

土豆

薯条

含油较少的炸薯条

分批生产

　　一件次性产品自始至终都由一名工人来制造，如整体厨房。分批生产的方式更为有益，因为工人会用到一系列技能，但对客户而言，价格也更高（参见272~273页）。

工人

单元式制造

单元式制造融合了流水作业和分批生产的优点。其中，工厂内部的一组工人组成小单位（单元），负责生产一组产品或零部件。在单元内部，工人们有能力生产所有的产品。生产线的运转，不再因各种零部件的生产而延迟。单元式制造的思想是：给予每个单元一定的自主权，由此来改善绩效。

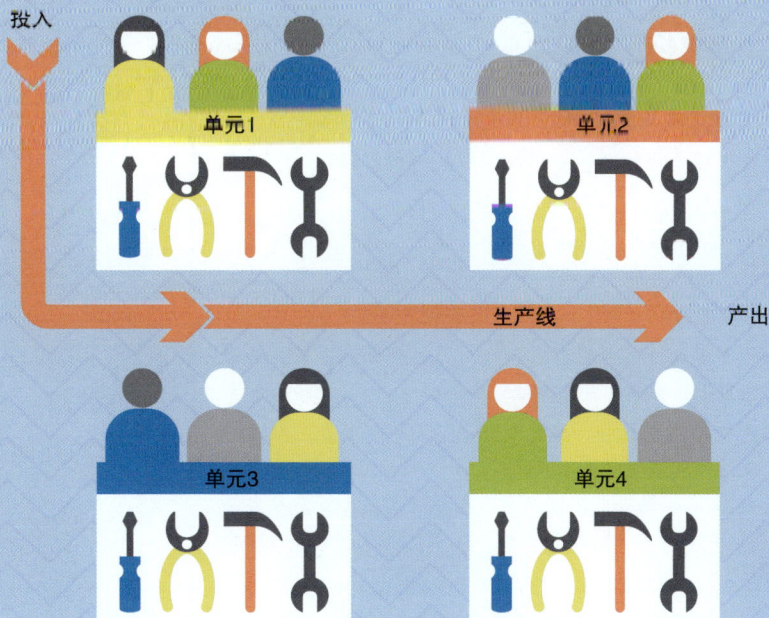

投入

单元1

单元2

生产线

产出

单元3

单元4

管理

一家企业，尤其是制造业企业的每名管理者，都应保证：从原材料到员工和机械，所有资源都得到了有效利用，并不断为客户着想。管理者必须制定关键决策，确定步骤，拟定标准，不断改善流程，确保企业能够持续盈利。

何种方法

在全球市场激烈竞争及客户需求快速变化的背景下，企业想要生存下来，如何组织人员和流程、制造产品和交付产品，是至关重要的。为了实现企业目标，管理者制定决策时可以综合运用多种方法，因为各种方法之间相互关联，以达到类似的结果。

管理者还是领导者？

管理与领导虽不同，但紧密相关：

▶ 管理者负责计划、组织、协调、提问和激励，领导者负责创造愿景和启发；

▶ 管理者负责组织员工，培养其技能、最大化其效率；领导者负责培养面向未来的人才；

▶ 管理者关注利润；领导者还具有长远眼光；

▶ 管理者向员工说明要做什么，并提供支持；领导者说服员工，要其去做更多分外的事；

▶ 优秀的管理者应具有领导力；优秀的领导者应知道，成为优秀管理者要付出什么。

彼得·德鲁克和沃伦·本尼斯这两名企业领导者兼学者做出了"管理正确行事，领导行正确之事"的经典区分。

敏捷生产
面对客户需求的变化，该如何灵活应对？
参见296～297页。

基于时间的管理
如何有效利用时间？
参见294～295页。

瑞士
2020年欧洲最具
创新力国家

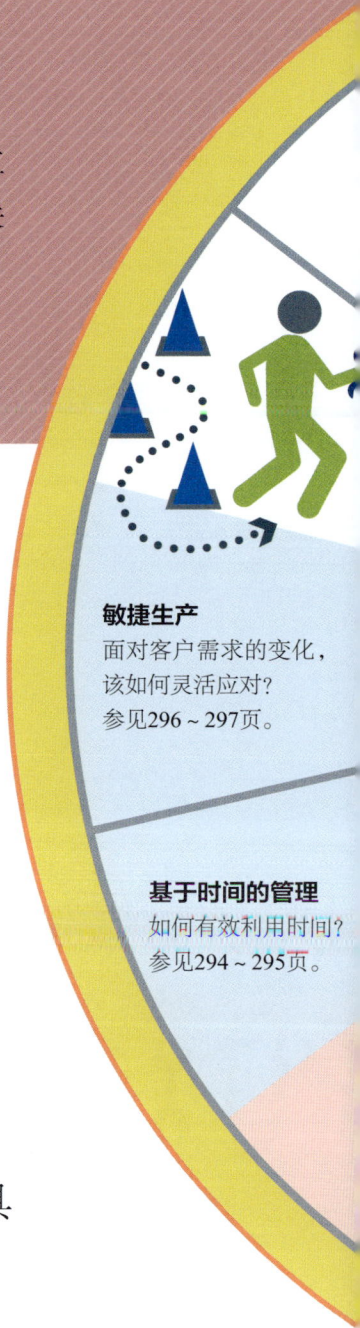

改善

改善
如何推动持续改善?
参见298~299页。

规模经济与规模不经济
最优的经营规模是什么?
参见第286~287页。

精益生产
如何最小化资源投入，降低成本?
参见288~299页。

准时制生产
如何满足客户需求，并把库存降到最低?
参见290~291页。

全面质量管理
如何提高客户满意度?
参见292~293页。

创新

员工参与

专注价值

与供应商结成战略联盟

最小化浪费

工作流程不间断

客户至上

规模经济与规模不经济

大规模生产的一大优势是规模经济（Economies of Scale），也就是说，每件产品的平均成本降低了。然而，随着产量的增加，平均成本会随之增加，从而导致规模不经济（Diseconomies of Scale）。

运作原理

规模经济的概念十分简单：生产或处理的产品越多，平均（单位）成本越低，因为所有产品的生产效率相同，且均摊固定成本。这会给企业带来竞争优势。例如，超市因采购量大、单位成本较低，从而降低产品售价。然而，由于高昂的管理成本、缺乏监督引起的浪费以及员工低下的生产率，扩大经营也会带来规模不经济。

规模经济

一家小型乳制品企业向大型超市供货，其效率可能不高。相反，若一家企业运送上千瓶牛奶，则会节约成本。然而，若配送数量过大，相关成本上升，也会导致浪费。

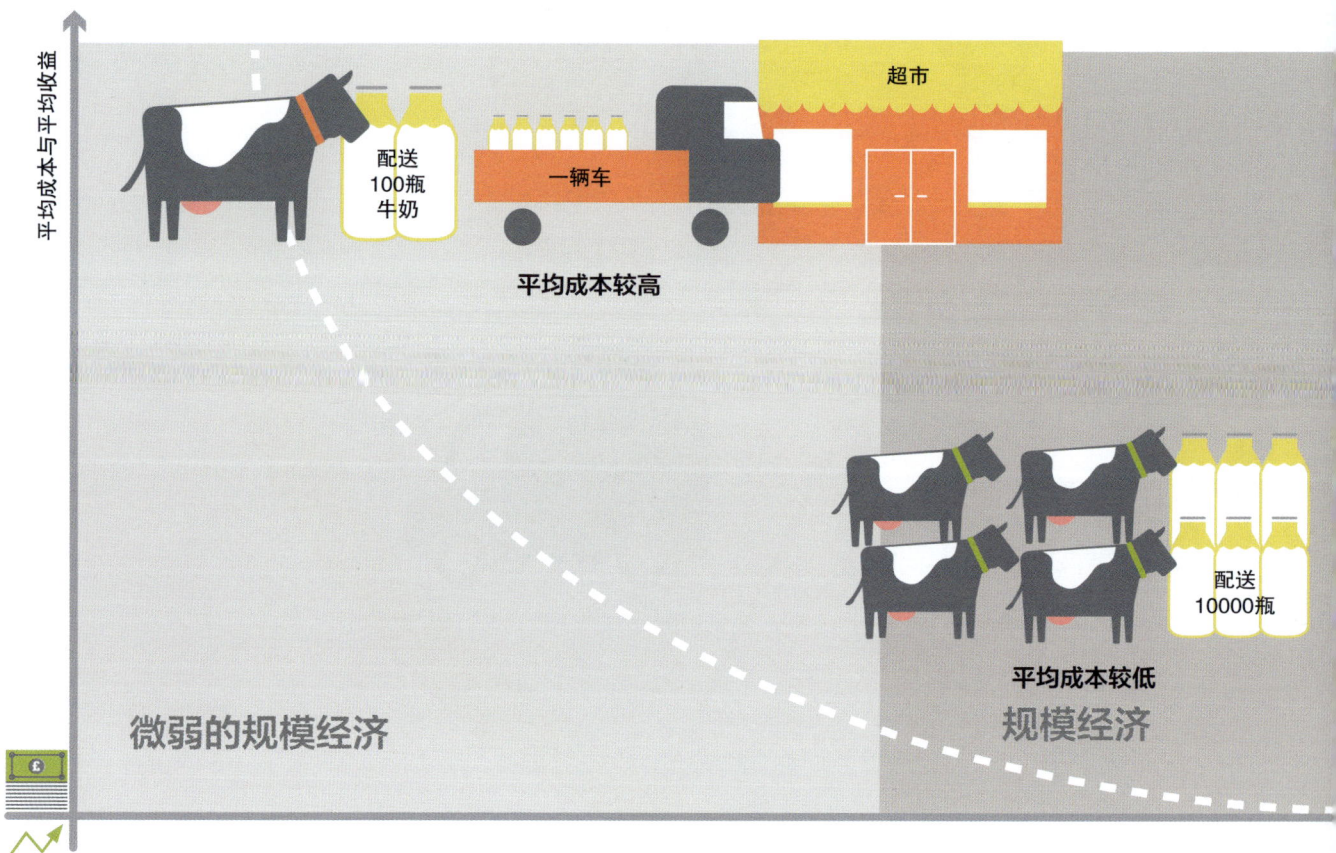

平均成本与平均收益

配送
100瓶
牛奶

一辆车

超市

平均成本较高

微弱的规模经济

配送
10000瓶

平均成本较低

规模经济

网络经济

　　eBay和Facebook等网站不太可能进入规模不经济阶段。这些网站甚至在全球范围内实现了规模经济：增加一名用户带来的成本几乎为零。同时，增加一名用户带来的收益是巨大的，因为每名新用户都可以同网络上的其他人产生互动或开展交易。

61%

Netflix 2024年全年净利润同比增长率。同时，其全年付费用户规模突破3亿人

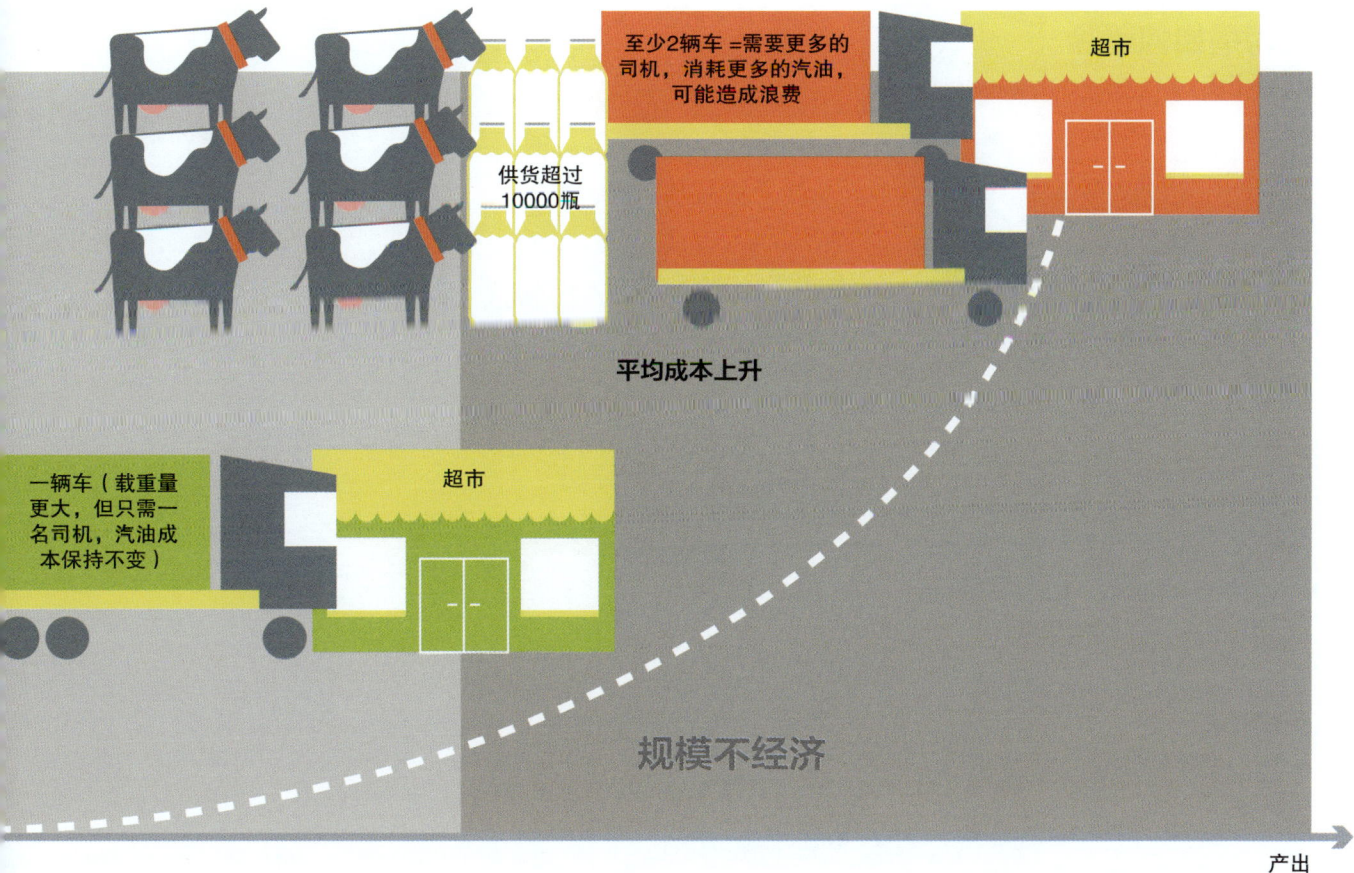

至少2辆车 = 需要更多的司机，消耗更多的汽油，可能造成浪费

供货超过10000瓶

超市

平均成本上升

一辆车（载重量更大，但只需一名司机，汽油成本保持不变）

超市

规模不经济

产出

精益生产

精益生产（Lean Production）的目标是，减少为客户提供产品或服务所消耗的资源量。精益生产通过削减人工、原料、空间、资本和时间来降低成本。

运作原理

精益生产的核心是提高效率，且在不影响产品质量的前提下，最大化客户价值。精益生产旨在去除不能为生产流程增加价值的活动，如存货（库存）、缺陷的修补，以及制造厂内人员及产品不必要的移动。

价值流（Value Stream）是与技术、资产和客户职能部门水平交叉的一系列活动。通过价值流来优化产品流和服务流，能使企业迅速响应客户的需求。效率的提高，还会使信息管理变得更简单、更准确。

案例分析：丰田公司是如何消除浪费的

浪费有时也被称为"非增值活动"，而精益生产就是要消除浪费。汽车制造商丰田公司识别出八大浪费领域，并采取精益生产方法来减少浪费。

生产过剩

浪费
生产的产品超过了客户需求

精益解决之道
基于"拉动系统"（Pull System）的生产过程，严格按照客户需要的数量来生产

等待

浪费
等待原材料、信息、设备、工具的非生产时间

精益解决之道
所有资源"准时"提供——既不能太早，也不能太晚（参见290～291页）

多余库存

浪费
持有不必要的存货

精益解决之道
使用看板卡来标注原材料的订购信息：数量、来源、去向

缺陷

浪费
消耗原材料，耗费人力，导致客户投诉

精益解决之道
使用全面质量管理来改善各个领域（参见292～293页）

创建精益企业

　　1996年，詹姆斯·沃马克（James Womack）和丹尼尔·琼斯（Daniel Jones）在其著作《精益思想：消除企业中的浪费，创造财富》（*Lean Thinking: Banish Waste and Create Wealth in Your Corporation*）中，确定了精益生产的五项原则：

▶**价值**　使用调查、访谈、分析和其他信源来定义客户价值，即客户希望从你的产品中得到什么，他们愿意支付多少费用；

▶**价值流**　确定所有有助于创造客户价值的企业活动，据此绘制价值流。有些不创造客户价值的活动对企业来说仍有必要，但除此之外，其他活动应予以取消；

▶**流动**　确保所有的剩余步骤顺利运行，没有中断；

▶**拉动**　推行"拉动系统"，只在有实际需求时才开展工作。确保必要的材料和信息可用，从而在正确的时间创造数量正确的产品，减少劳动力、资源和存储上的浪费；

▶**尽善尽美**　让连续改进的流程成为企业文化的一部分，每天不断努力以变得更好。

1082.148
万辆
丰田2024年出售的
汽车数量

生产各个阶段的运输

浪费
运输过程中不必要的步骤

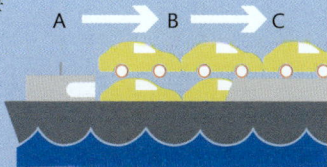

A → B → C

精益解决之道
原材料直接从供应商运送到装配线

A → B

非增值加工

浪费
产品生产或返工过程中不能产生利润的步骤

精益解决之道
绘制价值链，找出生产过程中不能增加价值的步骤

多余的移动

浪费
工作流程不合理；布局不合理；工作方法不规范

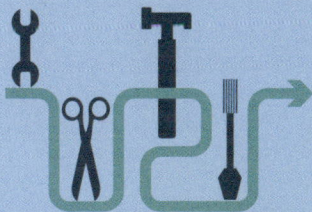

精益解决之道
现场组织管理，这是规范化工作场所的系统方法

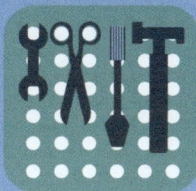

员工懈怠

浪费
不能充分利用员工的脑力、创造力、体力和能力

精益解决之道
用工作单元代替装配线，更有效地使用劳动力，加强员工的参与和沟通

准时制生产

实际接到订单后才开始生产的体系，被称作"准时制生产"（Just-in-time）。准时制生产使企业只生产需要的产品，并且在适当的时间以适当的数量生产。

运作原理

准时制生产也称作"需求拉动的生产"，这意味着，企业要尽量降低原材料、零部件、在制品和制成品的库存，由此来削减成本。在整个生产过程中，准时制生产系统需要详细的规划、时间安排及资源流动，如今，复杂的生产安排软件解决了这一问题。需要补给时，补给就得被直接送到生产线上，而这需要与供应商建立紧密联系，实现系统对接。必须平衡库存减少的好处，以及平衡频繁配送、失去规模经济（大量购入的折扣）的成本。准时制生产系统可追溯到丰田公司1953年引入的系统，如今，准时制生产一词有了更广的含义，有时被用来表示资源浪费的消除。

准时制生产的优点与缺点

优点

▶ 库存减少，所需的仓储空间、营运资金也随之减少

▶ 需求拉动，避免库存过时、过期

▶ 员工花在检查、搬运物品上的时间减少

缺点

▶ 不容出错——举例而言，若送来的零部件有问题，那全天的生产就必须停止

▶ 经营取决于供应商

▶ 缺乏缓冲，无法应对需求的突增

5 新商品运抵店铺，装上货架

4 库存商品达到最低限度时，系统发出送货信号

① 客户挑选货架上的商品

9.7%
2021—2028年，全球按需印刷T恤市场的预期年均增长率

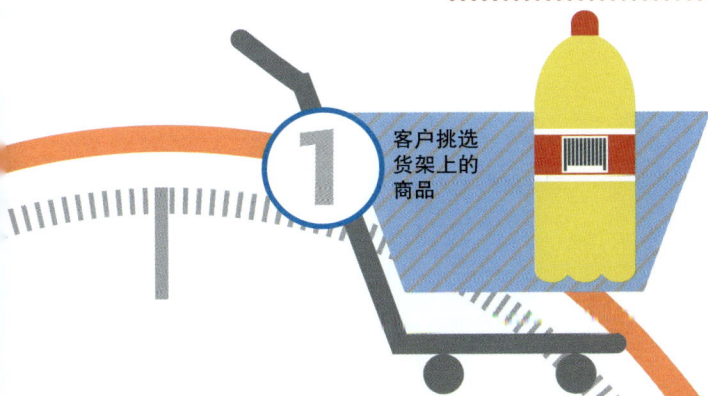

零售业的准时制生产

　　不少超市通过计算机系统实现了及时配送，因此减少了库存。不过，制造业企业往往使用基于看板卡的数据系统。看板卡即生产过程中，每个工作站撤销和预订物品的记录单。

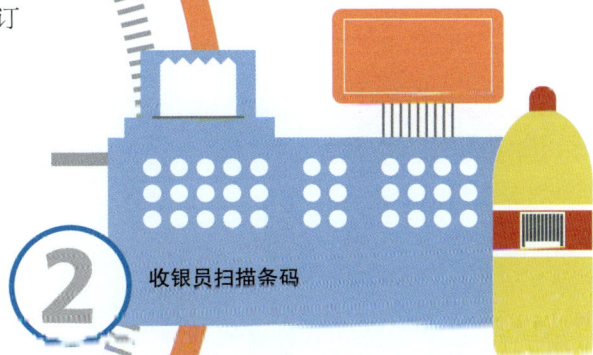

② 收银员扫描条码

③ 计算机系统向仓库发出指令

案例分析

Peecho的按需印刷出版

　　总部位于荷兰阿姆斯特丹的Peecho采用准时制生产，提供按需印刷的服务。Peecho只印刷客户提交订单后由他们托管的产品，如书籍和图像。

▶ 内容所有者将产品（如书籍或图像）上传到Peecho的网站上。

▶ 客户下单后，Peecho只印刷履行订单所需的份数。

▶ 内容所有者避免了制作及存储大量印刷品的前期成本，可以轻松地将印制的产品分发到任何地方。

全面质量管理

全面质量管理（TQM）的思想是，通过让客户满意来使企业获得成功。企业的一举一动都十分重要，企业应关注流程的管理和改进，而不是结果。

运作原理

企业采用全面质量管理，以客户为中心，使所有员工参与进来，进行持续的改进。TQM是一套战略性、系统性方法，质量处在企业活动和文化的核心位置。客户根据自身的满意度来评判质量的高低。企业被视为一系列"水平流程"：用供应商提供的投入品，制成产出品进行交付。绩效数据的度量十分重要，良好的沟通对保持上升势头同样至关重要。TQM虽然与如今更普遍的六西格玛（参见320~321页）类似，但其侧重点是内部质量标准，而不是减少缺陷和得到可量化的结果。

全面质量管理的含义

- **全面** 囊括企业的所有人员、所有活动
- **质量** 满足客户需求
- **管理** 质量可以而且必须得到管理

案例分析：迪士尼公司

制造业企业是全面质量管理常引用的例子。制造业企业的关注点是：按照特定的规格制造产品，满足或超越客户的预期。全面质量管理也可用于服务业，迪士尼公司就是一个很好的例子。

> "质量控制适用于任何类型的企业。事实上，质量控制应当被应用于每个企业。"
>
> ——石川馨（Kaoru Ishikawa）
> 博士，工程学教授

迪士尼公司
迪士尼的目标是最大化长期股东价值，其方法之一是，在迪士尼乐园为游客提供梦幻般的客户体验。

关注客户
迪士尼公司将全面质量管理的概念融入客户服务之中。游客被奉为贵客，并享受VIP般的待遇和个人化的关怀。

全员参与质量管理
创始人华特·迪士尼对质量坚信不疑，他认为每个人都对质量负有不可推卸的责任。

完善流程
迪士尼认为，迪士尼乐园是生产快乐的工厂。为了打造品质，他设计出多套流程，并按比例重复运行。

70000人

为了让游客获得愉快的体验，迪士尼在全球雇用的演职人员数量

员工

迪士尼把员工称作"演职人员"。他们接受的培训涵盖了服务的多个方面，包括仪态、手势、面部表情和语气。

极致的服务

演职人员（员工）专注于取悦游客——他们唯一的工作就是让游客开心。

供应商

迪士尼公司与麦当劳、可口可乐等供应商合作，确保质量稳定。

持续改善

华特·迪士尼将迪士尼乐园视为半成品；如今，很多改进来自基层。

"三点的游行什么时候开始？"

接受训练的演职人员能够回答这类常见问题，告知游行表演经过乐园某个地点的确切时间。

共同目标

华特·迪士尼的出发点是，定义一种企业文化，它完全建立在人们真正的共同目标上，人们会为贡献力量而感到骄傲。

整合系统

技术支撑了客户体验。例如，所有迪士尼乐园都精心设置了数千个扬声器，使环境音乐的音量处处一样。

基于时间的管理

基于时间的管理（Time-based Management）是一套认可时间的重要性和价值，并力求减少企业的非生产时间的一般方法。

运作原理

快节奏的竞争意味着：能够有效管理时间的企业，会享有显著的竞争优势。这适用于新产品开发、为应对不断变化的市场和客户需求而加快响应速度，以及浪费的减少。要采用基于时间的管理系统，企业的人员必须掌握多种技能，能在不同任务之间来回切换；企业的机械设备也必须灵活机动，能在较短时间内转换生产作业；而在工人和管理人员之间，必须建立相互信任的文化。基于时间的管理是精益生产的一个重要方面。

案例研究：亚马逊的时间管理

亚马逊在全球拥有上亿客户，其仓库有约3700万平方米的存储空间，是在线零售领域内无可争议的领导者。亚马逊的主要优势之一是，它能够迅速交付产品。许多客户愿意支付溢价，通过订阅Prime服务来更快地获得商品。为了以合理的成本保证时效，亚马逊确保每个流程——从保证产品有足够的库存、足够的存储空间，到选择正确的产品并交付，都能增加价值，且花费的时间最少。这在很大程度上是通过信息技术的应用来实现的。

存储
亚马逊采用"混乱存储"技术，利用每一寸可用的仓储空间来存储货品。货品并非按照类别有序地摆放，而是按照优化空间使用的原则来摆放。库存管理系统会记录货品的存储位置，迅速定位，从而节省时间和空间。

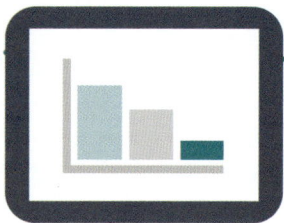

分析
分析每个流程耗费的时间和成本，确保以最优的方式完成。

34%的组织
几乎总能按时完成项目

项目管理的组成部分

　　基于时间的管理是项目管理的重要组成部分。计时辅助工具包括以下几种。

▶**工具**　例如，甘特图（Gantt chart）用条形图显示项目进度，使绘制及监测每天的进展和目标变得十分容易。

▶**项目管理系统**　类似PRINCE.2（Projects in Controlled Environment，受控环境下的项目）的方法，能够按照逻辑顺序，有组织地逐步构建项目。

▶**方法**　包括敏捷方法（Agile）等，帮助从事软件开发的项目经理应对不可预测的事件；一般通过Scrum框架来实现，由专人负责，定期重设优先顺序。它依据的前提是：软件的构建不能像装配线上的产品那样，否则，软件在发布前就已过时；每个开发领域必须定期重新评估。

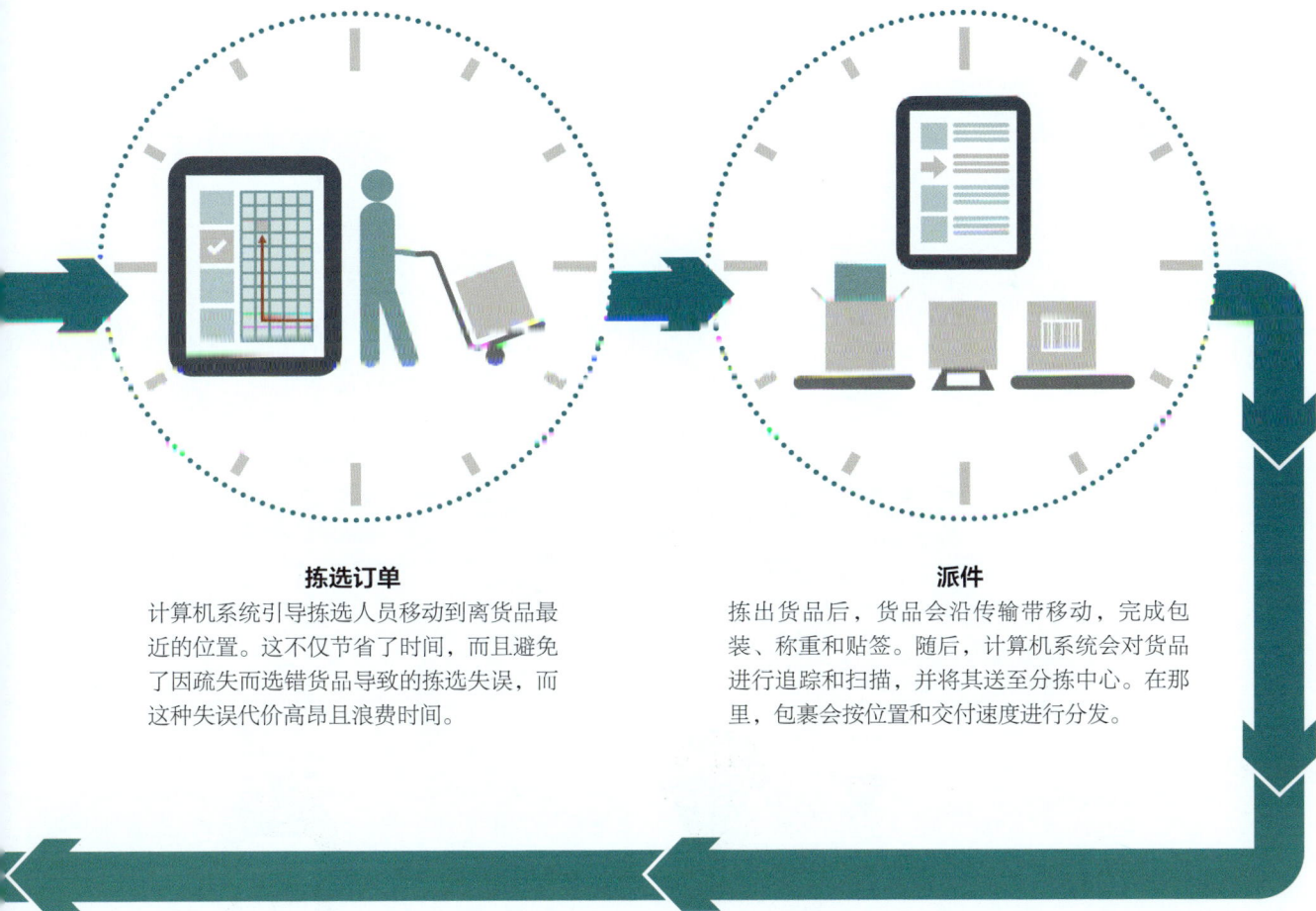

拣选订单

计算机系统引导拣选人员移动到离货品最近的位置。这不仅节省了时间，而且避免了因疏失而选错货品导致的拣选失误，而这种失误代价高昂且浪费时间。

派件

拣出货品后，货品会沿传输带移动，完成包装、称重和贴签。随后，计算机系统会对货品进行追踪和扫描，并将其送至分拣中心。在那里，包裹会按位置和交付速度进行分发。

敏捷生产

速度和敏捷性是敏捷生产（Agile Production）的核心竞争优势。其关注点是，快速响应客户，使企业能够利用短暂的机会窗口。

运作原理

在竞争中保持领先，是敏捷生产的目标。通常，敏捷生产会融入精益生产的概念（参见288~289页），但敏捷生产有另外一个层面：迅速、有效地满足客户的需求。敏捷生产依赖灵活、有协作能力的员工，他们能够迅速有效地完成工作。企业必须具备迅速改变或增加产量的能力。产品的设计可以融入模块化概念，允许客户定制，并且与供应商建立紧密联系。

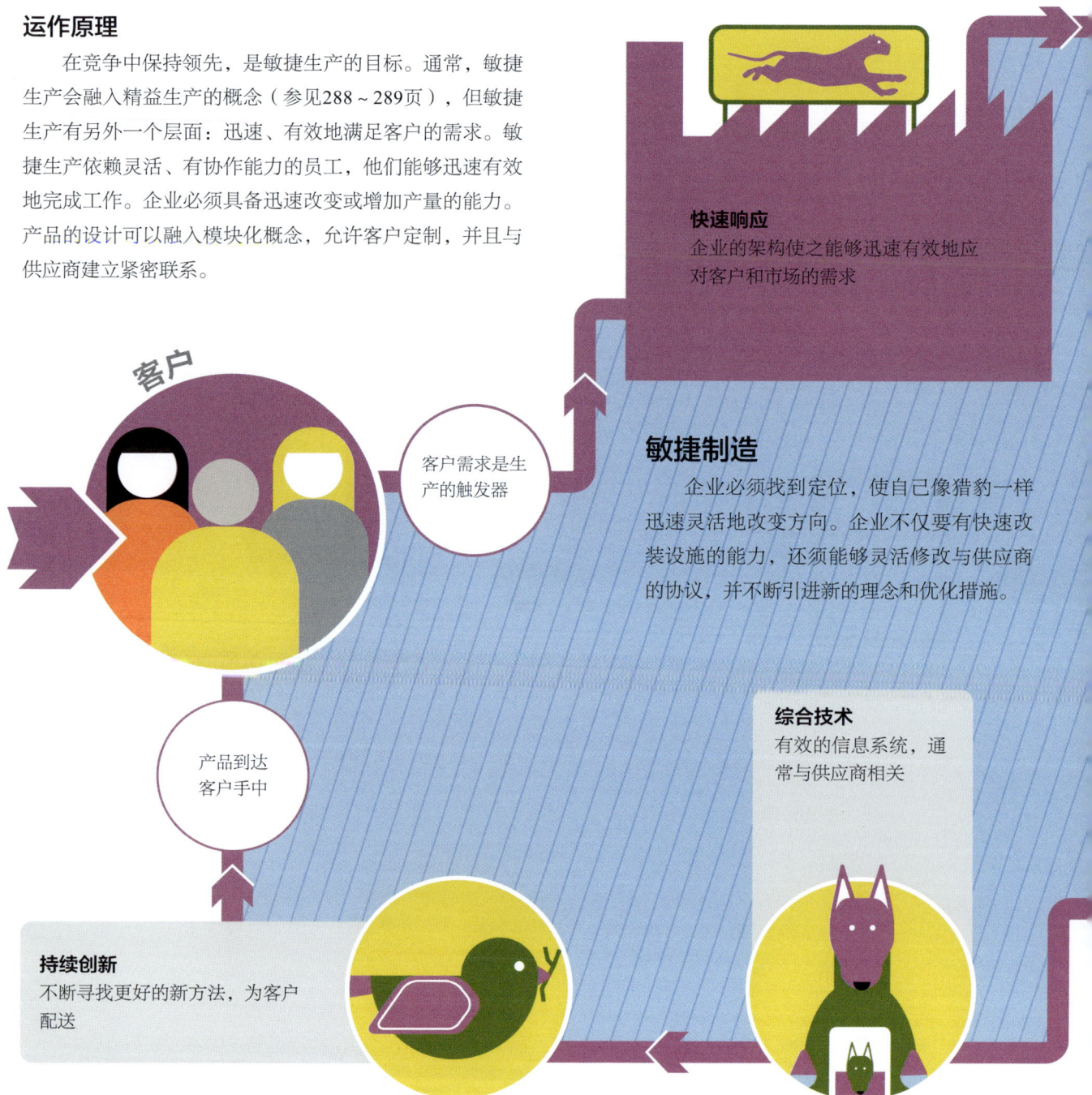

快速响应
企业的架构使之能够迅速有效地应对客户和市场的需求

客户

客户需求是生产的触发器

敏捷制造

企业必须找到定位，使自己像猎豹一样迅速灵活地改变方向。企业不仅要有快速改装设施的能力，还须能够灵活修改与供应商的协议，并不断引进新的理念和优化措施。

综合技术
有效的信息系统，通常与供应商相关

产品到达客户手中

持续创新
不断寻找更好的新方法，为客户配送

模块化产品
在不同/定制的产品中，使用单独生产的零件

本地优势

采用敏捷生产的企业，通常处在竞争激烈、劳动成本高的环境中，如北美，而在本地生产会带来如下的竞争优势。

▶ 接近客户，方便获得反馈，做出回应。

▶ 绩效和配送上的微小变动，会使客户满意度、企业声誉、财务表现发生巨大的变化。

▶ 前所未有的速度和个性化，是离岸竞争对手所无法比拟的。

知识文化
获取经验，从错误中学习

71%的组织
会不时采用敏捷方法来处理各种项目

战略伙伴关系
与供应商合作，而不是进行合同谈判

运输系统
系统、服务、基础设施，加快产品交付的速度

灵活的劳动力
自我组织、适应性强的团队

改善

改善（Kaizen）发源于日本，是指所有员工参与进来、持续改进的系统。从高级管理人员到车间员工，每个人都得到鼓励，每天提出改进建议。

运作原理

改善的哲学是"做得更好，变得更好，即便没有缺损，也要改善；若不改善，就无法与实施改善的人竞争"。改善的思想是：不引起重大变化，而是进行持续、系统、渐进的改进。改善致力于消除不必要的活动、延迟或浪费（Muda），首先设定高标准，接着寻找不断提高标准的途径。支持改善的是培训、沟通、监督的框架，这会带来效率、生产力、质量的提高，交货时间的加快，以及客户忠诚度的提升。

创造良好的变化

改善是在一个被称作"计划、执行、检查、行动"的活动周期内实施的。改善的核心内容是：质量、持续努力、每名员工的日常参与、改变的意愿，以及沟通。

越来越好

改善诞生于第二次世界大战后的日本。改善来自日文的"改"（kai）和"善"（zen）；"改"的意思是"改变"或"纠正"，"善"的意思是"好"。丰田、佳能等企业让员工参与进来，提出改进的意见，显著地提高了生产效率。

Kai   zen

改 善

change   good

29秒

自动贴签的新想法，使丰田英国公司制造一辆车的时间缩短的秒数

质量

创新——找到更好的方法并推行，满足需求，提高生产效率。

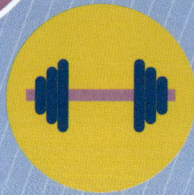

努力

创新

完成

根据标准来测量结果。

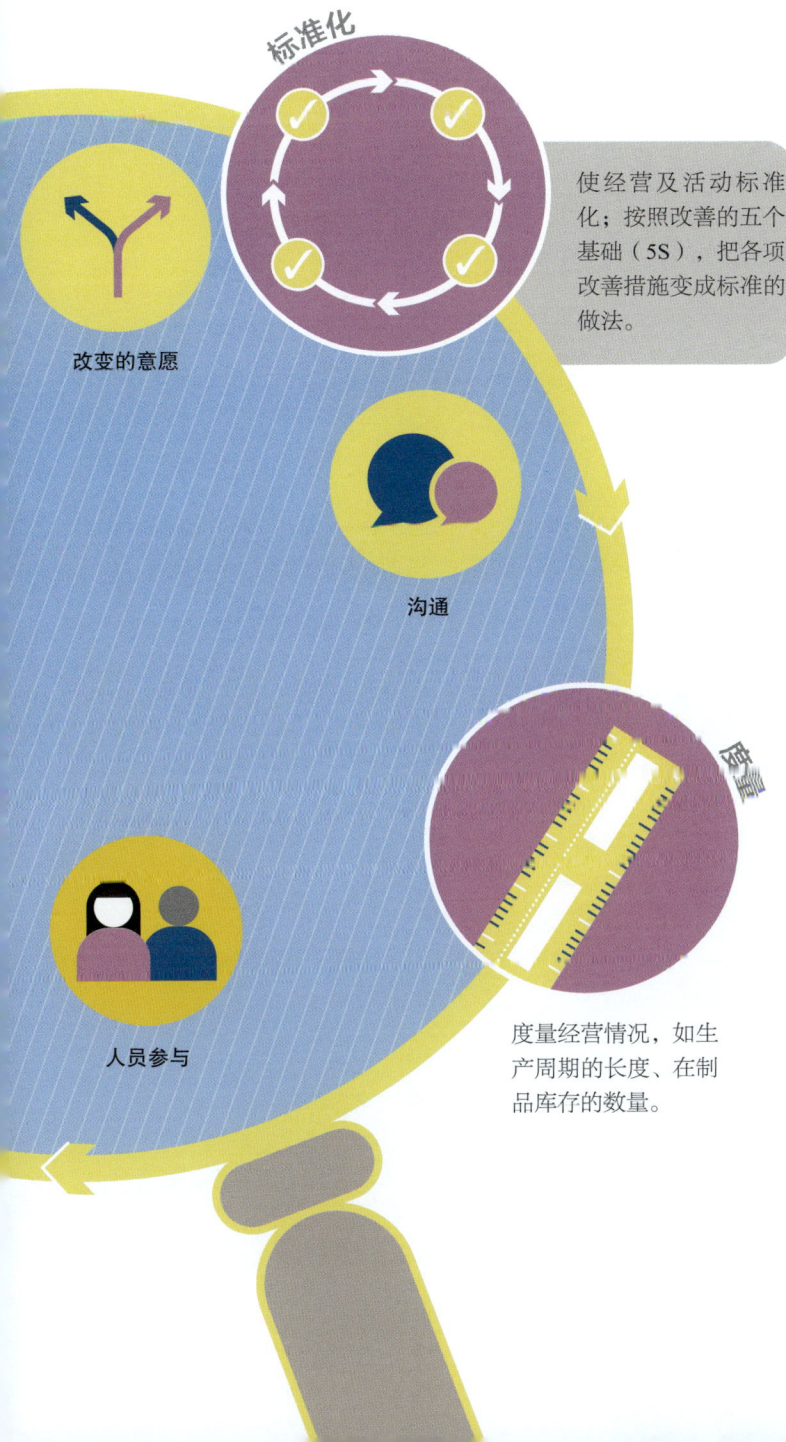

标准化

改变的意愿

使经营及活动标准化；按照改善的五个基础（5S），把各项改善措施变成标准的做法。

沟通

度量经营情况，如生产周期的长度、在制品库存的数量。

人员参与

五个基础

工作场所的五大步骤被称为5S，它们构成了改善的基础。

Seiri（Sort，日语指"归类"）

在工作区域内，只保留必要的物品。移除一切不必要的物品，并将其收藏起来。

Seiton（Streamline，日语指"安排"）

迅速、轻松地取回已整理好的物品，创造高效的工作流程。

Seiso（Shine，日语指"清扫"）

保持工作区域内的清洁，因为清洁能够提高效率。

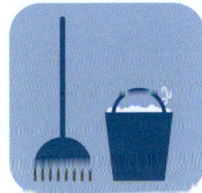

Seikestu（Standardize，日语指"标准化"）

保持作业实践、工具和工作站的一致性，明确职责。

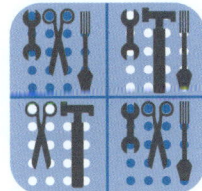

Shitsuke（Sustain，日语指"自律"）

上述四大基础构成一直以来的标准经营模式。

产品

无论牙膏等有形物品，还是保单等无形服务，从广义上讲都是产品。产品是企业出售的物品，它既能满足客户的需求，又能让企业赚取利润。典型的产品生命周期是：产品被开发出来并推向市场，但接受产品的客户并不多；接着，星星之火产生燎原之势，产品行销各地；随着市场趋于饱和，增长放缓，产品销量停滞并下降，直至无人问津。

产品发展

从开始到完成，每一件产品（如一管牙膏）都要经过测试、创新和质量控制的流程，确保在发布时以及整个生命周期内产生最大的影响力。成功的企业明白，产品的寿命是有限的，因而会在早期阶段大力投资，从而最大化日后的增长。

> 很多时候，人们并不知道他们想要什么，直到你展示给他们看。
>
> ——史蒂夫·乔布斯（Steve Jobs），苹果公司联合创始人

新产品创意

企业决定推出一款全新香型牙膏。企业会评估该创意的可行性，研究潜在的竞争对手。新款牙膏还应具备其他特性，如美白、釉质保护，以吸引相应的细分市场上的客户。参见304~305页。

测试与开发

聚焦小组（Focus Group）被召集起来，尝试全新香型及一些变体。聚焦小组的偏好和评论会被记录下来，企业据此改进牙膏，使之成为可用的产品。参见302~303页。

4.02万亿欧元
2024年，欧盟国家之间的
贸易额

产品生命周期

　　家庭娱乐企业为客户提供各种不同的产品。下面列举的产品，处在生命周期的四个不同阶段（参见184～185页）。

▶**引入期**　面向民用市场的8K超高清电视，近期才进入家庭市场。

▶**成长期**　其便利性、价值和内容选择，使流媒体服务的使用率增加。

▶**成熟期**　常规高清电视面临更先进技术的挑战。

▶**衰落期**　DVD播放器——DVD光盘被更便宜、分辨率更高的流媒体服务所取代。

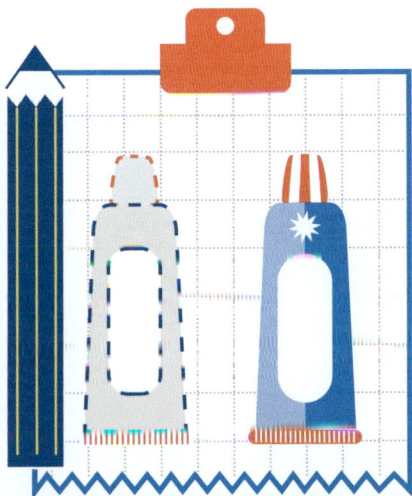

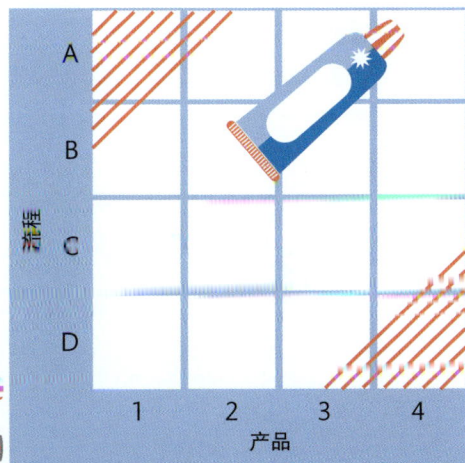

包装与设计

牙膏管体的外观明亮、洁净、有吸引力。设计上的考虑包括：功能性、材料成本，以及对流行趋势的迎合。
参见306～307页。

质量管理

质量控制始于对安全性、舒适性标准的彻底检查。在设计阶段纠正缺陷，远比在之后的生产阶段再纠正要便宜。
参见308～309页。

产品-流程矩阵

企业可以使用"产品-流程矩阵"，找到制造牙膏的正确方法。由于生产的产品种类少、数量大，企业决定采用流水作业。
参见310～311页。

新产品开发

企业不能故步自封。在市场竞争无比激烈的今天，为了继续经营下去，企业必须为新创意的产品研究提供预算，并将新产品推向市场。

运作原理

新产品开发流程涉及一系列关键阶段，它确保企业把资金投放到有销路的产品上，从而赚取利润。新产品开发始于一个创意，其目的或许是改进并重新推出现有产品。一些企业会开展研讨，激发创造力，提出一系列创意，并从中挑选几个进行探索。在最终产品被推向市场之前，企业可能会与潜在客户合作；如果部分流程要外包，企业也会与供应商合作，完善和开发这些创意。

主张趋势

新产品会受流行趋势的影响，这体现在包装和广告的宣传语中。例如，2020年美国食品类新产品最常见的几个标签是："低过敏原""无麸质""无添加"。

开发流程

虽然创意的性质、企业的规模会影响开发流程的各个阶段，最终影响产品进入市场的时间，但开发的流程大体相同。

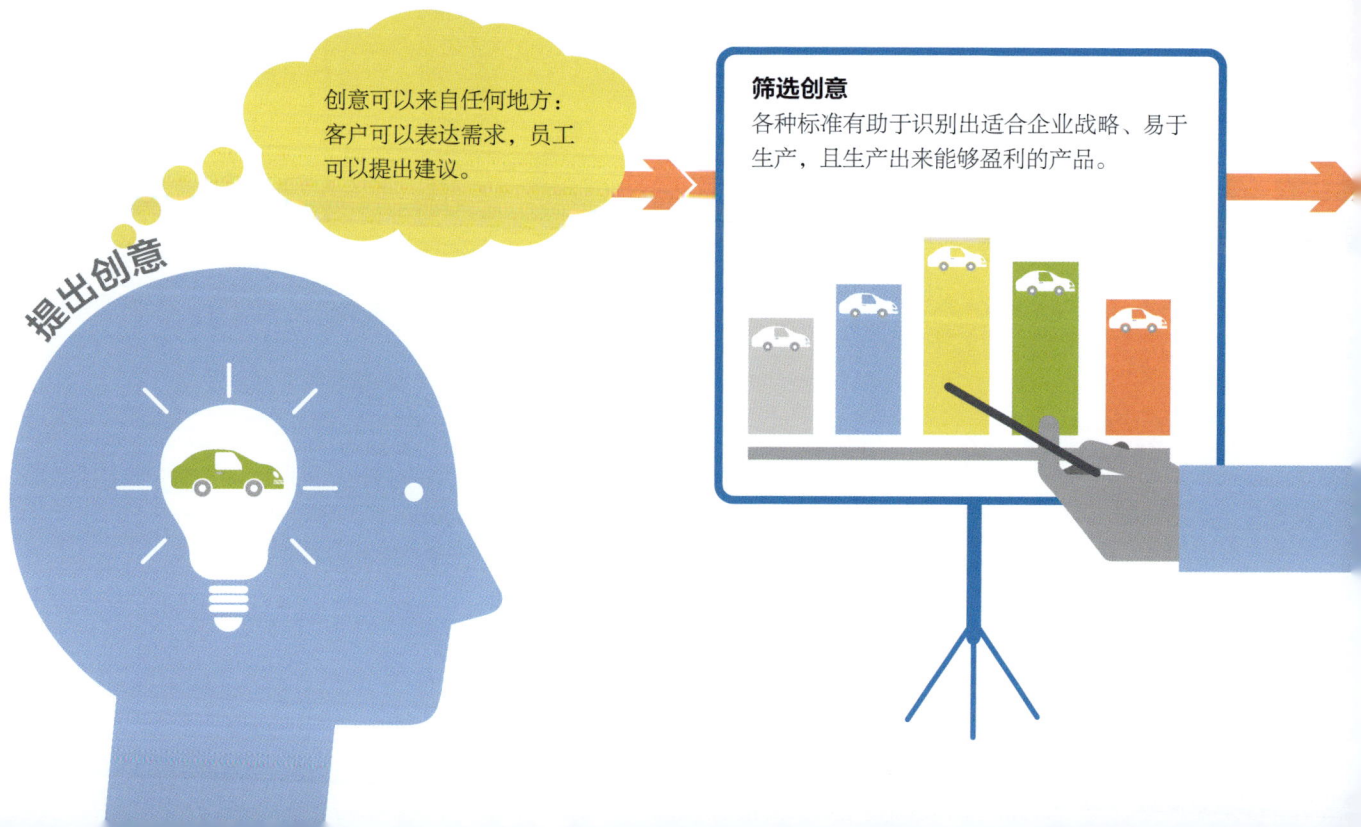

提出创意

创意可以来自任何地方：客户可以表达需求，员工可以提出建议。

筛选创意

各种标准有助于识别出适合企业战略、易于生产，且生产出来能够盈利的产品。

测试创意

通过聚焦小组、访谈和网上评价，获得客户反馈，确定创意是否值得实施。

分析市场

机遇受到预期增长、发展趋势的影响。分析机遇，有助于绘制潜在销售状况的图景。

测试市场

在部分市场上测试产品，可以选定某个地理区域，该区域能够很好地代表目标受众。

开发产品

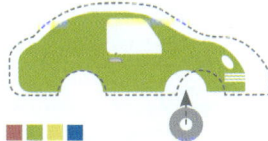

确认产品特性，设计出实际产品，将概念测试阶段的结果考虑在内，开发出原型（Prototype）。

发布

企业确保分销畅通，通过社交媒体或广告向客户介绍新产品，以促进销售。

53亿美元
三星发布了令人失望的Galaxy Note 7手机后所报告的亏损额

创新与发明

创新不仅仅是有好的点子，它还是发明和创意取得商业成功的途径。创新是企业的生命之源，因为保持领先是生存的关键。

运作原理

创新需要鼓励标新立异和探索的文化。创新还需要一套能够将最初的创意发展下去的流程。成功的企业，如苹果、索尼和华为等科技公司，都知道如何创新。创新并不是微小的增量改变，而是脱胎换骨的变化，例如，以全新的方式解决现有问题，或是识别未知的问题并发明一套解决方案。

从创意到产品

创意可以被很多因素激发出来。随后，人们需要在有利的环境下工作，确保创意得到实施，带来改变。

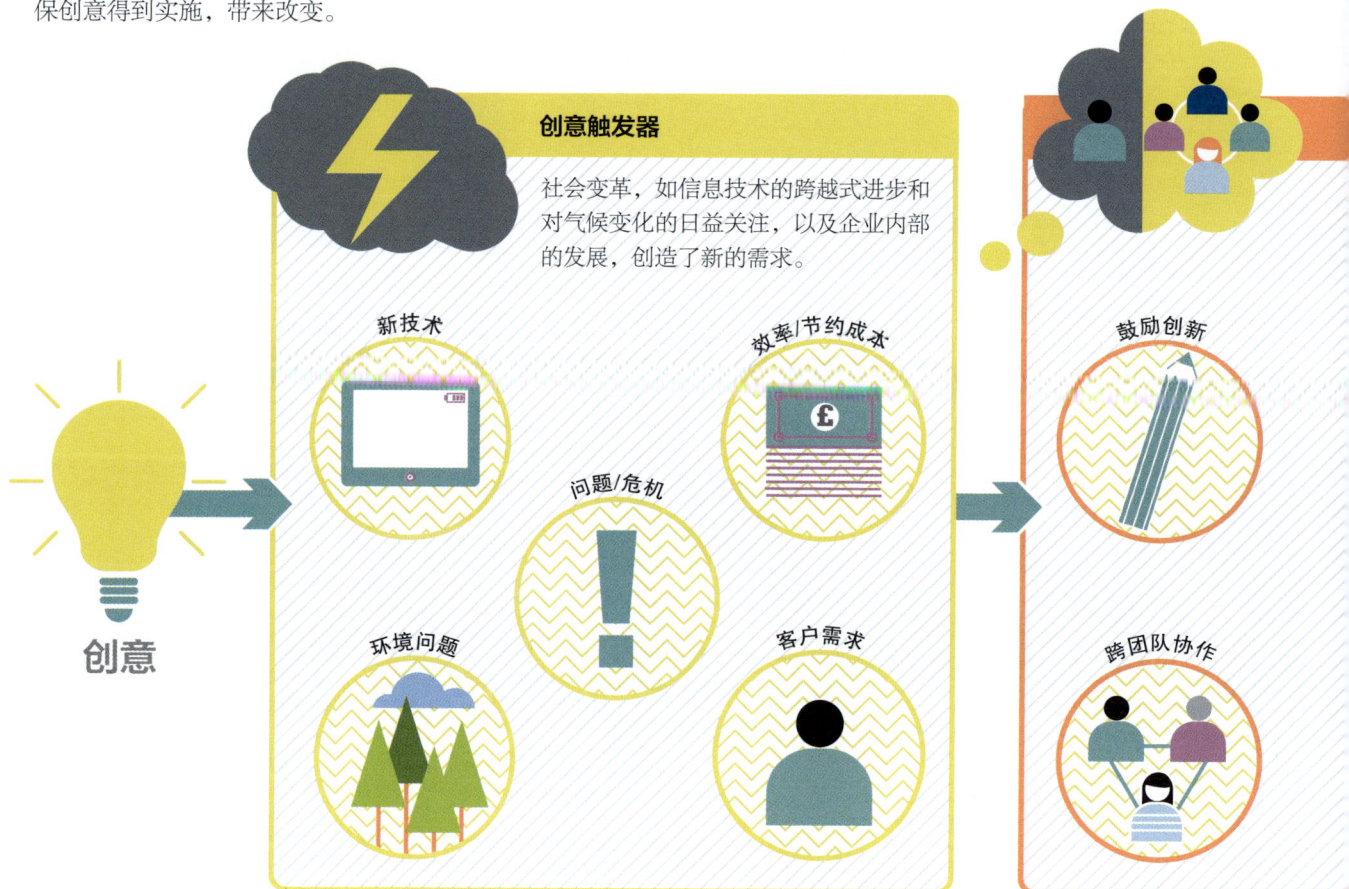

创意触发器

社会变革，如信息技术的跨越式进步和对气候变化的日益关注，以及企业内部的发展，创造了新的需求。

创意

新技术

效率/节约成本

问题/危机

环境问题

客户需求

鼓励创新

跨团队协作

创新的不同类型

▶ **持续创新** 显著改进现有产品，一般通过技术来实现，例如，提高相机像素；设计体积更小、更强大的笔记本电脑。

▶ **可持续或生态创新** 对环境影响最小的新产品。

▶ **节俭创新** 针对新兴大众市场的低成本产品。

▶ **突破性创新** 带来市场变革的同时，对整个世界产生显著影响的产品，如云计算和自动驾驶车辆。

▶ **破坏性创新** 取代已有竞争者或改变常态的产品，例如，在线博彩取代了街头博彩店。

> 天才是百分之一的灵感，加上百分之九十九的汗水。
>
> ——托马斯·爱迪生
> （Thomas Edison），
> 美国发明家

知识产权（IP）是创意的体现。知识产权可以是一项设计、一件发明，或是其他类型的智力创造。知识产权受法律保护

头脑风暴

个人和团队需要时间和思想空间来进行原创性思考。

行动

企业的文化和流程应当对创意的可行性测试有利。

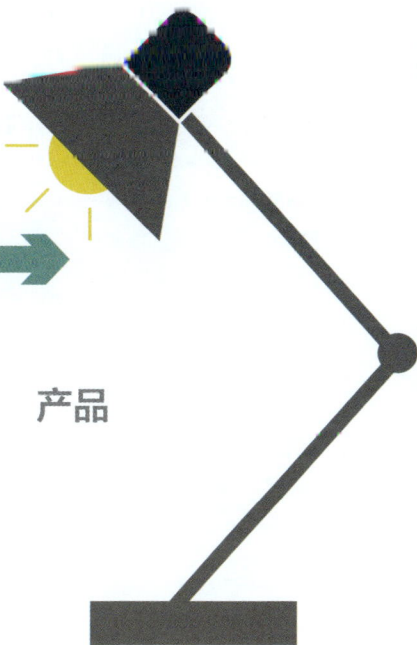

倾听说明

允许失败

使命清晰

眼光长远

正确度量影响

扁平管理架构

产品

设计

产品要想取得成功，就必须精心设计。从Anglepoise的台灯（可通过臂杆调节角度的台灯）到反光路标，日常用品的优秀设计塑造了现代世界。

运作原理

无论专业用品还是日常用品，产品能够满足需要，是产品设计的出发点。设计者必须想方设法让产品实现功能，并且符合美学、成本、耐用性、环境等方面的标准。设计可以与产品融为一体，例如，苹果的方形设备带有圆角，并因此获得了外观设计专利。有些设计可谓是标志性的，如可口可乐的瓶身。然而，设计不只是外观。除功能外，设计还包括材料、颜色，从产品延伸到包装。

研究

客户

新技术

头脑风暴

创意

探索概念

从纸上的涂鸦，到计算机制图技术，都有助于概念的可视化。

产品设计流程

设计量产的物品，如家具、灯饰、家电等，需要大量艰苦的工作。完成一项美观且实用性的设计，有如下几个步骤。

成功的设计要考虑的因素

- ▶功能　达到某个目的
- ▶审美　使用能获得愉悦
- ▶创新　全新、与众不同，采用创新技术
- ▶易用　易于理解，功能实用
- ▶简单　精巧、不扎眼
- ▶耐久　耐用，不受时尚潮流影响
- ▶环保　最大限度减少资源消耗、减少污染

重新设计

来年可能需要重新设计产品。

最终产品

最终上市的产品，其设计可能与最初的概念完全不同。

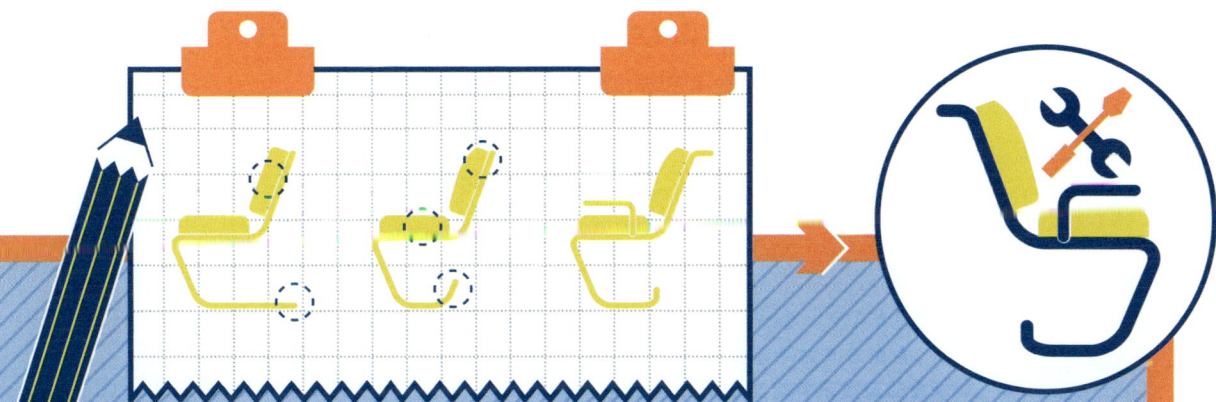

开发理念

可以把设计拆分为多个模块，如功能性要求、生产方式的选择，各模块的评价相互独立。

制造原型

原型可以是一次性的，也可以是一个系列，用于测试及产品功能的改进。

32%

五年间，最注重设计的企业获得的额外收益

反馈

了解他人对产品的看法，找到改进的途径。

客户（外部）

制造

营销（内部）

设计决策

大规模生产开始之前，必须制定决策，备好文案，如知识产权等。

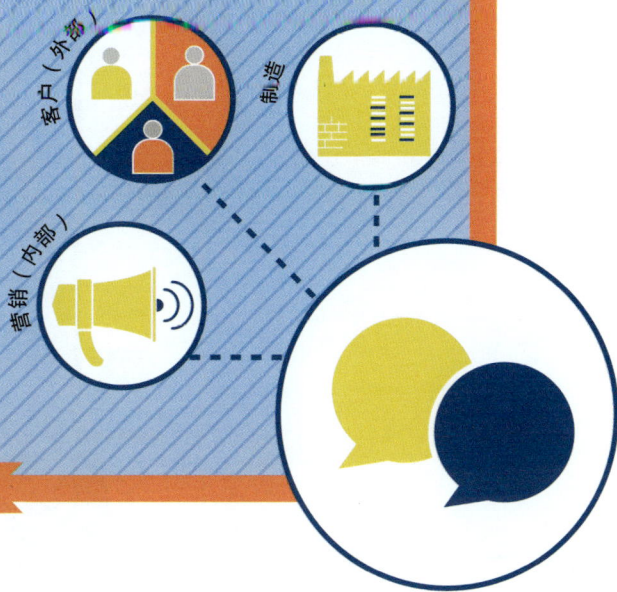

质量管理

对企业而言，质量并不是个含混不清的术语，而是超越客户期望的哲学。优秀的质量管理（也作"品质管理"）能给企业带来主要的竞争优势。

运作原理

不少客户会发现，给质量下定义并不容易，因为质量是主观的。然而，客户还是能够感知到高质量产品的。因此，企业需要定义并衡量质量：要树立良好的信誉、蓬勃发展，并且必须超越客户对产品在质量上的期望。为此，

企业会采用多种质量标准或关键绩效指标（KPI）来不断衡量自身制造工艺的表现。质量不只适用于产品本身，还会影响到相关的人员和流程，乃至整个组织的环境。

质量的成本

要确保缺陷被消灭在萌芽状态，质量管理必不可少——并且越早越好——要赶在客户看到显而易见的缺陷之前。

缺陷的成本

在产品的设计阶段，质量管理的成本较低，并与设计流程密不可分，因为质量管理能阻止问题进入下一个阶段。

在生产过程中，质量管理涉及质量的测试、评估与核查。有缺陷的物品会做报废处理。

产品设计

生产

60%的组织
认同客户是其质量管理计划的关键动力

一旦客户拿到产品，此时再纠正缺陷，成本就会十分高昂。财务上的成本包括退货、维修、召回带来的成本，而对企业声誉的影响可能更具破坏性。

缺陷的位置

客户拿到产品

必备知识

▶**ISO9000** 一系列国际质量标准及认证，证明企业已达到规定标准。

▶**欧洲质量管理基金会全球卓越奖（EFQM）** 年度奖项，表彰全球范围内有能力把战略转化为行动，并持续改进绩效的组织。

▶**戴明奖** 日本的奖项，颁给在质量改进方面付出努力的企业。

什么造就了品质？

制造业

▶符合规格/标准
▶性能
▶可靠
▶功能/特性
▶耐用
▶可用

服务业

▶获得预期的效果
▶一致性
▶响应客户需求
▶礼貌/友善
▶及时
▶心理因素，如良好的氛围

产品–流程矩阵

产品–流程矩阵是一项工具，它能够根据生产数量及定制程度，帮助企业找到生产产品的最优方式。

运作原理

生产流程分为几个不同的阶段。企业通常会从较低产量开始，虽然灵活性高，但成本效益较低。例如，一家小型印刷厂或一名裁缝师处在产品–流程矩阵的左下角；每项任务都是独特的，分批生产是最有效的方法。接着，随着标准化和机械化程度的提高，生产朝着完全自动化的阶段迈进。处在右上角的企业，产量大、产品范围窄。因此，连续生产便成为最佳的选择。

选择最佳方法

企业或大公司的业务部门，对应着矩阵中的特定位置。不同的产品适用不同的流程，这取决于产品处在生命周期的哪个阶段，以及企业的规模。

演化过程

1979年，哈佛大学学者罗伯特·H.海耶斯（Robert H. Hayes）和史蒂文·C.惠尔赖特（Steven C. Wheelwright）在《哈佛商业评论》中首次提出了"产品–流程矩阵"。从那时起，部分企业解决了大批量产品定制（大规模定制）的明显冲突。尽管如此，产品–流程矩阵对很多行业仍有一定的意义。

超过 1/4

29% 的商品
由中国制造

不可行

产品

低产量
标准化程度低；独特的一次性产品

裁缝师

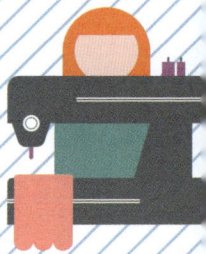

流程

连续生产
连续流；不间断的流程（参见280～281页）

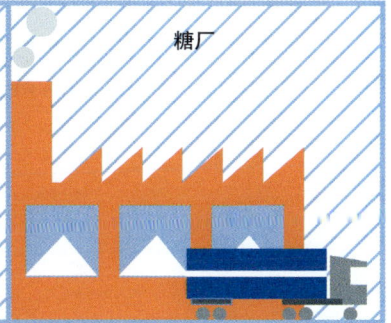

糖厂

流水作业
关联的线性流；对每件产品执行重复流程（参见276～277页）

汽车组装

基本不可行
通常，对于产量较低或产量中等的产品，用流水线来生产并不是个合适的方法

中低产量
一定程度的标准化；多种产品

高产量
标准化的产品；大批量制造

超高产量
标准化程度高；单一商品

批量生产
间断的线性流；对每一批次进行调整，各批次的流程类似（参见274～275页）

烘焙

基本不可行
对于高产量的标准化产品，批量生产通常不适用

分批生产
杂乱的流程；对每份订单采用复杂、独特的流程设计（参见272～273页）

不可行

控制

对任何类型的组织来说，控制都是必不可少的，尤其是当其基本目标为获得利润时。控制应涵盖成本、资源、产品的质量，确保经营能够顺利进行。控制不仅应跨越各个部门，还应自上而下，由董事制定战略，由管理人员分配资源、人员、材料和设备，监督个人和团队的工作。

控制链

最简单的做法是，把企业想象成一个端到端（End-to-End）的链条。在链条的开始部分，领导者必须对企业的目标、战略和政策做出决策。这对控制链至关重要。如果一开始就缺乏明确的方向，那么，随着控制链的延伸，问题会越来越严重。控制应沿链条落实到位，确保企业能够实现目标，符合预期的标准，从而使个人和团队明确具体任务所涉及的内容。

战略控制

ABC蛋糕公司的目标是：成为销售火爆的糕点企业。董事们确定企业需要出售的纸杯蛋糕的数量和质量，并批准了一家新工厂。他们还确定了投资的规模，估计了新工厂产生回报的时间，以及收回新工厂全部成本所需的时间（回收期）。

ABC
蛋糕公司

管理控制

管理团队确保每个人都实现目标，与控制链中的其他环节建立联系，实现工作的无缝对接，从而使公司成为销售火爆的糕点企业。

链条上的各种职能
董事们的工作是战略投资、政策制定、流程控制。管理层可以采用"六西格玛"等工具，完善对经营的控制。参见320～321页。

投资
依赖从蛋糕销售回流到公司的现金，要与生产成本相平衡。

政策
维持最优库存的政策由财务、人力资源和信息技术部门提供支持。

流程
目的是控制成本，不断审视最有效的资源使用方法。

采购
向符合标准的企业购入原材料。

84 : 1
2019年富时100指数公司首席执行官
与员工薪酬比率的中位数

法律要求的控制

　　除自身的控制外，不少行业还要接受外部控制：

► **金融机构**　国家及国际监管措施
► **广告行业**　保障公众利益的国家条例
► **健康与社会保障**　保护弱势群体的国家法规
► **制造业**　健康和安全方面的国家法规

牵着企业走，不然企业会牵着
你走。

——本杰明·富兰克林（Benjamin Franklin），
美国政治家和科学家

任务控制
规定每个任务的节奏和关键绩效指标，例如，控制一批纸杯蛋糕挂糖霜及点缀的时间。

收到货物
检查按时交货情况，以及所有的投入品是否始终符合规定的质量要求。参见318～319页。

存货控制
采用复杂的系统，确保存货水平达到最优。参见316～317页。

生产
有度量纸杯蛋糕数量和质量的指标。参见314～315页。

市场营销
为价格制定标杆，参考竞争对手的情况审视自己的促销活动。参见332～333页。

销售
依具体目标行事。参见314～315页。

管理产能

在生产方面，产能（Capacity）指的是：给定时间内能够完成的工作量。在理想情况下，企业会把产能与客户需求匹配起来，从而以最高效的方式利用资源。

运作原理

每个企业都要考虑经营所需的产能，以及如何管理日常产能和未来产能。管理层必须分清主次：究竟是闲置产能，提供卓越的客户服务，为产品设定较高的价格，还是有效地管理资源，获得更高的投资回报，但在需求超过产能时承担令客户失望的风险。企业可以为客户提供激励，用以促进产能管理。例如，非高峰期制定较低的火车票价，鼓励乘客避开高峰期，缓解早晨因满员造成的列车拥挤。同样，许多连锁酒店的房价并不固定，而是根据需求定价，以便维持产能。

产能决策

是否在需求或产能上妥协，是最基本的决策，即是把客户放在首位，还是把精简运营成本放在首位。

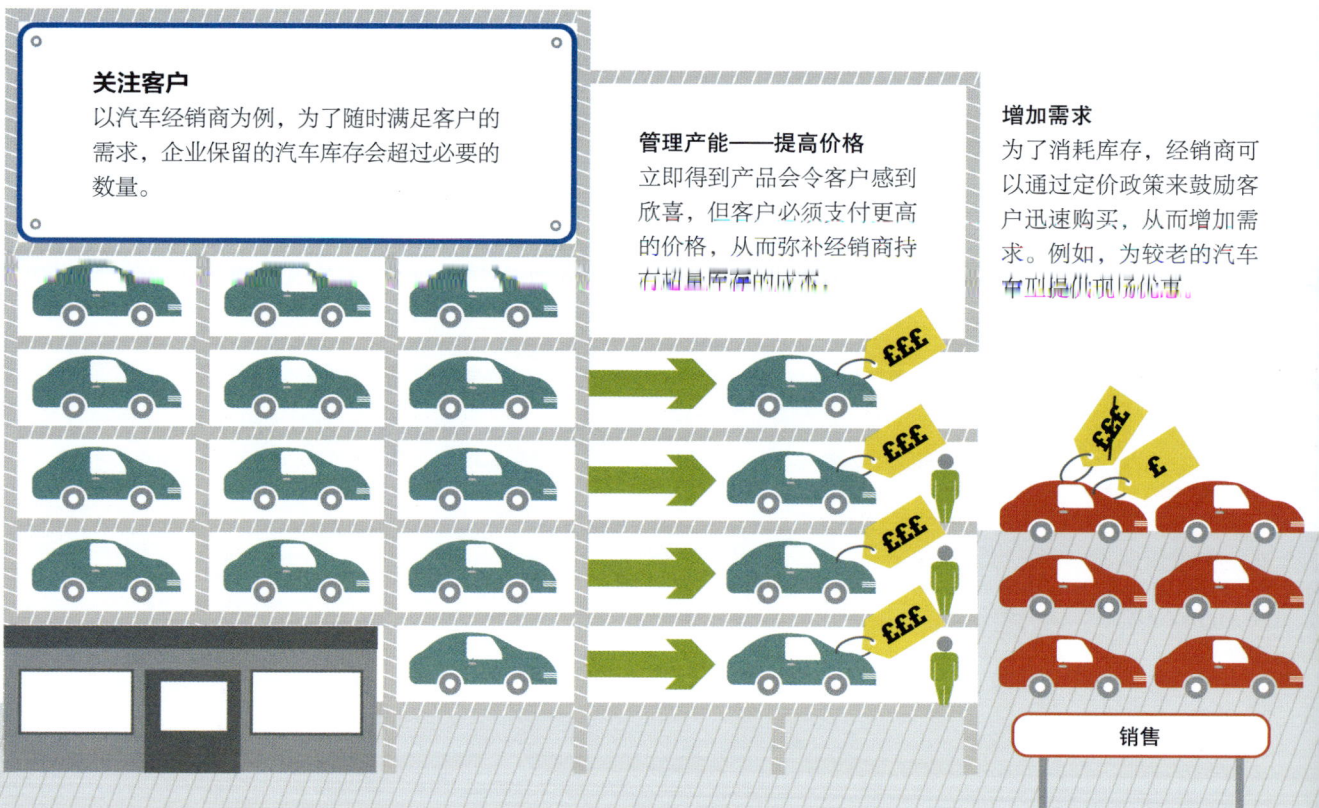

关注客户
以汽车经销商为例，为了随时满足客户的需求，企业保留的汽车库存会超过必要的数量。

管理产能——提高价格
立即得到产品会令客户感到欣喜，但客户必须支付更高的价格，从而弥补经销商持有和存库存的成本。

增加需求
为了消耗库存，经销商可以通过定价政策来鼓励客户迅速购买，从而增加需求。例如，为较老的汽车车型提供市场优惠。

销售

产能如何影响企业？

产能管理至关重要，例如，它能确保生产活动使用适量的资源，按照生产计划来进行。产能管理会影响企业的多个领域，因为各个领域相互关联，并且会给企业带来成本：

▶ 工厂或办公室的规模

▶ 需要什么设备，需要多少

▶ 人员配备水平

▶ 劳动力的使用，如轮班工作

▶ 使用哪种材料，订购多少，多久订购一次

▶ 存货（库存）水平

▶ 生产调度

▶ 流程的速度和容易度

▶ 使用的信息技术类型

✓ 必备知识

▶ **潜在产能** 长期的可用产能，是影响投资决策和企业成长的重要因素之一。

▶ **即时产能** 短期内可用的最大潜在产能。

▶ **有效产能** 以最佳方式使用所有资源时，能够得到的切实可行的总产能。

关注资源

企业尽可能有效地利用资源，将浪费保持在最低水平。然而，当满负荷运作，无法提升产出时，满足需求会变得十分困难。

50%

为了满足需求，特斯拉车辆交付量的预期年均增长率

管理产能——保持较低的存货量

企业根据需求来生产产品，保持较低的存货水平，将不必要的开支和存储成本降到最低。

无法满足需求

企业无法满足激增的需求，客户必须等待生产跟上需求。企业可能会输给竞争对手。

存货

企业必须管理存货以满足客户的需求，哪怕交易在网上进行，并无实体门店。成功的存货管理是一个复杂的过程。

运作原理

存货包括制成品、在制品和原材料。寻求适宜的存货水平，需要在"足够满足客户需求"和"过量存货"之间找到平衡。就制成品、存储空间和仓库员工而言，存货过量的代价不小：腐坏的存货会失去价值；如果潮流有变、技术过时，存货就无法继续销售。有效的库存管理包括销售预测、生产目标和实际库存状态的系统与规划，外加实物追踪，以及对不同物品的处理。条形码和射频识别（Radio-Frequency Identification，RFID）标签彻底改变了存货管理，使存货水平更易于监测。

存货管理

成功的存货管理，是在"满足客户需求"和"最小化存货过量风险"之间达成平衡。在下面的例子中，制衣厂在多个地点管理着蓝色T恤衫的供应，并将T恤衫直接配送给客户。

销售预测

企业根据对需求的预测，确定生产目标。

供应商订单

交货时间、供应商的可靠程度，决定了原材料的存货水平。

生产

在生产的各个阶段，检查原材料和制成品的质量。

较低的库存

企业可以使用小型存储设施枢纽来存储缓冲库存（Buffer Stock），以满足季节性需求。

✓ 必备知识

▶ **先进先出**　首先销售最早入库的存货（或出于会计目的，将之记为已出售）。

▶ **后进先出**　首先出售最近生产的物品（或将之记为已出售的）。

▶ **最小存货单位**　有自己库存编码的物品。

▶ **射频识别**　一种可通过无线传感器远程追踪物品的芯片。

180万亿美元

2020年，全球因零售商存货管理不善而损失的金额

主要仓库

企业可以拥有一间主要仓库，也可以拥有一系列作为小型存储设施枢纽的仓库。

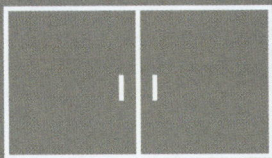

交付客户

及时、有效的交付，成为客户整体体验的一部分，特别是随着网上购物的兴起。扫描RFID标签，即可完成存货的检查。

客户退货

扫描RFID标签，即可检查退货，监测批号等数据。

质量控制

企业有一系列流程来确保产品保持既定的质量水平。在安全性问题突出的行业，质量控制显得尤为重要。

运作原理

企业根据国家的法定标准或内部标准，衡量及管理其产品的质量。例如，制造业会制定本行业的标准。在生产过程中，如原料抵达工厂时、生产期间、制成品送达客户前，企业会依照各种国家标准进行检查。质量控制取决于预定的产品检验比例、约定的纠正措施，以及将未来缺陷降到最低的补救措施。安全性处在第一位的行业，如食品业，服装业，制药业，汽车、火车及飞机制造业，建筑业，遵循十分严格的质量控制标准。一些标准是为了保护劳动者，如对化学品的处理，而另一些则是为了保护消费者。

质量控制之道

卫生和安全是食品业的根本。下面以一家生产预包装三明治的企业为例来说明质量控制。样品测试贯穿生产线的各个环节。任何质量上的失误，都不仅会对健康造成严重危害，还会对企业声誉造成严重打击。

送达工厂

制作之前，需要检测重量、化学品、细菌、口味，以及各成分之间的相互作用。

装配线

在制作过程中，对重量、温度、卫生和外观进行评估。

全球食品标准

　　鉴于食品在全球流动，确保食品质量对全球健康和经济至关重要。为此，联合国于1963年创立了食品法典委员会，其制定的《食品法典》（*Codex Alimentarius*）是一套国际公认的食品标准、指引和实践准则。《食品法典》的条款基于科学和自愿原则，囊括了食品安全和质量的方方面面，涵盖了卫生、污染物和标签等议题。

180亿美元
2025年全球预包装三明治市场的预计规模

包装站
测试样品，检查封口是否严密，标签是否贴好，整体外观是否完好。

存储
检查温度的准确性和安全性，测试样品的口味、质地和异物污染。

运输
检查车内温度及交货时间，确保产品新鲜。

六西格玛

六西格玛（Six Sigma）是一套规范的、由数据驱动的方法，其目的是消除流程中的缺陷。企业采用六西格玛，力图追求近乎完美的产品。

运作原理

六西格玛的思想是：测量流程中的缺陷数量，系统性地消除缺陷，并尽可能接近零缺陷。个体接受训练成为不同方法方面的专家，形成黑带、绿带和冠军的架构。按照规定的步骤，每个六西格玛项目都会被详细记录下来，并且拥有可量化的价值目标，如提高客户满意度、降低成本等。一套生产流程要达到六西格玛级的质量，其产品的无缺陷率必须达到99.99966%（在100万个零件中，约3.4个有缺陷）。

六西格玛角色

六西格玛专业人士是流程改进的专家。他们推动了变革的实施。

黑带大师 训练、指导黑带和绿带；处在最高层级，提出关键措施和战略方向

黑带 领导解决问题的项目；指导项目团队，分配角色和责任，训练绿带

绿带 领导绿带项目；协助黑带项目进行数据收集和分析

冠军 将企业的愿景、使命和目标转化为组织部署（Organizational Deployment，OD）计划，识别出单独的项目

高管 在企业文化及企业愿景的背景下，为六西格玛项目树立战略焦点，使之在整体上与客户的所见与所感相契合

5

控制 进行前后对照分析，监控系统，记录结果，制定下一步的建议。

4

改进 实施改进，从根源上解决重大问题。

> "最危险的浪费，是我们没有认识到的浪费。"
> ——新乡重夫（Shigeo Shingo），
> 行业专家和六西格玛专家

①

定义

定义项目的目的和范围；找到需要改进的流程，确定客户的需求及收益。

追求完美

DMAIC（Define, Measure, Analyze, Improve, Control；中文即"定义、测量、分析、改进、控制"）方法，是六西格玛的重要组成部分。其目的是，改善无法实现目标的现有业务流程，逐步实施改进。

②

测量

以当前流程的数据为基准；找到出现问题的地点和频率；找到有改进潜力的领域。

③

分析

找到问题的根源，根据数据进行梳理，确定所需的具体改进措施。

冠军

20世纪80年代中期，手机制造商摩托罗拉率先提出了六西格玛质量标准，并将之作为制造运营的目标。在首席执行官杰克·韦尔奇（Jack Welch）的领导下，通用电气成为另一个很早采用六西格玛质量标准的企业。从那时起，瑞士信贷银行、航运公司马士基（Maersk）和电子制造商三星等众多公司都开始采用这一标准。

必备知识

▶**精益六西格玛（Lean Six Sigma）** 精益生产（见288～289页）与六西格玛的结合。精益部分侧重于消除所有活动的浪费，六西格玛则侧重于减少缺陷。

▶**DMAIC** 定义、测量、分析、改进、控制——把现有流程改进到六西格玛级别的循环。

▶**DMADV** 定义、测量、分析、设计、验证——在六西格玛级别下设计新流程或新产品的循环。也称为六西格玛设计（DFSS）。

供应链

每个企业都需要一条高效的供应链（Supply Chain），完成从原料到把制成品送到客户手中的过程。例如，从田间的玉米粒，到餐桌上的整包玉米片，供应链管理涉及各类组织、人员、活动和资源。企业可以把供应链的多个环节外包给其他企业，也可以把一些活动（通常为行政职能）离岸外包出去。

供应链管理

传统的供应链将原料和资源转换为制成品，提供给客户。企业必须管理成本，确保达标，并且要特别注意：从原产地工人的公平工资，到消费后可回收的包装，整个过程不能对人员和环境造成伤害。供应链属于大型行业——在美国，仅仓储和运输业的雇员就多达575万人。

原材料和资源
无论田野还是种植园，原材料必定出自某个地方。

供应商与加工商
原材料加工通常在接近原产地的位置进行。

生产商
集中资源、制造产品的企业组织，通常靠近客户。

64% 的零售商
在COVID-19大流行期间不得不
调整供应链，以适应电子商务

供应链的延伸

▶ **增加价值** 企业不仅将供应链视为把产品从A地运送
到B地的途径，还会沿着供应链增加价值。参见324～
325页。

▶ **委托职能** 为了节约资金、利用专业知识，企业可以
将经营活动外包出去，或者由当地企业或本企业的离
岸分支机构来完成经营活动。参见326～329页。

▶ **退货系统** 一套高效处理客户退货的系统，属于供应
链的一部分。参见330～331页。

▶ **竞争优势** 在每个阶段，企业会将其业绩与竞争对手
相比较，考虑如何改善。参见332～333页。

▶ **道德与环境** 肩负制止污染、保护工人权益的责任，
属于供应链的一部分。参见334～335页。

分销
制成品被运到仓库或零售商处。

零售商
店铺展示产品，以尽可能吸引客户。

客户
客户享用制成品，如期完成包装的再
回收。

价值链

企业不再仅仅将供应链视为一系列的活动，而是越来越关注供应链在每个阶段所创造的价值。降低成本或提高绩效是关键所在。

运作原理

哈佛商学院教授迈克尔·波特（Michael Porter）在其著作《竞争优势》（*Competitive Advantage*）一书中引入了"价值链"（Value Chain）的概念。在把原材料（投入）转换为产品或服务（产出）的过程中，大多数企业沿供应链开展了多项活动——可能有数百项之多。这些活动可大致归为两类：主要活动，以及所有企业必须进行的支持活动。价值链的思想是：活动的组织及开展方式，决定了企业的成本及利润率（利润）。价值链中的每个环节都必须清晰、及时地传达给其他部门。例如，市场营销和销售部门必须准确地预测销售，并将预测结果传达下去，使采购部门有充足的时间购买适当类型和数量的原材料；反过来，采购部门必须与入厂物流部门联络，使之能够安排货物的接收。

波特的价值链

主要活动直接创造或提供产品或服务，而支持活动则有助于提高工作效率。为了应用价值链，企业必须识别出各项活动，要么降低其成本，要么在竞争对手中脱颖而出，从而提升在客户眼中的价值。

案例分析

Zara的价值链

西班牙服装品牌Zara，以在价值链上快速响应客户需求而著称。

▶ **入厂物流**　批量订购面料，迅速交货

▶ **经营**　准时制生产，靠近西班牙总部

▶ **出厂物流**　每周两次门店派送，低库存。在线快速履行订单

▶ **市场营销**　广告极少，策略性地选择门店位置，门店数据确保产品符合客户的要求

▶ **支持活动**　技术部门提供反馈，开展客户服务培训

主要活动　各部门必须开展合作，提供价值链活动的必要信息，从而赚取利润。

入厂物流
涉及与供应商的关系，包括投入品接收、存储和分配的一切活动

经营
将投入转化为产出所必需的活动

支持活动　直接参与产出，但对主要活动的效率、改善主要活动给予支持，使之成功地发挥职能。

企业的基础设施

人力资源管理

技术开发

采购

在线价值链

从购物、分享照片、观看电视、工作和查看社交媒体信息，全球一半以上的人口使用互联网进行各种活动。为了处理如此庞大的流量，互联网服务由复杂的价值链提供。这条价值链由国际企业和本地企业组成，拥有各式各样的资产，包括：内容版权、通信及IT基础设施、专用软件和全球品牌。

6384家

2020年向Zara母公司Inditex供货的西班牙本地公司的数量

出厂物流
收集、存储、分销产出所需的活动

市场营销
告知买家，说服他们购买并促成交易的活动

服务
确保买家收货后，产品能有效发挥作用的活动

利润率
利润等于客户的支付意愿减去价值链全部活动的总成本。

会计、法律、财务、规划、公关事务、质量保证等职能

人员的活动：招聘、雇佣、培训、发展、补偿及解约

用于将投入转化为产出的设备、硬件、软件、步骤和技术知识

为企业购买投入品（原料）

外包

企业可以支付费用，让外部供应商来完成任务，而不是在企业内部解决。将一部分或全部生产和服务转移给第三方，提高了企业运营的灵活性。

运作原理

20世纪80年代，外包（Outsourcing）兴起，因为企业希望把边缘活动承包给第三方，以节省成本。如今，外包不再仅仅是为了节省成本。在21世纪的全球经济中，外包成为一种日益重要的战略工具。企业可以将生产流程的组成部分外包出去，完成会计等职能；或者由于内部不具备相关的专业知识和工艺而选择外包。外包的对象，可以是同一国家的企业，也可以是另一个国家的组织。物流网络、信息技术的迅速扩张，使外包变得更加容易，也使外包在过去10年间的增长步伐大大加快。

被外包的服务有哪些

不少企业会问：如果其他企业做得更快、更好、更便宜，自己为什么还要亲力亲为？对很多企业而言，外包为增长和成功提供了支持。企业认识到，利用外部的能力、产能、知识、技能，能够为自己带来机遇。如今，一些企业只专注自身的核心业务。下图给出了企业外包给第三方的主要服务，摘自德勤2021年的一项全球调查。

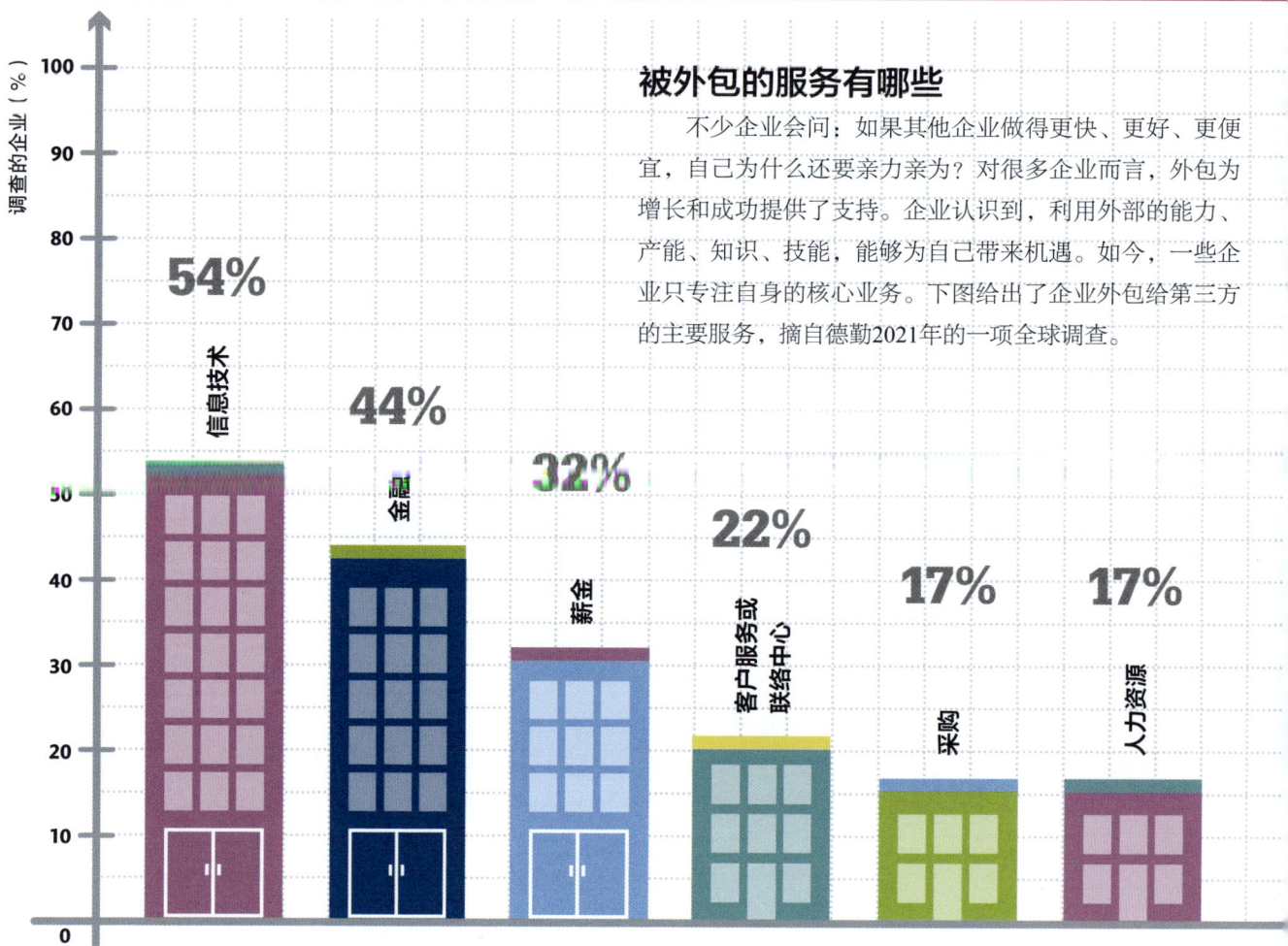

调查的企业（%）

- 信息技术 **54%**
- 金融 **44%**
- 薪金 **32%**
- 客户服务或联络中心 **22%**
- 采购 **17%**
- 人力资源 **17%**

必备知识

▶ **离岸外包**　把企业的经营基地转移到劳动力成本较低的别国。

▶ **网络架构**　把任务或经营交由企业组织网络架构下的另一家企业完成——这家企业可能位于本国、邻国或海外。

▶ **共享服务**　把之前在企业多个部门（如人力资源、财务和IT）开展的特定服务，转移到单个部门的做法。与外包的不同之处是，共享服务不涉及第三方。

80% 的企业
短期内并无将离岸服务
转移回来的计划

可外包的企业任务范例

把企业内部的特定活动外包出去，可以使企业专注核心业务，促进增长、提高收入。由于专业知识、任务的耗时程度、会面时间的差异，有些任务更适于外包。例如，IT运营十分昂贵，并且需要专业知识，但易于进行远程管理。然而，侧重于员工管理的人力资源工作，更适合在企业内部进行。

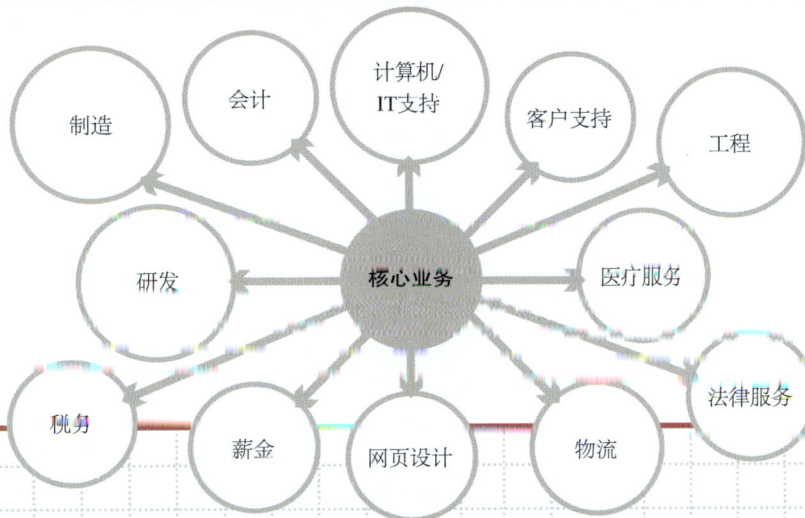

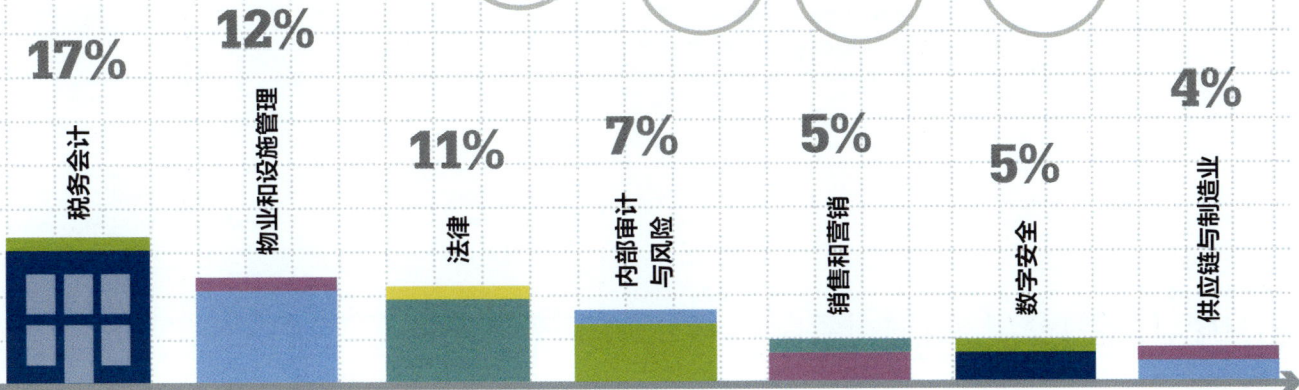

制造　会计　计算机/IT支持　客户支持　工程

研发　**核心业务**　医疗服务

税务　薪金　网页设计　物流　法律服务

17% 税务会计

12% 物业和设施管理

11% 法律

7% 内部审计与风险

5% 销售和营销

5% 数字安全

4% 供应链与制造业

服务

离岸经营

离岸经营是指企业将工作转移到所在国家之外。企业将在海外开展业务，招聘当地人来开展工作，通常会得到母公司员工的支持。

运作原理

离岸经营业务的增长发生在20世纪80年代。当时，面临较高劳动力成本的西方企业意识到，将制造转移到间接费用（overheads）较低的国家，可以节省大量资金。互联网和全球通信的进步，使得信息技术（IT）服务成为继制造业之后离岸经营发展的又一领域。一些企业在另一个国家开设工厂进行离岸制造（offshore manufacturing），可能是因为那里更接近原材料产地。企业还可以在已有熟练员工的地方提供离岸服务，如设立呼叫中心。此外，企业可以进行离岸外包（offshore outsourcing），将工作交由第三方处理。离岸经营的企业必须遵循良好的道德操守，例如向当地人支付公允的工资，并确保工作场所符合安全和健康标准。

全球专业技能

印度是离岸经营的发源地，至今仍然处于领先地位。印度的IT及业务流程外包出口行业雇用人数达400多万，产值达1470亿美元。其他地区的专业技能领域各不相同。例如，东欧的专长也是IT服务业。右侧的地图展示了不同国家的专业技能领域，并给出了离岸经营的企业的例子。

三星

韩国三星公司在美国运营制造设施。美国为三星的产品提供了广阔的市场。

福特

福特在墨西哥布置了制造工厂和设施。

巴西

离岸经营的优势

➤ 招聘成本低，有吸引力

➤ 熟练工人储备丰富

➤ IT基础设施良好

李维斯公司

2019年，李维斯公司通过其在智利、秘鲁和玻利维亚的分销商 The Jeans Company（TJC），收购了与李维斯和多克斯品牌相关的运营资产，促进了其在该地区的业务增长。

55%
印度占全球外包市场的份额

离岸经营的优点

- ▶ 劳动力成本低廉
- ▶ 就近获取原材料
- ▶ 接触专业人员
- ▶ 税收优惠

离岸经营的缺点

- ▶ 沟通交流问题
- ▶ 在不同的时区工作
- ▶ 文化差异会带来困难
- ▶ 易受地缘政治动荡的影响

捷豹路虎

捷豹路虎在斯洛伐克拥有一家尖端制造厂

乌克兰

离岸经营的优势

- ▶ 工程设计能力强
- ▶ 能够接触到拥有软件开发技能的人才
- ▶ 成本竞争力高

CloudSimple

2019年，谷歌收购了美国公司CloudSimple，后者在乌克兰设有基地。随后，谷歌在乌克兰设立了一个研发中心。

苹果

多年来，苹果在中国开展了大量业务。

印度

离岸经营的优势

- ▶ 可获得训练有素的技术人员
- ▶ 可获取最新技术
- ▶ 政府提供各种优惠政策

思科

思科对位于印度班加罗尔的研发中心投入了巨资。

Zara

西班牙零售商Zara在土耳其生产服装。

菲律宾

离岸经营的优势

- ▶ 英语为官方语言
- ▶ 识字率和教育程度高
- ▶ 基础设施可靠

南非

离岸经营的优势

- ▶ 多元化的人才库
- ▶ 良好的基础设施
- ▶ 可获取最新技术

麦格理集团

澳大利亚金融服务公司麦格理集团在菲律宾设有离岸基地。

逆向供应链

供应链是把产品交付给客户的一系列流程；而逆向供应链（Reverse Supply Chain）则是收回客户不想要或使用过的产品，并对之进行处理、再回收或转售的一系列活动。

运作原理

企业不能只关注把产品交给客户。如今，一套高效的逆向供应链也是必不可少的，对众多线上零售商来说尤其如此。从制毯业到电脑业的制造商，都需要逆向供应链，即回收产品，从而达到环境法规的要求。例如，企业必须管理客户退回且要求退款的产品，滞销的、由零售商退回给生产商的产品，以及临期产品。为了推动可持续发展，瑞典连锁企业宜家向客户提供回购旧家具的服务。

逆向物流

逆向供应链会给企业带来高昂的成本。例如，美国零售联合会（National Retail Federation）的统计数据显示，2020年美国消费者退回了4280亿美元的商品。其中，网上购物的退货量几乎翻了一番，这是因为在COVID-19大流行期间，消费者转向了网上购物。这一数值占到了美国当年总零售额4万亿美元的近10%。

客户退货

美国零售商西尔斯（Sears）和杰西潘尼（JCPenney）是第一批允许客户退货且不收取罚金的商店。19世纪末，这一创举使这类商店深受客户青睐，并为这类商店带来了一批忠实追随者。如今，大多数实体店和在线零售商都允许客户在规定的时间内退回不想要的商品，并提供换货或退款服务。客户有权退回有瑕疵的商品，而这也是逆向供应链的一部分。

请在28天内退回

收回货品

企业有一套流程，用以收回客户或零售商使用过的或不想要的商品。

处置管理

在制定设计和制造决策之初，可以考虑最终的回收或修理。

84% 的巴西线上购物者
在去实体店退货时，会额外购买商品

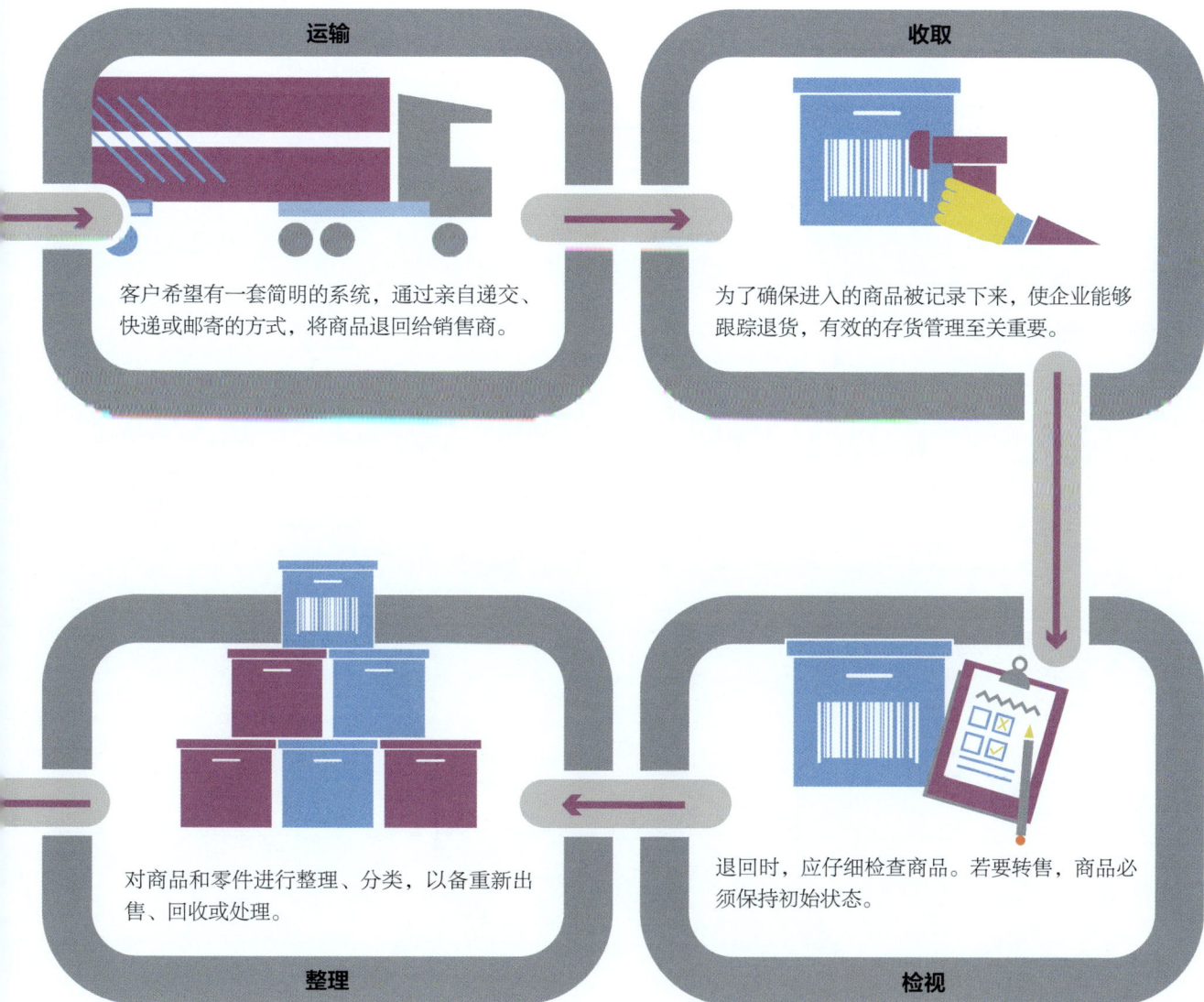

运输

客户希望有一套简明的系统，通过亲自递交、快递或邮寄的方式，将商品退回给销售商。

收取

为了确保进入的商品被记录下来，使企业能够跟踪退货，有效的存货管理至关重要。

整理

对商品和零件进行整理、分类，以备重新出售、回收或处理。

检视

退回时，应仔细检查商品。若要转售，商品必须保持初始状态。

标杆管理

采用标杆管理（Benchmarking）的企业，通过比较自身和其他企业的绩效来改善效率。标杆管理的目标是：找到行业内部或外部的最优做法并效仿之。

运作原理

企业可以审视外部、本行业或本国其他企业的绩效水平，找到其他企业的实现途径。标杆管理的范围包括：单位成本、客户评价、工资与福利。评价应考虑一系列因素，包括培训、技术平台和制造设备。举例而言，一级方程式赛车常被作为团队协作的标杆，其中进站维修人员能在7秒内完成4个轮胎的更换。

标杆的过程

对绩效进行标杆管理有以下几个步骤。之后，企业会发现成本降低了，效率提高了。

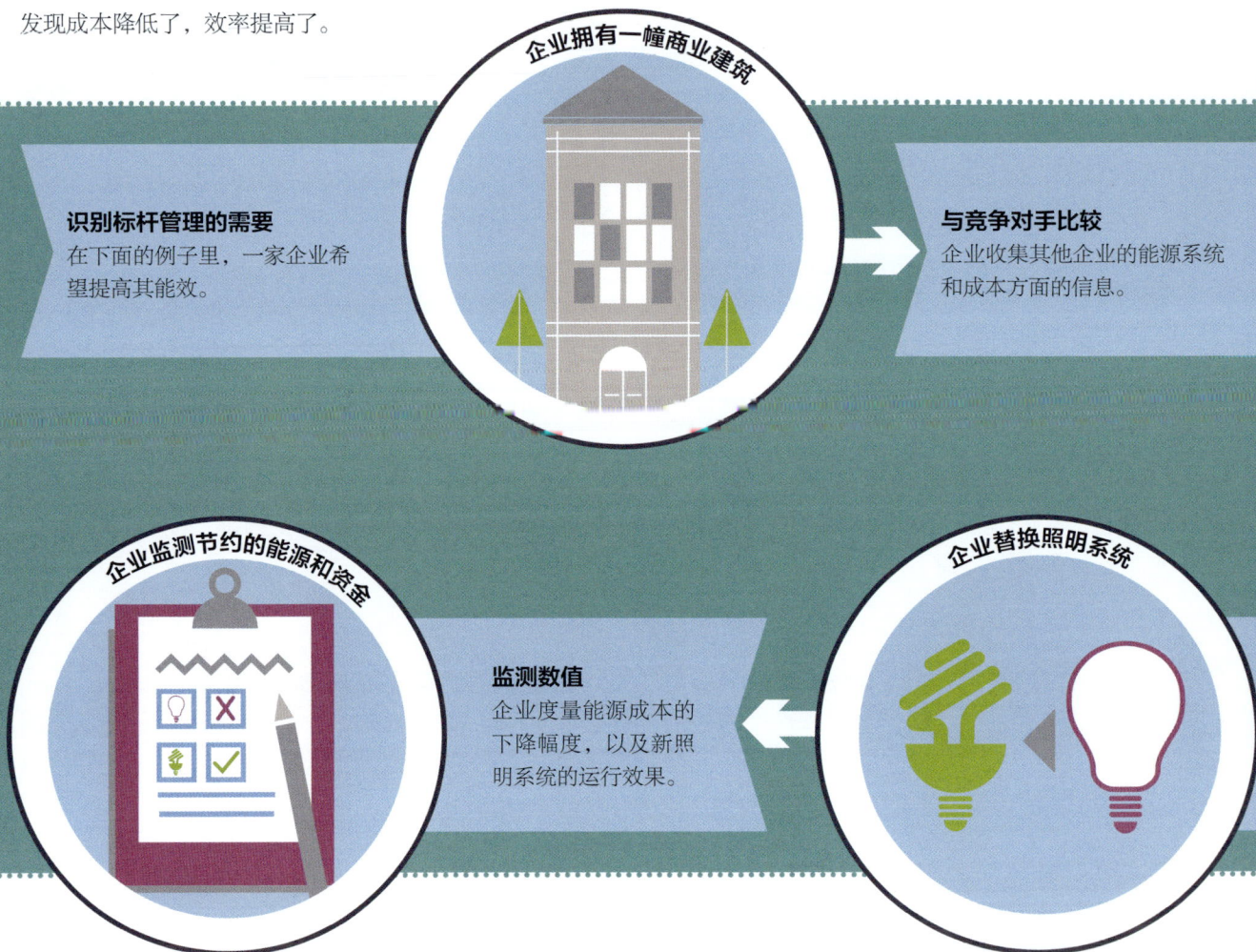

企业拥有一幢商业建筑

识别标杆管理的需要
在下面的例子里，一家企业希望提高其能效。

与竞争对手比较
企业收集其他企业的能源系统和成本方面的信息。

企业监测节约的能源和资金

企业替换照明系统

监测数值
企业度量能源成本的下降幅度，以及新照明系统的运行效果。

社交媒体使标杆管理更容易

与以往相比，企业收集竞争对手的数据更容易了。社交媒体能够提供客户喜好、其他企业的品牌及促销活动的数据。多种多样的分析工具，简化了跨渠道的标杆管理。

"标杆管理的目的是，寻找行业的最佳实践，获得最优越的表现。"

——罗伯特·C.坎普，标杆管理先驱

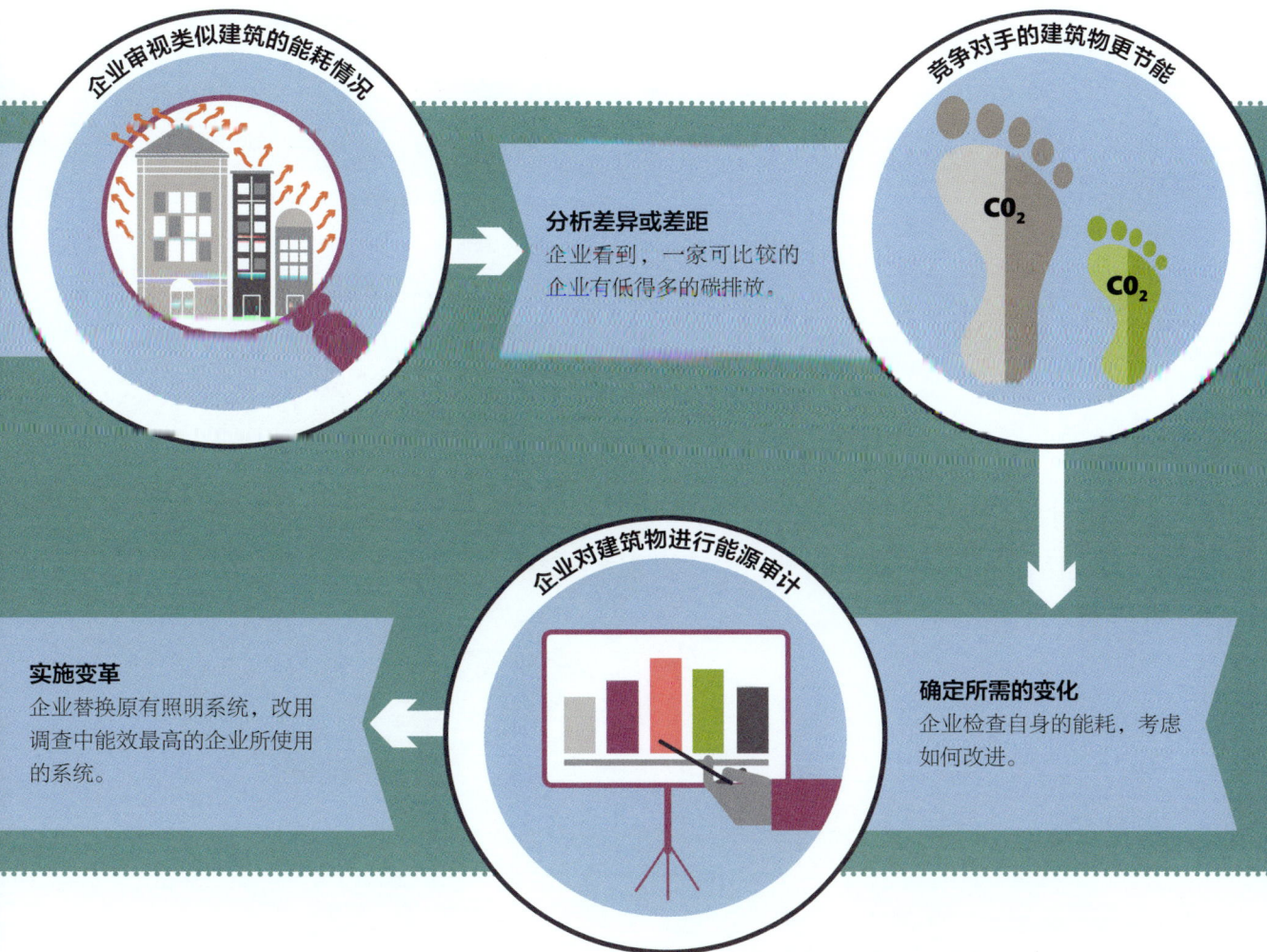

企业审视类似建筑的能耗情况

分析差异或差距
企业看到，一家可比较的企业有低得多的碳排放。

竞争对手的建筑物更节能

CO_2

CO_2

企业对建筑物进行能源审计

确定所需的变化
企业检查自身的能耗，考虑如何改进。

实施变革
企业替换原有照明系统，改用调查中能效最高的企业所使用的系统。

企业社会责任

当今的企业，不仅要以不危害环境、人类和社区为目的，还要肩负起责任，建设更美好的社会。这便是企业社会责任（Corporate Social Responsibility，CSR）。

运作原理

对于企业而言，企业社会责任不仅仅是遵循国家或国际法规、管理风险、进行慈善活动——它必须成为经营的一部分，促进着可持续企业的建立。企业需要竞争力和盈利能力，但在制定决策时，不应只着眼于短期利益。相反，企业应考虑对社会、环境和广大利益相关者的未来影响。如今，企业每年都要报告企业社会责任的履行情况，并参照竞争对手进行标杆管理及排序。

社区

住房；医疗；基础设施；与当地机构的合作；当地供应商的倡议；教育、培训；本地就业

100%

日本和墨西哥排名前100的企业中，报告可持续性的企业所占的比例

环境

企业的碳排放，包括循环利用；水和废物管理；能源消耗；运输

劳动力

工作场所的安全、健康与福利；多样性；机会均等；学习与发展；合乎伦理的政策和实践

供应商

公平贸易、供应链伦理及可持续性（包括使用童工）；行为准则；运输政策

企业社会责任的利益相关者

评价一家企业的企业社会责任，应考虑多个业务领域：从内部工作人员的工作情况，到对环境和社区的广泛影响，都要纳入考量

经营

诚信交易（包括营销实践和定价）；财务的管理、财务报告；政策、价值观

🔍 案例分析

阿斯利康的沼气炉

制药公司阿斯利康的企业社会责任倡议之一，是为肯尼亚乡村地区的沼气炉实验项目提供资助。很多肯尼亚人使用的是以木头和木炭为燃料的传统灶，这会释放有害烟雾，加剧气候变化，导致使用者（主要是妇女和女童）出现呼吸道问题。为此，阿斯利康与肯尼亚的沼气国际公司（Biogas International）和剑桥大学可持续发展领导力研究所开展合作，安装了以有机废料产生的沼气作为燃料的无烟炉。针对发展中国家人口的健康问题，阿斯利康还开展了其他项目，并为其员工制定了健康和福利战略。

延伸资料
企业的运作

英格兰和威尔士、苏格兰及北爱尔兰的法律制度界定了五大企业所有制结构：个体经营，三种类型的合伙经营，以及有限公司。

个体经营

以个体经营形式开展业务的个人可以雇用员工，但其个人必须对企业的损失、债务偿还、收支记录负责。个体经营者必须提交年度在线自评表，之后作为单一实体按企业利润纳税。

合伙经营

根据合伙制的相关法律（1890年的《合伙法》），每名合作人应对债务承担同等责任，即便他们只拥有企业的很小一部分股份。合伙经营的另一种形式是"有限合伙"（Limited Partnership），由积极经营企业、对债务承担全部责任的普通合伙人，同一个或多个有限合伙人组成。有限合伙人有时被称作"隐名合伙人"（sleeping partners），他们不参与企业管理，对债务也只负有限的责任。

合伙经营的另一种类型是"有限责任合伙"（Limited Liability Partnership），它拥有成员（members）而非董事或股东。成员不用对企业债务负责，并且只承担个人所得税，不承担企业所得税。与公司不同的是，有限责任合伙制可以开展各种类型的业务，而公司的公司章程（Memorandum of Association）则指定了业务类别。

有限公司

就法律地位而言，有限公司与合伙经营或个体经营有两个基本区别。首先，有限公司的资产属于公司，而不属于董事或股东。其次，有限公司的债务属于公司，董事本人不必承担债务责任。英国法律制度承认几种不同类型的有限公司。大多数公司是股份有限公司，这意味着公司由股东拥有，股东的责任以其投资入股的出资额为限。有限公司有以下几种变体形式：

私人担保有限公司，董事或股东同意向公司担保指定的数额；

私人无限公司，与有限公司的建立方式相同，但公司成员（通常为股东）承担公司债务的全部责任。其优势在于，无须登记年度账目。这种架构在英国较为罕见，且不被鼓励。

公众有限公司（PLC），与私人有限公司不同的是，它可以向公众发售股票以筹集资金。PLC需要发行价值至少5万英镑的股票，并且股东的实缴金额至少占四分之一，才能在证券交易所进行交易。这种架构通常被大型公司所采用。

报告要求

每个财务年度，各企业必须编制法定账目以反映当年的经营活动，向英国公司登记局递交年审，并向英国税务及海关总署（HMRC）提交纳税申报表。如果登记了增值税，企业还须提交增值税申报，并支付增值税欠款——根据企业采用的会计方案，按年度、月度或季度进行。

公司法

英国的企业注册系统建立于1844年，而规范企业注册的法律是2006年的《公司法》。所有企业必须在英国公司登记局注册，该机构存有英国所有企业的注册记录。英国公司登记局有三套独立的注册簿：英格兰和威尔士一套——这两个地区被视为一个实体，苏格兰一套，北爱尔兰一套。在英格兰和威尔士注册的企业，受英国法律管辖；在苏格兰注册的企业，受苏格兰法律管辖；而在北爱尔兰注册的企业，受北爱尔兰法律管辖。

税收和增值税

英国税务及海关总署是对个人和企业征税的机构。任何企业，只要年营业额超过85000英镑，或者即将超过这一数额，就必须登记增值税（VAT）。已登记增值税的企业，应在出售给客户的数额上加20%的税款，即销项税，若向其他已登记增值税的企业购买，也必须支付税款，即进项税。如果进项税额大于销项税额，那么企业可以要求税务及海关总署退还二者的差额。

某些产品和服务可以享受较低的增值税率，如儿童汽车座椅和家用电器，其税率为5%。其他产品和服务享受零税率，即增值税为0%，但仍属于应税物品，其中包括：食品（不包括餐馆堂食、外卖热食）、书籍报纸、儿童服装和鞋子，以及公共交通。一些项目被免征增值税，其中包括：保险、某些教育及培训、慈善筹款活动、大部分医疗及牙科服务，以及商用地产的出售或租赁。

组织与资源

英国公共部门的信息网站为gov.uk，该网站为英国法律允许的企业架构提供了相关简单的信息及说明。

英国公司登记局根据法律规定，制定了企业政策及指导意见。

增值税

英国税务及海关总署提供了增值税、登记时间、登记方法方面的信息，对计费方案做了说明。可获得增值税原理、增值税税率的简单互动教程。

创业企业

英格兰　国家企业网为拟创办企业或正在经营企业的人士提供了独立的咨询意见及支持。

苏格兰　企业门户网（Business Gateway）提供了研究报告、企业列表、商业房产的检索，并对各类业务活动给予了专业意见。

北爱尔兰　NIBusinessInfo是一项免费的在线服务，它为创业企业和已创办企业的管理，提供了视频、工具、教程和案例研究。

威尔士　威尔士商务网（Business Wales）针对企业的创立、成长、金融和融资问题，提供了咨询热线、在线逐步咨询，以及面对面的研讨会。

《公司法》是英国财务报告和会计准则方面的主要法律。它规定了有限公司该如何准备及提交账目。

为了履行财务报告的法定义务,有限公司有以下职责:

▶保留会计记录,使公司可以随时接受检查——私人公司为3年,上市公司为6年;

▶分发年度账目及报告的副本;

▶在财务年度结束时,向英国税务及海关总署提交公司账目,用于税收目的;

▶在财务年度结束时,向英国公司登记局提交公司财务账目,也称为"法定账目"或"审计账目"(Audited Accounts)。

相关法律还涵盖了财务报告的其他内容,包括:审计要求、公司程序,以及针对小公司的税收豁免和具体判决。通常,小公司的报告不必像大公司那样复杂、细致。

在英国脱欧之前,英国的财务报告准则融合了欧洲法律的报告要求。这意味着,所有在欧洲上市的公司,都必须遵循国际财务报告准则(IFRS)。英国脱欧之后,这些公司必须按照英国批准使用的IFRS进行报告,而不是沿用欧盟(EU)的准则。虽然从实际操作上来看,目前二者是相同的,但情况可能会发生变化。其他非上市的英国公司,可以选择英国认可的IFRS或是英国自己的报告准则,后者即"英国公认会计准则"(UK GAAP)来报告。这一准则涵盖了会计准则和英国《公司法》,规定了公司应当如何准备账目。

英国和爱尔兰共和国有6套财务报告准则,都归并在英国公认会计准则的框架下。这些准则由英国财务报告委员会(FRC)发布。FRC是一个独立机构,它对议会负责,其资金来自上市公司缴纳的费用。

FRS 100 对财务报表的编制制定了框架,确保报表符合英国和爱尔兰的立法规定和会计准则。

FRS 101 适用于按国际财务报告准则进行报告的公司。

FRS 102 详细阐述了财务报表的要求,使报表能够准确反映企业的财务状况。定义了财务报表的各个组成部分,对每个指标的度量方法做出了说明。

FRS 103 专门处理保险合同,为开展保险业务的实体制定了会计政策及度量规定。

FRS 104 涉及中期财务报表的编制。

FRS 105 为适用小微公司制度(Micro-entities Regime)的小公司列出了相应的会计准则。

会计期间

对英国的公司而言,税务上的会计期间有12个月,从4月1日到次年的3月31日。(对个人而言,财务年度为4月6日至次年的4月5日)。

公司的会计期间通常与财务年度对应,若公司在停业(Dormant,也作"休眠状态")之后重新开始交易,那么,会计期间可能与财务年度不同。

公司欺诈

严重欺诈办公室(SFO)是一个独立的政府部门,负责对英格兰、威尔士和北爱尔兰的公司欺诈行为进行调查。它识别了公司欺诈的四大类型。

资产剥离 董事将资产而非负债从一家公司转移到另一家公司。

欺诈性交易 根据严重欺诈办公室的定义,指公司开展业务是为了欺骗债权人，或者出于其他欺诈性目的。

拉高出货（Share Ramping，也译作"诱多出货"） 犯罪分子人为操纵股票价格，从而通过股票价值来牟利。

公布虚假信息 以误导大众的方式公布公司的财务状况。

公司上市和股票发行

伦敦证券交易所设立了主板（Main Market），供上市公司发行股票。公司应遵守英国的法规、金融市场行为监督局（FCA）和审慎监管局（PRA）的规章，以及交易所自己的规则。FCA和PRA有控制公司入场交易的法定权利。在上市之前，公司必须先向FCA——同时扮演英国的上市管理局（UK Listing Authority，UKLA）的角色——提出申请让公司股票进入FCA的正式名单（Official List）。接下来，伦敦证券交易所必须承认该股票的交易资格。伦敦证券交易所还设有"另类投资市场"（AIM），其准入要求较为宽松，适合创业企业等规模较小的公司。

为了进入正式名单，公司必须符合英国的上市规则。该规则规定了首次公开募股（IPO）的最低要求，其中包括：

> 符合规范公司经营及章程的基本法规；

> 挂牌交易的证券，其市值至少为70万英镑；

> 至少25%的股份应出售给公众（不由董事会及与董事相关的人士持有，也不能出售给持股5%及以上的人士）；

> 对于要求更高、给投资者更强信心的高级板（Premium Listing），企业必须提供3年的账目，必须证明未来12个月有足够的周转资金。

组织与资源

财务报告

英国财务报告委员会是英国会计准则、公司治理法规的来源。

英格兰和威尔士注册会计师协会（Institute of Chartered Accountants in England and Wales，ICAEW）提供法规、财务管理、财务报告方面的咨询建议。

苏格兰特许会计师公会（Institute of Chartered Accountants of Scotland，ICAS）是全球注册会计师的专业机构。它汇集了税收、破产等专业领域的新闻及技巧知识。

国际财务报告准则基金会是一个独立的非营利性组织，它致力于制定统一的标准。

英国税务及海关总署对企业所得税的管理提供了详细的指导。

公司欺诈

严重欺诈办公室提供了识别欺诈方面的信息，并为证人提供了保密的报告方案。它负责解释1998年的《公共利益披露法》，该法保护了为公共利益而披露欺诈的员工。

Public Concern at Work是一家非营利性机构，它将自己称为"举报界的慈善机构"，并为个人和企业提供了求助热线。

金融市场行为管理局调查公司资产剥离等欺诈行为的此片。

首次公开募股（IPO）及在伦敦证券交易所上市

各类股票的发行指南 股票交易的专业市场和最低限度的规定。

延伸资料
销售和营销的运作

根据英国法律，所有广告和营销活动必须遵守广告规章和从业守则。这些规章和守则由英国贸易标准局（Trading Standards office）和英国竞争及市场管理局（Competition & Markets Authority）批准。

广告业有两部法规：一部针对面向消费者的广告，另一部针对面向企业的广告。

《非公平贸易的消费者保护条例》（Consumer Protection from Unfair Trading Regulations）针对面向消费者的广告制定了法规。这项法规的关键是，禁止企业通过发布虚假或欺骗信息、遗漏重要内容或使用咄咄逼人的销售技巧，来误导、骚扰消费者。

针对面向企业的广告，《误导性营销的企业保护条例》（Business Protection from Misleading Marketing Regulations）包含了对广告内容的判定，特别是与竞争对手相关的内容。企业应当注意：不得使用竞争对手或类似于竞争对手的商标或标志。如果企业与竞争对手的产品没有真正的相似点，则不得对二者进行比较。

除了上述法规，英国广告标准局（Advertising Standards Authority，ASA）还发布了两套从业守则。《广告从业委员会守则》（Committee of Advertising Practice's Codes）涵盖了非广播广告、促销和直销。该守则为儿童广告、容易引发犯罪的内容、政治广告制定了标准。《英国广播广告法》涵盖了电视广告和电台广告。这项法规对格调、得体性、产品植入做了规定，包括对特定内容的时机安排。此外，还有针对食品、酒类、化妆品、环保产品、药品和烟草的条例。

数据保护

《数据保护法》（Data Protection Act）罗列了一整套原则。其侧重于确保信息的准确、及时和安全。收集个体的私人数据时，企业必须亮明自己的身份，说明相关信息的使用情况。消费者有权查看企业保存的与他们有关的全部信息，若发现差错，有纠正的权利。

直销

直销协会（Direct Marketing Association，DMA）编写了强制性的《行为准则》，直销业的大多数企业按该准则进行自我监管。直销协会还制定了额外的自愿准则。直销委员会（DMC）负责监督《行为准则》的执行情况，并对准则所辖的投诉开展调查。

针对直销的立法对数据保护、未经请求的接触十分关注。企业必须遵守一系列法规。企业必须：

▶核查客户是否愿意通过传真、电话、邮寄或电子邮件的方式与企业接触，是否允许客户拒绝；

▶请求得到客户的许可，向客户发送优惠信息；

▶请求得到客户的许可，分享他们的详细资料；

▶允许客户退出接触，例如，营销邮件必须向收件人提供退出的选项；

▶查询"谢绝电话及传真推销名单"，找出不愿被接触的人士。如果企业违反法律法规，拨打未经请求的电话，企业就可能面临高达50万英镑的罚款；

▶查询"谢绝邮件推销名单"，确保邮件列表排除了不愿接收直邮的人士；

▶只向给予许可的人士发送电子邮件或短信。电子邮件和短信必须指明发送者的身份、出售何种产品、促销活动或条件；

▶告知网站访问者cookies的用途，询问他们是否接受cookies（浏览网页时，网站存储在本地电脑中的一小段数据）。

电子商务

2000年，英国政府引入了《远程销售法规》，目的是保护在网络上购买产品或服务的消费者。这些消费者通过网络或邮购向销售商购买产品或服务，而不与销售商面对面接触。在英格兰、苏格兰和威尔士，《远程销售法规》（DSR）由公平交易办公室（Office of Fair Trading）执行；在北爱尔兰，则由企业、贸易和投资部执行。《远程销售法规》的基本要求包括以下几点。

▶消费者必须获得明确的"先验信息"：书面形式撰写的产品及卖家的重要信息，如卖家的企业名称、地点等（有邮政信箱还不够），产品的价格（包括增值税、配送等额外费用），令人满意的产品说明，取消及退货政策，对支付卡欺诈的保护。

▶购物者有权获得七天的"冷静期"（Cooling-off Period，也作"反悔期"）。若条款中没有指明，消费者自动获得90天的冷静期。在此期间，消费者可以反悔。在冷静期，若消费者在使用产品后反悔，他们有权取消购买、退回产品，并在30天内收到退款。

电子商务企业必须遵守2002年的《电子商务条例》。所有商务网站必须注明企业的名称、注册地址、通信地址和电子邮箱，以及企业的注册码、增值税编号及贸易或专业协会隶属会员的详细信息。此外，根据1995年的《残疾歧视法》，网站应使视力受损者、阅读障碍者等残障人士也能使用。

组织与资源

广告

英国广告标准局提供了《英国广告法》（UK Advertising Codes）的详细信息，以及如何遵守、如何进行投诉。

《非公平贸易的消费者保护条例》是企业保护消费者免于误导性广告及营销的指南。

数据保护

英国信息专员办公室（Information Commissioner's Office）是一家独立机构，从公共利益角度来维护信息权利。它给出了遵守《数据保护法》中数据保护原则的指导意见。

直销

对参与直销的企业，包括电话销售、电邮营销、短信和直邮，Gov.uk提供了主要规章。

直销协会制定了规范，并为电话营销、移动营销、数据使用提供了指导意见。

电子商务

部分政府网站列有2000年《远程销售法规》的条文。

部分网站总结了《远程销售法规》的要点，并有电子商务法规、退货政策、免于非公平贸易的保护等方面的人卓。

延伸资料
生产和经营的运作

英国《公司治理法》（*UK Corporate Governance Code*）对上市公司董事会的效力、薪酬、问责制及股东关系，制定了良好的实践标准。

在伦敦证券交易所高级板上市的公众公司，应在年度报告及财务账目中说明对《公司治理法》的遵守情况。虽然《公司治理法》并未特别针对企业社会责任，但是建议："董事会应为企业制定价值观和准则，确保企业对股东等人的义务得到理解及履行。"《公司治理法》的附加条款被称作"特恩布尔指南"（Turnbull Guidance），其内容涵盖了风险评估，并指出了负责任地管理金融风险以及健康、安全和环境问题的重要性。

2006年的《公司法》同样要求董事留意社会和环境问题。企业社会责任被普遍视为在商界生存的关键，尤其是在涉及环境的时候。越来越多的投资者寻求机会，把资金投到支持环保、合乎伦理的基金中。这促使英国的企业实施积极的环保政策，尤其是在制造业。

制造业法规

对于工业用或家用材料、设备、货物及设施的生产，综合性的立法已经就位。一些重要法规包括：

▶符合安全、健康和环境的要求，会加贴UKCA标志。UKCA表明产品符合英国的安全规定。对于存在安全隐患的特定产品，如玩具、电器、医疗设备和机械，加贴UKCA标志是强制性的。英国脱欧后，UKCA标志被引入英格兰、苏格兰和威尔士，取代了欧盟的CE标志。不过，北爱尔兰仍然使用CE标志。对于制造商，如果其产品必须加贴UKCA或CE标志，那么该制造商应负责产品的合规测试，起草必要的文件，并在产品上标注适当的缩写。

▶食品标准立法针对特定食品的标注、成分和安全参数。这些食品包括瓶装水、面包和面粉、油脂、鱼、肉及牛奶，它们有可能被品质低劣的产品所代替。制定并推行相关条例的机构有：英国环境、食品和农村事务部（DEFRA），英国食品标准局（FSA），以及英国卫生部（Department of Health）。此外，还有《食品法典》（*Codex Alimentarius*），这一法典旨在为食品和农业实践提供详细的规范。

▶防止纸张和纸板生产造成的污染，同样受到法律约束。相关企业需要遵守多项指导意见及条例，这些意见和条例涉及噪声与振动、冷却塔，以及制造期间的排放物类型和排放量。

责任、保修书与担保书

2015年的《消费者权利法》赋予了消费者在购买产品时的一些合法权利。如果产品与制造商或零售商提供的描述不符，质量不能令人满意，或是用途不符，那么，消费者有权要求退款、修理或更换。如果消费者在30天内提出索赔，他们有权获得全额退款。若超出30天的时限，但仍在6个月内，消费者有权要求更换或修理，费用由制造商或零售商承担。超过这个期限，消费者需要排除合理的怀疑，证明是制造商的责任。对于在线购买的产品或服务，购买后14天内，无论是否遇到问题，消费者都有权获得全额退款。除了这些法律保护，制造商还可以提供保修（warranty，也译作"延保"）服务，即由消费者支付的额外保险，也可以提供担保（guarantee），通常免费提供但往往需要向产品制造商注册。

知识产权法

对发明、设计、创意作品和商标的保护虽不能防止抄袭，但是会使采取法律措施变得更容易。在英国、欧洲乃至全球，注册知识产权（IP）的渠道各不相同。

对知识产权的保护主要分为四类。

版权属于自动获得的权利，涵盖文学作品、艺术、摄影、电影、电视、音乐、网页内容、录音，以及其他类型的创造性产出。在英国等国家，作品一旦被创作出来，保护就会启动。对于文字、戏剧、音乐和艺术作品，版权持续到作者去世后70年；对于声音和音乐录音，是从首次发布起算的70年；对于广播，则是从第一次播出起算的50年。

商标必须是文字、声音、标志、图片，或上述元素的任意组合。可在位于南威尔士的英国知识产权局（UK Intellectual Property Office）进行商标注册。申请人必须指明，使用商标的产品或服务属于哪种类型。

专利由英国知识产权局授予。专利保护的是创造性的全新发明，而非对现有产品的明显修正。不能注册专利的有：科学发现等思想，新的植物、种子或动物类型；文学、戏剧、音乐或艺术作品；一些计算机程序。

注册设计可以防止盗窃或复制，它涵盖了产品的独特外观，包括其形状、包装、图案、颜色和装饰。注册后，外观设计的所有者拥有25年的专有使用权。

组织与资源

企业社会责任

英国财务报告委员会对英国《公司治理法》进行了说明，并提供了《公司治理法》最新版本的下载链接。

制造业条例

Gov.uk给出了针对车间和工厂的立法指导意见和制造业条例。

英国食品标准局提供了食品法律、政策、执行以及当前问题的综合指南，涵盖不同类型的企业及行业的食品生产。

注册知识产权

英国知识产权局提供专利申请提交、相似专利检索的网上服务。

欧洲专利局（European Patent Office）提供免费的在线搜索服务，并有专利方面的法律文本、既往判例的大纲，以及申请欧洲专利的指南。

世界知识产权组织（World Intellectual Property Organization）介绍了如何使用"马德里"（国际商标体系）在多个国家注册商标。

原著索引

致谢

Dorling Kindersley would like to thank Douglas Bell and Debra Wolter for editorial assistance; Margaret McCormack for the index; and Nicola Gary, Vaibhav Rastogi, and Riti Sodhi for design assistance.

Credits

Sources of statistics, facts, and quotes:
p.13: "Corporate Power in a Global Economy", Brian Roach, Global Development and Environment Institute, Tufts University, 2007; **p.15:** "Fact Sheets on the European Union: Small and medium-sized enterprises", European Parliament, April 2021; **p.16:** "Business population estimates for the UK and regions 2020: detailed tables" (Table 3), Department for Business, Energy & Industrial Strategy, 2020; **p.18:** "4 Things You Don't Know About Private Companies", forbes.com, 26 May 2013; **p.19:** "Number of Listed Companies/Shares", JPX.co.jp; **p.24:** *The Nonprofit Almanac*, 2016; **p.26:** "Business Formation Statistics", Census.gov, 2020; **p.27:** *2020/2021 Global Report*, Global Entrepreneurship Monitor (GEM); **p.29:** *Global Startup Ecosystem Report 2019*, Startup Genome; **p.30:** "Number of Fintech startups worldwide from 2019 to February 2021, by region", Statista; **p.32, p.35:** "What's next for the small business economy?", Quickbooks, September 2020; **p.37: start-up finance bar chart:** *2019 Business Finance Survey: SMEs*, British Business Bank; **p.39:** "The Road to Start-Up Acceleration", MassChallenge, February 2020; **p.41:** "Number & Value of M&A Worldwide", Institute for Mergers, Acquisitions and Alliances (IMAA); **p.43:** "Number & Value of M&A Asia-Pacific", Institute for Mergers, Acquisitions and Alliances (IMAA); **p.45:** "Corporate Restructuring", B. Espen Eckbo and Karin S. Thorburn, *Foundations and Trends in Finance*, 8 May 2013; **p.47:** *Defining what is vital for deal success: Value curve study validates holistic approach to M&A*, Grant Thornton, May 2018; **p.49:** "Leveraged Buyout (LBO)", Investopedia.com, 25 February 2021; **p.51:** "Why Some Leaders Have Their Employees' Trust, and Some Don't", Gallup, 13 June 2019; **p.53, p.55:** "Boards Around the World", SpencerStuart, 2020; **p.56:** "Born to be digital: How leading CIOs are preparing for a digital transformation", EY, 2014; **p.57:** "CEO compensation surged 14% in 2019 to $21.3 million", Economic Policy Institute, 18 August 2020; **p.59:** "The organization of the future: Arriving now", Deloitte, 28 February 2017; **p.60:** "Human rights abuse and corporate stock performance – an event study analysis", V. Kappel, P. Schmidt, and A. Ziegler, white paper, 21 December 2009; **p.63:** "European ESG Funds Pulled in Record $132 Billion in 2019", Bloomberg.com, 30 January 2020; **p.65:** *Culture's role in enabling organizational change*, Strategy&, 2013; **p.67 left and right:** "Communication networks", M. Shaw, in L. Berkowitz (ed.), *Advances in Experimental Social Psychology*, Academic Press, 1964; **p.69:** *Multichannel Customer Experience Report*, Econsultancy/ Foviance, 2012; **p.71:** PepsiCo Annual Report 2020, p.66; **p.73:** "So the matrix is dead, is it?", Global Integration; **p.74:** "The Rise of the Networked Enterprise: Web 2.0 finds its payday", *McKinsey Quarterly*, 2010; **p.77:** *Global Human Capital Trends*, Deloitte, 2019; **p.79:** *Diversity wins: How inclusion matters*, McKinsey & Company, May 2020; **p.82:** "Statistics", LinkedIn.com; **p.91:** "What Is Employee Engagement and How Do You Improve It?", Gallup, 21 February 2020; **p.93:** Governance Report, John Lewis, 2021; **p.95:** "Insights and Trends: Current Portfolio, Programme, and Project Management Practices: The third global survey on the current state of project management", PwC, 2012; **p.97:** *The Definitive Book of Body Language*, Barbara and Allan Pease, 2006; **p.98:** *Most Professionals Excelled While Working from Home*, Harvard Business School Online, March 2021; **p.102:** *Key Facts and Trends in the Accountancy Profession*, Financial Reporting Council, October 2020; **p.105:** "Accounting for Time: Survey Results", SJD Accountancy, 2017; **p.109:** *The numbers that are changing the world: Revealing the growing appetite for responsible investing*, KPMG, 2019; **p.113:** "The 10 Worst Corporate Accounting Scandals of All Time", Accounting Degree Review; **p.125: life of fixed assets chart:** IRS, via "Modified Accelerated Cost Recovery System (MACRS)", Investopedia.com, 12 May 2021; **p.125:** The AA; **p.131:** "Big Four accounting firms", Wikipedia.com; **p.135:** *State of Cash Flow Report*, QuickBooks, 2019; **p.136:** *Integrated Performance Management: Plan. Budget. Forecast.*, Deloitte, 2014; **p.141:** "Wages and labour costs", Eurostat, March 2021; **p.142:** "Price and Value to Sales Ratios and Margins by Industry Sector – Global", pages.stern.nyu.edu/~adamodar, January 2021; **p.145:** *Guide to key performance indicators: Communicating the measures that matter*, PwC, 2007; **p.147:** *Balanced Scorecard Usage Survey 2020*, 2GC; **p.149:** "Financial Ratios", Inc.com; **p.151:** *Global State of Enterprise Analytics: Minding the Data-Driven Gap*, MicroStrategy, 2020; **p.152:** *Global Economic Crime and Fraud Survey*, PwC, 2020; **p.154:** "The Theory and Practice of Corporate Finance: Evidence from the Field", J. Graham and C. Harvey, *Journal of Financial Economics*, Vol. 60, 2001, pp.187–243; **p.157:** "Reporting on Payment Practices", Small Business Commissioner & Lloyds Bank, 2019; **p.159:** *Small Business Credit Survey*, Federal Reserve Bank, 2020; **p.161:** "Global IPO Watch: Q1 2021 in review", PwC, 2021; **p.163:** "Market Statistics", *Focus*, World Federation of Exchanges, July 2021; **p.165:** "If You Invested $100 in Apple's IPO, This Is How Much Money You'd Have Now", Fool.com, 24 November 2019; **p.167:** "Stock Market Crash of 1929 Facts, Causes, and Impact", www.thebalance.com, September 2020; **p.171:** "SIFMA Research Quarterly – 1Q21: US Fixed Income Markets – Issuance & Trading", SIFMA, April 2021; **p.181:** "Are you a 'harbinger of failure'?", MIT, 23 December 2015; **p.185:** "Advertising FAQ's: A Guide for Small Business", Federal Trade Commission; **p.187 graph:** "Liquor Cost Guide", www.getbackbar.com; **p.188:** "Amazon.com announces financial results and CEO transition", Amazon.com, February 2021; **p.190:** *State of Social*, Buffer.com, 2019; **p.193:** "Market research industry – Statistics & Facts", Statista, 27 January

2021; **p.197:** "Women: Primed and Ready for Progress", Nielsen, 14 October 2019; **p.198:** The Pareto principle, suggested by management expert Joseph M. Juran and part of long-tail marketing theory; **p.201:** *A bias for action: The neuroscience behind the response-driving power of direct mail*, Canada Post, 31 July 2015; **p.203 doughnut charts:** *Global Ad Spend Forecasts*, Dentsu, June 2021; **p.203:** *Global Ad Spend Forecasts*, Dentsu, June 2021; **p.205:** "4 ways to make your app successful", Google, May 2021; **p.206:** *Millennials: Fueling the Experience Economy*, Eventbrite/Harris, 2014; **p.211:** *The State of Video Marketing 2021*, Wyzowl; **p.212:** *Global Ad Spend Forecasts*, Dentsu, June 2021; **p.212 bar chart:** *Profit Ability: the Business Case for Advertising: Special Report 2018*, Ebiquity and Gain Theory; **p.213:** "The Global TV Deck 2020", The Global TV Group; **p.214:** "Share of Facebook's mobile advertising revenue as of 3rd quarter 2019", Statista, October 2019; **p.214 doughnut chart:** *2021 Digital Marketing Report for Entrepreneurs & Small Business*, AWeber; **p.215:** "Ultimate Email Marketing Benchmarks for 2021: By Industry and Day", Campaign Monitor; **p.216:** "What is The Response Rate From Direct Mail Campaigns?", Data & Marketing Association, 21 May 2021; **p.221:** *Not Another State of Marketing Report*, HubSpot, 2021; **p.223: chart and stat:** *State of Inbound 2018*, HubSpot; **p.225:** "40% of the web uses WordPress", W3Techs, 10 February 2021; **p.226:** "1 Billion People Listen to Podcasts Every Week", Pikkal, 2021; **p.229:** *Index XVII: Accelerate*, sproutsocial.com, 2021; **p.230:** "We Analyzed 5 million Google Search Results: Here's What We Learned About Organic Click Through Rate", Backlinko.com, 27 August 2019; **p.233:** *Optimization Report*, Econsultancy/RedEye Optimisation, November 2018; **p.237 bar chart:** "Five Insights From the 2020 Chief Marketer B2B Marketing Outlook Survey", Chief Marketer; **p.238:** "12 Ecommerce Conversion Rate Statistics", Growcode, 21 January 2021; **p.241:** "15 fascinating insights from Econsultancy's 2014 reports", Econsultancy, 8 December 2014; **p.243:** *State of Email Report*, Litmus, 2020; **p.247:** *Harvey Nash/KPMG CIO Survey 2019* and *Harvey Nash CIO Survey 2014*; **p.249:** *The Human Impact of Data Literacy Report*, Qlik/Accenture/

Data Literacy Project, 2020; **p.250:** *Global State of Enterprise Analytics: Minding the Data-Driven Gap*, MicroStrategy, 2020; **p.253:** "Number of marketing technology solutions available worldwide from 2011 to 2020", Statista, April 2020; **p.255:** "The consumer-data opportunity and the privacy imperative", McKinsey & Company, 27 April 2020; **p.256:** "Data Warehousing Market Insights – 2028", Allied Market Research, May 2021; **p.259:** *Pulse Check 2018*, Accenture Interactive; **p.263:** "What is Big Data?", Oracle; **p.263: data volumes per second statistics:** Internet Live Stats; **p.265:** "CRM pays back $8.71 for every dollar spent", Nucleus Research, June 2014; **p.267:** "Spam and phishing in 2020", Securelist by Kaspersky, 15 February 2021; **p.271:** World Bank via "China Manufacturing Output 1960-2021", Macrotrends; **p.273:** "This Is the Average Cost of a Wedding Dress Today", The Knot, 26 May 2020; **p.275:** "About the bread industry", Federation of Bakers; **p.277:** "2020 Production Statistics", International Organization of Motor Vehicle Manufacturers; **p.279:** "CES 2020 Survey by CITE Research Dassault Systèmes: Consumers Want Personalized Products but Won't Wait for Them and Expect a Cost Benefit for Their Data", Dassault Systèmes, 6 January 2020; **p.281:** *State of the Global Paper Industry 2018*, Environmental Paper Network; **p.284:** *Global Innovation Index 2020*, INSEAD/Cornell University/World Intellectual Property Organization (WIPO); **p.287:** "Netflix's (NASDAQ:NFLX) Scale Is The Key To Its Profitability", Michael Paige, Simply Wall St, Nasdaq.com, 17 March 2021; **p.289:** "Detailed sales, production, and export results", Toyota Motor Corporation; **p.291:** "Custom T-shirt Printing Market Size, Share & Trends Analysis Report By Printing Technique (Screen Printing, Digital Printing, Plot Printing), By Design, By Region, And Segment Forecasts, 2021–2028", Grand View Research, Jan 2021; **p.293:** "Walt Disney World Statistics", MagicGuides; **p.295:** *The State of Project Management 2021*, Wellingtone; **p.297:** *Pulse of the Profession 2017*, PMI; **p.298:** "Business GCSE / National 5: Kaizen – new ideas to improve productivity", BBC Teach; **p.301:** "Euro area international trade in goods surplus €6.3 bn", Eurostat, January 2021; **p.303:** "Samsung Note 7 recall to cost

at least $5.3 billion", Associated Press, 14 October 2016; **p.307:** "The business value of design", *McKinsey Quarterly*, 25 October 2018; **p.309:** *Global State of Quality 2 Research*, ASQ, 2016; **p.310:** United Nations Statistics Division via "China Is the World's Manufacturing Superpower", Statista, 4 May 2021; **p.313:** *FTSE 100 CEO pay in 2019 and during the pandemic*, CIPD/High Pay Centre, August 2020; **p.315:** "Q4 and FY2020 Update", Tesla, 27 January 2021; **p.317:** "Anyone See Canada? Retail's $1.8t Inventory Distortion Issue", IHL Group, August 2020; **p.319:** "Pre-packaged Sandwiches Market Size, Share & Trends Analysis Report By Product (Non-vegetarian, Vegetarian), By Application (Household, HoReCa), By Region, And Segment Forecasts, 2019–2025", Grand View Research, August 2019; **p.323:** *CEO Retailer Pulse #2*, RetailNext, April 2020; **p.325:** *The Internet Value Chain*, GSMA/AT Kearney, May 2016; **p.326: bar chart:** *Global Shared Services and Outsourcing Survey Report*, Deloitte, 2021; **p.327:** *Global Shared Services and Outsourcing Survey Report*, Deloitte, 2021; **p.328:** "Sector – IT & BPM", Invest India; **p.331:** *UPS Pulse of the Online Shopper™ Study*, April 2018; **p.334:** *The KPMG Survey of Sustainability Reporting 2020*.

Second edition

Senior Editor Chauney Dunford
Project Art Editor Katie Cavanagh
Jacket Design Development Manager Sophia MTT
Jacket Designer Tanya Mehrotra
Senior DTP Designer Harish Aggarwal
Production Controller Rachel Ng
Production Editor Kavita Varma
Senior Mangaging Art Editor Lee Griffiths
Managing Editor Gareth Jones
Associate Publishing Director Liz Wheeler
Art Director Karen Self
Design Director Phil Ormerod
Publishing Director Jonathan Metcalf

Delhi team
Senior Jackets Editorial Coordinator Priyanka Sharma
Senior Jacket Designer Suhita Dharamjit